工程项目管理

（第 2 版）

齐锡晶　主编

东北大学出版社
·沈　阳·

© 齐锡晶　2023

图书在版编目（CIP）数据

工程项目管理 / 齐锡晶主编. — 沈阳：东北大学
出版社，2023.9
ISBN 978-7-5517-3362-5

Ⅰ.①工…　Ⅱ.①齐…　Ⅲ.①工程项目管理－高等学
校－教材　Ⅳ.①F284

中国国家版本馆 CIP 数据核字（2023）第 185704 号

出 版 者：东北大学出版社
　　　　　地址：沈阳市和平区文化路三号巷 11 号
　　　　　邮编：110819
　　　　　电话：024－83680176（总编室）　83687331（营销部）
　　　　　传真：024－83680176（总编室）　83680180（营销部）
　　　　　网址：http://www.neupress.com
　　　　　E-mail：neuph@neupress.com
印 刷 者：辽宁一诺广告印务有限公司
发 行 者：东北大学出版社
幅面尺寸：185 mm×260 mm
印　　张：23.75
字　　数：608 千字
出版时间：2023 年 9 月第 1 版
印刷时间：2023 年 9 月第 1 次印刷
责任编辑：潘佳宁　杨　坤
责任校对：郎　坤
封面设计：潘正一
责任出版：唐敏志

ISBN 978-7-5517-3362-5　　　　　　　　　定　价：85.00 元

前言（第 2 版）

随着经济社会转入高质量发展，存量时代与买方市场、消费和需求升级，使得我国建筑业由长身高的"青春期"，步入强体魄的"壮年期"。中国式现代化需要"基建狂魔"加持绿色建筑、智能建造，通过"质量强国"实现绿色发展。近年来，土木工程建造与管理、土木工程材料共同新增为土木工程的二级学科。新挑战、新机遇、新发展，迫切需要加速培养高素质、复合型建设管理高级人才。

如将工程项目视为一个系统，则其包括决策与策划、设计与计划、招标与采购、准备与实施、验收与交付等阶段在内的建设过程，通过土地、劳务、材料、设备、技术、资金、信息等投入，获得产品或服务、技术成果、资金或盈利、工程遗址等产出。工程项目管理是土木工程、工程管理等专业的主干专业课，相关专业的通识选修课。其融合工程技术、经济、管理、法规等理论与知识，系统地研究工程建设活动规律与方法。本书立足施工承包单位，兼顾建设单位及工程总承包（EPC），按照"凝练管理手段，实现预定目标"的思路，主要包括"目标控制"（质量、进度和成本的"三控"）、"措施手段"（合同管理、职业健康安全与环境管理和信息管理，以及组织管理与沟通的"三管一协调"），同时阐述工程项目的资源管理、收尾管理等内容。希望有助于读者强化相关理念、提高基本技能、实现全面管理。

本书第 1 版 2019 年出版后，内外环境变化、政策新规频发，行业调速换挡、转型升级，低碳、环保以及建筑产业现代化、管理信息化等深入人心。再版的过程中，首先修正了原有的错误，借鉴近年的相关政策法规、教材和著作，优化了部分章节。其次，省略了篇幅巨大的质量管理常用工具和流水施工、网络参数计算等；强化了风险管理、设备方案比选、资金筹措与管理、工程文档与 BIM 技术等，并辅之以适当的示例或案例，以期使理论与实践相结合。最后，适应数字化转型需要，探索教材建设新形式，提示新近法规、规范的来源，精炼详尽内容的阐述，关注立德树人、职业操守，服务课程思政，并为配备微课、题库等数字资源留有端口。本书可用于普通高等院校土木工程及相关专业项目管理课程教学，也可供项目管理、造价管理等专业人员参考。

　　本书共十章内容，由齐锡晶（东北大学）主编，副主编为张子俊（沈阳城市建设学院）、李宁（沈阳市城乡建设事务服务中心）、秦娇娇（辽宁生态工程职业学院）、王梦园（沈阳市沈建房地产研究所）、崔鑫（沈阳市土地储备中心）；参与编写工作的有邓李杰（沈阳工程学院）、马莹（郑州工业应用技术学院）、马玉香（宁夏理工学院）、张升进（东北大学）、张梦星（东北大学）、王衍（东北大学）等同人。

　　本书在编写过程中，得到了诸多单位、人士的指导与帮助，并参考了相关资料，在此一并表示感谢。

　　由于学识所限、情况变化等，书中会有不妥或错误，敬请读者和各界人士批评指正。

编　者

2023 年 4 月　于沈阳

前言（第1版）

改革开放 40 年来，中国经济、工程建设等均实现了跨越式发展，取得了举世瞩目的成就。当前，我国社会经济正在经历由高速增长向高质量发展的转变。虽然国际出现贸易保护主义的倾向，但是经济全球化的趋势不可阻挡，进而要求实现工程建设管理的国际化、信息化、现代化。新时代、新机遇，要求建设行业实现转型升级、提高服务质量，顺应时代发展，谋划引领时代。面对新发展、新挑战，综合质量的提高、使用寿命的延长、市场秩序的规范、服务领域的拓展等，迫切需要加速培养高素质、复合型高级建筑业管理人才。

工程项目管理融合了工程技术、经济、管理、法规等理论与知识，是系统研究工程建设活动规律与方法的学科。本书立足承包单位，兼顾建设单位以及工程总承包（EPC），努力遵循系统、时效、实用、适度的超前等原则，希望有助于读者强化相关理念、提高基本技能。本书按照"凝练管理手段，实现预定目标"的基本思路，主要包括"三控"（质量控制、进度控制、造价控制）、"三管"（职业健康安全与环境管理、合同管理、信息管理）以及组织管理与沟通、资源管理、收尾管理等内容。同时，依托现行法规、顺应发展趋势，旨在实现全面项目管理。

本书在具体的编写过程中，省略了篇幅巨大的质量管理常用工具，弱化了随处可见的流水施工、网络参数计算等；补充了风险管理、设备选择、资金筹措、BIM 等新技术，适当增加了示例或案例，以期将理论与实践相结合，顺应"互联网+"的实践教学方法。本书可用于普通高等院校的土木与建筑工程及相关专业的项目管理课程教学，也可供项目管理、造价管理等专业人员参考。

本书共十章内容，由齐锡晶主编，张子俊为副主编；参与编写工作的有金松、王梦园、秦娇娇、汪婷婷、白岩、李岩、李艺多、徐元碧、杨本帅、康伟鑫、廖若寒、崔鑫、潘嵩、陈庆玲等同人。

　　本书在编写的过程中得到了诸多单位、人士的指导与帮助，并参考了相关资料，在此一并表示感谢。

　　由于学识所限、情况变化等，书中会有不妥或错误，敬请读者和各界人士批评指正。

编　者

2019 年 3 月 于沈阳

目　录

第一章　工程项目管理概论

工程项目管理融合工程技术、经济、管理、建设法规等众多学科的理论与知识，是系统研究工程建设活动规律及其管理方法的学科。随着用户经济承受能力的增强、综合要求的提高、寿命周期的延长，迫切需要工程项目的参与者或市场主体，整合相关知识与技能，选择采购模式、科学组织建设，完善项目策划、加强风险管控，优化管理目标、提高服务水平。

第一节　工程项目与项目管理

一、项目与工程项目

（一）项目的内涵

1. 项目的定义

关于项目的定义或界定，目前学界说法并不完全一致。美国项目管理学会（Project Management Institute，PMI）认为，项目是为完成某一独特的产品或服务所做的一次性努力。德国工业标准（Deutsche Industrie Norm，DIN）69901 认为，项目是指在总体上，符合下列条件的唯一性任务：① 具有预定的目标；② 具有时间、财务、人力和其他限制条件；③ 具有专门的组织。

《项目管理质量指南（ISO 10006）》定义的项目为："具有独特的过程，有开始和结束日期，由一系列相互协调和受控的活动组成。过程的实施是为了达到规定的目标，包括满足时间、费用和资源等约束条件。"

一般来说，项目是由一组有起止时间的、相互协调的受控活动组成的特定过程，该过程要达到符合规定要求的目标，包括时间、成本和资源的约束条件。

综上，本书认为，广义的项目是指在质量、时间、费用等约束条件下，具有特定目标的一次性任务。它的范围非常广泛，例如航天工程、产品研发、系统设计、软件开发，以及物资采购、员工培训等。当然，工程建设项目属于广义项目中的一部分，并将在建设、运营（运维）等过程中，与其他项目形成交叉与呼应。

2. 项目的特征

结合项目的定义，可以将其特征归纳为以下几个主要方面。

① 本质的唯一性。也称作项目的单件性、一次性，是指项目的内容实质、完成过程及最终成果等。其表明项目是互不相同、不断变化的，管理者不能沿用固定的组织方式和生产要素配置形式去管理项目，必须根据项目任务的具体条件和特殊要求，采取有针对性措施，从而保证项目目标的顺利实现。

② 目标的明确性。在质量、时间、费用等约束条件下，项目通常具有特定、明确的目标。在项目设计、开发与实施过程中，其目标和约束条件通常会发生某些变化，并要求管理者做出动态优化、有效调整。而且，随着用户要求的不断提高，项目的目标会由开发与实施过程，向使用或持有过程延伸，并追求更高境界的项目寿命周期及其管理，希望实现"时间—成本—绩效"的优化组合。

③ 活动的系统性。首先，项目通常由若干相互之间具有明确关系的子项目（子项）组成，其围绕着总体目标，形成一个完整的系统。其次，在按照目标要求进行人力、物质、技术、时间、空间、信息、管理等资源要素配置时，需要考虑彼此的相互制约、相互作用，构成一个相对完整的系统，重视过程和目标、时间和内容上的统一。最后，项目的实施与外部环境密切关联，项目的内外环境又是动态变化的，需要把握渐进的开发与实施过程，关注相关的结合部分或界面，将项目的内部狭义系统扩展到外部环境，形成广义的项目系统。

④ 组织的开放性。项目开发与实施的涉及面宽、过程复杂，需要涉及不同专业的人员围绕着明确的目标，分工协作、改革创新。而且，项目团队是为了完成项目目标而临时组建的，过程中有进有出，结束后成员解散。因此，开放的组织要求其管理者、组织者，以适当的形式组建一个智力结构合理的团队，有计划、有领导、有组织地开展活动，发挥集体智慧，实现项目目标。

（二）工程项目及其组成

1. 工程项目的概念与分类

（1）工程项目的概念。

建设工程项目（Construction Project），简称建设项目、工程项目，其较为经典的定义是按照一个总体设计进行施工，经济上实行统一核算，行政上具有独立组织形式的基本建设单位或单体。例如，一座工厂、一所大学、一所医院、一条高速公路等。

在工程实践中，工程项目常指为完成依法立项的各类工程而进行的、有起止日期的、达到规定要求的一组相互关联的受控活动组成的特定过程。其中，各类工程，可以分为土木工程、建筑工程及安装工程等；特定过程，通常包括策划、计划，勘察、设计，招标、采购，施工、实施，试运行、竣工验收和移交等环节。在《建设工程项目管理规范》（GB/T 50326—2017）中，将建设工程项目简称"项目"，是指为完成依法立项的新建、扩建、改建工程而进行的、有起止日期的、达到规定要求的一组相互关联的受控活动，包括策划、勘察、设计、采购、施工、试运行、竣工验收和考核评价等阶段。

本书认为，工程项目是指由一个建设单位负责组织实施，通过投资、建设行为获得的，满足用户需要的建筑物、构筑物或其他相关的固定资产投资项目。就结果而言，它以建筑物或构筑物为目标产出物，需要支付一定的费用、按照一定的程序、在一定的时间内完成，并应符合质量要求；以过程而论，它是以工程实物为载体的、作为被管理对象的一次性工程建设任务。

（2）工程项目的基本特征。

只有投资与建设等行为相结合，才能产生工程项目。因此，工程项目作为一种产品，除项目的一般特征外，通常还具有以下基本特征。

① 固定性。房依地建，地为房载。工程项目只能在选定的固定地点，进行建设施工，建成后通常不可移动。而且，未来漫长的使用、运营过程中，与此终生相伴。工程项目势必受所在地点资源、气候、地质、社会经济等条件现状的制约，并且需要考虑未来的发展变化。

② 多样性（独特性）。尽管某些工程项目具有不同程度的相似性，但是其更有特定的用途、功能、规模、标准，每项工程的结构形式、空间分割、设备配置和内外装饰都不尽相同，导致工程内容和形态差异明显。而且，特定的建设时间、地点和条件以及施工方案、使用更新等，势必加剧工程项目的多样性或独特性。

③ 一次性（单件性）。固定性、多样性等使得工程项目都有确定的起点和终点。而且，需要针对具体情况，单独地进行工程项目的决策计划、招标采购、设计施工、验收使用，进

而呈现出一次性或单件性。当一个工程项目的目标已经实现，或者已经明确知晓该工程项目的目标不需要或不可能实现时，该工程项目"单独"进行的工作，即到达了终点。

④ 整体性（系统性）。工程项目作为一种产品，往往包括层次复杂、数量繁多的若干子项，例如单项工程、单位工程等。它们之间紧密相关，只有按照预定的目标，有机地结合到一起、形成完整的系统，才能发挥工程项目的整体功能和效益。而且，工程项目及其既定的目标具有不可替代性，并将给管理工作增加难度。

⑤ 不确定性（多变性）。工程项目从策划到设计施工，尤其是建成后的使用运营，通常需要若干年。较长的建设周期、广泛的影响因素、普遍的露天作业等，导致工程项目的不确定性较强。而且，如果进一步考虑漫长的使用过程以及寿命周期，各种情况的复杂多变，不确定性或多变性将会显著增大，并给实现既定的建设目标带来风险。

⑥ 不可逆转性。工程项目建设工作正式启动以后，遭遇突发的变化或停顿，将会影响既定的目标、资源的投入。而且，建成以后，在其寿命期内一般不会推倒重来，甚至难以进行拓展、更新。因此，工程项目不同于常规的项目或任务，要求长远规划、统筹安排、重点保证。

由于工程项目的上述特征，引发其生产经营具有流动性、露天作业、风险较大等特点，并给项目管理提出了新的、更高的要求。

（3）工程项目的分类。

因工程项目的种类繁多，为了更好地进行科学管理，需要有不同的依据，从不同的层面，反映项目的性质、行业结构及比例关系等。

① 按照投资主体分类。工程项目按照投资主体进行划分，可分为国家投资、地方政府投资、企业投资、私人投资以及各类投资主体联合投资的工程项目等。而且，按照工程项目资金的来源渠道，可分为国有资金投资、非国有资金投资、国外资金投资，以及自筹资金、债务资本、权益资本筹资的项目等。

② 按照市场主体分类。市场主体是指市场上从事生产或交易活动的组织和个人，并具有自主性、追利性和能动性等基本特性。工程项目及其建设的市场主体，至少包括建设单位（发包人或业主）、承包单位（承包人）、勘察设计单位、监理单位、供应单位（物资、技术、服务等）等。其中，建设单位负责整个工程项目的投资决策、组织实施等；总承包单位主要负责为工程项目设计、采购（供应），施工阶段的一项或一系列服务工作，施工承包单位则主要针对工程施工；勘察设计单位、主要负责工程项目勘察设计阶段的技术咨询服务工作。

③ 按照性质分类。工程项目按照性质可分为新建项目、扩建项目、改建项目、恢复项目、迁建项目。新建项目是指过去没有、现在开始建设的项目；或者是原有规模较小，现在进行扩建，其新增固定资产价值超过原有固定资产价值三倍以上的建设项目。扩建项目是指原有企业、事业单位为扩大原有产品的生产能力或增加效益，以及为增添新产品的生产能力，在原有固定资产的基础上，兴建的主要车间、工程项目，或行政事业业务用房（三倍以内）等项目。改建项目是指原有企业单位为了改进产品质量或改变产品方向，对原有固定资产进行整体性技术改造的项目，包括为了提高综合生产能力，增加一些附属辅助车间或非生产性工程。恢复项目是指对因重大自然灾害或战争等遭受破坏的固定资产，按原来规模重新建设或在重建的同时进行扩建的项目。迁建项目是指为改变生产力布局或由于其他原因，将原有单位迁至异地重建的项目；其中异地建设，不论是否维持原来规模均属迁建项目。

④ 按照用途分类，可分为生产性建设项目和非生产性建设项目。生产性建设项目是指可直接用于物质生产或满足物质生产需要的建设项目，主要包括工业项目（含矿业）、建筑业、地质资源勘探及农林水有关的生产项目、运输邮电项目、商业和物资供应项目等；非生产性建设项目是指用于满足人们物质和文化生活需要的建设项目，主要包括文教卫生、科学研究、社会福利、公用事业建设、行政机关和团体办公用房建设等项目。

⑤ 按照建设规模分类。按照建设总规模和投资额，可将建设工程项目划分为大、中、小型项目三类，并且通常将前两者合称为大中型项目。例如，根据曾经的《关于基本建设项目和大中型划分标准的规定》，能源、交通、原材料工业项目5000万元以上的为大中型项目；在一般房屋建筑工程的"工业、民用与公共建筑工程"中，中型项目是指层数 5~25 层、高度 15~100m、单跨跨度 15~30m、单体建筑面积 3000~30000m^2，以及单项工程合同额 300 万元~3000 万元的工程。而且，对于不同规模工程项目的参与者，会有相应的资质或信用、能力等要求。

⑥ 按照建设阶段分类。按照所处建设阶段的不同，主要包括筹建或预备项目，即处于工程建设前期，例如投资决策、勘察设计阶段的项目；在建项目，即正在建设过程当中的项目；投产项目，即已全部竣工并已投产或交付使用的项目；收尾项目，是指主体全部投产，只剩少量不影响正常生产或使用的辅助工程项目。

2. 工程项目的组成

按照组成的层次以及管理的需要，可将工程项目依次分解为单项工程、单位工程（子单位工程）、分部工程（子分部工程）和分项工程。其具体构成如图 1-1 所示。

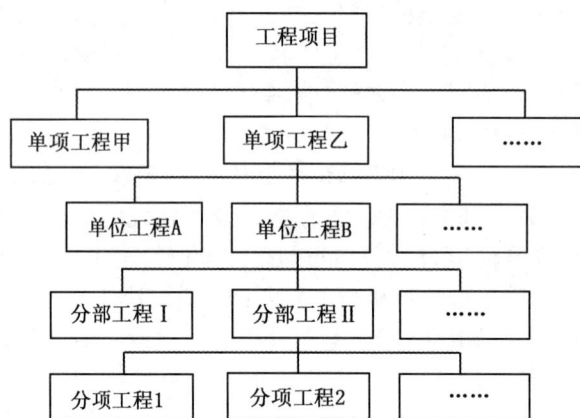

图 1-1　工程项目的组成

结合图 1-1，工程项目通常包括以下组成部分。

（1）单项工程。凡是具有独立的设计文件，竣工后可以独立发挥生产能力或效益的一个或一组工程项目，称为一个单项工程。一个建设项目，可由一个单项工程组成，也可由若干个单项工程组成。单项工程体现了建设项目的主要建设内容，其施工及使用条件往往具有相对的独立性。

（2）单位工程。具有单独设计和工程估价文件、可以独立组织施工的建筑物及构筑物，称为一个单位工程。单位工程是单项工程的组成部分，一个单项工程一般由若干个单位工程组成。例如，房屋建筑工程中的土建工程、给排水工程、采暖工程、通风工程、电气照明工程等。

某些情况下，单位工程是一个单体的建筑物或构筑物。建筑规模较大的单位工程，可将其能够形成独立使用功能的部分作为一个子单位工程。而且,在工程质量检验与评定过程中,通常要求单位工程具有独立使用价值。

(3)分部工程。单位工程的若干个组成部分,称为分部工程。分部工程的划分应按照专业性质、建筑部位等确定。例如,土建工程中的土石方工程、地基与基础工程、砌体工程、混凝土及钢筋混凝土工程、地面工程、屋面工程等。

当分部工程较大或较为复杂时,可按材料种类、施工特点、施工程序、专业系统及类别等,继续划分为若干子分部工程。例如,主体结构分部工程可划分为混凝土结构、砌体结构、钢结构、木结构及网架和索膜结构等子分部工程。

(4)分项工程。分部工程的若干个组成部分,称为分项工程。分项工程通常按照分部工程采用的主要工种、材料、施工工艺、设备类别等进行划分所得。例如,基槽开挖、现浇钢筋混凝土梁、水磨石地面、外墙涂料等。

分项工程通常属于工程项目及其建设的最基本的构成要素。如果需要,可以按照工艺分解法(施工工序)、物理分解法(建筑部位或轴线)等,将其进一步分解为检验批。在工程建设实践中,通常采用预算定额对于完成单位分项工程的人工(工日)、材料和施工机械(台班)消耗量等做出约定。而且,《建设工程工程量清单计价规范》(GB 50500—2013)以及分部分项工程量清单的指向也是分项工程。

(三)工程项目的寿命周期与建设程序

1. 工程项目的寿命周期

工程项目的寿命周期或称全寿命周期(简称寿命周期),是指从项目的投资意向开始,到投资终结的全过程。其中,投资意向通常是指通过可行性研究、决策与策划,工程项目得以开始立项;投资终结通常截至投产运营以后的保养维护、报废拆除,甚至工程遗址及生态复原。

因此,工程项目的寿命周期在据此立项后,至少可以包括项目实施阶段和项目运维阶段两个重要阶段。其中的主要阶段及环节,如图1-2所示。

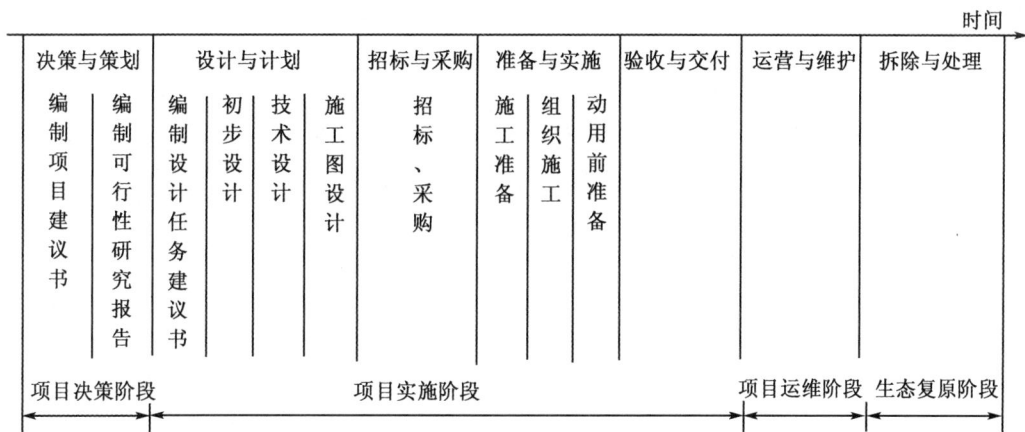

图1-2 工程项目寿命周期与建设程序

值得注意的是,随着建设单位尤其是用户经济实力的增强、综合要求的提高,工程项目的使用寿命将会延长,并要求项目建设者在建设期间能够科学判断、有效满足运维期的各种要求,包括工程项目使用过程中的自我修复、拆除以后的生态复原等。

2. 工程项目的建设程序

工程项目的建设程序，也称为基本建设程序、固定资产投资程序，是指工程项目从酝酿、筹划到建成投产所经历的整个过程中，必须遵循的工作环节及其先后顺序。其中，建设单位的建设程序，通常起始于工程项目的投资决策、立项策划，终止于工程项目的竣工验收、交付使用。

根据几十年来的建设实践，我国已形成了一套比较科学的建设程序。结合图1-2，目前我国工程项目的建设程序，大致可归纳为决策与策划、设计与计划、招标与采购、准备与实施、验收与交付五个阶段。上述五个阶段及其主要工作等，如表1-1所列。

表1-1 建设程序的阶段及其主要工作

阶段	主要工作	说明
决策与策划	投资机会研究或项目建议书	甄别投资方向，寻找投资机会
	初步可行性研究	初步分析投资构想，展开专题研究
	详细可行性研究	提出结论性建议，确定可行方案
	方案策划与规划	策划建设要点，完成方案规划
设计与计划	初步设计	通盘研究设计对象，具体构造设计方案
	扩大初步设计（技术设计）	针对特殊项目及技术问题，展开深度研究
	编制总体建设计划	协调、指导项目的设计、招标与采购、施工与验收
	施工图设计	设计方案的具体化，满足并指导项目施工
招标与采购	设备材料采购	超过一定规模或标准时，招标采购
	承包（单位）采购	超过一定规模或标准时，招标采购
	工程服务采购	包括勘察设计、工程监理、造价咨询等
	工程总承包（单位）采购	将设计、施工、物资供应组合并采购
准备与实施	施工准备	落实项目管理实施规划，做好资源储备
	组织施工	承包单位配合工程咨询（监理），按图施工
	动用准备	创造通过验收的组织、技术、物质等条件
验收与交付	竣工验收	依次通过工程咨询（监理）单位的预验收、建设单位的正式验收后，进行备案

在表1-1中，施工承包单位工程项目管理的时间范畴，侧重于项目的准备与实施阶段。因此，施工承包单位所承担的工作，仅仅属于工程项目建设程序之中的一部分，绝非全部。而且，上述建设程序对于其他市场主体充分利用资源要素和约束条件、有效实现管理目标，具有重要、直接的影响。

3. 工程项目的审批流程

由于工程项目的投资数额巨大、运维期限较长、影响面宽泛，并涉及社会公众利益，任何国家的相关政府部门多会通过行政审批，对于工程项目及其建设实施不同程度的管控。而且，审批的流程及条件等，会对建设程序、审批效率以及管理目标产生直接的影响。

我国新建项目从立项审批到竣工验收备案，包括立项审批、规划设计、工程报建、施工许可、竣工验收等审批环节，且涉及发展改革、自然资源（国土规划）、住房和城乡建设等多个部门。

在"放管服"以及简政放权、简化审批的背景下，各地的审批流程不尽相同。以辽宁省为例，依《辽宁省住房和城乡建设厅关于深化住建领域工程建设项目审批制度改革的实施意见（试行）》（辽住建发〔2021〕1号）规定，辽宁省政府投资房屋建筑类工程在"施工许可"和"竣工验收"阶段的审批办理服务流程，如图1-3所示。

施工许可阶段、竣工签收阶段（45个工作日，选择告知承诺的一般建设工程26个工作日）

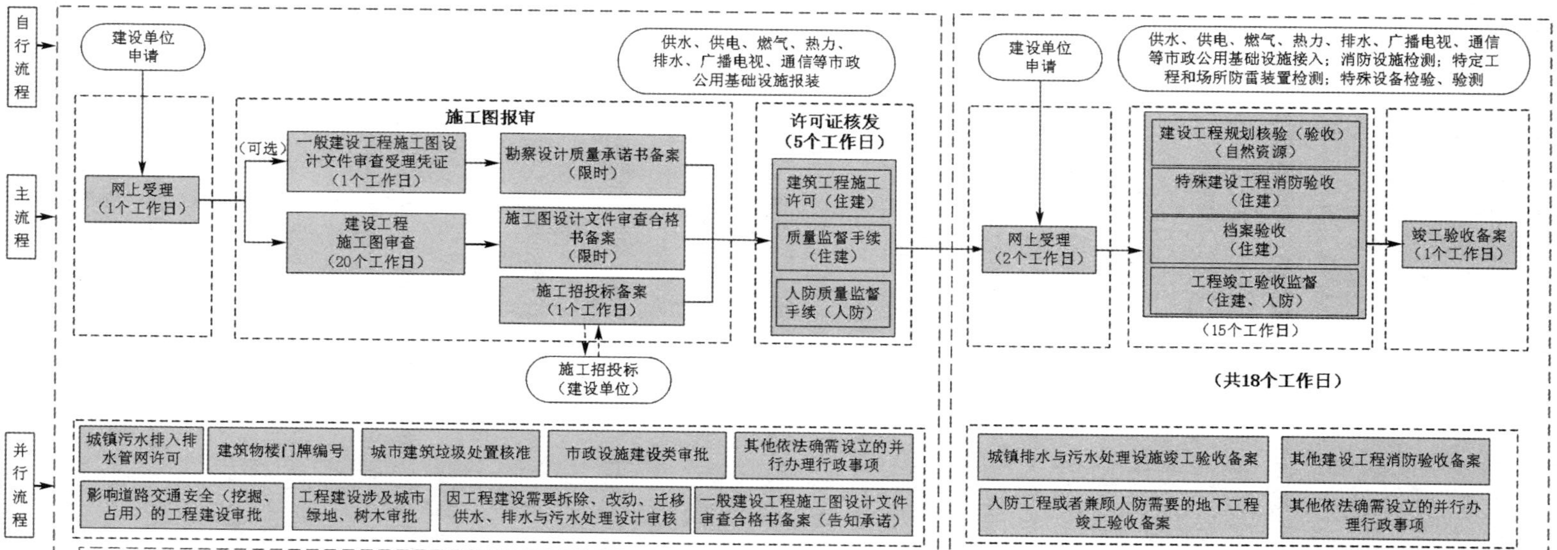
自行流程
主流程
并行流程
建设单位申请
网上受理（1个工作日）
施工图报审
（可选）
一般建设工程施工图设计文件审查受理凭证（1个工作日）
勘察设计质量承诺书备案（限时）
建设工程施工图审查（20个工作日）
施工图设计文件审查合格书备案（限时）
施工招投标备案（1个工作日）
施工招投标（建设单位）
供水、供电、燃气、热力、排水、广播电视、通信等市政公用基础设施报装
许可证核发（5个工作日）
建筑工程施工许可（住建）
质量监督手续（住建）
人防质量监督手续（人防）
城镇污水排入排水管网许可
建筑物楼门牌编号
城市建筑垃圾处置核准
市政设施建设类审批
其他依法确需设立的并行办理行政事项
影响道路交通安全（挖掘、占用）的工程建设审批
工程建设涉及城市绿地、树木审批
因工程建设需要拆除、改动、迁移供水、排水与污水处理设计审核
一般建设工程施工图设计文件审查合格书备案（告知承诺）
建设单位申请
供水、供电、燃气、热力、排水、广播电视、通信等市政公用基础设施接入；消防设施检测；特定工程和场所防雷装置检测；特殊设备检验、验测
网上受理（2个工作日）
建设工程规划核验（验收）（自然资源）
特殊建设工程消防验收（住建）
档案验收（住建）
工程竣工验收监督（住建、人防）
（15个工作日）
竣工验收备案（1个工作日）
（共18个工作日）
城镇排水与污水处理设施竣工验收备案
其他建设工程消防验收备案
人防工程或者兼顾人防需要的地下工程竣工验收备案
其他依法确需设立的并行办理行政事项

备注：1. 根据《国务院办公厅关于全面开展工程建设项目审批制度改革的实施意见》（国办发〔2019〕11号）等有关规定，除本流程图所列各行政审批（办理）事项，各地若确需另行增加，应依法设立，明确办理时限和要件，报上级机关备案并说明理由，予以公开发布。

2. 根据《国务院关于优化建设工程防雷许可的决定》（国发〔2016〕39号），房屋建筑工程和市政基础设施工程防雷装置设计审核、竣工验收许可，由住房城乡建设部门负责。油库、气库、弹药库、化学品仓库、烟花爆竹、石化等易燃易爆建设工程和场所，雷电易发区内的矿区、旅游景点或者投入使用的建（构）筑物、设施等需要单独安装雷电防护装置的场所，以及雷电风险高且没有防雷标准规范、需要进行特殊论证的大型项目（统称特定工程和场所）防雷装置设计审核和竣工验收许可，由气象部门负责。

3. 根据国家发改委、住建部等15部委《关于印发全国投资项目在线审批监管平台投资审批管理事项统一名称和申请材料清单的通知》（发改投资〔2019〕268号）规定：超限高层建筑工程抗震设防审批适用范围和情形为：超限高层建筑工程。

4. 根据《房屋建筑和市政基础设施工程竣工验收备案管理办法》（住建部令第2号）规定，备案机关收到建设单位报送的竣工验收备案文件，验证齐全后，应当在工程竣工验收备案表上签署文件收讫。

5. 根据《建设工程消防设计审查验收管理暂行规定》（住建部令第51号）规定，消防设计审查验收主管部门收到建设单位备案材料后，对备案材料齐全的，应当出具备案凭证；备案资料不齐全的，应当一次性告知需要补正的全部内容。

6. 根据《建设工程消防设计审查验收管理暂行规定》（住建部令第51号）规定，其他建设工程竣工验收合格之日起五个工作日内，建设单位应当报消防设计审查验收主管部门备案。

施工许可阶段

办理时限：27个工作日，选择告知承诺的一般建设工程8个工作日

竣工验收阶段

办理时限：18个工作日

图例： 主流程、并行流程行政行为　主流程特定工程行政行为（详见备注2）　市场行为

图1-3 辽宁省政府投资房屋建筑类工程审批办理服务流程图（示范文本）

当然，各地不同时期的工程建设行政审批的程序、规定也会有所不同，且总体处于逐步优化完善之中。无论如何，建设单位完成上述审批流程及项目报建的过程中，需要按照当时、当地行政事业性收费标准，花费一定的时间、缴纳相应的费用。例如，城市基础设施配套费等。

二、项目管理与工程项目管理

（一）项目管理的概念与特点

与广义的"项目"相对应，诞生了相应的项目管理，并且与工程项目、工程项目管理互为基础、相互影响。

1. 项目管理的概念

项目管理（Project Management，PM）是指管理者在资源约束的前提下，从项目的投资决策开始到项目结束的全过程，运用系统的观点、理论和方法，对项目涉及的全部工作进行计划、组织、指挥、协调、控制和评价，以实现项目及其管理的总体目标。

通常认为，项目管理涉及项目的质量、时间和费用三个基本要素或目标，包含领导（leading）、组织（organizing）、用人（staffing）、计划（planning）、控制（controlling）五项主要工作。美国项目管理学会（PMI）提出，一个有效的专业项目管理者必须具备项目范围管理、项目时间管理、项目费用管理、项目质量管理、项目人力资源管理、项目沟通管理、项目风险管理、项目采购管理、项目综合管理等方面的基本能力。

因此，对于项目管理的概念，可以从以下几方面进行理解。

① 项目管理是一种管理方法体系。它是在长期研究和实践的基础上，总结凝练的较为有效的管理方法。尽管在不同的国家、不同的行业以及不同的发展阶段，其内容、技术、手段及结构等，会有一定的区别，但是，项目管理不是任意的实践过程，必须执行该方法体系的基本要求。

② 项目管理的对象。其管理对象是项目，是一系列临时、唯一的任务。项目是企业运作过程中的一部分，不能将项目管理与企业管理的对象混为一谈。

③ 项目管理的目的。项目具有临时性的特点，项目管理注重项目的质量、进度和成本目标，并且有别于企业管理的盈利、发展等目标。应将项目预定的目标具体化，保证企业众多项目的目标形成合力，促进实现企业发展的总目标。

④ 项目管理的实施。项目管理以项目经理负责制为基础，并非按照企业的平行结构的职能，应当按照项目的垂直结构的任务组织开展活动。而且，应当完成领导、组织、用人、计划、控制等主要工作。

⑤ 项目管理的内容。其主要内容包括项目的范围管理、时间管理、成本管理、质量管理、采购管理、风险管理、资源管理和沟通管理等方面。

2. 项目管理的特点

鉴于项目的内涵，项目管理除目的性、独特性、继承性等特征外，通常具有以下特点。

① 项目管理的复杂性。项目通常由多个部分构成，工作跨越多个部门，需要运用多种学科的知识，且项目实施中缺乏可供借鉴的经验、存在许多不确定性因素与风险。因此，在较为明确的目标、较为严格的资源约束条件下，项目管理是一项极具复杂性的活动，对比未来的具体操作，需要更加全面的知识、技能、工具和技巧等基本条件。

② 项目管理的创造性。项目的独特性、目标的明确性、资源的约束性，使得项目管理必然要承担风险。只有项目管理者发挥创造力，才能获得成功。这也是项目管理与一般重

复性管理的主要区别。

③ 项目管理的协调性与沟通性。项目的范围越广、规模越大，所涉及的知识、技术、学科和技能等要求也就越高。项目在进行过程中，往往需要组织内外部多个部门互相配合，要求各部门、组织及人员迅速、准确地做出反应。因此，对于项目经理的要求，更多地体现在人员沟通和资源协调上，否则，项目管理难以取得成功。

④ 项目管理的周期性。由于项目自身的特点，项目管理本身就是计划和控制的一次性工作，需要在规定的期限内完成预定的目标。一旦目标达成，项目随即结束，故此项目管理具有可预知的寿命周期，具体如表 1-2 所列。

表 1-2　项目管理的生命周期表

启动	计划	执行	控制	收尾
项目批准；目标建立；资源估算；项目组建立	确定项目组织方法；制定基本预算和确定进度；为各阶段执行做准备	项目实施（包括设计、建设、生产等）	定期监控和测量进度，发现实际执行中与计划存在的偏差，在必要的时候采取纠正措施，以保证项目目标的实现	完成项目或阶段的正式接收，并实现有序的结束

⑤ 项目经理的重要性。项目经理的位置是由项目特征及项目管理的目标、特殊需要造就的。作为项目团队负责人的项目经理，除了行使一般职能经理的权力、承担相应责任外，还需掌握、利用项目管理的专业知识、技能、工具以及技巧等，妥善解决项目实施中的突发事件以及各种矛盾。因此普遍认为，项目经理是项目小组的核心与灵魂，是决定项目成败的关键性因素之一。

（二）工程项目管理及其内容

1. 工程项目管理的定义

工程项目管理是项目管理重要的基础和组成部分，其管理对象主要是建设工程项目或土木工程项目。而且，国内外关于工程项目管理的定义、内涵或解释，尚未完全统一。

在《建设工程项目管理规范》（GB/T 50326—2017）中，建设工程项目管理简称项目管理，是指运用系统的理论和方法，对建设工程项目进行的计划、组织、指挥、协调和控制等专业化活动。

工程建设实践中，工程项目管理常指从事工程项目管理的企业接受委托，按照合同约定，代表业主或建设单位对工程项目的组织实施进行全过程或若干阶段的管理和服务。当然，施工单位也需对其承揽的工程项目及施工承包任务，确立目标，施行管理。我国长期施行"强制监理"，并由监理公司代表建设单位进行工程项目的施工监理。近年来，工程项目管理、工程咨询服务的业务明显增多，也许是未来工程监理的走向之一。

本书认为，工程项目管理是指管理主体为了实现工程项目预定的目标，在既定的人力、物力、财力、信息、时间和空间等资源约束条件下，对于建设全过程或若干阶段进行的计划、组织、指挥、协调和控制等系统性的管理活动。而且，工程项目管理的定义，可以从以下几个主要方面进行理解。

① 工程项目管理的目的。其管理目的在于以最低的资源消耗，实现预定的管理目标，进而获得最佳的经济效益、社会效益和环境效益。

② 工程项目管理的对象。其管理对象以工程项目为主，并以工程项目管理体制为基础，尊重工程项目的内在规律。

③ 工程项目管理的范围。其管理范围取决于合同的约定，应立足于工程建设全过程或

其中的若干阶段，并向项目的全寿命周期延伸。

④ 工程项目管理的方法。依托现代管理理论和方法，在项目各阶段进行计划、组织、指挥、协调和控制，实现科学化管理。

⑤ 工程项目管理的主体。根据工程项目参与各方、市场主体的不同，其管理主体可能涉及建设（业主）方、勘察设计方、施工（承包）方、供货方、咨询（监理）服务方以及工程总承包方等不同单位的项目管理。其中，建设单位（业主方）是工程项目生产过程的总组织者，也是工程项目管理的核心。

2. 工程项目管理的特点

工程项目管理属于项目管理的一部分，并且与其他部分密切相关。因此，其除具备项目管理的复杂性、创造性等特点外，还具有以下特点。

① 工程项目管理的一次性。工程项目的一次性、独特性和不可逆性特征，决定了工程项目管理的一次性特征，并要求管理者根据工程项目的具体情况，确立单独的目标，采用独特的管理方法和手段。

② 工程项目管理的综合性。工程项目管理是对项目生命周期全过程的综合管理。仅就建设期而言，包括项目的可行性研究、策划与计划、勘察设计、招标采购、施工与实施、验收与交付使用等各阶段，在每个阶段中又包含对于工程质量、进度（时间）、成本（费用）、安全生产等的管理。因此，工程项目管理是全过程的综合性管理。

③ 工程项目管理的制约性。在节约资源、提高效益的条件下，每个工程项目都会有严格、明确的投资或成本、质量与功能、时间与工期以及安全、环保等方面的限制。较强的制约性，要求管理主体主动或被动施行控制管理。

3. 工程项目管理的内容

工程项目管理的内容通常包括工程项目的质量控制、进度控制、成本控制以及合同管理、信息管理、安全环境管理、组织等。但是，针对工程项目管理的不同主体，其管理的内容和侧重各有不同。

（1）建设单位、勘察设计单位、施工单位的工程项目管理。

建设单位、勘察设计单位、施工单位工程项目管理的内容（对比）如表1-3所列。

表1-3　建设单位、勘察设计单位、施工单位工程项目管理的内容（对比）

工程项目管理的内容	工程项目管理的主体		
	建设单位	勘察设计单位	施工单位
组织建立	组建管理机构，明确工作流程，选择设计、施工、监理等单位，制定工作、组织条例等	选定总设计师，组建设计队伍，制订工作计划，组织各专业的设计、会签与审批，完成设计图纸供应与设计交底等	选择项目经理，组建项目经理部门及施工队伍，组织材料、设备供应单位，协调劳动力资源等
合同管理	起草合同文件，组织合同谈判，签订各项合同，实施合同管理等	与建设单位签订勘察设计合同，与专业工程师落实进度设计，监督各项计划的执行等	签订工程承包合同以及分包、物资供应等合同，进行合同的日常管理等
质量控制	提出各项工作的质量要求，进行质量监督与检验，处理质量问题等	保证设计图纸符合国家有关法律、政策和规定，并能满足建设单位和施工单位的需要等	依据设计图纸、施工验收规范组织施工，预防质量问题的出现，处理质量事故等

表1-3(续)

工程项目管理的内容	工程项目管理的主体		
	建设单位	勘察设计单位	施工单位
进度控制	提出工程的控制性进度要求，审批并监督进度计划的执行情况，处理进度计划执行过程中出现的问题等	制订设计工作进度计划和出图进度计划，并监督执行等	编制并执行工程施工进度计划，检查进度计划的执行情况，采取相应措施调整进度计划
成本(造价)控制	进行投资估算、审核设计概算，编制费用计划，审核支付申请，提出节省工程造价的方法与措施等	按投资额确定设计内容和投资分配比例，编制设计概算，按设计任务确定酬金，控制设计成本等	编制施工图预算、施工预算(成本计划)，严格执行成本控制措施，进行工程成本核算、工程价款结算以及日常财务管理等

从表1-3可见，由于立场和目的的不同，不同参建单位的管理内容既有交叉，又有区别。而且，未来的大型施工单位应该转向工程总承包。

(2)工程总承包(EPC)单位的工程项目管理。

工程总承包与施工承包单位密切关联，又是部分施工单位未来的发展方向。其工程项目管理的内容包括以下几方面。

① 组织建立。组建EPC项目管理机构，明确各岗位权责，明确工作流程，制订工作计划等。

② 设计管理。提出初步设计方案，选择最佳设计方案，有效整合资源，强化设计、采购、施工相互有效连接，加强初步设计和设计变更的管理，深化设计的质量、进度、造价、合同、信息等管理。

③ 采购管理。构建健全的采购体系、管理制度，构筑采购部门与其他相关部门的协作平台，优化物资管理流程，建立采购数据库等，对材料、设备数量、质量进行严格把控。

④ 施工管理。制订人力资源计划，设置EPC项目施工部岗位，组织协调施工部与设计部、采购部及其他部门的关系，加强施工现场的质量、进度、成本、合同、安全等管理，对施工分包进行科学策划，选择合适的分包单位，做好对分包单位的管理工作。

⑤ 风险管理。编制风险管理计划，识别风险，通过风险分析与评价，制定风险应对措施等。

4. 工程项目管理的范围

一般来讲，应当围绕工程项目的预定目标，根据资源的约束，确定工程项目管理的范围，明确项目参与各方的职责，从而确保工程项目的顺利进行。而且，不同的市场主体和参与方，其管理范围将会有所不同。

在工程项目建设实施前，建设单位或项目的主管部门应当明确界定项目的范围，并且提出有关项目范围说明的文件，作为今后项目设计、计划、实施和评价的依据。一般来讲，可以依据项目目标的定义或范围说明文件、环境条件调查资料、项目的限制条件和制约因素、同类项目的相关资料等，确定项目的范围。而且，在工程项目的计划文件、设计文件和招标投标文件中，都应包含对工程项目范围的说明。

在项目范围的基础上，进一步明确其项目管理的范围。例如，房地产开发项目的管理范围按照工作任务分解，通常包括以下几个方面。

① 质量控制。包括工程质量以及工序质量、管理过程的质量等。

② 工期管理。在工程量计算、实施方案选择、施工准备等工作基础上，包括设计计划、工期计划、资源采购供应计划等的编制、控制。

③ 成本管理。针对建设投资，包括工程估价（即工程的估算、概算、预算）、成本计划、支付计划、成本控制（包括审查监督成本支出、成本核算、成本跟踪和诊断）以及建设投资、工程款的结算和审核等。

④ 现场管理。包括现场作业条件管理、现场物流的管理、场地使用管理以及现场安全管理等。

⑤ 组织和信息管理。组织管理包括组织机构的建立、人事安排、管理班子的选择、管理工作流程的制定、各方面责权利的落实、管理规范的制定、内部与外部关系的协调、争执的解决等，信息管理包括信息系统的建立、信息流的确定、信息处理过程的控制以及信息形式、内容、传递方式、存档时间的确定等。

⑥ 合同管理。包括招标投标的合同策划、招标工作的准备、招标文件的起草、合同的审查和分析、合同保证体系的建立、合同实施的控制、合同变更的管理、索赔管理等。

⑦ 风险管理。针对项目管理目标，开展风险识别、风险评估和风险控制。

三、工程项目管理的目标和任务

在社会经济的宏观背景下，如果将工程项目视为一个系统，则该系统输入土地、资金、原材料等资源要素，经过建设过程和竣工验收、交付使用，将会输出产品（工程项目）或服务、信息等成果。其逻辑关系如图1-4所示。

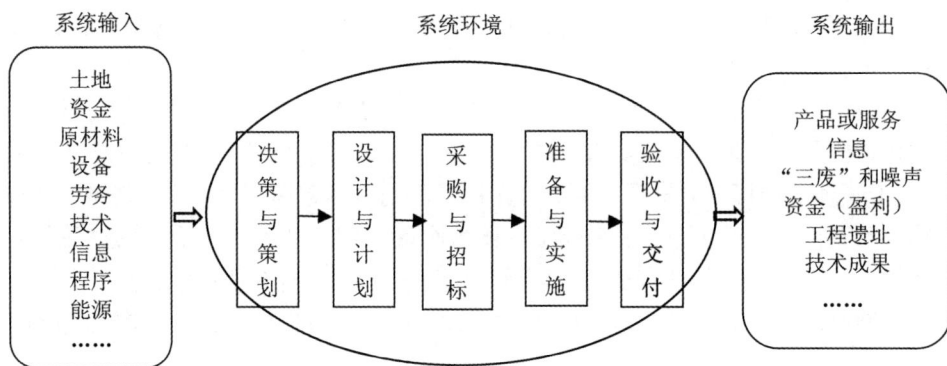

图1-4　工程项目（系统）的输入与输出关系

（一）工程项目管理的目标

针对图1-4的工程项目（系统），从理论或广义的目标讲，工程项目管理应当满足功能质量、时间要求，获得良好的经济效益，需要与环境相协调、具有可持续发展能力，并且令相关各方满意等。

就实践或狭义的目标而言，工程项目管理应当在安全生产的前提下，同时满足工程项目（系统）的质量控制目标、进度控制目标和成本控制目标。

1. 工程项目的质量控制目标

质量控制目标是指工程项目的实体、功能和使用价值，以及参与工程建设有关各方的工作质量等，符合有关法律、法规、规范、标准的规定，而且满足建设单位及承包合同的相关要求。当然，稳步提高工作质量、工序质量是确保工程质量的基础。

2. 工程项目的进度控制目标

进度控制目标要求工程项目的最终动用时间，例如工业项目的负荷联动试车，民用及其他项目交付使用的时间，满足承包合同的约定。当然，建设单位的时间计划，需要在施工工期的基础上，进一步考虑工程项目设计与报批、招标与采购等工作的耗时与衔接。

3. 工程项目的成本控制目标

工程成本控制目标是在保证工程项目质量、进度目标的前提下，对于完成工程建设任务所需要发生的建设投资或工程造价而做出的规定。"成本控制目标"对于建设单位而言通常是建设投资或工程造价，对于承包单位而言是工程造价或工程成本。而且，建设单位在控制建设投资的基础上，希望进一步优化工程项目的寿命周期费用。

(二)不同单位项目管理的目标和任务

一个建设工程项目往往由许多参与单位承担不同的建设任务和管理任务(如勘察、土建设计、工艺设计、工程施工、设备安装、工程监理、建设物资供应、业主方管理等)，各参与单位的工作性质、工作任务和利益不尽相同，因此就形成了代表不同利益方的项目管理。

按照工程项目不同参与方的工作性质和组织特征划分，各单位项目管理的目标和任务(对比)如表1-4所列。

表1-4　各单位项目管理的目标与任务(对比)

项目管理类型 (利益)	目标	任务	涉及的阶段
建设单位 (业主)	投资(总投资目标)、进度(动用的时间目标或交付使用的时间目标)、质量(施工、设计、材料、设备、环境)	① 安全管理 ② 投资控制 ③ 进度控制 ④ 质量控制 ⑤ 合同管理 ⑥ 信息管理 ⑦ 组织和协调 在"三控三管一协调"中，涉及总投资目标的参与方为业主、设计、项目总承包方，涉及安全目标的至少有施工单位和工程总承包单位等	项目实施阶段的全过程
设计单位 (设计 项目整体)	设计成本、项目投资、设计进度、设计质量		主要在设计阶段，也涉及项目实施阶段的其他环节
施工单位 (施工 项目整体)	安全目标、施工成本、施工进度、施工质量		主要在施工阶段，也涉及项目实施阶段的其他环节
供货单位 (供货 项目整体)	供货成本、供货进度、供货质量		主要在施工阶段，也涉及项目实施阶段的其他环节
工程总承包单位 (项目总承包 项目整体)	安全目标、项目总投资、总承包方成本、项目进度、项目质量		项目实施阶段的全过程

(三)工程项目管理三控目标的关系分析

工程项目的质量、进度和投资控制目标是一个密切关联的整体，通常呈现出对立统一的关系。例如，加快进度往往容易忽略质量、增加造价；借助有效的管理、科技的进步等，可能会在不增加投资的前提下，缩短工期和提高质量。因此，工程项目管理，必须合理确定三大目标，统筹兼顾，充分考虑它们的对立统一关系，注意防止因为盲目追求单一目标而冲击或干扰其他目标的现象。当然，安全生产是实现三控目标的重要基础和保障，人们时常将其列入工程项目管理控制目标的范畴，进而形成"四控"目标。

1. 工程项目管理三控目标的对立关系

由于工程质量、进度、成本的矛盾性，工程项目管理三大目标普遍存在对立的关系。

而且，可将三控目标的对立关系绘于图1-5(a)。

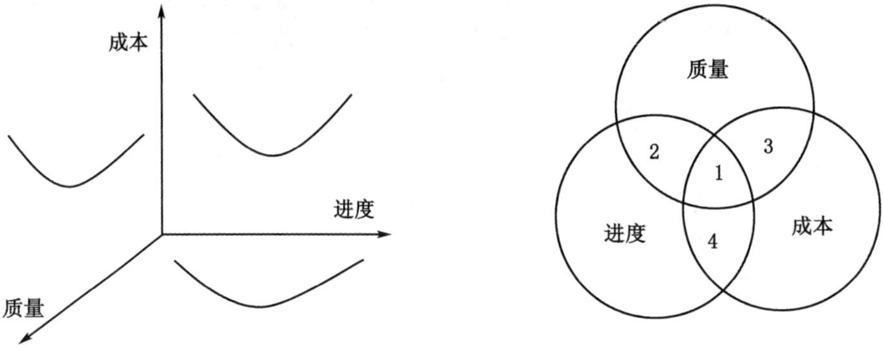

（a）三大目标的对立关系　　　　　　　　（b）三大目标的统一关系

图1-5　三大目标的对立统一关系

在通常情况下，如果对工程质量有较高的要求，就需要投入较多的资金、花费较长的建设时间；如果需要抢时间、赶进度，势必会增加投资或者导致工程质量下降；如果要减少投资、节约费用，通常会给工程项目的功能要求、质量标准带来负面影响。因此，一般情况下，不能奢望工程质量、进度、成本三控目标"既要，又要，还要"同时达到最优。

2. 工程项目管理三控目标的统一关系

工程项目管理某一目标的变化，势必诱发其他目标的波动。于是，将三控目标的统一关系绘于图1-5(b)。其中，1号区域，要求三者同时实现最优，偏于理想、苛刻；2、3、4号区域，要求两个不同的目标不能出现冲突，相对属于比较容易实现，也是实际工作中"令人满意"的范围。例如，既然强调工期和质量，就不能对成本控制得过于严格。

而且，利用现代管理科学的理论或方法，有助于妥善处理三大目标的统一关系。例如，利用网络计划技术，可以在一定范围内，实现工期成本优化；借助质量成本的概念及结构分析，可以寻找质量与成本(费用)的最佳或平衡点；优化工程项目的寿命周期费用，有助于实现质量、进度(时间)、成本(费用)的协调等。

在分析上述三大目标的对立统一关系时，需要将质量、进度、成本作为一个系统综合考虑，通过反复协调、平衡，实现整体和全局的最优。例如，加快进度、缩短工期，虽然需要适当提高成本，但是可以使得工程项目提前交付使用，提早发挥经济效益，并可节约部分筹资、管理费用。如果由此增加的收益大于加快进度所需增加的成本，从整体而言应属可行。

3. 安全生产管理与三控目标的关系分析

在工程建设实践中，安全生产管理并不是孤立存在的，而是与其他三大控制目标之间存在着既相互统一又相互对立的关系。它既可以视为实现工程项目管理目标的措施或手段，也可以作为工程项目管理的目标(四控)。

首先，安全生产管理与工程质量是相互依存的关系。质量管理工作有其特定的内容，安全生产管理工作亦然，安全第一与质量第一两者并不矛盾。安全第一，是从保护生产要素的角度提出的；质量第一，则是从关心产品成果的角度强调的。安全生产管理为提高工程质量服务，工程质量需要安全生产管理作为保证，施工过程中舍弃任何一方，工程项目管理都要陷于失控状态。

其次，安全生产管理与施工进度是相互保证的关系。如果为了赶工期而一味地追求施工速度，不及时调整检查、消除隐患，一旦出现安全事故，造成人员伤亡，工程施工不得不停止，处理事故，整顿现场，欲速则不达。当进度与安全发生冲突时，应当暂时减缓进度，保证安全生产。

最后，安全生产管理与工程成本是相互兼顾的关系。根据安全成本及其管理的理念，如果忽视安全管理，发生伤亡事故，经济损失增加，必然会提高工程成本，降低企业的利润；适当增加安全管理方面的投入，将会有效地遏制安全事故的发生，无形中会减少灾害损失、降低工程成本。

因此，工程质量、工程进度（时间）、工程成本（费用）和安全生产管理四者，是一个相互制约、相互影响的统一体。可以通过图1-6描述它们的相互关系。

在图1-6中，三角形的三条边分别代表工程项目的质量、进度、成本控制目标，三角形中间的"圆"表示工程项目的安全生产管理或安全目标。只有在安全生产的前提下，才能确定工程项目的质量、进度、成本目标，并实施有效的管理。由于工程项目的各个要素之间彼此关联，在保证项目三角始终包含"安全圆"的情况下，调整"三角"的任意一边时，其他两边都会受到影响。因此，每当进行工程项目的计划或目标调整时，必

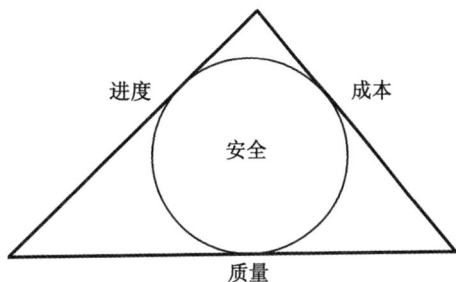

图1-6　安全生产管理与三大目标的关系（控制三角）

须同时对"项目三角"中的其他要素做出修改，以确保工程项目的整体目标或计划继续实施。当然，随着用户经济实力的增强以及对于美好生活的向往，"三角形"并非等边，工程质量的"边长"可能更长。

第二节　工程项目采购模式

工程项目采购多指为工程项目采集、购买所需要的建筑材料、工程设备以及工程施工、工程服务等。在工程建设实践中，建设单位可供选择的采购模式较多，每一种模式都有不同的优势和局限性，适用于不同种类的工程，需要科学选择与取舍。

一、施工总承包模式

（一）施工总承包的内涵

1. 施工总承包的定义

施工总承包是指建设单位将全部施工任务，委托一个施工单位或由多个施工单位组成的施工联合体等，并由其按照合同的约定向建设单位负责，承包完成施工任务。经建设单位同意，施工总承包单位可以根据需要将施工任务的一部分分包给其他符合资质的分包人。施工总承包模式的合同结构，如图1-7所示。

2. 施工总承包单位的职责

一般来讲，施工总承包单位应当承担以下主要职责。

① 编制施工组织设计和质量保证计划，经监理工程师审定后组织实施。

② 按照施工计划组织施工，认真组织好人力、材料、机械等资源的投入，并向监理工

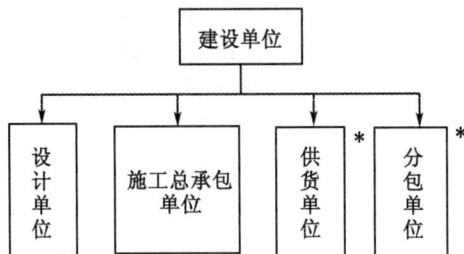

*注：此为建设单位自行采购和分包的部分

图 1-7　工程项目施工总承包模式的合同结构

程师提供年、季、月度工程进度计划及相应的进度统计报表。

③ 按施工合同要求，对于工程质量、进度、成本等进行过程控制，发现不合格项及时纠正。

④ 遵守有关部门对施工现场交通、施工噪声以及环境保护、安全生产等方面的管理规定，办理相关手续。

⑤ 按专用条款约定，做好施工现场地下管线和邻近建筑物、构筑物，以及有关文物、古树等的保护工作。

⑥ 保证施工现场清洁，使之符合环境卫生管理的有关规定。

⑦ 在施工过程中，按规定程序及时主动、自觉接受监理工程师的监督检查，提供建设单位和监理工程师需要的各种统计数据的报表。

⑧ 及时向委托方提交竣工验收申请报告，对验收中发现的问题及时进行改进。

⑨ 负责已完成工程移交前的保护工作。

⑩ 向委托方完整、及时地移交有关工程资料档案。

⑪ 指导和组织分包施工单位施工，并为分包单位提供和创造必要的施工条件。

⑫ 代表施工单位与建设单位、设计单位、监理单位、政府有关部门等外部单位进行必要的沟通与协调。

3. 施工总承包模式的优缺点

(1) 施工总承包模式的优点。

① 应用时间较长，设计单位和施工单位较为适应，其管理程序为工程项目参与各方所掌握，合同范本及其管理方法较为熟悉。

② 建设单位对于主要工作的设计和控制较为容易，可以做到直接管控、一步到位。

③ 建设单位通过一次招标，选定并与施工总承包单位签约，招标及合同管理的工作量较小。

④ 建设单位分别与设计单位和施工单位签订设计和施工合同，可减少漏洞、相互制衡。

⑤ 建设单位只负责对施工总承包单位的管理及组织进行协调，其工作量比平行发包大幅减少，且可能因为规模效应降低投资(造价)。

(2) 施工总承包模式的缺点。

① 由于按照线性顺序进行设计、招标、施工管理，因此工程项目的建造周期相对较长，易导致成本失控。

② 分别面对设计、施工等单位，项目合同相对较多，增加了建设单位的管理负担。

③ 工程质量的好坏在很大程度上取决于施工总承包单位的管理、技术水平和综合实力。

④ 实施过程中一旦出现质量事故或其他隐患，其他参与方时常寻找种种借口、推卸责任。

(二)施工总承包企业的市场准入资格

我国的建设市场主体通常需要同时通过工商注册、企业资质，获得市场准入，国外则更加注重企业信用和个人资格。为落实建设工程企业资质管理制度改革要求，2022年2月，住房和城乡建设部会同国务院有关部门颁布了《建筑业企业资质标准(征求意见稿)》，并将建筑业企业资质分为施工综合资质、施工总承包资质、专业承包资质和专业作业资质4个序列。其中，施工综合资质不分类别和等级；施工总承包资质设有13个类别，分为2个等级(甲级、乙级)；专业承包资质设有18个类别，一般分为2个等级(甲级、乙级，部分专业不分等级)；专业作业资质不分类别和等级。

1. 施工综合资质标准

施工综合资质不分等级，取得施工综合资质的企业可承担各类工程的施工总承包、项目管理业务。

2. 施工总承包序列资质标准

施工总承包序列设有13个类别，分别是：建筑工程施工总承包、公路工程施工总承包、铁路工程施工总承包、港口与航道工程施工总承包、水利水电工程施工总承包、电力工程施工总承包、矿山工程施工总承包、冶金工程施工总承包、石油化工工程施工总承包、市政公用工程施工总承包、通信工程施工总承包、机电工程施工总承包和民航工程施工总承包。

其中，建筑工程施工总承包资质分为甲级、乙级，其标准划分如表1-5所列。

表1-5　建筑工程施工总承包资质等级标准

资质等级	企业资信能力	企业主要人员	企业工程业绩	承包工程范围
甲级	① 净资产1亿元以上 ② 近3年上缴建筑业增值税平均在800万元以上	① 具有建筑工程专业一级注册建造师10人以上 ② 技术负责人具有10年以上从事工程施工技术管理工作经历，且为建筑工程专业一级注册建造师，主持完成过1项以上本类别等级资质标准要求的工程业绩	近5年，承担过下列4类中的3类以上工程的施工总承包，工程质量合格： ① 高度80米以上的民用建筑工程1项或高度100米以上的构筑物工程1项或高度80米以上的构筑物工程2项 ② 地上25层以上的民用建筑工程1项或地上18层以上的民用建筑工程2项 ③ 建筑面积12万平方米以上的民用建筑工程1项，或建筑面积10万平方米以上的民用建筑工程2项，或建筑面积10万平方米以上的装配式民用建筑工程1项，或建筑面积8万平方米以上的钢结构住宅工程1项 ④ 单项建安合同额1亿元以上的民用建筑工程	可承担各类建筑工程的施工总承包、工程项目管理

表1-5（续）

资质等级	企业资信能力	企业主要人员	企业工程业绩	承包工程范围
乙级	净资产 800 万元以上	① 具有建筑工程专业注册建造师 5 人以上 ② 技术负责人具有 5 年以上从事工程施工技术管理工作经历，且为建筑工程专业注册建造师，主持完成过 1 项以上本类别工程业绩		① 高度 100 米以下的工业、民用建筑工程 ② 高度 120 米以下的构筑物工程 ③ 建筑面积 15 万平方米以下的建筑工程 ④ 单项建安合同额 1.5 亿元以下的建筑工程

二、工程总承包模式

（一）工程总承包及其管理目标

1. 工程总承包的定义

工程总承包（Engineering Procurement Construction，简称 EPC）在国际工程承包市场，属于非常普遍的采购或承包模式。《中华人民共和国建筑法》规定："建筑工程的发包单位可以将建筑工程的勘察、设计、施工、设备采购一并发包给一个工程总承包单位，也可以将建筑工程勘察、设计、施工、设备采购的一项或者多项发包给一个工程总承包单位。但是，不得将应当由一个承包单位完成的建筑工程肢解成若干部分发包给几个承包单位"。

我国近年大力推行工程总承包。例如，2020 年 5 月，住房和城乡建设部及市场监管总局印发了《建设项目工程总承包合同（示范文本）》；浙江省住房和城乡建设厅、浙江省发展和改革委员会发布的《浙江省房屋建筑和市政基础设施工程总承包招标文件示范文本（2022 版）》，自 2023 年 3 月 1 日起实施。《建设项目工程总承包管理规范》（GB/T 50358—2017）指出："工程总承包，依据合同约定对建设项目的设计、采购、施工和试运行实行全过程或若干阶段的承包。"

本书认为，工程总承包是指承包人接受发包人委托，按照合同约定，对工程项目的决策与策划、勘察设计、采购与招标、施工与实施、试运行与验收等若干阶段或全部过程进行承包的活动。当然，在工程实践中，工程总承包单位通常在工程项目的投资决策以后，从策划或勘察设计阶段开始正式介入。而且，总承包单位需要对工程项目的质量、进度、成本和安全等全面负责。

2. 我国工程总承包发展的基本回顾

伴随着相关政策和规范性法规文件的颁布，我国工程总承包的发展历程，大致分为以下三个阶段。

（1）试点阶段（1984—2002 年）。从 1984 年的鲁布革水电站、化工行业试行工程总承包模式开始，到 1997 年的《中华人民共和国建筑法》明确提出倡导实行工程总承包模式、1999 年建设部发布《关于推进大型工程设计单位创建国际型工程公司的指导意见》等开启了工程总承包模式的试点阶段。

（2）推广阶段（2003—2013 年）。2003 年 2 月建设部印发《关于培育发展工程总承包和工程项目管理企业的指导意见》（建市〔2003〕30 号）、2005 年 8 月发布国家标准《建设项目工程总承包管理规范》(GB/T 50358—2005)、2011 年 9 月颁布《建设项目工程总承包合同示范文本(试行)》(GF—2011—0216)等有关标准、规范的陆续颁布实施,促使我国工程总承包模式稳步推广。

(3)全面推进阶段(2014 年至今)。2016 年 5 月住房和城乡建设部印发《关于进一步推进工程总承包发展的若干意见》,2017 年 2 月国务院办公厅印发《关于促进建筑业持续健康发展的意见》(国办发〔2017〕19 号),2017 年 5 月发布国家标准《建设项目工程总承包管理规范》(GB/T 50358—2017),2020 年 5 月住房和城乡建设部印发《关于建设项目工程总承包合同(示范文本)的通知》(GF—2020—0216),2020 年 8 月住房和城乡建设部、国家市场监督管理总局等九部门联合印发《关于加快新型建筑工业化发展的若干意见》(建标规〔2020〕8 号),直到 2022 年 1 月住房和城乡建设部印发《"十四五"建筑业发展规划》(建市〔2022〕11 号)等,表明工程总承包模式进入了全面推进阶段。

3. 工程总承包的特点及管理目标

目前,我国的工程总承包通常具有以下特点:承包单位可以提前介入工程项目的设计、管理工作;更多地关注、更好地满足建设单位对于工程项目的全部需求;工程项目的大型化,促成其竞争更加广泛、充分;承包人的自由度较大、持续时间较长,风险较大;有关各方更加注重项目生命周期及其管理;有关各方的责任体系完备,通常需要配合项目管理承包(PMC)等。

在工程总承包的管理目标中,必须确保工程质量,追求包括相关的过程、工作的全面质量目标。同时,基于建设投资,兼顾运营及维护费用,追求全部的费用目标;立足建设期以及相关各方,兼顾运维期等,体现完整的时间目标及其管理;涵盖建设主体、整合资源要素,做到工程项目及其建设过程令各方面满意;培育工程项目与环境相协调,并具有可持续发展能力等。

(二)工程总承包的主要模式

按照过程或内容(组合)的不同,工程总承包除最基本的设计—采购—施工总承包(EPC)模式以外,还包括设计—施工总承包(DB)模式、设计—采购总承包(EP)模式、采购—施工总承包(PC)模式等。具体组合如图 1-8 所示。

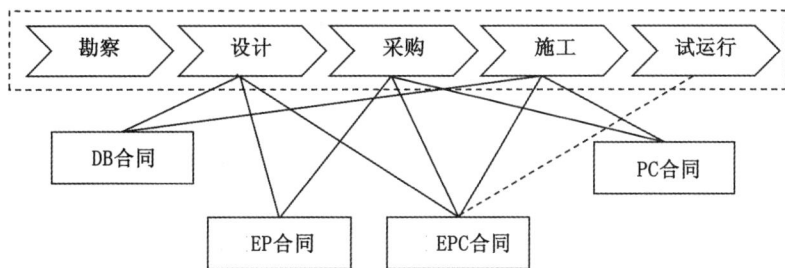

图 1-8　工程总承包的模式

1. 设计—采购—施工总承包(EPC)模式

(1)EPC 模式的界定。设计—采购—施工总承包(Engineering-Procurement-Construction, EPC)是指总承包单位负责工程项目的设计、采购、施工安装的全部过程,并在建设单位进行试运行的情况下,负责试运行服务。该模式的结构如图 1-9 所示。

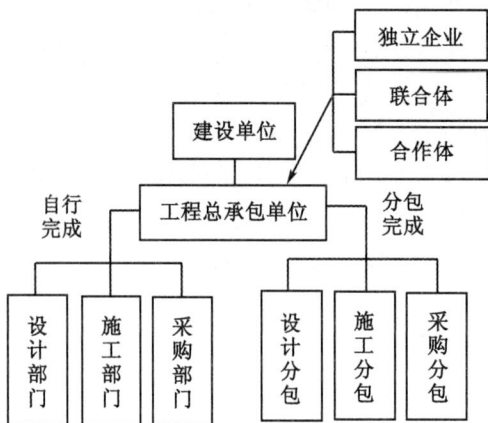

图 1-9　EPC 模式示意图

（2）EPC 模式的优点。

① 对于建设单位而言，其合同关系简单，组织协调工作量小。建设单位只与总承包单位签订一个合同，合同关系大大简化。而且，监理单位主要与总承包单位进行管理、协调，使得建设工程监理的协调量大大减少。

② 缩短建设周期。由于设计与施工由一个单位统筹安排，两个阶段能够有机融合，能够做到设计阶段与施工阶段相互搭接，因此有利于工程进度目标控制以及均衡有序推进。

③ 便于投资控制。虽然总承包的价格并非一定降低，但是通过设计与施工的统筹考虑、科学优化，可以提高项目的经济性，从价值工程或全寿命费用的角度可以取得明显的经济效果。

（3）EPC 模式的缺点。

① 对总包尤其是建设单位而言，招标发包工作的难度大，合同条款不易准确确定，容易造成较多的合同争议，成本风险大，故合同管理的难度通常较大。

② 建设单位择优选择承包单位范围小。由于承包范围大、介入项目时间早，工程信息未知较多，因此承包方要承担较大的风险，而且有此能力的承包单位数量相对较少，往往导致价格较高。

③ 质量控制的难度较大。究其原因，一是质量标准和功能要求不易做到全面、具体、准确，质量控制标准制约性受到影响；二是相关执行及控制机制薄弱。

2. 设计—施工总承包（DB）模式

（1）DB 模式的界定。设计—施工总承包（Design-Build，DB）是指工程总承包企业按照合同约定，承担工程项目的设计和施工任务，并对承包工程的质量、安全、进度、成本全面负责。该模式的结构如图 1-10 所示。

（2）DB 模式的优点。

① 责任明确、稳固质量。打破设计与施工的界限，统筹管理，保障质量，出现质量事故时的责任及处理明确。

② 缩短工程项目的建设周期。建设单位可以较早地准备并进行招标，确定总承包单位，使得承包单位能够边设计边施工，工程项目有望在较短的时间内完成。

③ 减少建设单位多头管理的负担。建设单位只与设计—施工的总承包单位签订合同，使得工程管理流程明晰、效率较高。

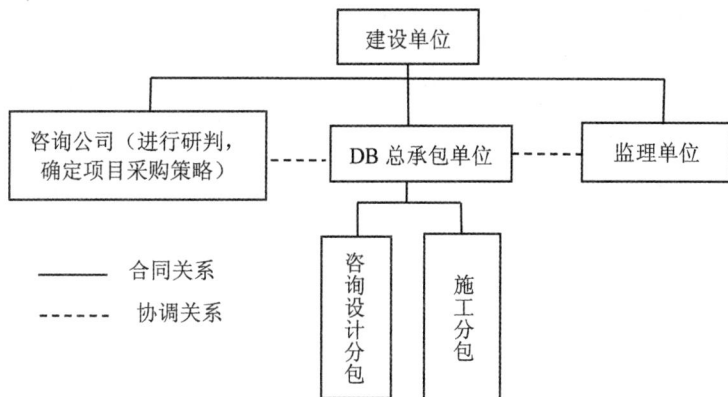

图 1-10　DB 模式示意图

④ 通常采用固定总价合同,有助于建设单位掌握相对确定的工程总造价。

⑤ 总承包单位在保证工程项目功能的前提下,发挥自己的技术和集成化管理优势,得以降低工程成本,提高劳动生产率。

(3)DB 模式的缺点。

① 增加了总承包单位的风险,同时也要求总承包单位具有雄厚的经济技术力量,并能提供设计、施工等管理与实施的综合服务。

② 建设单位对设计和施工的控制力相对减小,并要求建设单位具有极强的项目监督能力。

③ 招标与评标相对传统模式复杂,并要求建设单位在前期筹划、招标准备等阶段要做好充分准备。

3. 设计—采购总承包(EP)模式

(1)EP 模式的界定。设计—采购总承包(Engineering-Procurement,EP)是将工程项目的设计与采购结合,并由 EP 总承包单位统一承包。其示意图见图 1-11。

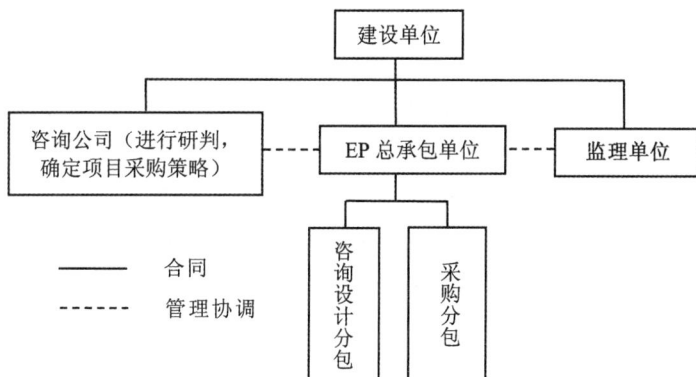

图 1-11　EP 模式示意图

(2)EP 模式的优点。

① EP 总承包单位负责各专业的设计及采购的协调管理,保证了工程项目设计、采购的连续性,减少了责任盲区。

② 设计工作对各种材料、设备明确说明,使得采购工作明确,规范采购对象的评价标

准。采购工作需要提供采购设备的材料，设计团队人员可以对于提供的资料进行补充，使得设计内容更加具体。二者相互配合，可有效控制工程质量与成本，加快相关进程。

（3）EP模式的缺点。一方面表现在EP总承包单位多数由设计院发展而来，缺乏优秀的项目全过程管理人才；另一方面与DB模式的缺点相同。

4. 采购—施工总承包（PC）模式

（1）PC模式的界定。采购—施工总承包（Procurement-Construction，PC）是将工程项目的采购与施工结合，由PC总承包单位统一承包。其示意图如图1-12所示。

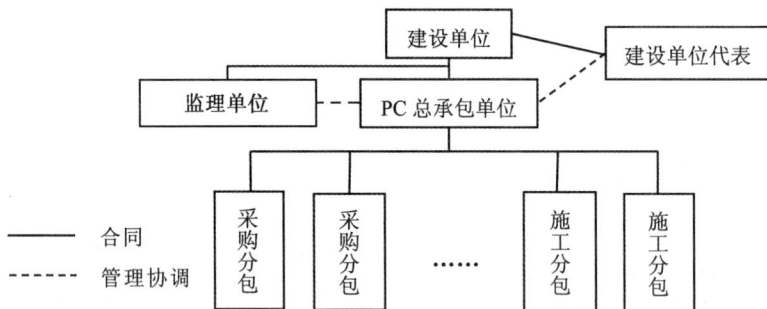

图1-12 PC模式示意图

（2）PC模式的优点。

① PC的总承包单位一般由施工经验丰富的大型建筑安装单位承担，对于其中的采购环节、关键设备及材料的技术等，则由建设单位重点把关，设计单位协助。最终使得采购的物资同时满足设计的条件、建设单位的期望以及建筑安装的要求。

② PC模式的采购人员多数为总承包单位的项目管理人员，可以随时在施工现场协调采购相关事宜，服务更加到位，可以提高工作效率。

（3）PC模式的缺点。

① 在设计深度不够时，容易出现设计与采购—施工脱节的现象，增加了建设单位的设计协调工作量，如果协调不力，还会影响整个项目的建设进度。

② 建设单位在设计协调、采购技术把关等方面参与较多，如果项目过于庞大和复杂，在建设单位人力资源紧张的情况下，可能会对工程的质量、进度造成一定影响。

总之，建设项目工程总承包的基本出发点是借鉴工业生产组织的经验，实现建设生产过程的组织集成化，克服由于设计、采购、施工等环节相分离导致的成本增加、质量控制不力，通过有效的沟通协调优化建设进度、保障安全生产。因此，在新常态、新形势和高质量发展背景下，产业链条逐步完善、管理水平不断提高，相关法规越发配套，国际化趋势基本成型，我国的工程总承包取得较快发展。

（三）工程总承包单位的工作程序

工程总承包单位在工程质量安全、进度控制、成本管理等方面担负总责。在强化个人执业资格制度，提升我国工程总承包管理水平，推进建筑产业现代化，促进建设项目工程总承包管理的规范化、国际化的进程中，需要按照一定的程序开展相关工作。根据《建设项目工程总承包管理规范》（GB/T 50358—2017），工程总承包单位的工作程序依次包括如下几个方面。

（1）项目启动：在工程总承包合同条件下，任命项目经理，组建项目部。

（2）项目初始阶段：进行项目策划，编制项目计划，召开开工会议；发表项目协调程序，发表设计基础数据；编制计划，包括采购计划、施工计划、试运行计划、财务计划和安全管理计划，确定项目控制基准等。

（3）设计阶段：编制初步设计或基础工程设计文件，进行设计审查，编制施工图设计或详细工程设计文件。

（4）采购阶段：采买、催交、检验、运输、与施工方办理交接手续。

（5）施工阶段：施工前的准备工作，现场施工，竣工试验，移交工程资料，办理管理权移交，进行竣工决算。

（6）试运行阶段：对试运行进行指导和服务。

（7）合同收尾：取得合同目标考核证书，办理决算手续，清理各种债权债务；缺陷通知期限满后取得履约证书。

（8）项目管理收尾：办理项目资料归档，进行项目总结，对项目部人员进行考核评价，解散项目部。

（四）施工总承包与工程总承包的比较

施工总承包与工程总承包两种模式，既有联系，更有区别。从某种意义上讲，工程总承包是施工总承包模式的升级版或发展趋势。施工总承包与工程总承包（EPC）模式的比较，如表1-6所列。

表1-6　施工总承包与EPC模式的比较

对比要素	施工总承包	EPC模式
适用范围	一般房屋建筑工程、土木工程项目，适用范围广泛	规模较大的投资项目，如大规模住宅小区项目及石油、石化、电站、工业项目等
主要特点	设计、采购、施工交由不同的承包人按顺序进行	EPC总承包人承担设计、采购、施工，可合理交叉进行
设计的主导作用	难以充分发挥	容易充分发挥
设计、采购、施工之间的协调	由建设单位协调，属外部协调	由总承包单位协调，属内部协调
工程总成本	高	低
设计、采购和安装费占总成本比例	低	高
投资效益	差	好
设计和施工进度	协调和控制难度大	能实现深度交叉
招标形式	公开招标	邀请招标
承包人的投标准备工作	相对EPC模式较容易	工作量大，较困难
风险承担	双方承担，建设单位承担风险较大	主要由承包单位承担风险
对承包单位的专业要求	一般不需要特殊的设备和技术	需要特殊的设备、技术，且要求很高
承包单位利润空间	相对EPC模式较低	相对施工总承包较高
建设单位承担项目管理费	较高	较低
建设单位涉及项目管理深度	较深	较浅

应当看到，尽管社会各界高度重视，且我国工程总承包前景广阔、发展态势良好，但是，随着用户需求的不断提高、国际市场竞争的激烈，我国EPC还存在一些问题，需要尽快加以解决。例如，非市场因素干预较多，对于境外总承包管理的模式、法规及惯例不适

应，发包人的愿望、能力、行为等不够充足，承包人的组织结构、核心竞争力、抗风险能力有待提升，高素质、复合型人才缺乏，综合环境、配套协同能力不够完备等。

三、其他模式

应当承认，工程项目及其建设的情况相当复杂，可供选择的工程采购模式还有许多。除涉及项目融资的政府和社会资本合作（PPP）、建设—运营—移交（BOT）几种模式以及 F（Financing，融资）+EPC 模式外，侧重于工程采购的模式还有如下几种。

（一）设计—招标—建造（DBB）模式

1. DBB 模式的定义

设计—招标—建造（Design-Bid-Build，DBB）模式，在国际上比较通用，且是应用最早的工程项目发包模式之一。它是指由业主（建设单位）委托建筑师或咨询工程师进行前期的机会研究、可行性研究等工作，待项目评估立项后，再进入项目设计。在设计阶段编制施工招标文件，通过招标选择承包商；有关单项工程的分包和设备、材料的采购，通常由承包商与分包商及供应商单独订立合同并组织实施。在工程项目实施阶段，工程师则为业主（建设单位）提供施工或项目管理服务。DBB 模式的示意如图 1-13 所示。

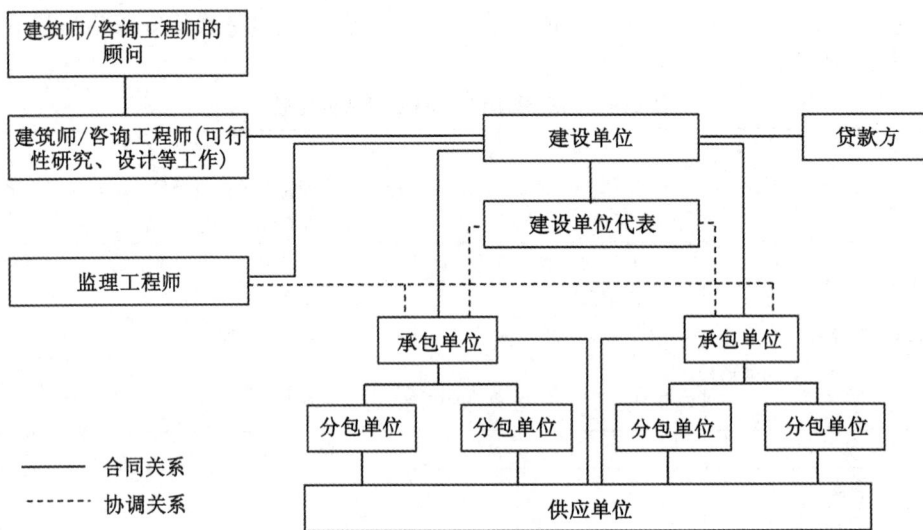

图 1-13　DBB 模式示意图

DBB 模式的突出特点是强调工程项目的实施必须按照"设计—招标—建造"的顺序进行，只有一个阶段全部结束，另一个阶段才能开始。

2. DBB 模式的优缺点

（1）DBB 模式的优点。

① 由于 DBB 模式长期、广泛地在世界各地被采用，因而管理方法较成熟，各方对有关程序都很熟悉。

② 业主（建设单位）可自由选择咨询设计人员，便于和控制设计要求，施工阶段也比较容易掌握设计变更。

③ 可自由选择监理（项目管理）人员，有效地监理（管理）工程。

④ 可采用各方均熟悉的标准合同文本，有利于合同及风险管理。

（2）DBB 模式的缺点。

① 工程项目需要依次设计—招标—建造，致使建设的周期较长。

② 相关管理和协调工作较为复杂，业主(建设单位)的管理费用和前期投入较高。

③ 工程总成本不易控制，发生变更时，容易引起较多索赔。

④ 管理目标交叉，出现质量事故时，设计和施工双方可能互相推诿。

(二)建筑工程管理(CM)模式

1. CM 模式的定义

建筑工程管理(Construction Management，CM)模式，又称为阶段发包方式(Phased Construction Method)或快速轨道方式(Fast Track Method)模式，其将设计工作分为若干阶段，每一阶段设计工作完成后，组织相应工程内容的施工招标，如图 1-14 所示。在该模式下，建设单位、建设单位委托的建筑工程经理(CM 经理)、工程设计人员组成联合小组，共同负责工程项目的规划、设计和施工的组织与管理工作。

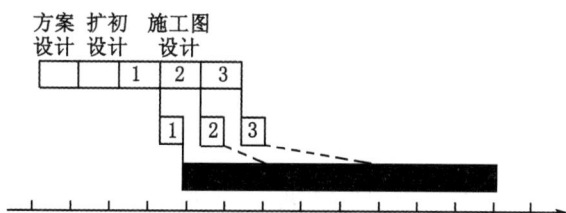

图 1-14　CM 模式示意图

2. CM 模式常用的两种形式

根据承担的管理任务、责任和利益的不同，该模式可细分为代理型 CM("Agency" CM)和风险型 CM("At-Risk" CM)等不同形式。

(1)代理型 CM，即 CM 单位作为业主(建设单位)的咨询(管理)单位，CM 经理直接向建设单位提供咨询和代理服务。建设单位与 CM 单位签订咨询服务合同，与承包单位签订施工合同。CM 单位与设计单位、施工单位和供货单位之间是协调管理关系，如图 1-15 所示。CM 经理可只提供某一阶段的服务，也可以提供全过程的咨询管理服务。

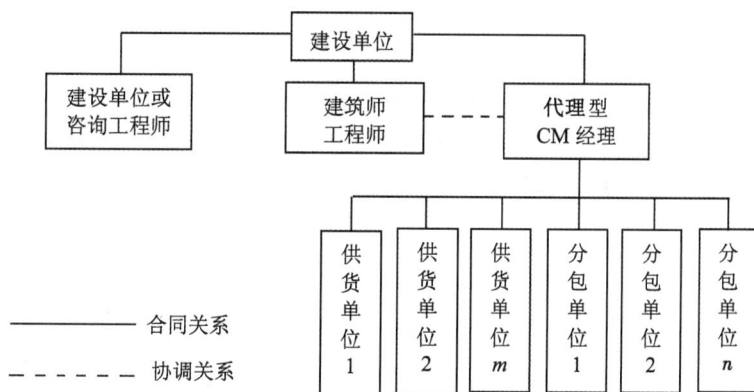

图 1-15　代理型 CM 模式示意图

(2)风险型，即 CM 单位根据业主(建设单位)委托，在承担咨询管理任务的同时，担任施工总承包商的角色，可直接进行分发包，直接与分包商签合同，并向建设单位承担保证最大的工程费用(Guaranteed Maximum Price，GMP)；如果工程实际费用超过了 GMP，超过部分由 CM 单位承担。风险型 CM 模式的示意如图 1-16 所示。

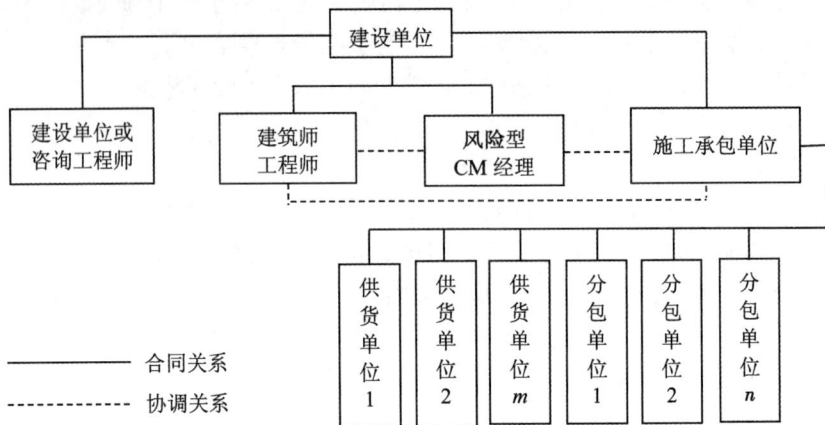

图 1-16　风险型 CM 模式示意图

3. CM 模式的优缺点

(1) CM 模式的优点。

① 在质量控制方面，设计与施工的结合和相互协调，在项目上采用新工艺、新方法时，有利于工程施工质量的提高。

② 在项目进度控制方面，由于 CM 模式采用分散发包、集中管理，使设计与施工充分搭接，有利于缩短建设周期。

③ CM 单位通过加强与设计方的协调，可以减少因修改设计而造成的工期延误。

④ 在投资控制方面，通过协调设计，CM 单位可以帮助建设单位采用相应的方法向设计单位提出合理化建议，以挖掘节约投资的潜力，减少施工阶段的设计变更。如果采用了具有 GMP 的风险型 CM 模式，CM 单位将对工程费用的控制承担更直接的经济责任，可以大幅降低建设单位在工程费用控制方面的风险。

⑤ 分包单位的选择由建设单位和 CM 单位共同决定，使分析更为全面、更为明智。

(2) CM 模式的缺点。

① 对 CM 经理以及其所在单位的资质和信誉的要求较高。

② 由于采用分项招标，可能导致工程费用总额较高。

③ 通常采用"成本加酬金"合同，对于合同范本、签约基础条件等的要求较高。

(三) 项目管理承包 (PMC) 模式

1. PMC 模式的定义

项目管理承包 (Project Management Contract, PMC) 模式是指项目管理承包商受托，代表业主 (建设单位) 对工程项目进行全过程、全方位的项目管理，包括进行工程的整体规划、项目定义、工程招标、选择 EPC 承包商，并对设计、采购、施工、试运行全面负责。在这种管理模式下，由于绝大部分的项目管理工作均由项目管理承包商完成，建设单位仅需保留很少部分的管理力量，并对工程项目实施过程中的一些关键问题进行决策。PMC 模式的示意图如图 1-17 所示。

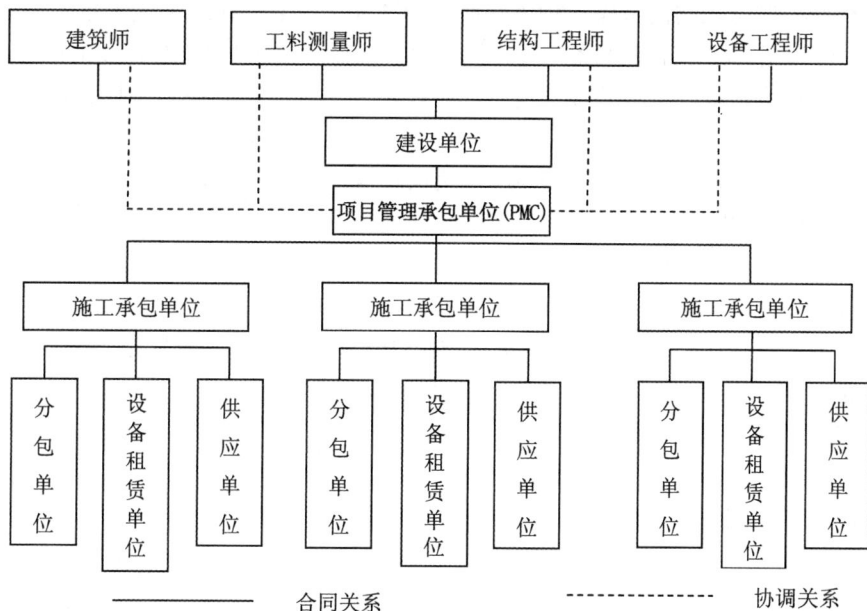

图 1-17　PMC 模式示意图

在图 1-17 中，PMC 管理模式的运行可以分为定义、执行两个阶段。在定义阶段，PMC 单位负责组织设计单位完成初步设计和技术设计，提出一定的合理化建议；根据有关标准、类似项目的成本资料与经验做出投资预算，并作为控制工程成本的参考；编制工程设计、采购和建造的招标文件，确定工程中各个项目的总承包商，针对不同的项目总承包商可以采用 EPC 或 DB 模式。在执行阶段，由中标的总承包商负责完成设计、采购和建造工作，PMC 单位在建设单位的委托管理合同授权下，进行全部项目的管理协调工作，直到项目完成。

2. PMC 模式的优缺点

（1）PMC 模式的优点。

① 可以充分发挥管理承包商在项目管理方面的专业技能，统一协调和管理项目的设计与施工，减少矛盾、提高效率。

② 借助 PMC 的经验、能力，有利于控制建设投资。

③ 可以对工程项目的设计进行优化，有利于实现项目寿命周期费用的最低。

④ 在保证质量优良的同时，承包商获得对项目未来的契股或收益分配权，可以缩短施工工期，尤其是在高风险领域，采用契股这种方式可以稳定队伍。

（2）PMC 模式的缺点。

① 建设单位参与工程的程度低，变更权力有限，协调难度大。

② 建设单位需要选定高水平的项目管理公司，风险较大。

（四）工程代建制模式

1. 工程代建制模式的定义

工程建设代建制，也称工程项目代建制，简称工程代建制，是指工程项目的建设单位或业主方（发包人）通过招标方式，选择专业化的代建单位（承包人或管理人），并由其负责工程项目的投资管理和建设实施等工作，项目建成后交付给发包人或使用人的制度或模式。代建制（Agent-construction System），最早起源于美国工程项目管理提供者视野的 CM

模式。1993 年，厦门在国内率先施行代建制；2004 年，国务院印发《关于投资体制改革的决定》中明确提出：对非经营性政府投资项目加快推行"代建制"，即通过招标等方式，选择专业化的项目管理单位负责建设实施，严格控制项目投资、质量和工期，竣工验收后移交使用单位。

工程代建制除项目管理的内容外，还包括项目策划，报批，办理规划、土地、环评、消防、市政、人防、绿化、开工等手续，采购施工承包商和监理服务单位等。在该模式下，发包人与承包人签订委托合同后，其职能转变为监督管理；承包人（代建人）代表发包人实施工程项目管理。就业主方的工程采购而言，代建制旨在寻找工程建设的管理者。如果严格区分，其中的工程项目代建制，侧重于工程项目建设本身；工程建设代建制的业务范围，则涵盖工程建设的全过程，甚至兼顾运行与维护。

2. 我国工程代建制的主要类型

经过多年发展，我国工程代建制主要有"委托代理合同"（项目法人单位与代建单位签订代建合同）、"指定代理合同"（项目使用单位与代建单位签订代建合同）和"三方代建合同"（项目法人单位、项目使用单位与代建单位三方签订代建合同）三种模式。其中，委托代理合同模式是由项目法人（业主方）采用招标方式选定一个工程管理单位作为代建单位，与代建单位（受托方）签订代建合同；再由代建单位代行项目业主的职能，依据国家有关法律、法规，办理有关审批手续，自主选择工程服务商和承包商并与其签署相关合同；项目建成后协助委托人组织项目的验收。其示意图如图 1-18 所示。

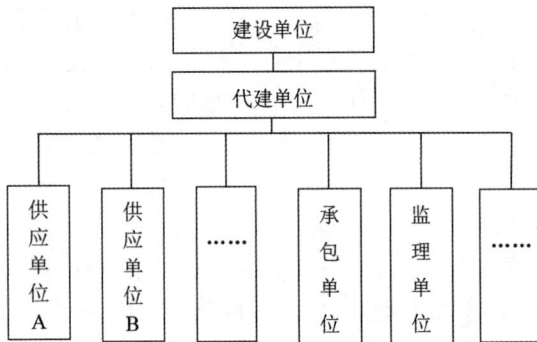

图 1-18　代建制（委托代理合同）模式示意图

工程代建制按照项目资金来源或业主方的不同，主要分为政府代建、商业代建两种类型。主要类型的对比如表 1-7 所列。

表 1-7　我国代建制的主要类型对比

类型	政府代建	商业代建
适用范围	非经营性工程项目，例如非经营性博物馆、学校和保障性住房等	市场化程度较高的经营性项目
分类	政府集中代建（代建中心、代建局等事业单位）、公司分散代建	纯收服务费代建、资本介入代建（配资代建、小股操盘）、资方代建（资产管理公司）等
代建单位	代建中心或专业性的管理公司	具有专业化管理能力的项目管理公司

表1-7(续)

类型	政府代建	商业代建
目的	确保政府投资工程质量，避免权力寻租，处理好委托人、使用方和代建单位三者之间的利益关系	业主方寻求良好的品牌和管理，以保证其投资取得安全、高效的收益；代建单位收取服务费和管理费，以达到盈利的目的

当然，我国的工程代建制还可以包括金融机构投资房地产项目的资本代建、军队(非涉密)设施建设项目代建等类型。

3. 工程代建制模式的优缺点

(1)工程代建制模式的优点。

① 将内部委托代理关系转化为外部委托代理关系，能够充分发挥市场竞争的作用，从机制上确保防止发生"三超"行为。

② 对政府投资项目实施代建制管理，实现了项目管理队伍的专业化。

③ 对非经营性政府投资项目实施代建制管理，能够规范政府投资项目建设实施管理行为，增强项目使用单位的责任意识。

④ 代建制的实施，能够从机制上隔离行政权力与市场资本，压缩了政府权力寻租空间，有助于加快实现政府职能转变，防范腐败，保证政府管理职能部门及其人员的清正廉洁。

(2)工程代建制模式的缺点。

① 在建设市场方面，缺乏指导代建制的规范性文件，代建单位履行职责的法律环境尚不健全。

② 代建制的相关配套政策措施尚不完善，缺乏对代建工程的有效考核，监管制度不够严格、规范。

③ 代建单位作为企业势必逐利，为节约成本，其管理人员数量、质量、能力可能与合同要求存在差距，甚至引发管理风险。

正因为工程项目不同的采购模式各有千秋，才需要根据所在地、项目特点、市场主体、市场环境等科学选择。例如，PMC模式通常适用于：项目投资在1亿美元以上的大型项目；缺乏管理经验的国家和地区的项目，通过引入PMC可以助力项目的成功建成，同时帮助其提高项目管理水平；利用银行或国外金融机构、财团贷款或出口信贷而建设的项目；工艺装置多而复杂，且业主方对此不很熟悉的大型项目等。在房地产市场低迷阶段，开发企业更倾向于通过代建制化解风险、完成开发。

第三节　流水施工与施工组织设计

建立在分工协作基础上的流水施工，属于组织工程项目科学、有效施工的方法之一。它通过专业化施工，充分利用工作时间和操作空间，减少非生产性劳动消耗，提高劳动生产率，保证工程施工连续、均衡地进行，从而提高工程质量、降低工程成本、缩短工期。具有战略部署和战术安排双重作用的施工组织设计，是对建设施工活动实行科学管理的重要手段。它努力实现建设计划和设计的基本要求，提供不同阶段、环节的施工准备工作，协调建设施工过程中不同作业单位、工种、资源要素之间的相互关系。

一、流水施工

(一)流水施工的概念及特点

在工程施工过程中，常用的组织方式有顺序施工、平行施工和流水施工等3种。

【例1-1】 现有3幢同类型的砖混结构住宅楼，它们的基础工程均有土方开挖、混凝土垫层、砖砌基础和土方回填4个施工过程，分别组织4个专业施工队进行这4个施工过程的施工，各施工队在每一幢住宅楼基础的相应施工过程中投入的劳动力数量和工作持续时间如表1-8所列。

表1-8 劳动力数量和工作持续时间

序号	施工过程	工作天数	劳动力数量
1	土方开挖	2	10
2	混凝土垫层	2	12
3	砖砌基础	2	18
4	土方回填	2	8

1. 顺序施工

顺序施工是在每幢楼的基础工程的各施工过程完成后，进行下一幢楼的基础施工，各专业施工队依次按顺序完成一幢后再进行下一幢，直到完成全部3幢楼的基础施工，则完成全部楼盘基础施工所用总工期为

$$T = mt \qquad (1-1)$$

式中：T——总工期（天）；

m——楼盘数；

t——每幢楼基础施工所用时间。

由式(1-1)可知，本例采用顺序施工组织基础施工时，所用工期为24天。可以看出，采用顺序施工时，劳动力和材料的消耗强度较低，工期比较长、各专业施工队的工作不能连续进行，存在工作间歇时间或窝工现象。而且，在各幢楼的基础，即各施工对象上，总是连续地有不同的专业工作队进行施工。

2. 平行施工

平行施工是各幢楼的基础工程同时开工，齐头并进，同时结束。该方式完成全部3幢楼盘基础工程施工所用总工期，等于1幢楼的基础工程施工所用时间，即

$$T = t \qquad (1-2)$$

式中：T——总工期（天）；

t——每幢楼基础施工所用时间。

由式(1-2)可知，本例采用平行施工方式组织基础工程施工时，所用工期为8天。平行施工组织方式，充分利用了工作面，由于同一时间内投入的专业施工队的数量大、消耗的材料数量多，劳动力和材料的消耗强度均较高，因此，施工现场内需要的临时生活、生产设施数量较多，但工期大大缩短。

3. 流水施工

流水施工是指将全部楼盘的基础工程按照一定的时间间隔依次投入施工，各工作队按其先后顺序依次进入各楼盘的基础工程并进行施工，不同的施工过程在不同的区段同时进行。可以看出，采用流水施工组织方式时，各施工对象的施工实现了最大限度的搭接，工期略长于平行施工，但大大短于顺序施工。而且，各专业施工队的工作连续进行，各作业

面及资源的利用比较充分、均衡。

通过比较(见表1-9),可以看到流水施工的组织方式相对科学高效。

表1-9 三种施工组织方式比较

序号	楼号	施工过程	施工天数	施工人数	施工进度/天		
					顺序施工（2 4 6 8 10 12 14 16 18 20 22 24）	平行施工（2 4 6 8）	流水施工（2 4 6 8 10 12）
1	I	土方开挖	2	10			
		混凝土垫层	2	12			
		砌筑基础	2	15			
		土方回填	2	8			
2	II	土方开挖	2	10			
		混凝土垫层	2	12			
		砌筑基础	2	15			
		土方回填	2	8			
3	III	土方开挖	2	10			
		混凝土垫层	2	12			
		砌筑基础	2	15			
		土方回填	2	8			
4		劳动力动态曲线					

据此,可以这样定义流水施工:将拟建工程划分为若干施工段,将施工对象分解为若干个施工过程,按施工过程成立相应工作队,各工作队按施工过程的顺序依次完成施工段内的施工过程,并依次从一个施工段转到下一个施工段;施工在各施工段、施工过程上连续、均衡地进行,使相应专业工作队间最大限度地实现搭接施工。

流水施工具有如下特点:

① 科学利用工作面,节约时间,合理压缩工期;

② 工作队实现专业化施工,有利于工作质量和效率的提升;

③ 工作队及其工人、机械设备连续作业,而且使得相邻专业工作队的开工时间能够最大限度地搭接,减少窝工和其他支出,降低工程成本;

④ 单位时间内资源投入量较均衡,有利于各项资源的组织与供给。

(二)流水施工的主要参数

1. 工艺参数

工艺参数指组织流水施工时,用以表达流水施工的施工工艺方面进展状态的参数或数据。其通常包括施工过程和流水强度两个主要参数。

(1)施工过程。在工程项目中，根据施工组织及计划安排需要划分出的计划任务子项，常称为施工过程。施工过程可以是单位工程、分部工程，也可以是分项工程，甚至是将分项工程按照专业工种、施工工艺等分解而成的施工工序。施工过程的数目一般用 n 表示。

由于建造类施工过程需要占有施工对象的空间，直接影响工期的长短，故须列入施工进度计划，并在其中大多作为起主导作用的施工过程或关键工作。运输类与制备类施工过程一般不占有施工对象的工作面，不影响工期，无须列入施工进度计划。

(2)流水强度。也称为流水能力或生产能力，是指流水施工的某施工过程（专业工作队）在单位时间内所完成的工程量。

2. 空间参数

空间参数指在组织流水施工时，用以表达流水施工在空间布置上开展状态的参数。主要有工作面、施工段和施工层。

(1)工作面。工作面，指供某专业工种的工人或某种施工机械进行施工作业的活动空间。工作面的大小表明能安排施工人数或机械台数的多少。每个作业的工人或每台施工机械所需工作面的大小，取决于单位时间内其完成的工程量和安全施工的要求。工作面确定的合理与否，直接影响专业工作队的生产效率。

(2)施工段。为了有效地组织流水施工，通常把拟建工程项目在平面上划分成若干个劳动量大致相等的施工段落，并称其为施工段。施工段的数目通常以 m 表示。

(3)施工层。在组织流水施工时，为了满足专业工种对操作高度和施工工艺的要求，将拟建工程项目在竖向上划分为若干个操作层，并称其为施工层。施工层的数量一般以 j 表示。施工层的划分，要结合施工项目的具体情况，根据建筑物的高度、楼层等加以确定。例如，砌筑工程的施工层高度一般为 $1.2\,\mathrm{m}$，室内抹灰、木装饰、油漆玻璃和水电安装等，可按楼层进行划分。

3. 时间参数

时间参数指在组织流水施工时，用以表达流水施工在时间安排上所处状态的参数或特征。其主要包括流水节拍、流水步距、平行搭接时间、技术间歇时间和流水施工工期等。

(1)流水节拍。流水节拍指在组织流水施工时，每个专业工作队在各个施工段上完成相应的施工任务所需要的工作延续时间。流水节拍的大小通常以 t_i 表示。

流水节拍的大小，可以反映出流水施工速度的快慢、节奏感的强弱。流水节拍小，其流水速度快，节奏感强；反之，则慢、弱。流水节拍也决定着单位时间的资源供应量，是区别流水施工组织方式的特征参数。

(2)流水步距。流水步距指在组织流水施工时，相邻两个专业工作队在保证施工顺序，满足连续施工、最大限度搭接和保证工程质量要求的条件下，相继投入施工的时间间隔。流水步距的数目一般用 $K_{j,j+1}$ 表示。

流水步距的数目取决于参加流水施工的专业工作队数。如果有 n 个专业工作队，则流水步距的总数为 $n-1$ 个。

(3)平行搭接时间。在组织流水施工时，有时为了缩短工期，在工作面允许的条件下，如果前一个专业工作队完成部分施工任务后，能够提前为后一个专业工作队提供工作面，使后者提前进入前一个施工段，造成两个相邻的工作队在同一施工段上平行搭接施工，该搭接的时间称为平行搭接时间。平行搭接时间一般以 $C_{i,i+1}$ 表示。

（4）技术间歇时间。在组织流水施工时，根据建筑材料或现浇构件等的工艺性质或者施工组织方面的要求，有时还需要考虑合理的等待间歇时间，称为技术间歇时间。例如混凝土浇筑后的养护时间，砂浆抹面和油漆面的干燥时间，墙体砌筑前的墙身位置弹线，施工人员、机械的转移，回填土前地下管道的检查验收等。技术间歇时间通常以$Z_{i,i+1}$表示。

（5）流水施工工期。流水施工工期指从第一个专业工作队投入流水施工开始，到最后一个专业工作队完成最后一个施工段的任务后退出流水施工为止的整个持续时间。一般可采用公式（1-3），计算完成一个流水组的工期。

$$T = \sum K_{i,i+1} + T_n + \sum Z_{i,i+1} - \sum C_{i,i+1} \qquad (1-3)$$

式中： T——流水施工工期；

$\sum K_{i,i+1}$——流水施工中各流水步距之和；

T_n——流水施工中最后一个施工过程的持续时间；

$Z_{i,i+1}$——第i个施工过程与第$i+1$个施工过程之间的技术与组织间歇时间；

$C_{i,i+1}$——第i个施工过程与第$i+1$个施工过程之间的平行搭接时间。

（三）流水施工的基本组织方式

在流水施工中，根据流水节拍的特征将流水施工进行分类。其结果如图1-19所示。

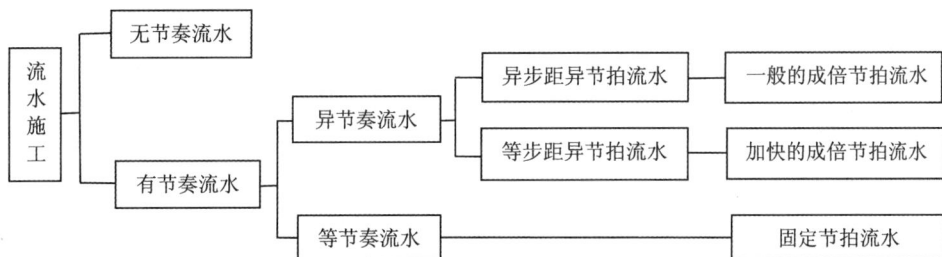

图1-19 流水施工的分类

（1）无节奏流水施工。无节奏流水施工指在组织流水施工时，全部或部分施工过程在各个施工段上流水节拍不相等的流水施工。这种施工是流水施工中最常见的一种。

（2）等节奏流水施工。等节奏流水施工指在有节奏流水施工中，各施工过程的流水节拍都相等的流水施工，也称为固定节拍流水施工或全等节拍流水施工。

（3）异节奏流水施工。异节奏流水施工指在有节奏流水施工中，各施工过程的流水节拍各自相等而不同施工过程之间的流水节拍不尽相等的流水施工。在组织异节奏流水施工时，又可以采用等步距和异步距两种方式。

（四）流水施工的合理组织

1. 无节奏流水施工的组织

无节奏流水施工的实质是：各工作队连续作业，流水步距经计算确定，使专业工作队之间在一个施工段内不相互干扰（不超前，可能滞后），或做到前后工作队之间工作紧紧衔接。因此，组织无节奏流水施工的关键就是正确计算流水步距。组织无节奏流水施工的基本要求与异步距异节拍流水相同，即保证各施工过程的工艺顺序合理和各施工队组尽可能依次在各施工段上连续施工。

无节奏流水施工不同于有节奏流水施工具有一定的时间规律约束，在进度安排上比较灵活、自由；其在分部工程、单位工程以及大型建筑群的流水施工中，实际运用比较广泛。

2. 等节奏流水施工的组织

等节奏流水施工的组织方法或流程包括：首先，划分施工过程，并将劳动量较小的施工过程合并到相邻施工过程中，以使各流水节拍相等；其次，确定主要施工过程的施工队组人数，计算其流水节拍；最后，根据已定的流水节拍，确定其他施工过程的施工队组人数及其组成。

等节奏流水施工一般适用于工程规模较小、建筑结构比较简单、施工过程不多的房屋或某些构筑物。在工程实践中，常用于组织一个分部工程的流水施工。

3. 异节奏流水施工的组织

(1)异步距异节拍流水施工的组织。组织异步距异节拍流水施工的基本要求，是各施工队组尽可能依次在各施工段上连续施工，允许有些施工段出现空闲，但不允许多个施工班组在同一施工段交叉作业，更不允许发生工艺顺序颠倒的现象。

异步距异节拍流水施工适用于施工段大小相等的分部和单位工程的流水施工。它在进度安排上比等节奏流水施工灵活，实际应用范围较广泛。

(2)等步距异节拍流水施工的组织。等步距异节拍流水施工的组织方法或流程包括：首先，根据工程对象和施工要求，划分若干个施工过程；其次，根据各施工过程的内容、要求及其工程量，计算每个施工段所需的劳动量，并根据施工队组人数及组成，确定劳动量最少的施工过程的流水节拍；最后，确定其他劳动量较大的施工过程的流水节拍，通过调整施工队组人数或其他技术组织措施，使它们的流水节拍值之间存在一个最大公约数。

等步距异节拍流水施工方式比较适用于线性工程(例如道路、管道等)的施工，也适用于房屋建筑施工。

二、施工组织设计概述

作为全面的技术经济文件、科学管理的重要手段，施工组织设计用以指导施工组织与管理、施工准备与实施、资源配置与使用等，针对工程特点，按照客观规律进行施工。《建筑施工组织设计规范》(GB/T 50502—2009)对施工组织设计做了如下解释：以施工项目为对象编制的，用以指导施工的技术、经济和管理的综合性文件。

通过编制、实施施工组织设计，根据具体工程的特定条件，拟订施工方案，确定施工顺序、施工方法、技术组织措施，可以保证拟建工程按照预定的工期完成；可以在开工前了解到所需资源的数量及其使用的先后顺序；可以合理安排施工现场布置。因此，施工组织设计应从施工全局出发，充分反映客观实际，符合国家或合同要求，统筹安排施工活动有关的各个方面，合理地布置施工现场，确保文明施工、安全施工。

(一)施工组织设计的基本内容

施工组织设计(文件)应当包括编制依据、工程概况、施工部署及施工方案、施工进度计划、施工准备与资源配置计划、主要施工方法、施工平面图、主要技术经济指标及主要施工管理计划等内容。

1. 工程概况

① 本项目的性质、规模、建设地点、结构特点、建设期限、分批交付使用的条件、合同条件。

② 本地区的地形、地质、水文和气象情况。

③ 本项目的施工力量、劳动力、机具、材料、构件等资源供应情况。

④ 施工环境及施工条件等。

2. 施工部署及施工方案

① 根据工程情况，结合人力、材料、机械设备、资金、施工方法等条件，全面部署施工任务，合理安排施工顺序，确定主要工程的施工方案。

② 对于拟建工程可能采用的几个施工方案进行定性、定量的分析，通过技术经济评价，选择最佳方案。

3. 施工进度计划

① 施工进度计划反映了最佳施工方案在时间上的安排，采用计划的形式，使工期、成本、资源等方面，通过计算和调整达到优化配置，符合项目目标的要求。

② 使主要施工工序均衡有序地进行，使工期、成本、资源等通过优化调整达到既定目标，在此基础上，编制相应的人力和时间安排计划、资源需求计划和施工准备计划。

4. 施工平面图

施工平面图是施工方案及施工进度计划在空间上的全面安排。它将拟投入的各种资源、材料、构件、机械、道路、水电供应网络、生产和生活活动场地及各种临时工程设施等，合理地布置在施工现场，使整个现场能有组织地进行文明施工。

5. 主要技术经济指标

技术经济指标用以衡量组织施工的水平，全面评价施工组织设计文件的技术经济效益。以单位工程施工组织设计为例，其主要技术经济指标包括工期指标、劳动生产率指标、质量指标、安全指标、降低成本率、主要工程工种机械化程度、三大材料节约指标等。

（二）施工组织设计的分类

施工组织设计按设计阶段和编制对象的不同，可以分为施工组织总设计、单位工程施工组织设计和施工方案。

1. 施工组织总设计

施工组织总设计通常以若干单位工程组成的群体工程或特大型项目为主要对象编制，并对整个项目的施工过程起统筹规划、重点控制的作用。

在实际操作中，具备大型规模的建筑工程，很多只需编制单位工程施工组织设计。必须编制施工组织总设计的建筑工程，其规模通常超过大型建筑工程的标准，需要分期分批建设，并称为特大型项目。

2. 单位工程施工组织设计

单位工程施工组织设计通常以单位（子单位）工程为主要对象编制，对单位（子单位）工程的施工过程起指导和制约作用。其中，对于已经编制了施工组织总设计的工程项目，单位工程施工组织设计应是施工组织总设计的进一步具体化，直接指导单位工程的施工管理和技术经济活动。

3. 施工方案

施工方案通常以分部（分项）工程或专项工程为主要对象编制，用以具体指导其施工过程。施工方案在某些时候也被称为分部（分项）工程或专项工程施工组织设计。考虑到通常情况下，施工方案是对于施工组织设计的补充和进一步细化，故施工组织设计的某些内容在施工方案中不需赘述。

施工组织总设计、单位工程施工组织设计和施工方案的联系与区别，如表1-10所列。

表 1-10　不同施工组织设计的联系与区别

分类	编制对象	组织编制人	审批人	施工组织设计的内容
施工组织总设计	若干单位工程组成的群体工程或特大型项目	项目负责人	总承包单位技术负责人	① 工程概况；② 总体施工部署；③ 施工总进度计划；④ 总体施工准备与主要资源配置计划；⑤ 主要施工方法；⑥ 施工总平面布置等
单位工程施工组织设计	单位（子单位）工程		施工单位技术负责人或其授权的技术人员	① 工程概况；② 施工部署；③ 施工进度计划；④ 施工准备与资源配置计划；⑤ 主要施工方案；⑥ 施工现场平面布置等
施工方案	分部（分项）工程或专项工程		项目技术负责人	① 工程概况；② 施工安排；③ 施工进度计划；④ 施工准备与资源配置计划；⑤ 施工方法及工艺要求等

4. 施工管理计划

《建筑施工组织设计规范》(GB/T 50502—2009) 对施工管理计划作了如下规定：施工管理计划应包括进度管理计划、质量管理计划、安全管理计划、环境管理计划、成本管理计划以及其他管理计划等内容。施工管理计划目前大多作为管理和技术措施编制在施工组织设计中，并成为施工组织设计必不可少的内容。

施工管理计划涵盖很多方面的内容，可根据工程的具体情况加以取舍。在编制施工组织设计时，各项管理计划可单独成章，也可穿插在施工组织设计的相应章节中。

三、施工组织总设计

施工组织总设计是以工程项目为对象，在初步设计或者扩大初步设计阶段编制，对于整个工程项目建设作出的总体战略部署。在工程实践中，施工组织总设计多以若干单位工程组成的群体工程或特大型项目为主要对象，用于总体性指导、协调和阶段性目标控制与管理，并对整个项目的施工过程起统筹规划、重点控制的作用。施工组织总设计的涉及范围较广，内容比较概括、粗略。它是编制单位工程施工组织设计的依据，同时也是编制年（季）度施工计划的依据。

（一）施工组织总设计的作用

施工组织总设计在建设工程中具有重要的统筹规划、协调控制和指导等作用，其主要包括：

① 为建设项目或建筑群的施工作出全局性的战略部署；

② 为做好施工准备工作、保证资源供应等提供依据；

③ 为建设单位编制工程建设计划提供依据；

④ 为施工单位编制施工计划和单位工程施工组织设计提供依据；

⑤ 为组织整个施工业务提供科学方案和实施步骤；

⑥ 为确定设计方案的施工可行性和经济合理性提供依据。

（二）施工组织总设计编制内容和程序

1. 施工组织总设计的编制内容

施工组织总设计编制的内容根据工程性质、规模、工期、结构的特点及施工条件的不同而有所不同，其通常包括：工程概况、总体施工部署、施工总进度计划、总体施工准备与主要资源配置计划、主要施工方法、施工总平面布置图和主要技术经济指标等。

2. 施工组织总设计的编制程序

施工组织总设计通常由项目负责人编制，企业技术负责人审批。编制的一般程序如图1-20 所示。

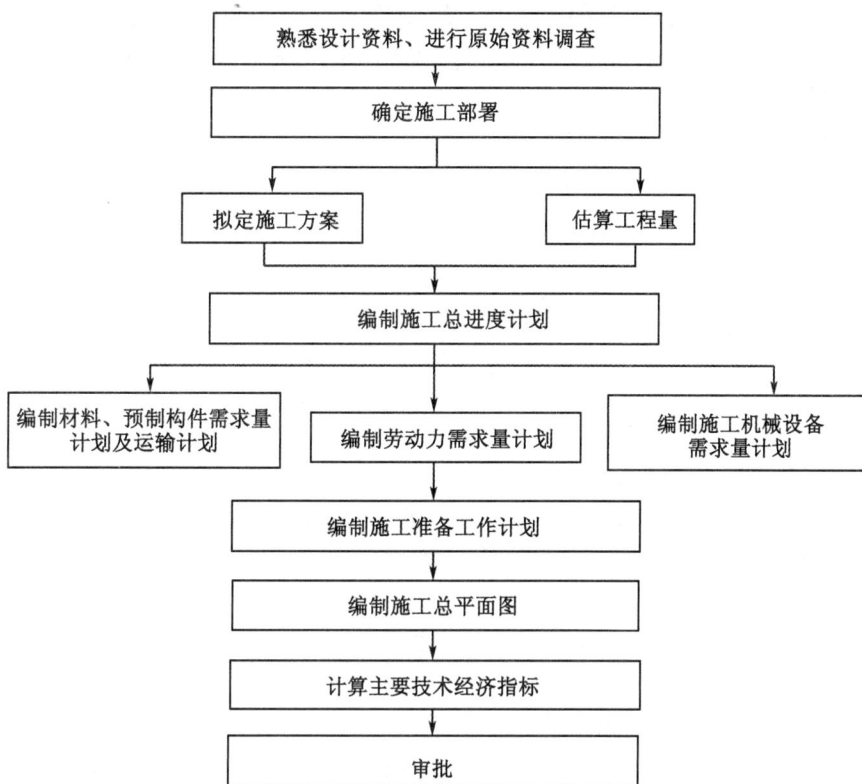

图 1-20　施工组织总设计的编制程序

四、单位工程施工组织设计

单位工程施工组织设计是以单位(子单位)工程为主要对象编制的，规划和指导单位工程从施工准备到竣工验收全过程施工活动的技术经济文件。单位工程施工组织设计是施工组织总设计的具体化，也是施工单位编制季度施工计划、月度施工计划、分部(分项)工程施工方案以及劳动力、材料、机械设备等供应计划的主要依据。

(一)单位工程施工组织设计的作用

施工组织设计的作用主要表现在以下几个方面：

① 贯彻施工组织总设计的精神，具体落实施工组织总设计对该单位工程的规划安排。

② 选择并确定合理的施工方案，提出具体的质量、安全、进度、成本保证措施，落实建设意图。

③ 编制施工进度计划，确定科学合理的各分部(分项)工程间的搭接配合关系，以实现工期目标。

④ 计算各种资源需要量，落实资源供应，做好施工作业准备工作。

⑤ 设计符合施工现场情况的平面布置图，使施工现场平面布置科学、紧凑、合理。

(二)单位工程施工组织设计的编制内容

由于单位工程的性质、规模、技术复杂程度、现场施工条件和建设单位的要求等各不相同，施工组织设计的深度、广度以及内容、重点也会不尽相同，不能强求一致。但是，无论怎样编写，其内容必须简明扼要，具有规模性及控制性，并应做到一切从解决实际施工问题出发，在施工中确实起到指导现场施工的作用。按照《建筑施工组织设计规范》(GB/T 50502—2009)的规定，单位工程施工组织设计编制的基本内容包括工程概况、施工部署、施工进度计划、施工准备与资源配置计划、主要施工方案、施工现场平面布置、主要技术组织措施、技术经济指标等。

1. 工程概况

作为编制单位工程施工组织设计的依据和基本条件，工程概况应包括工程主要情况、各专业设计简介和工程施工条件等。

必要时，工程概况可附简图说明。各种工程设计及自然条件的参数(如建筑面积、建筑场地面积、成本、结构类型、层数、地质条件、水、电等)可列表说明，力争一目了然、简明扼要。施工条件应着重说明资源供应、运输方案及现场特殊的条件和要求等。

2. 施工部署

作为单位工程施工组织设计的编制重点，施工部署中应侧重于各施工方案技术经济比较，力求采用新技术、选择最优方案。确定施工方案主要包括施工程序、施工流程及施工顺序的确定，主要为分部工程施工方法和施工机械的选择，技术组织措施的制定等内容，尤其是对于新技术、新工艺等选择的要求更为详细。

3. 施工进度计划

单位工程施工进度计划应按施工部署的安排进行编制，并主要包括确定施工项目，划分施工过程，计算工程量、劳动量和机械台班量，确定各施工项目的作业时间，组织各施工项目的搭接关系并绘制进度计划图表等内容。

常见的进度计划编制和表现形式，包括横道图、网络计划图等方法。而且，网络计划图可以表示工作之间的先后顺序、逻辑关系等，信息量大、更加科学。由于篇幅所限，此不赘述，有关内容可参见本书第三章(第三节)或者其他书籍。

4. 施工准备与资源配置计划

该部分内容主要包括施工准备工作的技术准备、现场准备、物资准备及劳动力、材料、构件、半成品、施工机具需要量计划、运输量计划等。

5. 主要施工方案

作为重点编制内容之一，单位工程应按照《建筑工程施工质量验收统一标准》(GB 50300—2013)中分部、分项工程的划分原则，针对主要分部、分项工程制定施工方案。

6. 施工现场平面布置

施工现场平面布置图应按照相关原则和要求，并结合施工组织总设计，按不同施工阶段分别绘制。施工现场平面布置(图)主要包括工程施工场地状况，拟建建(构)筑物的位置、轮廓尺寸、层数等，工程施工现场的加工设施、存储设施、办公和生活用房等的位置和面积，布置在工程施工现场的垂直运输设施、供电设施、供水供热设施、排水排污设施和临时施工道路等，施工现场必备的安全、消防、环境卫生和环境保护等措施，相邻的地上、地下既有建(构)筑物及相关环境等。

7. 主要技术组织措施

主要技术组织措施包括质量保证措施，保证施工安全措施，保证文明施工措施，保证施工进度措施，冬、雨季(期)施工措施，降低成本措施，提高劳动生产率措施等内容。

8. 技术经济指标

技术经济指标主要包括工期指标、质量和安全指标、降低成本指标和节约材料指标等内容。

在以上 8 项内容中，以施工部署、施工进度计划、施工现场平面布置 3 项最为关键，它们分别规划了单位工程施工准备及进行过程中的技术与组织、时间、空间三大要素。而且，在单位工程施工组织设计中，应着力研究筹划，以期达到科学、合理、适用。

(三)单位工程施工组织设计的编制程序

单位工程施工组织设计需要明确单位工程施工组织设计各个组成部分的先后次序以及相互制约的关系。其通常由项目技术负责人编制，项目负责人或企业技术负责人审批。单位工程施工组织设计的编制程序和内容如图 1-21 所示。

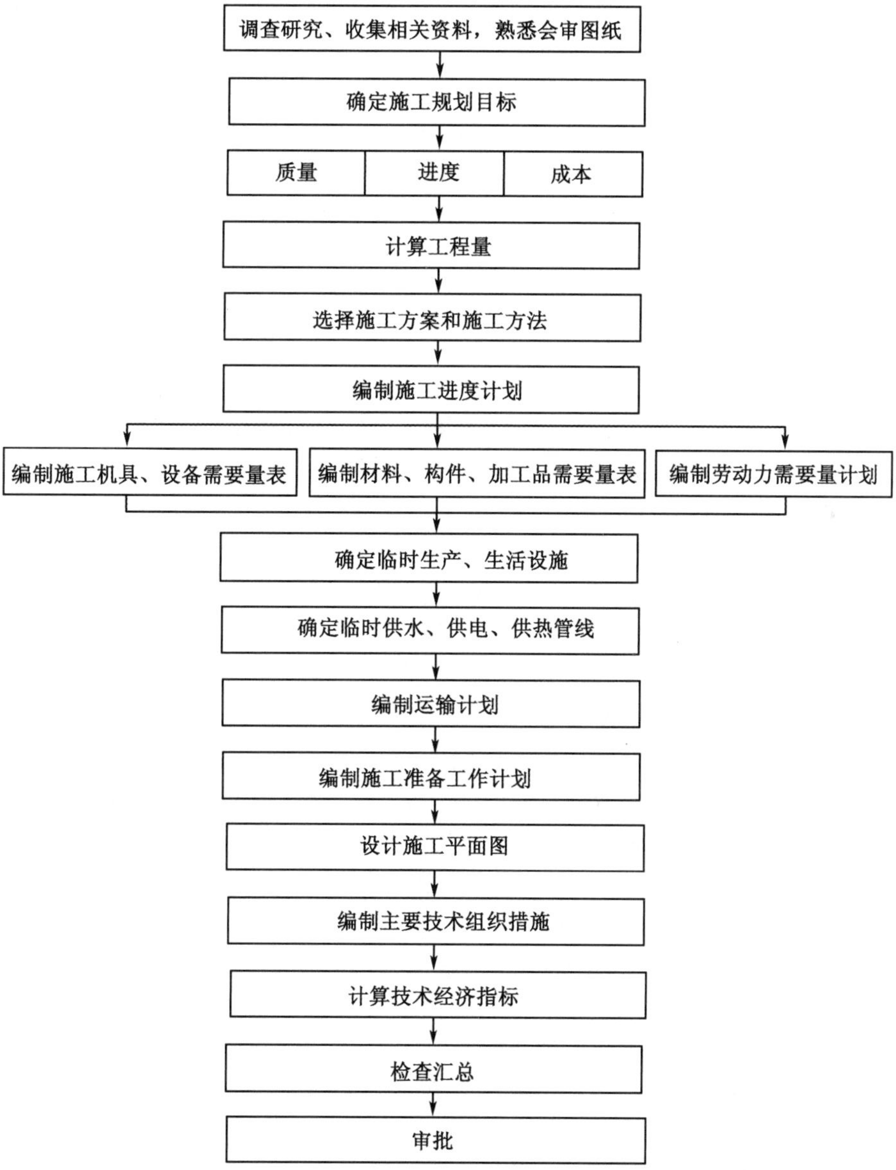

图 1-21　单位工程施工组织设计的编制程序及内容

第四节　工程项目管理策划

工程项目管理策划是工程项目管理的一个重要组成部分。它在项目建设前期和实施过程中，通过调查研究和收集资料，在充分占有信息的基础上，针对工程项目进行决策、计划和实施，通过组织、管理、经济和技术等分析和论证，明确工程项目建设的目标和方向，为工程项目建设的开展、实施提供一系列的谋划和决策。

一、概述

（一）建设工程项目管理策划

通常认为，策划是对于未来拟采取的行动、行为做出决定的准备过程，也是一种构思或理性思维程序。《建设工程项目管理规范》（GB/T 50326—2017）对项目管理策划（Project Management Planning）作了如下的术语解释："为了达到项目管理目标，在调查、分析有关信息的基础上，遵循一定的程序，对未来（某项）工作进行全面的构思和安排，制定和选择合理可行的执行方案，并根据目标要求和环境变化对方案进行修改、调整的活动。"

项目管理策划通常包括项目管理规划策划和项目管理配套策划两种类型：前者，包括项目管理规划大纲和项目管理实施规划；后者，则包括项目管理规划策划以外的所有项目管理策划内容。如果按照编制的时间、内容和深度不同，项目管理策划又可分为指导性策划、实施性策划，乃至修正性实施策划、具体管理计划等。总体而言，项目管理策划旨在为工程项目建设的决策和实施增值。

1. 项目管理策划的管理过程

项目管理策划应包括下列管理过程：① 分析、确定项目管理的内容与范围；② 协调、研究、形成项目管理策划结果；③ 检查、监督、评价项目管理策划过程；④ 履行其他确保项目管理策划的规定责任。

2. 项目管理策划的程序

项目管理策划的有关工作，应遵循下列程序：① 识别项目管理范围；② 进行项目工作分解；③ 确定项目的实施方法；④ 规定项目需要的各种资源；⑤ 测算项目成本；⑥ 对各个项目管理过程进行策划。

3. 项目管理策划过程的相关规定

项目管理策划的过程，应当符合下列规定：

① 项目管理范围应包括完成项目的全部内容，并与各相关方的工作协调一致；

② 项目工作分解结构应根据项目管理范围，以可交付成果为对象实施，应根据项目实际情况与管理需要确定详细程度，确定工作分解结构；

③ 提供项目所需资源，按照保证工程质量和降低项目成本的要求，进行方案比较；

④ 项目进度安排应形成项目总进度计划，宜采用可视化图表表达；

⑤ 宜采用量价分离的方法，按照工程实体性消耗和非实体性消耗测算项目成本；

⑥ 应进行跟踪检查和必要的策划调整，工程项目完工后，宜编写项目管理策划的总结文件。

（二）项目管理规划

项目管理规划策划，简称项目管理规划，是在项目管理目标的实现和管理的全过程中，针对各种管理职能、各种管理过程以及各种管理要素编制出综合、完整、全面的总体计划。

它是指导工程项目管理工作的纲领性文件。

项目管理规划通常从总体和宏观上，对于如下7个方面进行分析和描述：① 为什么要进行项目管理；② 项目管理需要做什么工作；③ 怎样进行项目管理；④ 谁做项目管理的哪方面工作；⑤ 什么时候做哪些项目管理工作；⑥ 项目的总投资；⑦ 项目的总进度等。

1. 项目管理规划的组成

建设工程项目管理规划涉及项目整个实施阶段，并属于业主方或建设单位项目管理的范畴。项目管理规划包括项目管理规划大纲和项目管理实施规划两类文件。

项目管理规划大纲是项目管理工作中具有战略性、全局性和宏观性的指导文件。由施工企业管理层在招标投标之前编制，并作为投标、评标的依据，以中标和经济效益为目标，带有规划性的、满足招标文件要求及签订合同要求的文件。

对于项目管理规划大纲内容进行细化的项目管理实施规划，是在开工之前由项目经理主持编制的，旨在指导从施工准备、开工、施工直至竣工验收的全过程，以提高施工效率和效益的、带有作业性的项目管理的文件。

项目管理规划大纲和项目管理实施规划之间关系密切，前者是后者的编制依据，后者贯彻前者的精神，对前者确定的目标和决策，做出更具体的安排，用以指导实施阶段的项目管理。两者的服务范围及主要特征等（对比）如表1-11所列。

表1-11 两类项目管理规划文件的区别

种类	编制者	编制时间	服务范围	主要特征	主要目标
项目管理规划大纲	经营管理层	投标书编制前	投标与签约	规划性	中标和经济效益
项目管理实施规划	项目管理层	签约后开工前	施工准备至验收	作业性	施工效率和效益

2. 项目管理规划的内容

建设工程项目管理规划一般包括如下14项内容：项目概述，项目的目标分析和论证，项目管理的组织，项目采购和合同结构分析，投资控制的方法和手段，进度控制的方法和手段，质量控制的方法和手段，安全、健康与环境管理的策略，信息管理的方法和手段，技术路线和关键技术的分析，设计过程的管理，施工过程的管理，价值工程的应用，风险管理的策略等。

建设工程项目管理规划内容涉及的范围和深度，在理论上和工程实践中并没有统一的规定，应视项目的特点而定。而且，在项目实施过程中，主客观条件的变化是绝对的，平衡是暂时的。因此，项目管理规划必须随着情况的变化而进行动态调整、优化。

（三）项目管理配套策划

项目管理配套策划是与项目管理规划相关联的项目管理策划，应将其作为项目管理规划的支撑措施，纳入项目管理策划过程。

1. 项目管理配套策划的依据

项目管理配套策划的编制依据，通常包括项目管理制度、项目管理规划、实施过程需求、相关风险程度等。

2. 项目管理配套策划的内容

项目管理配套策划的编制内容，通常应包括：① 确定项目管理规划的编制人员、方法选择、时间安排；② 安排项目管理规划各项规定的具体落实途径；③ 明确可能影响项目管理实施绩效的风险应对措施。

3. 项目管理配套策划的要求

项目管理机构应确保项目管理配套策划过程满足项目管理的需求，并应符合下列规定：① 界定项目管理配套策划的范围、内容、职责和权利；② 规定项目管理配套策划的授权、批准和监督范围；③ 确定项目管理配套策划的风险应对措施；④ 总结评价项目管理配套策划水平等。

二、项目管理规划大纲的内容和编制方法

项目管理规划大纲是项目管理工作中具有战略性、全局性和宏观性的指导文件。作为招标投标之前项目管理全部过程的规划，它可为招标投标、签订合同提供依据，并追求工程项目管理的经济效益。

（一）项目管理规划大纲的内容

根据《建设工程项目管理规范》（GB/T 50326—2017）的规定，项目管理规划大纲应包括下列 15 项内容：项目概况，项目范围管理，项目管理目标，项目管理组织，项目采购与投标管理，项目进度管理，项目质量管理，项目成本管理，项目安全生产管理，绿色建造与环境管理，项目资源管理，项目信息管理，项目沟通与相关方管理，项目风险管理，项目收尾管理。当然，也可结合工程项目特点，根据实际需要，从中优选或突出重点。

（二）项目管理规划大纲编制的工作程序

1. 项目管理规划大纲的编制依据

项目管理规划大纲的编制依据，通常包括项目文件、相关法律法规和标准，类似项目经验资料，实施条件调查资料等。

2. 项目管理规划大纲的编制工作程序

项目管理规划大纲的编制工作程序依次包括：① 明确项目需求和项目管理范围；② 确定项目管理目标；③ 分析项目实施条件，进行项目工作结构分解；④ 确定项目管理组织模式、组织结构和职责分工；⑤ 规定项目管理措施；⑥ 编制项目资源计划；⑦ 报送审批。

三、项目管理实施规划的内容和编制方法

项目管理实施规划应在项目实施前编制，进而指导项目的顺利实施。因此，作为实施过程的管理依据，项目管理实施规划是项目管理规划大纲的细化，应当追求管理效率和良好效果，并更具可操作性。

（一）项目管理实施规划的内容

根据《建设工程项目管理规范》（GB/T 50326—2017）的规定，项目管理实施规划应包括以下 17 项内容：项目概况，项目总体工作安排，组织方案，设计与技术措施，进度计划，质量计划，成本计划，安全生产计划，绿色建造与环境管理计划，资源需求与采购计划，信息管理计划，沟通管理计划，风险管理计划，项目收尾计划，项目现场平面布置图，项目目标控制计划，技术经济指标。应当承认，项目管理实施规划包括风险管理、收尾管理等，确实属于施工组织设计的"升级版"。

（二）项目管理实施规划编制的工作程序

1. 项目管理实施规划的编制依据

项目管理实施规划编制的主要依据有：① 适用的法律、法规和标准；② 项目合同及相关要求；③ 项目管理规划大纲；④ 项目设计文件；⑤ 工程情况与特点；⑥ 项目资源和条

件；⑦ 有价值的历史数据；⑧ 项目团队的能力和水平。

2. 项目管理实施规划的编制工作程序

① 了解相关方的要求；

② 分析项目具体特点和环境条件；

③ 熟悉相关的法规和文件；

④ 实施编制活动；

⑤ 履行报批手续。

第五节　工程项目风险管理

风险是指在某一特定环境下，在某一特定时间段内，发生某种损失及其可能性。在工程项目建设过程中，比较复杂的管理目标，面对漫长的建设期、多变的综合环境，如果不能积极、有效地进行风险管理，实际发生的风险可能给项目造成严重影响，甚至导致项目失败。从某种意义上讲，风险与利益通常孪生，盈利能力与风险管理能力需要平衡。作为综合性的管理活动，工程项目风险管理是识别、评价、应对项目风险的科学与艺术，并应从传统风险管理的危机处理，转向现代风险管理的超前预控。

一、工程项目风险管理概述

(一)风险的内涵

1. 风险的定义

美国项目管理学会(PMI)在其项目管理知识体系指南(PMBOK)中，将项目风险定义为：项目风险是一种如果发生，会对范围、质量、进度、成本这些项目目标的一个或多个有有利或不利影响的不确定事件或条件。

风险是指在某一个特定的时间段里，人们所期望达到的目标与实际出现的结果之间产生的距离或不确定性。风险通常由风险因素、风险事故和风险量(不确定的损失程度和损失发生的概率)等要素组成。

风险的定义，常有广义和狭义之分。广义的风险，强调风险表现为不确定性；狭义的风险，则强调风险表现为损失的不确定性。若风险表现为不确定性，说明风险产生的结果可能带来损失、获利或是无损失也无获利，属广义风险；若风险表现为损失的不确定性，说明风险只能表现出损失，没有从风险中获利的可能性，属于狭义风险。工程项目风险常指狭义的风险，即不确定性带来的损失。而且，工程建设本身就是一个时间较长、充满不确定性因素、风险丛生的过程，尤其是大型工程项目一旦决策失误、风险失控，将会带来灾难性的损失。

2. 风险的特征

① 风险存在的客观性。风险是客观存在，不以人的意志为转移的。人们只能在一定的范围内改变风险形成和发展的条件，降低风险事故发生的概率，减少损失程度，而不能彻底消除风险。

② 风险的损失性。风险发生后通常给人们造成某种损失，但人们却无法准确预知、控制风险的发生。损失是风险的必然结果。

③ 风险损失发生的不确定性。就某一具体风险损失而言，其发生是不确定的，是一种随机现象。人们只能在充分认识和了解风险的基础上，尽力降低风险发生的概率，减少风

险所造成的损失。

④ 风险存在的普遍性。风险在人们的生产生活中普遍存在，并时刻威胁着人类的生命和财产安全，如地震灾害、洪水、火灾、意外事故的发生等。

⑤ 风险的社会性。没有人和人类社会、工程建设，就谈不上风险。风险与人类社会的利益密切相关，关乎人类的生存与发展、工程建设的进行，具有社会属性。

⑥ 风险发生的可测性。单一风险的发生虽然具有不确定性，但对总体风险而言，风险事故的发生是可测的，即运用概率论、大数法则以及大数据等，可以对总体风险事故的发生进行统计分析，进而研究风险管理的规律性。

⑦ 风险的可变性。世间万物都处于运动、变化之中，风险也是如此。风险的变化，有量的增减，也有质的改变，还有旧风险的消失和新风险的产生。风险因素的变化主要由科技进步、经济体制与结构的转变、政治与社会结构的改变等方面的变化引起，并需适应之。

（二）工程项目风险管理

工程项目风险管理是指在工程项目或者企业面临风险的环境下，把风险可能造成的不良影响，减至最低的管理过程。它通常包括风险识别、风险分析、风险评价和风险控制（应对）等环节。建设单位、施工单位和其他项目参与方都应建立风险管理体系，明确各层管理人员的责任，采取措施，减少建设过程中不确定因素对于项目及管理目标的影响。

1. 工程项目的风险类型

按照来源，工程项目的风险通常分为以下几种类型。

① 组织风险。例如组织结构模式、组织工作流程、任务和管理职能分工，建设单位（包括代表建设单位利益的项目管理方）人员的构成和能力、设计人员和监理工程师的能力、承包单位管理人员和一般技工的能力、施工机械操作人员的能力和经验、损失控制和安全管理人员的资历和能力等。

② 经济与管理风险。例如宏观和微观经济情况、物价走势、资金供应的形势和条件、工程合同的形式与风险、现场与公用防火设施的可用性及其数量、事故防范措施和计划、人身安全控制计划、信息安全控制计划等。

③ 工程环境风险。例如自然灾害、岩土地质条件和水文地质条件、气象条件，可能引起火灾和爆炸的因素等。

④ 技术风险。例如工程勘测资料和有关文件、工程设计文件，工程施工方案、工程物资、工程机械，新技术、新工艺、新设备的应用等。

当然，风险还可以按照参与者、工程建设的过程等不同进行分类。例如，按照工程建设的过程，可以分为决策与策划、设计与计划、招标与采购、准备与实施、验收与交付等阶段的风险。

2. 工程项目风险管理程序

工程建设过程包括一系列相互关联、协调的活动，工程项目风险管理具有知识的专业性强、风险发生的频率高、风险承担者的综合性、风险损失具有关联性等特点。工程项目风险管理的基本程序如图1-22所示。

在图1-22的管理程序中，工程项目风险识别、风险评价（评估）和风险应对（控制），显得格外重要。

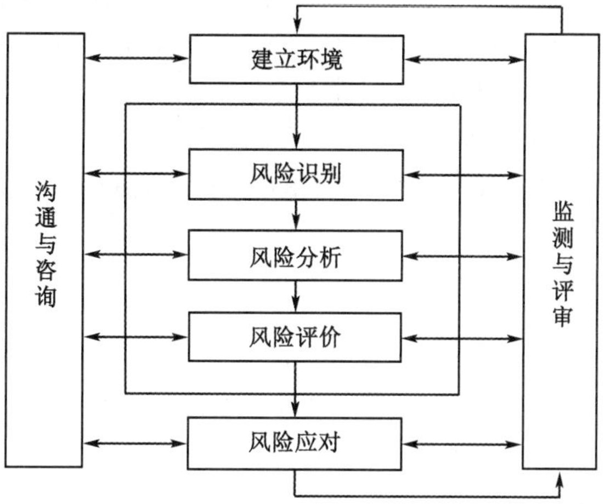

图1-22　工程项目风险管理的基本程序

二、工程项目风险识别

风险识别是指识别产生风险的因素、风险的性质以及风险可能造成的后果。风险识别要对工程项目进行系统性的分析，针对工程项目的每个主要步骤，识别出可能产生的风险，并进行风险的分类和判定。

(一)工程项目风险识别的步骤

从某种意义上讲，风险识别就是寻找风险、描述风险和确认风险的活动或过程。工程项目风险识别过程一般可以分为以下5个步骤。

1. 确定目标

依据项目管理规划，建设、设计、监理、施工等单位的项目组，分别确定本项目组视角下的工程项目风险管理的目标、范围和重点。

2. 明确最重要的参与者

工程项目风险识别需要项目组集体参与、全面分析。因此，项目经理或项目组负责人需要了解项目的工程信息、项目涉及的人员信息，明确最重要的参与者。高水平的参与者应掌握经营及技术知识，了解项目的目标及面临的风险，具备沟通技巧和团队合作精神，并且及时沟通和分享信息。

3. 收集资料

在进行项目风险识别时，通过收集以下资料，完成风险调查。

(1)项目产品或服务的说明书。项目产品或服务的性质具有多种不确定性，在某种程度上决定了未来可能遇到的风险。例如，项目产品投入市场的不确定性、项目产品市场需求的不确定性。因此，识别项目的风险可以借助项目产品或服务的说明书以及相关信息，从识别产品或服务的不确定性入手。

(2)项目的前提、假设和制约因素。可以通过审查项目以下方面的管理计划，得到项目所有的前提、假设和制约因素。① 项目范围管理计划。审查项目成本、进度目标是否定得过高等。② 人力资源与沟通管理计划。审查人员安排计划，确定哪些人员对项目的顺利完成具有重大影响。③ 项目资源需求计划。确定除了人力资源外，项目所需的其他资源，比如特种设备或设施的获取、维护、操作等对项目的顺利完成是否可能造成影响。④ 项目采购与合同管理计划。审查项目合同采取的计价形式，分析项目组承担的风险。例如，在通常情况下，成本加酬金类合同对建设单位不利，但如果预计项目所在地的人工、材料价格会下降，则成本加酬金类合同也可能对建设单位有利。

（3）与本项目类似的案例。借鉴过去类似项目的经验和教训是识别项目风险的重要手段。可以通过查看项目档案、阅读公开出版或披露的资料信息、采访项目参与者等渠道来获得经验和教训。

4. 估计项目风险形势

通过估计项目风险形势，可以判断和确定项目管理目标是否明确，是否具有可测性，是否具有现实性，有多大的不确定性；可以分析保证项目管理目标实现的战略方针、战略步骤和战略方法；可以根据项目资源状况，分析实现战略目标的战术方案存在多大的不确定性，厘清项目具有可以动用的资源（储备）。

5. 识别潜在的项目风险

为了便于风险分析、量化、评价和管理，应该对识别出来的风险进行分组或分类。而且，按照项目建设阶段及管理者划分，可以有多种角度的分组或分类，在每一组、每一类风险细分的基础上，宜通过交叉分析做到科学全面。

（二）工程项目风险识别的方法

识别风险是一项复杂的工作，常用的工程项目风险识别的方法很多，此处列举较为常用的以下几种。

1. 头脑风暴法 (Brain Storming)

作为一种定性的风险识别方法，头脑风暴法主要是通过召开专家讨论会议，由专家互相讨论、互相启发，进行思维上的互补。通过专家会议，可以发挥专家的创造性思维来获取未来信息，使预测和识别的结果更趋准确。

2. 流程图法

首先需要根据工程项目的各种活动绘制项目的一系列流程图，然后根据流程图对工程项目进行全面的风险分析。进而通过逐项分析每一个环节可能产生的风险，找出各种可能的风险因素。

3. 检查表法

根据以往经验或已经掌握的情况，将经历过的项目风险以及风险来源统一列在一个表上，再由管理人员进行检查核对，并和本项目进行对比，判断出表中风险是否会发生在本项目之中。

4. 德尔斐法 (Delphi Method)

德尔斐法也称专家调查法，是指函询若干位专家的意见，利用专家的专业理论、实践经验，找出各种潜在风险并对其后果进行初步分析；加以综合整理，再反馈给各位专家，并再次征询专家的意见。这样反复多次，使专家的意见趋向一致，锁定主要风险因素。

5. 工作分解结构法

工作分解结构法也称 WBS 法，主要通过逐层分解工程项目的总体任务，将工程项目分解成为大小合适的工作单元，并形成文档和树形图表等，明确工程项目实施过程中每一个工作单元的任务、负责人、工程进度以及预算等内容。它可以有效梳理工程项目的组成、各个组成部分的性质、各性质之间的关系、项目环境之间的关系等，并最终减少项目的结构不确定性。

6. SWOT 分析法

SWOT 分析法又称为态势分析法，或优劣势分析法，作为一种广为应用的战略选择方法，用来确定企业自身的竞争优势（Strength）、劣势（Weakness）、机会（Opportunity）和威胁（Threat），从而将公司的战略与公司内部资源、外部环境有机地结合起来。SWOT 分析法进行工程项目风险识别时，通过综合分析项目本身的优劣势、项目外部环境的机会与威胁等，对项目做出系统的评价，最终识别项目风险。

鉴于工程项目风险管理的特点和重要性，实际工作中，通常同时采用两种或以上的方法，综合对比后，获得较为理想的辨识结果。

（三）工程项目风险识别的结果

风险识别的主要成果，通常应当进入风险清单（名单），并形成最初记录。例如，某工程项目利用专家调查法和检查表法制定出的"重大危险源清单"。

当然，随着工程项目风险管理过程的继续与深化，风险清单（名单）还将包括其他风险管理流程的成果，例如应对措施清单、风险原因分析以及更新的风险分类等。

三、工程项目风险评估

（一）工程项目风险评估的内容

1. 项目风险评估的定义

风险评估，也称风险评价，是在掌握充足资料的基础之上，采用合适的方法对已识别风险进行系统的分析和研究，评估风险发生的可能性（概率）、造成损失的范围和严重程度（强度），对风险进行定量和定性分析。

因此，风险评估需要通过科学分析、定量估测工程建设主要风险发生的概率和损失程度，进而根据市场主体的风险承受能力和偏好，进行相应的风险应对或处理。风险评估是将风险数据转化为风险决策信息的过程，属于风险识别与风险应对之间的桥梁。

2. 项目风险评估的内容

（1）风险存在和发生的时间分析。许多风险有明显的阶段性，有的风险直接与具体的工程活动（工作包）相联系。因此，应分析工程项目风险可能发生的建设阶段、环节和时间，进而助力风险评估。

（2）风险的影响和损失分析。风险对于工程项目管理目标的干扰，通常表现为对工程建设过程产生干扰。因此，进行风险评估时，首先应预判没有发生该风险的工期、费用、收益等工程项目的"理想"状况，然后添加风险状态，分析实施过程、劳动效率、消耗等变化，最后对比分析两者的差异并测算损失，得出风险的影响。显然，这是对工程项目的重新计划、重新估价，而且风险仅仅是一种可能，通常不会十分精确。

（3）风险发生的可能性分析。根据风险发生的规律性分析，用概率表示相应的风险事件。既然被视为风险，则它必将在必然发生事件和不可能发生事件之间，它的发生有一定的规律性，也有不确定性。

（4）风险级别的确定。虽然风险因素众多，涉及各个方面，但人们不可能对所有的风险都予以同样的重视。否则，将大大增加管理费用，而且过于谨小慎微，反而会干扰正常的决策过程。因此，主要针对损失和概率较大的风险因素，确定工程项目的风险等级。

（5）风险的起因和可控制性分析。任何风险都有发生的动因。研究风险起因可以为风险预测、对策研究（即解决根源问题）和责任分析提供帮助。

风险的可控性是指人们对风险因素及其影响进行干预的可能性。诸如建设单位、项目经理风险，承包人对招标文件理解的风险，实施方案的安全性和效率风险，报价的正确性风险等，通常是可以控制的。但是，物价风险、异常的气候风险等，大多是不可控制的。

（二）项目风险评估的方法

工程项目风险评估有关人员可以凭经验、靠智慧，采用定性分析方法，也可以借助数据、模型，形成定量分析技术。其中，常用的评估方法很多，举例如下。

1. 德尔斐法（Delphi Method）

该方法不仅可以用于风险因素的识别，而且可以应用于风险评估，详见前述内容。

2. 蒙特卡洛模拟法（Monte Carlo Method）

蒙特卡洛模拟法又称统计试验法或随机模拟法，其原理是将风险评价指标和各个风险变量综合在一个数学模拟模型内，每个风险变量用一个概率分布来描述；然后利用计算机（软件）模拟工程建设情况，产生随机数（或伪随机数），并根据随机数在各个风险变量的概率分布中取值，算出目标变量值；最后得出目标变量的期望值、方差、概率分布等指标，据此绘制累计概率图，供决策者参考。

3. 计划评审技术（PERT）

该方法利用网络图描述工程建设中各项活动的进度以及相互关系，确定关键路径，计算总工期及概率后，综合考虑资源因素，得到最佳的项目计划方案。由于该方法应用的假设条件是工程建设每项活动的时间服从正态分布或 β 分布，总工期和关键路径具有随机性，但是随着关键路径的确定，该假设的效力锐减，因此，其应用具有一定的局限或缺陷。

4. 敏感性分析法

敏感性分析法是在假定其他风险因素不变的情况下，评估某一个（或几个）特定的风险因素变化对项目管理目标变量的影响程度，确定它的变动幅度和临界值，计算出敏感系数，据此对风险因素进行敏感性排序，并供决策者参考。这种方法应用广泛，有助于发现重要的风险因素，具体又可分为单因素敏感性分析和多因素敏感性分析。其缺点在于只能体现风险因素的强度而不能反映风险发生概率，也难以准确反映众多风险因素同时变化时对工程项目的综合影响。

5. 决策树法

决策树法是利用图解的形式，将风险因素层层分解，绘制成比较形象的树状图，逐项分析其发生的概率和损益值，通过计算相应的损益期望值，进行风险评估和方案比选。通常的决策树包括决策节点、状态节点和结果节点，决策节点与状态节点之间为方案分支，状态节点引出的分支为状态分支等。这种方法层次清晰，不同节点面临的风险及概率一目了然，不易遗漏，能够适应多阶段情形下的风险分析。但是对于大型复杂项目分析计算的工作量较大，不适合用于缺乏类似客观数据的工程项目。

6. 模糊综合评价法

将项目风险大小用模糊子集来表达，利用隶属度及模糊推理的概念对风险因素进行排序，以改善的模糊综合评价法为基础，采用层次分析法（AHP）构建风险递阶层次结构，并采用专家调查法确定各层次内的风险因素指标权重，逐级进行模糊运算，直至总目标层，最终获得项目各个层级以及整体的风险评估结果。该方法具有结果清晰、系统性强的特点，能较好地解决模糊的、难以量化和非确定性的风险问题。

7. 风险矩阵法

风险矩阵法又称风险值法，是通过定性分析和定量分析综合考虑风险影响和风险概率两方面因素，评估风险因素对项目产生的影响。应用该法时，首先将风险事件发生的概率和影响程度分级评分；然后分别作为矩阵的行和列形成风险矩阵，将风险概率和风险后果估计值相乘即可得到风险值；最后按照风险事件在矩阵中的位置做出评估，如表 1-12 所列。

表 1-12　风险矩阵(示例)

严重程度 L 等级	可能性 P 等级					
	1. 不可能发生	2. 几乎不发生	3. 很少发生	4. 偶尔发生	5. 可能发生	6. 经常发生
1(无影响)	Ⅳ	Ⅳ	Ⅳ	Ⅳ	Ⅳ	Ⅲ
2(轻微的)	Ⅳ	Ⅳ	Ⅲ	Ⅲ	Ⅲ	Ⅱ
3(较小的)	Ⅳ	Ⅲ	Ⅲ	Ⅱ	Ⅱ	Ⅱ
4(较大的)	Ⅳ	Ⅲ	Ⅱ	Ⅱ	Ⅱ	Ⅰ
5(重大的)	Ⅳ	Ⅲ	Ⅱ	Ⅱ	Ⅰ	Ⅰ
6(特大的)	Ⅲ	Ⅱ	Ⅱ	Ⅰ	Ⅰ	Ⅰ

在表 1-12 中，Ⅰ类属于高风险等级，属于不可以接受的等级；而Ⅳ类属于低风险等级，在安全风险可接受范围内。在风险管理中，Ⅰ类是重点，Ⅱ类要顾及，Ⅲ类可以不考虑。

风险矩阵法的优点是简洁明了、易于掌握、适用范围广；缺点是确定风险可能性及后果严重程度严重依赖经验，主观因素影响较大。

此外，风险评估还有人工神经网络技术(ANN)、SWOT 分析和灰色评价方法等，可视情况选用。而且，与风险识别相类似，在实际工作中，通常同时采用两种或以上的方法，综合对比后，获得较为理想的评估结果。

四、工程项目风险应对

风险应对，也称风险控制，指风险管理者采取各种措施和方法，消灭或减少风险事件发生的各种可能性，或减少风险事件发生所造成的损失。因此，工程项目风险控制或应对是风险管理的一个重要环节。

(一)工程项目风险应对策略

风险控制有风险回避、损失控制、风险转移和风险保留 4 种基本方法。风险应对策略是项目实施策略的一部分，对于工程项目风险，特别是对重大的风险，在选择风险应对措施前必须进行专门的策略研究，通常可采取如下策略。

(1)风险规避，或称风险回避，是指通过改变项目计划以排除风险；或者保护项目目标，使其不受影响；或对受到风险威胁的一些目标放松要求。例如，对风险大的项目不参加投标，放弃项目机会；延长工期或缩小工程范围。但在回避风险的同时，可能会失去一些机会。

(2)风险减轻。通过采用技术、管理、组织手段，减轻风险的可能影响。例如，采用成熟的工艺，进行多次测试，选用比较稳定可靠的承包人。

(3)风险自担，或称风险保留，是指不采取任何行动，也不改变项目管理计划，准备自己承担工程项目风险产生的损失。

(4)风险转移，即通过购买保险、选择担保等方法，将工程项目风险可能产生的后果连同应承担的责任转移给第三方。

（5）风险共担，即寻找合作者，并与合作者（如联营方、分包商）各方共同承担工程项目风险。

应当承认，"无视风险才是最大的风险"。工程建设的相关各方，应该树立风险意识，加强风险管理文化建设。提前谋划应对策略，降低风险发生的概率或者减少其对项目所造成的影响，比在风险发生后进行补救更为积极、有效。

（二）风险应对的措施

工程参与者对自己承担的风险（明确规定的和隐含的）应有思想准备和相应对策，应制订计划，充分利用自己的技术、管理、组织优势和过去的经验制定措施并贯彻实施。

（1）风险回避。风险回避，即放弃明显导致亏损的，或风险超过自己的承受能力、成功把握不大的项目，选择风险小或适中的项目。例如，不参与投标、不参与合资。甚至有时在工程进行到一半时，预测到后期风险很大，必然有更大的亏损，则可采取中断或暂停工程建设的措施。

（2）技术措施。技术措施包括新方案、新工艺和新设备等的选择。例如，选择有弹性的、抵抗风险能力强的技术方案，一般不采用新的、未经过工程检验的、不成熟的施工方案；对地理、地质情况进行详细勘察或鉴定，预先进行技术试验、模拟，准备多套备选方案，采用各种保护措施和安全保障措施。

（3）管理和组织措施。对于风险很大的工程项目加强计划工作，选派得力的技术人员和管理人员，特别是经验丰富的项目经理；广泛收集信息，进行风险计划和控制，将风险责任落实到项目经理部的每个成员身上，促使大家树立风险意识；在资金、材料、设备和人力方面，对于风险较大的工程予以更多的支持，在同期项目中提高其优先级别，并在实施过程中进行严密控制。

（4）保险。对于一些无法排除的风险，如常见的工作损坏、第三方责任、人身伤亡和机械设备的损坏等，可以通过购买工程保险的办法解决。当风险发生时，由保险公司承担（赔偿）损失或部分损失，其前提条件是必须支付一笔保险金。当然，任何一种保险均要明确其保险范围、赔偿条件、理赔程序和赔偿额度等。

（5）要求合作方提供担保。这一措施主要针对合作伙伴的资信风险。例如，由银行出具投标保函、预付款保函、履约保函，在 BOT 项目中由政府提供保证条件。

（6）风险准备金。风险准备金是从财务的角度为风险所做的准备或预案，并在计划（或合同报价）中额外增加一笔费用。例如，建设单位在建设投资中，留有预备费；在投标报价中，承包人经常根据工程技术、业主的资信、自然环境、合同等方面风险的大小以及发生的概率，在报价中加上一笔不可预见费或风险费。

（7）采取合作方式共同承担风险。大型工程项目很难完全由一个企业或部门独立承担，需与其他企业或部门合作。故需要承包单位寻找抗风险能力强的、可靠的、信誉好的合作伙伴，同时通过合同分配风险。

复习思考题

1. 简述工程项目的概念、组成和特点。
2. 工程项目管理的目标和任务是什么？
3. 简述工程总承包常见的模式有哪些，各自有什么特点。

4. 施工总承包单位的主要职责有哪些?

5. 流水施工中主要参数有哪些?

6. 什么叫施工组织设计? 其基本内容包括什么?

7. 请对比项目管理规划和项目管理规划大纲的内容。

8. 工程项目风险识别常用的方法有哪些?

9. 常见的风险应对策略和措施分别有哪些?

第二章　工程项目质量控制

质量是工程项目管理的主要控制目标之一。工程项目质量控制，就是运用质量管理和质量控制的基本原理和方法，建立和运行工程项目质量控制体系，落实项目各参与方的质量责任。通过工程项目控制系统，开展实施过程和主要环节的质量控制活动，有效预防和正确处理可能发生的工程质量事故，并在政府相关部门和社会各界的监督下，实现工程项目预定的质量目标。工程项目的参与者或市场主体不同，其质量控制的立场、范围、方法等也有所不同。本章主要论述施工单位的工程项目质量控制。

第一节　工程项目质量控制概述

一、工程项目质量的概述

(一)工程项目质量的概念

我国国家标准《质量管理体系 基础和术语》(GB/T 19000—2016/ISO 9000:205)对于质量的定义是：客体的一组固有特性满足要求的程度。据此，质量可理解为产品或服务满足规定需要和潜在需要的特征和特性的总和。例如，机械设备的质量、技术服务的质量等。

工程项目质量，简称工程质量，是指通过项目建设实施形成的工程实体的质量，应满足相关标准规定、合同约定的要求。其中，狭义的工程质量是指工程符合建设单位或业主需要而具备的使用功能，广义的工程质量则包括工程的实体质量、形成实体质量的工作质量等。"过程精品"的理念认为，良好的工作质量、工序质量，才能保证工程质量，进而在未来漫长的运营期或持有期，为用户提供良好的服务质量。

工程项目本身的单一性、资源的高投入性、建造的一次性、使用的长久性等特点，造成工程质量的经济性、广义性、时效性和相对性。而且，工程质量应当满足适用性、可靠性、安全性、耐久性、艺术性、经济性及与环境的协调性等特性的综合要求。

(二)工程项目质量的影响因素

在项目质量目标策划、决策和实现过程中，影响工程质量的因素，既有客观因素，也有主观因素。通常将其归纳为人员因素、机械因素、材料因素、方法因素和环境因素(简称人、机、料、法、环的"五要素")，并且认为人的因素属于决定性因素。

(1)人员因素。工程项目质量控制应以控制人员的因素为基本出发点。影响项目质量的人员因素包括两个方面：一是直接履行项目质量职能的决策者、管理者和作业者个人的质量意识、质量活动能力和积极性；二是承担项目策划、决策或实施的建设单位、勘察设计单位、施工承包单位、监理单位等实体组织的质量管理体系及其管理能力。我国实行建筑业企业资质管理制度、市场准入制度、执业资格注册制度、作业及管理人员持证上岗制度等，从本质上说，都是对从事工程建设活动的人的素质和能力进行必要的控制。

(2)材料因素。材料包括工程材料和施工用料以及原材料、半成品、成品、构配件和周转材料等。工程设备是指构成工程实体的工艺设备和各类机具。例如，各类生产设备、装置和辅助配套的电梯、泵机，以及通风空调、消防、环保设备等。它们是工程项目的重要组成部分，其质量的优劣，直接影响到工程使用功能的发挥。各类材料是工程施工的基本物质条件，材料质量是工程质量的基础。如果材料质量不符合要求，工程质量也就难以达到标准。因此，加强对材料的质量控制，是保证工程质量的基础。

（3）机械因素。工程项目的机械设备包括施工机械和各类施工仪器、仪表及器具。施工机械设备是施工单位所有施工方案和工法得以实施的重要物质基础。因此，合理选择和正确使用施工机械设备是保证工程质量、安全生产的重要条件。

（4）方法因素。方法因素也称技术因素，包括勘察、设计、施工所采用的技术和方法，以及工程检测、试验的技术和方法等。从某种意义上讲，技术方案和工艺水平的高低，决定了项目质量的优劣。依据科学的理论，采用先进合理的技术方案和措施，按照规范进行勘察、设计、施工，有利于保证工程项目的结构安全和满足使用功能，并对构成质量因素的产品精度、强度、平整度、清洁度、耐久性等物理、化学特性等起到良好的推进作用。

（5）环境因素。环境因素包括项目的自然环境因素、社会环境因素、管理环境因素和作业环境因素。它们既是保证工程的外部条件，也是支撑前四个因素的重要基础。因此，根据工程特点和具体条件，应对影响质量的环境因素，采取有效的措施严加控制。

影响工程质量的因素，具有复杂多变、不确定性等特点。因此，对于上述因素进行有效的管控，既是工程质量控制的主要内容，也可为项目管理（其他控制目标）提供相关借鉴。

（三）工程项目质量的特点

工程项目从本质上说是一项拟建或在建的建筑产品，它具有一般产品相同的质量内涵。同时，工程质量还应具有以下特点或特征：

（1）适用性。适用性是指工程满足使用功能的各种性能。其主要表现在反映项目使用功能需求的一系列特性指标。例如，房屋建筑的平面空间布局、通风采光性能，工业建筑的生产能力和工艺流程，道路交通工程的路面等级、通行能力等。按照现代质量管理理念，功能性质量必须以顾客关注为焦点，满足顾客的需求或期望。

（2）可靠性。可靠性是指结构在规定的时间内，实现预定功能的能力。例如，建筑结构自身安全可靠，使用过程防腐蚀、防坠、防火、防盗、防辐射，以及设备系统运行与使用安全等。可靠性质量必须在满足功能性质量需求的基础上，结合技术标准、规范（特别是强制性条文）的要求进行确定与实施。

（3）安全性。安全性是指工程项目建成以后保证结构安全、保证人身和环境免受危害的可能性。作为反映瞬间特征的安全性，要求建筑结构应能承受正常施工和正常使用时可能出现的各种荷载和变形，在偶然事件（如地震、爆炸等）发生时和发生后保持必需的整体稳定性，做到"小震不坏，中震可修，大震不倒"。

（4）耐久性。耐久性是指工程项目确保安全，能够正常使用的年限。作为体现时间跨度的耐久性，要求建筑结构在正常维护的条件下，应该完好使用达到设计规定的年限。例如，不产生严重的混凝土碳化和钢筋锈蚀。根据我国《建筑结构可靠度设计统一标准》（GB 50068—2018）规定，一般建筑结构的设计使用年限是50年，大坝、桥梁等重要工程的设计使用年限为100年。但受我国国情和建筑技术的限制，早期建设的很多标准较低的建筑，因为城市规划的需要或因破坏严重经常面临被拆除的风险或被加固的可能。

（5）艺术性。艺术性是指工程项目或建筑产品应当具有深刻的社会文化背景，且具有较高的艺术价值。"音乐是流动的建筑，建筑是凝固的音乐。"人们历来都把具有某种特定历史文化的建筑物视同艺术品。其艺术效果包括建筑造型、立面外观、文化内涵、时代表征、装修装饰、色彩视觉等。工程项目艺术文化特性的质量来自设计者的设计理念、创意和创新以及施工者对设计意图的领会、精致施工等。而且，随着经济实力的提升、美好生活的向往，人们将会更加注重工程项目的艺术性。

（6）经济性。经济性是指工程项目从策划规划、勘察设计、招标采购、建设施工，到竣工验收、交付使用所消耗的成本或费用。广义的经济性，还要考虑运营维护和项目寿命周期内的消耗费用以及产生的经济和社会效益。在市场经济条件下，经济性始终是市场主体优先考虑的问题。但是，如果一味地追求利润、降低工程成本，不仅容易引发工程质量问题，还不利于降低项目寿命期的总费用。

（7）环境的协调性。环境的协调性是指工程项目与周围环境相协调、满足可持续发展的要求等。建设工程环境质量包括项目用地范围内的规划布局、交通组织、绿化景观、节能环保以及与周边环境的协调性和适宜性。可持续发展又包括工程项目的可拓展（更新），甚至有利于拆除后的生态复原。

二、工程项目质量控制的概念和目标

（一）质量控制的概念

工程项目质量控制，也称质量管理，是指项目参与各方在项目实施的过程中，在勘察设计、招标采购、施工安装、竣工验收等阶段，为提高产品质量、实现质量总目标而进行的一系列管理活动。其中的项目参与各方包括建设单位、勘察设计单位、施工单位、物资供应单位、监理单位等，本书将根据全面质量管理以及"三全"管理（全面质量、全程质量、全员质量）理念，着重阐述施工承包单位的质量控制。

工程项目质量控制具有系统控制、全过程控制、全方位控制等特点。工程施工阶段的质量控制，在择优选择能够保证工程质量的施工单位的基础上，要求施工单位做好相应的施工准备工作，严格按照设计图纸、有关规范和标准进行施工，并形成符合合同文件规定要求的最终建筑产品。

（二）质量控制的目标

工程项目质量控制的目标，就是通过有效的质量控制工作和具体的质量控制措施，在满足投资和进度要求的前提下，实现工程预定的质量目标。

首先，必须符合国家现行工程质量的法律、法规、技术标准和规范等共性规定，尤其是强制性标准的规定。同时，工程项目应具有其特定的功能和使用价值，符合合同的个性规定，满足建设单位的需要。因此，在工程质量控制工作中，要以定量评价的方法和标准，明确控制的效果，实现对于工程个性质量目标的控制。而且，合同约定的质量目标，必须保证其不得低于国家强制性质量标准、共性规定的要求。

工程项目质量控制目标也可按照对象不同，分为工作质量控制目标、工序质量控制目标、产品质量控制目标。其中，工作质量是指参与项目建设全过程的人员为了保证项目建设质量所表现的工作水平和完善程度；质量控制目标可分解为管理工作质量、技术工作质量和后勤工作质量等3项。工序质量决定产品质量，每道工序的质量，必须满足下道工序相应要求的质量标准；控制目标可分解为人员、材料、机械、施工方法和施工环境等5项（五要素）。

三、工程项目质量控制计划

工程项目质量控制计划，也称质量控制计划，简称质量计划，是指为了确定项目应该达到的质量标准、如何达到质量标准所做出的工程项目质量的计划与安排。在施工承包单位的质量管理体系中，以施工项目为对象，以提高或确保质量水平为目标的质量计划，称为施工质量计划。

（一）质量计划的形式和内容

1. 施工质量计划的形式

除了已经建立质量管理体系的施工承包企业直接采用施工质量计划的形式外，通常还采用在工程项目施工组织设计或施工项目管理实施规划中包含质量计划内容的形式。因此，我国现行的施工质量计划大致分为工程项目施工质量计划、工程项目施工组织设计（含施工质量计划）、施工项目管理实施规划（含施工质量计划）等 3 种形式。

施工组织设计或项目管理实施规划之所以能发挥施工质量计划的作用，是因为根据建筑产品及其生产的技术经济特点，每项工程都需要进行施工生产过程的组织与计划，包括施工质量、进度、成本、安全等目标的设定，实现目标的计划和控制措施的安排等。因此，施工质量计划所要求的内容，必然被包含于施工组织设计或项目管理实施规划之中，而且其能够充分体现施工项目管理目标（质量、工期、成本、安全）的关联性、制约性和整体性，并与全面质量管理的思想方法相一致。

2. 施工质量计划的基本内容

在已经建立质量管理体系的情况下，质量计划的内容必须全面体现、认真落实企业质量管理体系文件的要求，编制依据、程序和内容须符合有关规定。同时，结合本工程的特点，在质量计划中编写专项管理要求。施工质量计划的基本内容一般应包括：

① 工程特点及施工条件（合同条件、法规条件和现场条件等）分析；

② 工程质量总目标及其分解目标；

③ 质量管理组织机构和职责，人员及资源配置计划；

④ 确定施工工艺与操作方法的技术方案和施工组织方案；

⑤ 施工材料、设备等物资的质量管理及控制措施；

⑥ 施工质量检验、检测、试验工作的计划安排及其实施方法与检测标准；

⑦ 施工质量控制点及其跟踪控制的方式与要求；

⑧ 有关质量记录的要求等。

（二）质量计划的编制与审批

工程项目的建造施工过程通常多方参与、共同实施。为确保建筑产品的最终质量，各参建单位必须做到有效协同。因此，在工程项目质量控制过程中，需要按照"谁实施、谁负责"的原则，明确工程质量控制的主体构成及其各自的控制范围。本部分主要对施工单位（项目经理部）质量计划的编制与审批进行阐述。

1. 施工质量计划的编制主体

施工质量计划应由自控主体，即施工承包单位进行编制。

在平行发包方式下，各施工承包单位应分别编制施工质量计划；在总分包模式下，施工总承包单位应编制总承包工程范围内的施工质量计划，各分包单位编制相应分包范围内的施工质量计划，并作为施工总承包单位质量计划的深化和组成部分。

施工总承包单位有责任对各分包单位施工质量计划的编制进行指导和审核，并承担相应施工质量的连带责任。

2. 施工质量计划涵盖的范围

按照工程项目质量控制的要求，对于施工单位（项目经理部）而言，其施工质量计划涵盖的范围，应与建筑安装工程施工任务的实施范围相一致，以此保证整个项目建筑安装工程的施工质量总体受控；对具体施工任务承包单位或分包单位而言，其施工质量计划涵盖的范围，应能满足其履行工程承包合同质量责任的要求。

项目的施工质量计划，应在施工程序、控制组织、控制措施、控制方式等方面，形成一个有机的质量计划系统，确保实现项目质量总目标和各分解目标的控制能力。

3. 施工质量计划的审批

施工单位的施工质量计划编制完成后，应按照工程施工管理程序，进行单位内部的审批。施工单位施工质量计划的编制与内部审批，应根据企业质量管理程序性文件规定的权限和流程进行。通常是由项目经理主持编制，报企业组织管理层批准。施工质量计划的内部审批过程，既是施工企业自主技术决策和管理决策的过程，也是发挥企业职能部门与施工项目管理团队的智慧和经验的过程。

根据《建设工程监理规范》（GB/T 50319—2013）的有关规定，施行工程监理的施工项目，施工单位必须在工程开工前填写"施工组织设计/（专项）施工方案报审表"并附施工组织设计（含施工质量计划），报送项目监理机构审查。项目监理机构应审查施工承包单位报审的施工组织设计，符合要求时，应由总监理工程师签认后报建设单位。施工组织设计需要调整时，应按程序重新审查。

认真执行施工质量计划的审批程序，是正确理解工程质量目标和要求，保证施工部署、技术工艺方案和组织管理措施的合理性、先进性和经济性的重要环节，也是进行施工质量事前预控的重要方法。

第二节　工程项目质量控制体系与控制系统

为有效地进行质量控制，必须由项目实施的总负责单位，按照全面质量管理的理念，建立工程项目的质量控制体系，并通过完善环境、规范机制，全面、系统地实施工程质量目标的控制。工程项目的质量控制系统主要由施工单位，将质量控制工作按照建设过程、资源要素、项目构成的顺序进行整合，并以质量控制点为抓手，对照质量目标，扎实深入推进。

一、工程项目质量控制体系的结构与运行

工程项目的建设实施通常涉及建设、勘察设计、施工、监理、供应单位等多方质量责任主体，各方主体的工作活动以及承担的质量责任和义务不尽相同，必须统筹设计、统一施行构建工程项目质量目标控制的工作系统。建设工程项目质量控制体系，简称工程项目质量控制体系，是以工程项目为对象，由其总组织者负责建立的，面向项目对象开展质量控制的工作体系。作为工程项目管理组织的一个目标控制体系，它与项目投资控制、进度控制、职业健康安全与环境管理等目标控制体系，共同依托于同一项目管理的组织机构，并在建立目的、服务范围、控制目标、作用时效等方面相互补充，协调共进。

（一）工程项目质量控制体系的结构

鉴于实施任务的委托方式和合同结构，工程项目质量控制体系一般具有多层次、多单

元的结构形态。

1. 多层次结构

多层次结构(分层建立)是对应于工程参建单位以及系统纵向垂直分解的单项工程、单位工程的质量控制体系。在大中型工程项目尤其是群体工程项目中,第一层次的质量控制体系应由建设单位的工程项目管理机构负责建立;在委托代建、委托项目管理或实行工程总承包的情况下,应由相应的代建方项目管理机构、受托项目管理机构或工程总承包企业项目管理机构负责建立。

第二层次的质量控制体系,通常是由项目的设计总负责单位、施工总承包单位等分别建立的相应管理范围内的质量控制体系。

第三层次及其以下,是承担工程设计、施工安装、材料设备供应等各承包单位的现场质量自控体系,或称各自的施工(作业)质量保证体系。系统纵向层次机构的合理性是项目质量目标、控制责任和措施分解落实的重要保证。

2. 多单元结构

多单元结构(分解和分工)是根据控制系统内工程项目的分解结构,将工程项目的建设标准和质量总体目标横向分解到各个责任主体,明示于合同条件,由各责任主体制订出相应的质量计划,确定其具体的控制方式和控制措施。在项目质量控制总体系之下,第二层次的质量控制体系及其以下的质量自控或保证体系可能有多个,它是工程项目质量目标、责任和措施分解的必然结果,进而实现"纵横交错"。

(二)工程项目质量控制体系的建立

项目质量控制体系的建立过程,实际上就是工程项目质量总目标的确定和分解过程,也是项目各参与方之间质量管理关系和控制责任的确立过程。为了保证工程项目质量控制体系的科学性和有效性,必须明确体系建立的原则、程序和主体。根据住房和城乡建设部2020年发布的《关于落实建设单位工程质量首要责任的通知》精神,建设单位或其委托的工程总承包单位作为工程项目管理的总组织者,应当负责建立工程项目质量控制体系。

1. 建立的原则

① 分层次规划原则。即工程项目管理的总组织者(建设单位)和承担项目实施任务的各参与单位,分别编制、建立不同层次和范围的工程项目质量控制体系规划。

② 目标分解原则。即根据控制系统内工程项目的分解结构,将工程项目的建设标准和质量总体目标分解到各个责任主体,明示于合同条件,并由各责任主体制订出相应的质量计划,确定其具体的控制方式和控制措施。

③ 质量责任制原则。应按照《中华人民共和国建筑法》《建设工程质量管理条例》以及有关工程质量责任的规定,界定各方对于工程质量的责任范围和控制要求。

2. 建立的程序

建立工程项目质量控制体系,一般可按以下环节依次展开工作。

① 建立质量控制系统网络。首先明确系统各层面的工程质量控制负责人。一般应包括承担项目实施任务的项目经理、总工程师和项目监理机构的总监理工程师、专业监理工程师等。

② 制定质量控制制度。包括质量控制例会制度、协调制度、报告审批制度、质量验收制度和质量信息管理制度等,形成工程项目质量控制体系的管理文件,并作为各方主体共同遵循的管理依据。

③ 分析质量控制界面。通常从静态、动态两个界面，明确工程项目质量控制体系的相关责任。其中，静态界面根据法律法规、合同条件、组织内部职能分工加以确定；动态界面主要是指项目实施过程中，设计单位、施工单位以及设计与施工单位之间的衔接配合关系及其责任划分，应通过分析研究，确定管理原则与协调方式。

④ 编制质量控制计划。建设单位或其委托的工程总承包单位作为总组织者，负责主持编制建设工程项目总质量计划。同时，根据质量控制体系的要求，督促各质量责任主体分别编制与其承担任务范围相符合的质量计划，并按规定程序完成审批后，作为其实施自身工程质量控制的依据。

（三）工程项目质量控制体系的运行

工程项目质量控制体系的建立，为质量控制提供了组织制度方面的保证。质量控制体系的有效运行，有赖于系统内部运行环境和运行机制的完善。

1. 运行环境

工程项目质量控制体系的运行环境，需要从以下几方面为系统运行提供支持。

① 项目的合同结构。建设工程合同是联系工程项目各参与方的纽带。只有其合同结构合理，质量标准和责任条款明确，并严格进行履约管理，质量控制体系的运行才能成为各方的自觉行动。

② 质量管理的资源配置。作为质量控制体系得以运行的基础条件，其包括专职的工程技术人员和质量管理人员的配置；实施技术管理和质量管理所必需的设备、设施、器具、软件等物质资源的配置等。

③ 质量管理的组织制度。作为体系有序运行的基本保证，其要求建立工程项目质量控制体系内部的各项管理制度和程序性文件，进而为质量控制系统各个环节的运行提供必要的行动指南、行为准则和评价基准的依据。

2. 运行机制

优化管理制度设计、健全运行机制，是工程项目质量控制体系有序运行的生命或动力。因此，必须防止重要管理制度缺失、制度本身缺陷、制度之间矛盾等现象的出现，为系统的运行注入有效的动力机制、约束机制、反馈机制和持续改进机制。

① 动力机制。作为工程项目质量控制体系运行的核心机制，它源于项目参与各方、各层次管理人员公正、公开、公平的利益机制，以及适当的竞争机制而形成的内在动力。

② 约束机制。它包括各质量责任主体内部的自我约束能力和外部的监控效力。约束能力表现为组织及个人的经营理念、质量意识、职业道德及技术能力的发挥，监控效力取决于工程项目实施主体外部对质量工作的推动和检查监督。两者相辅相成，构成了质量控制过程的制衡关系。

③ 反馈机制。对于工程项目质量控制体系运行状态和结果进行的信息反馈，可以对质量控制系统的能力和运行效果进行评价，并为及时作出处置提供决策依据。因此，必须通过相关的制度安排，保证质量信息反馈的及时和准确。

④ 持续改进机制。在工程项目实施的各个阶段，不同层面、不同范围和不同质量的责任主体之间，遵循PDCA（计划、实施、检查和处置）循环原理，展开质量控制，并不断寻求改进机会、研究改进措施。进而保证工程项目质量控制系统的不断完善和持续改进，不断提高质量控制能力和控制水平。

二、工程项目质量控制系统

工程项目质量控制系统主要是由施工单位针对工程项目，以保证设计意图最终实现和工程实体质量过关为目标，贯通施工准备、施工过程、竣工验收等阶段，对投入的资源和条件、建造过程和环节、成品质量检验等建立起的全过程系统化的控制体系。

（一）按建设阶段划分

根据动态控制原理，按照建设进展或阶段划分，工程项目质量控制系统分为施工准备控制、施工过程控制和竣工验收控制。

1. 施工准备控制

施工准备控制是在正式施工前进行的事前主动的质量控制。施工准备控制通过编制施工质量计划，明确质量目标，制定施工方案，设置质量管理点，落实质量责任。同时，分析可能导致质量目标偏离的各种影响因素（例如人员、材料、机械、环境等），制定有效的预防措施，实现预定的目标。

2. 施工过程控制

工程项目的施工过程通常由一系列相互关联、相互制约的工序或分部分项工程构成。只有严格控制工序质量，才能确保工程项目的实体质量。因此，工序的质量控制是施工阶段质量控制的重点。

施工过程的质量控制就是对各道工序的作业质量持续进行控制，属于事中质量控制。它要求在施工质量形成过程中，对影响施工质量的各种因素，以及工序施工条件质量控制和工序施工效果质量进行全面的动态控制。

根据有关施工质量验收规范，地基基础工程、主体结构工程、建筑幕墙工程、钢结构及管道工程等的质量必须进行现场质量检测，合格后才能进行下道工序。

为了确保竣工验收质量，在施工过程中，需要选定重要的内容、采用适当的方法，进行现场质量检查，监控施工作业质量。例如，采用目测法、实测法、试验法等，进行开工之前、工序交接、隐蔽工程、停工后复工、分部分项工程完工后和成品保护等的检查或验收。必要时，可辅之以技术核定、见证取样送检等。详见本章第三节相关内容。

3. 竣工验收控制

竣工验收控制是在施工工序完成后对工程项目质量进行的验收检查，以防止不合格的工序流入下道工序，以及最终产品（包括分部工程、单位工程或整个工程项目）进入市场。它属于事后的质量控制。

为了保证工程项目质量，建设单位、设计单位、监理单位以及政府的工程质量监督部门，在施工阶段依据法律法规和工程合同，对施工单位的质量行为和项目实体质量实施监督控制。施工质量的自控主体和监控主体，在施工全过程相互依存、各尽其责，共同推动施工质量控制过程的展开，通过竣工验收最终实现工程项目的质量总目标。

（二）按资源要素划分

在本章第一节阐述的广义的"工程项目质量的影响因素"的基础上，针对施工单位的工程质量控制，应当把握以下要点。

1. 施工人员质量控制

施工人员质量控制是从参与施工各类人员的施工技能、文化素养、身体心理等方面入手，经过科学合理的组织协调，辅以必要的激励机制，使全体员工的潜在能力得到充分的发挥和最优的组合，发挥各类人员在质量控制系统中的主体自控作用。施工单位必须按照规章制度要求，坚持执业（职业）资格注册和作业人员持证上岗制度；对所选派的项目经理、项目经理部主要成员进行教育和培训，使其质量意识和组织管理能力满足施工质量控制的要求；对所属施工队伍进行全员培训，加强质量意识的教育和技术训练，提高作业人员的质量活动能力和自控能力；对分包单位进行严格的资质考核和施工人员的资格考核，要求其资质、资格必须符合相关法规的规定，与其所分包的工程相适应。

2. 材料设备质量控制

原材料、半成品以及工程设备是工程施工和工程实体的组成部分，加强其质量控制，既是提高工程质量的前提，也是实现工程项目投资、进度等目标的基础。例如，在施工准备阶段，施工单位应采取以下措施，对于原材料、半成品及工程设备进行质量控制：材料、设备的性能参数要与设计文件相符；材料、设备各项技术性检验测试指标与标准规范要求相符；保证材料、设备进场验收程序及相关文件齐全；优先采用节能环保的新型建筑材料和设备，禁用国家明令禁用或淘汰的建筑材料和设备；贯彻执行企业相关文件中，关于材料和设备封样、采购、进场检验、抽样检测及质保资料提交等方面的系列控制标准等。

3. 施工机械质量控制

施工机械是指工程施工过程中所使用的各类机械设备，包括起重运输设备、人货两用电梯、加工机械、操作工具、测量仪器、计量器具以及专用工具和施工安全设施等。施工机械质量控制就是根据工程需要，合理选择和正确使用施工机械设备，保证工程施工质量。在具体工作中，应当注意以下事项：机械设备应符合安全、经济、可靠和环保等方面的要求；对施工中使用的模具、脚手架等施工设备，除可按适用的标准定型选用之外，一般需按设计及施工要求进行专项设计，并将其设计方案及制作质量的控制与验收作为控制重点；对危险性较大的现场安装的起重机械设备，要按规定对其设计安装方案进行审批，且安装完毕交付使用前须经专业部门或机构的验收，合格后方可使用。

4. 工艺技术方案的质量控制

工艺技术方案科学合理与否将直接影响到工程质量、进度和成本，应选择技术先进、经济合理、安全可靠的方案。对于施工工艺技术方案的质量控制，主要包括以下内容：

（1）全面深入地分析工程特征、技术关键及环境条件等资料，明确质量目标、验收标准、控制的重点和难点；

（2）制定合理有效、有针对性的施工技术方案和组织方案，前者包括施工工艺、施工方法，后者包括施工区段划分、施工流向及劳动组织等；

（3）合理选用施工机械设备，科学设置施工临时设施，合理布置施工总平面图和各阶段施工平面图；

（4）妥善选用、设计保证工程质量、安全生产的模具、脚手架等施工设备；

（5）编制工程所采用的新材料、新技术、新工艺的专项技术方案和质量管理方案；

（6）针对工程具体情况，分析气象、地质等环境因素对施工的影响，制定应对措施或预案。

5. 施工环境因素控制

环境因素对工程质量的影响，具有复杂多变和不确定性的特点，具有较为明显的风险特性。通常采取风险控制及预测预防的方法，减少其对施工过程及质量的不利影响。

（1）对于施工现场自然环境因素的控制。对于地质、水文等方面的影响，应根据设计要求，分析工程岩土地质资料，预测不利因素，并会同设计单位等制定相应的措施，采取诸如基坑降水、排水、加固围护等技术控制方案。对于天气气象方面的影响，应在施工方案中制定专项紧急预案，明确在不利条件下的施工措施，做好人员、器材等方面的准备或预案，加强施工过程中的监控与预警。

（2）对于施工质量管理环境因素的控制。根据工程合同结构，理顺管理关系，建立统一的现场施工组织系统和质量管理的综合运行机制，确保质量保证体系处于良好的状态，创造良好的质量管理环境和氛围，使得工程施工顺利进行，并保证施工质量。

（3）对于施工作业环境因素的控制。施工作业环境因素主要包括工程施工现场的给水排水条件，各种能源介质供应，施工照明、通风、安全防护设施，施工场地空间条件和通道，以及交通运输和道路条件等。需要认真实施经过审批的施工组织设计和施工方案，落实保证措施，严格执行相关管理制度和施工纪律，保证上述环境条件良好，使得施工顺利进行、施工质量得到保证。

（三）按工程项目构成划分

工程项目从施工准备开始到竣工验收、交付使用，需要经过若干工序、工种的配合施工，施工质量、工程质量的优劣，取决于各个施工工序、工种的管理水平和操作质量。因此，为控制、检查、评定和监督每个工序和工种的工作质量，需要把整个工程项目逐级划分为若干个子项目，分级进行编号，并在施工过程中据此进行质量控制和检查验收。

项目划分是施工质量控制的一项重要准备工作，应在工程项目开始施工之前进行。项目划分得合理、明细，有利于分清质量责任，便于施工作业人员的质量自控、监督人员的检查验收，也有利于质量记录等资料的填写、整理和归档。

根据《建筑与市政工程施工质量控制通用规范》（GB 55032—2022）的规定，施工质量验收应包括单位工程、分部工程、分项工程和检验批施工质量验收，并应符合下列规定：

（1）检验批应根据施工组织、质量控制和专业验收需要，按工程量、楼层、施工段划分，检验批抽样数量应符合有关专业验收标准的规定；

（2）分项工程应根据工种、材料、施工工艺、设备类别划分，建筑工程分项工程划分应符合本规范附录 A、附录 B 的规定，市政工程分项工程划分应符合本规范附录 C 的规定；

（3）分部工程应根据专业性质、工程部位划分，建筑工程分部工程划分应符合本规范附录 A、附录 B 的规定，市政工程分项工程划分应符合本规范附录 C 的规定；

（4）单位工程应为具备独立使用功能的建筑物或构筑物；对市政道路、桥梁、管道、轨道交通、综合管廊等，应根据合同段，并结合使用功能划分单位工程。

由于篇幅所限，以上"本规范"的附录 A、B、C 的单位工程（子单位工程）、分部工程、子分部工程和分项工程的具体划分，在此省略。

三、质量控制点的设置与管理

质量控制点是指对于本工程质量的性能、安全、寿命、可靠性等具有严重影响的关键部位、薄弱环节，或者对于下道工序具有重要影响的关键工序。它们的质量得到有效控制，工程质量也就有了基本保证。

（一）质量控制点的设置

结合工程项目的特点，通常选择技术要求高、施工难度大、对工程质量影响大或发生质量问题时危害大的对象作为质量控制点。例如，可选择下列部位或环节作为质量控制点：

① 对于工程质量形成过程产生直接影响的关键部位、工序、环节及隐蔽工程；

② 施工过程中的薄弱环节，或者质量不稳定的工序、部位或对象；

③ 对于下道工序有较大影响的上道工序；

④ 采用新技术、新工艺、新材料的部位或环节；

⑤ 施工质量无把握的、施工条件困难的或技术难度大的工序或环节；

⑥ 用户反馈指出的和（或）过去有过返工现象的不良工序。

【例 2-1】 某房屋建筑工程的分项工程质量控制点的设置（结果）如下。

① 工程测量定位：标准轴线桩、水平桩、龙门板、定位轴线、标高。

② 地基、基础（含设备基础）：基坑（槽）尺寸、标高、土质、地基承载力，基础垫层标高，基础位置、尺寸、标高，预埋件及预留洞孔的位置、标高、规格、数量，基础杯口弹线。

③ 砌体：砌体轴线，皮数杆，砂浆配合比，预留洞孔、预埋件的位置、数量，砌块排列。

④ 模板：位置、标高、尺寸，预留洞孔位置、尺寸，预埋件的位置，模板的承载力、刚度和稳定性，模板内部清理及润湿情况。

⑤ 钢筋混凝土：水泥品种、强度等级，砂石质量，混凝土配合比，外加剂比例，混凝土振捣；钢筋品种、规格、尺寸、搭接长度，钢筋焊接、机械连接，预留洞、孔及预埋件规格、位置、尺寸、数量；预制构件吊装或出厂（脱模）强度，吊装位置、标高、支承长度、焊缝长度。

⑥ 吊装：吊装设备的起重能力、吊具、索具、地锚。

⑦ 钢结构：翻样图、放大样。

⑧ 焊接：焊接条件、焊接工艺。

（二）质量控制点的重点控制对象

在全面、准确地选择质量控制点的基础上，还要结合以往工程的经验，根据对于重要质量特性进行重点控制的要求，进一步选择质量控制点的重点部位、重点工序和重点的质量因素，并作为质量控制点的重点控制对象。从而通过重点预控和监控，有效地控制和保证施工质量。质量控制点的重点控制对象，通常包括以下几个主要方面。

1. 人的行为

人是最具活力的资源要素，某些操作或工序，应以人为重点控制对象。例如，高空、高温、水下、易燃易爆、重型构件吊装作业以及操作要求高的工序和技术难度大的工序等，都应从人的生理、心理、技术能力等方面进行控制。

2. 材料的质量与性能

材料是直接影响工程质量的重要因素，在某些工程中应作为控制的重点。例如，水泥的质量是直接影响混凝土工程质量的关键因素，施工中应对进场的水泥质量进行重点控制，必须检查核对其出厂合格证，并按要求进行强度和安定性的复验等。

3. 施工方法与关键操作

某些直接影响工程质量的施工方法、关键操作，应当作为控制的重点。例如，预应力钢筋的张拉工艺操作过程及张拉力的控制，大模板施工中模板的稳定和组装问题、液压滑模施工时支撑杆稳定问题、升板法施工中提升量的控制问题等。

4. 施工技术参数

在许多情况下，技术参数中属于重点控制的是质量参数、指标。例如，混凝土的外加剂掺量、水灰比，回填土的含水量，砌体的砂浆饱满度，防水混凝土的抗渗等级，建筑物沉降与基坑边坡稳定监测数据，大体积混凝土内外温差及混凝土冬期施工受冻临界强度等。

5. 技术间歇

技术间歇属于不可避免的中断时间，有些工序之间必须留有必要的技术间歇时间，并且对于工程质量、进度、成本，甚至安全生产等具有重要影响。例如，砌筑与抹灰之间，应在墙体砌筑后留6~10天时间，让墙体充分沉陷、稳定、干燥后再抹灰，抹灰层干燥后，才能喷白、刷浆；混凝土浇筑与模板拆除之间，应保证混凝土有一定的硬化时间，达到规定拆模强度后方可拆除等。

6. 施工顺序

某些工序之间必须严格控制先后的施工顺序，进而确保工程质量。例如，对于冷拉的钢筋应当先焊接后冷拉，否则会失去冷强；屋架的安装固定，应采取对角同时施焊方法，否则会由于焊接应力导致已经校正好的屋架发生倾斜。

7. 易发生或常见的质量通病

质量通病也许不很严重，但是属于频发现象。例如，混凝土工程的蜂窝、麻面、空洞、墙、地面、屋面工程渗水、漏水、空鼓、起砂、裂缝等，都与工序操作有关，均应事先研究对策，提出预防措施。

8. 特殊地基或特种结构

对于湿陷性黄土、膨胀土、红黏土等特殊土地基的处理，以及大跨度结构、高耸结构等技术难度较大的施工环节和重要部位，均应予以特别的重视。

9. 其他重点控制对象

对于新技术、新材料及新工艺的应用，由于缺乏经验，施工时应将其作为重点进行控制。产品质量不稳定和不合格率较高的工序应列为重点，认真分析，严格控制。

（三）质量控制点的管理

质量控制点的管理旨在质量控制的目标及工作重点更加明晰。首先，要做好施工质量控制点的事前质量预控工作，其主要包括：明确质量控制的目标与控制参数；编制作业指导书和质量控制措施；确定质量检查检验方式及抽样的数量与方法；明确检查结果的判断标准及质量记录与信息反馈要求等。

其次，需要向施工作业班组进行认真交底，使每一个控制点上的作业人员清楚施工作业规程及质量检验评定标准，掌握施工操作要领。在施工过程中，相关技术管理人员和质量控制人员要在现场进行重点指导和检查验收。

同时，还要做好施工质量控制点的动态设置和动态跟踪管理。所谓动态设置，是指在工程开工前、设计交底和图纸会审时，确定项目的一批质量控制点，并且随着工程的展开、施工条件的变化，随时或定期进行控制点的调整和更新。动态跟踪是根据动态控制原理，落实专人跟踪和记录控制点质量控制的状态和效果，并及时向项目经理部反馈质量控制信息，保持施工质量控制点处于受控状态。

当然，对于危险性较大的分部分项工程或特殊施工过程，除执行过程质量控制的一般规定外，还应由专业技术人员编制专项施工方案或作业指导书，依次经施工单位的技术负责人、项目监理机构的总监理工程师、建设单位的项目负责人签字后，贯彻执行。对于超过一定规模的危险性较大的分部分项工程，还要组织专家对专项方案进行论证。施工作业前，施工员、技术员要做好交底和记录，操作人员在明确工艺标准、质量要求的基础上，开展施工作业。为实现质量控制点的预定目标，应严格按照"三级检查制度"进行检查控制。

在施工中发现质量控制点有异常时，应立即停止施工，召开分析会，查找原因，采取对策，予以解决。

施工单位应积极主动地支持、配合监理工程师的工作，根据项目监理机构的要求，对于施工作业的质量控制点，按照不同的性质和管理要求，细分为"见证点"和"待检点"进行施工质量的监督和检查。凡属"见证点"的施工作业，如重要部位、特种作业、专门工艺等，施工单位必须在该项作业开始前，书面通知监理工程师到位旁站，见证施工作业过程；凡属"待检点"的施工作业，如隐蔽工程等，施工单位必须在完成施工质量自检的基础上，提前通知监理工程师进行检查验收并通过后，才能进行工程隐蔽或下道工序的施工。

第三节　工程项目质量验收

建筑工程项目的施工质量验收应按照《建筑工程施工质量验收统一标准》（GB 50300—2013）进行。所谓"验收"，是指建筑工程在施工承包单位自行质量检查评定的基础上，参与建设活动的有关单位共同对检验批、分项、分部、单位工程的质量进行抽样复验，根据相关标准，对于工程质量合格与否作出书面确认。施工质量验收包括施工过程质量验收及工程项目竣工质量验收两个部分。

一、施工过程质量验收

在全过程的质量管理中，施工过程质量验收属于事中质量控制方法。它包括质量活动主体的自控和他人监控两种方式，而且施工质量的自控和监控是相辅相成的系统过程。

（一）施工作业质量的自控

1. 施工作业质量自控的主体

施工作业质量的自控，就经营层面而言，要求作为建筑产品生产者和经营者的施工企业，需要全面履行企业的质量责任，向顾客提供质量合格的工程产品；从生产过程来说，强调的是施工作业者的岗位质量责任，向后道工序提供合格的作业成果（中间产品）。因此，施工单位是施工作业质量的自控主体。

而且，施工单位应总结实践经验，根据工程特点，建立健全、贯彻执行施工作业质量自控的有效制度。例如质量自检制度、质量例会制度、质量会诊制度、质量样板制度、质量挂牌制度和每月质量讲评制度等。

2. 施工作业质量自控的程序

施工作业质量的自控过程通常由施工作业组织的成员按照以下程序进行。

（1）施工作业技术的交底。作为施工组织设计和施工方案的具体化，为使管理者的计划和决策意图为实施人员所理解，施工作业技术交底的内容必须具有可行性和可操作性。作业交底的内容，通常包括作业范围、施工依据、作业程序、技术标准和要领、质量目标，以及其他与安全、进度、成本、环境等目标管理有关的要求和注意事项等。

（2）施工作业活动的实施。施工作业活动是由一系列工序组成的具体实施或实践。为保证工序质量的受控，首先要对作业条件进行再确认，即按照作业计划检查作业准备状态是否落实到位，其中包括对施工程序和作业工艺顺序的检查确认。然后严格按作业计划的程序、步骤和质量要求展开工序作业活动。

（3）施工作业质量的检验。作为贯穿整个施工过程的最基本的质量控制活动，施工作业质量检验或检查，包括施工单位内部的工序作业质量自检、互检、专检和交接检查，以及项目监理机构的旁站检查、平行检验等。施工作业质量检查是施工质量验收的基础，已完检验批及分部分项工程的施工质量，必须在施工单位完成质量自检并确认合格之后，才能报请项目监理机构进行检查验收。前道工序作业质量经验收合格后，方可进入下道工序的施工。

3. 施工作业质量自控的要求

为达到对工序作业质量控制的效果，在加强工序管理和质量目标控制方面，应当坚持以下要求。

① 预防为主。严格按照施工质量计划的要求，进行各分部分项施工作业的部署。同时，根据施工作业的内容、范围和特点，制订施工作业计划，明确作业质量目标和作业技术要领，认真进行作业技术交底，落实各项作业技术组织措施。

② 重点控制。在施工作业计划中，认真贯彻实施施工质量计划中的质量控制点的控制措施。同时，根据作业活动的实际需要，进一步建立工序作业控制点，深化工序作业的重点控制。

③ 坚持标准。工序作业人员对工序作业过程坚持进行严格质量自检，通过自检不断改善作业；创造条件开展作业质量互检，通过互检加强技术与经验的交流。对已完工序作业产品，应严格坚持质量标准。对不合格的施工作业质量，不得进行验收签证，必须按照规定的程序进行处理。同时，鼓励有条件的施工单位或项目经理部结合自己的实际，编制高于国家标准的企业或工程项目内控标准，或采用施工承包合同明确规定的更高标准，列入质量计划，努力提升工程质量水平。

④ 记录完整。施工图纸、质量计划、作业指导书、材料质保书、检验试验及检测报告、质量验收记录等，既是具有可追溯性的质量保证的依据，也是工程竣工验收不可缺少的质量控制资料。因此，对工序作业质量，应有计划、有步骤地按照规范的要求进行填写记载，做到及时、准确、完整、有效，并具有可追溯性。

(二)施工作业质量的监控

1. 施工作业质量的监控主体

作为对自控行为的推动和约束，他人监控主要是由来自企业外部的有关方面，对于作业者的质量活动过程和结果进行监督检查。

为了保证施工作业及工程项目质量，建设单位、设计单位、监理单位以及政府的工程质量监督部门作为监控主体，在施工阶段依据法律法规和工程施工承包合同，对施工承包单位的质量行为和项目实体质量实施监督控制。

建设单位在领取施工许可证或开工报告前，应按照有关规定办理工程质量监督手续。设计单位应当就审查合格的施工图纸设计文件向施工单位作出详细说明，并参与工程质量事故分析，提出相应的技术处理方案。在施工作业实施过程中，项目监理机构根据监理规划与实施细则，采取现场旁站、巡视、平行检验等形式，对施工作业质量进行监督检查。

2. 现场质量检查

现场质量检查是施工作业质量监控的主要手段。

(1)现场质量检查的内容。

① 开工前的检查。主要检查是否具备开工条件，开工后是否能够保持连续正常施工，能否保证工程质量等。

② 工序交接检查。对于重要的工序或对工程质量有重大影响的工序，应严格执行"三

检"（即自检、互检、专检）制度，未经监理工程师（或建设单位技术负责人）检查认可，不得进行下道工序施工。

③ 隐蔽工程的检查。施工中凡是隐蔽工程必须检查认证后，方可进行隐蔽掩盖。

④ 停工后复工的检查。因客观因素停工或处理质量事故等停工时，经检查认可后，方能复工。

⑤ 分部分项工程完工后的检查。只有经检查认可，并签署验收记录后，才能进行下一分部分项工程项目的施工。

⑥ 成品保护的检查。例如，检查成品有无保护措施、保护措施是否有效可靠等。

（2）现场质量检查的方法。

① 目测法。凭借检查者的感官进行检查，也称观感质量检验，其手段可概括为"看"（根据质量标准要求进行外观检查，例如内墙抹灰的大面及口角是否平直）、"摸"（通过触摸手感进行检查、鉴别，例如浆活是否牢固、不掉粉）、"敲"（运用敲击工具进行音感检查，例如对装饰工程中的面砖、石材饰面等进行敲击）、"照"（通过人工光源或反射光照射，检查难以看到或光线较暗的电梯井等内部管线部位）四个字。

② 实测法。通过实测数据与施工规范、质量标准的要求及允许偏差值进行对照，以此判断质量是否符合要求，其手段可概括为"靠"（利用直尺、塞尺检查，例如墙面、地面）、"量"（用测量工具和计量仪表等检查断面尺寸、轴线、标高、湿度、温度等的偏差，例如大理石板拼缝尺寸）、"吊"（利用托线板以及线坠吊线检查垂直度，例如砌体垂直度检查）、"套"（以方尺套方，辅以塞尺检查，例如对阴阳角的方正的检查）四个字。

③ 试验法。即通过理化试验、无损检测等必要的试验手段，对质量进行判断的检查方法。其中，工程中常用的理化试验，包括物理力学性能方面的检验、化学成分及化学性能的测定两个方面；常用的无损检测方法有超声波探伤、X射线探伤、γ射线探伤等，从表面探测结构物、材料、设备的内部组织结构或损伤情况。

3. 技术核定与见证取样送检

（1）技术核定。在施工过程中，如果施工单位对于施工图纸的某些要求不清楚、图纸内部存在某些矛盾、工程材料调整与代用，以及改变建筑节点构造、管线位置或走向等，需要通过设计单位明确或确认的，施工单位必须以技术核定单的方式向监理工程师提出，并报送设计单位核准确认。

（2）见证取样送检。为了保证工程建设质量，我国规定对工程所使用的主要材料、半成品、构配件以及施工过程留置的试块、试件等应实行现场见证取样送检。

见证人由建设单位及项目监理机构中有相关专业知识的人员担任；送检的试验室应具备经国家或地方工程检验检测主管部门核准的相关资质；见证取样送检必须严格按规定的程序进行，包括取样见证并记录、样本编号、填单、封箱、送试验室、核对、交接、试验检测、报告等。检测机构应当建立档案管理制度。检测合同、委托单、原始记录、检测报告应当按年度统一编号，编号应当连续，不得随意抽撤、涂改。

（三）隐蔽工程验收与成品质量保护

1. 隐蔽工程验收

凡被后续施工所覆盖的施工内容，例如地基基础工程、钢筋工程、预埋管线等均属隐蔽工程。加强隐蔽工程质量验收，是施工质量控制的重要环节。

隐蔽工程验收程序要求施工单位首先需要完成自检并合格，然后填写专用的"隐蔽工程验收单"。验收单所列的验收内容应与已完的隐蔽工程实物相一致，并事先通知项目监理机构及有关方面，按约定时间进行验收。

验收合格的隐蔽工程由各方共同签署验收记录；验收不合格的隐蔽工程，应按验收整改意见进行整改后，重新验收。严格隐蔽工程验收的程序和记录，对于预防工程质量隐患，提供可追溯质量记录具有重要作用。

2. 施工成品质量保护

建设工程项目对已完施工的成品进行保护，目的在于避免已完施工成品受到来自后续施工以及其他方面的污染或损坏。

已完施工的成品保护问题和相应措施，在工程施工组织设计与计划阶段就应该从施工顺序上进行考虑，防止施工顺序不当或交叉作业造成相互干扰、污染和损坏；成品形成后，应采取防护、覆盖、封闭、包裹等相应措施进行保护。装配式混凝土建筑施工过程中，应采取防止预制构件、部品及预制构件上的建筑附件、预埋件、预埋吊件等损伤或污染的保护措施。

（四）施工质量验收的内容与处理

1. 施工过程质量验收的内容

《建筑工程施工质量验收统一标准》（GB 50300—2013）与各个专业工程施工质量验收规范，明确规定了各分项工程施工质量的基本要求，分项工程检验批质量的抽查办法和抽查数量，检验批主控项目、一般项目的检查内容和允许偏差以及对主控项目、一般项目的检验方法，还规定了各分部工程验收的方法和需要的技术资料，并对涉及人民生命财产安全、人身健康、环境保护和公共利益的内容以强制性条文作出规定，要求必须坚决、严格遵照执行。

施工过程的质量验收包括以下验收环节，通过验收后应留下完整的质量验收记录和资料，为工程项目竣工质量验收提供依据。

（1）检验批质量验收。检验批是指按同一生产条件或按规定方式汇总起来供检验用的，由一定数量样本组成的检验体。检验批是工程验收的最小单位，是分项工程乃至整个建筑工程质量验收的基础。检验批应由专业监理工程师组织施工单位本项目专业质量检查员、专业工长等进行验收。

检验批质量验收合格应符合下列规定：

① 主控项目和一般项目的质量应符合国家现行强制性工程建设规范和现行相关标准的规定；

② 主控项目的质量经抽样检验应全部合格；

③ 一般项目的质量应符合国家现行相关标准的规定；

④ 具有完整的施工操作依据和质量验收记录。

主控项目是指建筑工程中对安全、节能、环境保护和主要使用功能起决定性作用的检验项目。主控项目的验收必须从严要求，不允许有不符合要求的检验结果，主控项目的检查具有否决权。除主控项目以外的检验项目，称为一般项目。

（2）分项工程质量验收。分项工程的质量验收在检验批验收的基础上进行，属于质量验收的基本单元。分项工程可由一个或若干检验批组成。分项工程应由专业监理工程师组织施工单位本项目专业技术负责人进行验收。

分项工程质量验收合格应符合下列规定：

① 所含检验批的质量均应验收合格；

② 所含检验批的质量验收记录应完整。

（3）分部工程质量验收。分部工程的质量验收在其所含各分项工程验收合格的基础上进行，在施工过程中随完工随验收，并留下完整的质量验收记录和资料。对于涉及安全、节能、环境保护和主要使用功能的地基基础、主体结构和设备安装分部工程进行见证取样试验或抽样检测，还需要对其观感质量进行验收，并综合给出质量评价；对于评价为"差"的检查点，应通过返修处理等进行补救。分部工程应由总监理工程师组织施工单位本项目负责人和项目技术负责人等进行验收。勘察、设计单位项目负责人和施工承包单位技术、质量部门负责人应参加地基与基础分部工程验收。设计单位项目负责人和施工承包单位技术、质量部门负责人应参加主体结构、节能分部工程验收。

分部工程质量验收合格应符合下列规定：

① 所含分项工程的质量应验收合格；

② 质量控制资料应完整、真实；

③ 有关安全、节能、环境保护和主要使用功能的抽样检验结果应符合要求；

④ 观感质量应符合要求。

（4）单位工程质量验收。单位工程作为具有独立使用功能的完整的建筑产品，应在其所含各分部工程验收合格的基础上，进行竣工质量验收。

2. 施工过程质量验收不合格的处理

施工过程的质量验收以检验批的施工质量为基本验收单元。检验批质量不合格可能由于使用的材料不合格、施工作业质量不合格、质量控制资料不完整等原因所致，其处理方法有：

① 经返工或返修的检验批，应重新进行验收；

② 经有资质的检测机构检测能够达到设计要求的检验批，应予以验收；

③ 经有资质的检测机构检测达不到设计要求，但经原设计单位核算认可能够满足结构安全和使用功能的检验批，可予以验收。

严重质量缺陷或超过检验批范围内的缺陷，经法定检测单位检测鉴定以后，认为不能满足最低限度的安全储备和使用功能，则必须进行加固处理。经返修或加固处理的分项工程、分部工程，确认能够满足安全及使用功能要求时，应按技术处理方案和协商文件的要求予以验收，责任方应承担经济责任。

经返修或加固处理后仍不能满足安全使用要求的分部工程及单位工程，严禁验收。

二、工程项目竣工质量验收

工程项目竣工质量验收是施工质量控制的最后一个环节，是对施工过程质量控制成果的全面检验。工程项目竣工质量验收从终端把关进行质量控制，未经验收或验收不合格的工程，不得交付使用。

竣工验收的范围与依据、条件和内容、标准、方式与程序等，详见本书第十章（工程项目收尾管理）的第一节（竣工验收准备与竣工验收）内容。

三、竣工验收报告与备案

工程项目竣工验收应依据批准的建设文件和工程实施文件，达到国家法律、行政法规、部门规章对竣工条件的规定和合同约定的竣工验收要求后，提出工程竣工验收报告。

建设单位应当自工程竣工验收合格之日起 15 日内，依照有关规定，向工程所在地的县级以上人民政府建设行政主管部门备案。相关内容，详见本书第十章的第一节内容。

第四节　工程质量不合格的处理

按照国际标准化组织(ISO)和我国有关质量、质量管理和质量保证标准的定义，凡工程产品质量没有满足某规定的要求，就可称之为质量不合格。而且，根据质量不合格的具体情况，可以有相应的处理方法。

一、质量问题和质量事故的分类

(一)质量问题和质量事故的界定

根据我国国家标准《质量管理体系 基础和术语》(GB/T 19000—2016/ISO 9000：2015)的定义，工程产品未满足质量要求，即为质量不合格。与预期或规定用途有关的质量不合格，称为质量缺陷。

凡是工程质量不合格，影响使用功能或工程结构安全，造成永久质量缺陷或存在重大质量隐患，甚至直接导致工程倒塌或人身伤亡的，必须进行返修、加固或报废处理。由此造成直接经济损失低于 5000 元的，称为质量问题；造成直接经济损失在 5000 元以上的，称为质量事故。

因此，工程质量不合格，首先属于工程质量问题。由于工程质量问题造成了严重后果的称为工程质量事故。而且，如果工程质量事故带来的经济损失很大，可能还会涉及索赔和罚款，甚至刑事责任等。

(二)工程质量事故的分类

工程质量事故具有成因复杂、种类繁多、后果严重，通常与安全生产事故共生等特点。工程质量事故的分类具有不同的方法，不同专业工程对于质量事故的等级划分也不尽相同。

1. 按事故造成损失的程度分级

在住房和城乡建设部《关于做好房屋建筑和市政基础设施工程质量事故报告和调查处理工作的通知》(建质字〔2010〕111 号)中，根据工程质量事故造成的人员伤亡或者直接经济损失，将工程质量事故分为以下 4 个等级：

① 特别重大事故，是指造成 30 人以上死亡，或者 100 人以上重伤，或者 1 亿元以上直接经济损失的事故；

② 重大事故，是指造成 10 人以上 30 人以下死亡，或者 50 人以上 100 人以下重伤，或者 5000 万元以上 1 亿元以下直接经济损失的事故；

③ 较大事故，是指造成 3 人以上 10 人以下死亡，或者 10 人以上 50 人以下重伤，或者 1000 万元以上 5000 万元以下直接经济损失的事故；

④ 一般事故，是指造成 3 人以下死亡，或者 10 人以下重伤，或者 100 万元以上 1000 万元以下直接经济损失的事故。

该等级划分所称的"以上"包括本数，所称的"以下"不包括本数。

2. 按事故责任分类

① 指导责任事故，指由于工程指导或领导失误造成的质量事故。例如由于工程负责人片面追求施工进度，放松或不按质量标准进行控制和检验，降低施工质量标准等。

② 操作责任事故,指在施工过程中,由于实施操作者不按规程和标准实施操作造成的质量事故。例如浇筑混凝土时随意加水、振捣疏漏造成混凝土质量事故等。

③ 自然灾害事故,指由于突发的严重自然灾害等不可抗力造成的质量事故。例如地震、台风、暴雨、雷电、洪水等对工程造成破坏甚至倒塌。这类事故虽然不是人为责任直接造成,但灾害事故造成的损失程度时常与人们是否在事前采取了有效的预防措施有关,相关责任人员也可能负有一定责任。

二、质量事故的预防

从某种意义上讲,施工质量控制的所有措施和方法,其目的都在于预防质量事故。具体来说,施工质量事故的预防,应当运用风险管理的理论和方法,从寻找和分析可能导致施工质量事故发生的原因入手,抓住影响施工质量的各种因素和施工质量形成过程的各个环节,采取针对性的预防控制措施。

(一)施工质量事故发生的原因

施工质量事故发生的原因,大致有如下 4 类。

1. 技术原因

技术原因导致的施工质量事故指主要由于工程项目勘察设计、施工过程技术上的失误所引发的质量事故。例如地质勘察过于疏略,对水文地质情况判断错误,致使地基基础设计采用了不正确的方案;施工管理及实际操作人员的技术素质差,采用了不合适的施工方法或施工工艺等。这些技术上的失误,通常是造成质量事故的常见原因。

2. 管理原因

管理原因导致的施工质量事故指主要由于管理上的不完善或失误所引发的质量事故。例如施工单位或监理单位的质量管理体系不完善,质量管理措施落实不力,检验制度不严密,质量控制不严格,检测仪器设备管理不善而失准以及材料质量检验不严等原因引起质量事故。

3. 社会经济原因

社会经济原因导致的施工质量事故指由于社会上的不正之风、经济上的违法违规行为等所引发的质量事故。例如违反建设规律的"七无"(无立项、无报建、无开工许可、无招投标、无资质、无监理、无验收)工程,边勘察、边设计、边施工的"三边"工程;某些投标人随意压低标价、中标后偷工减料;某些施工单位盲目追求利润或形象进度而不顾工程质量等,都易导致发生重大工程质量事故。

4. 人为原因和自然灾害原因

人为原因和自然灾害原因导致的施工质量事故,指的是主要由于人为的设备事故、安全事故,导致连带发生质量事故,以及严重的自然灾害等不可抗力造成的质量事故。

(二)预防施工质量事故的具体措施

工程质量控制应当追求事前控制、过程管理,防患未然。施工单位及其项目经理部结合工程实际,可采取以下措施预防施工质量事故。

1. 严格执行科学的建设程序

项目经理部首先做好施工项目的可行性、风险性论证,未经深入调查分析、严格科学论证不得拍板定案;彻底搞清工程地质水文条件方可开工,杜绝无证设计、无图施工,任意修改设计或不按图纸施工;工程竣工不进行试车运转、不经验收不得交付使用。

2. 认真做好工程地质勘察

地质勘察时，要适当布置钻孔位置、设定钻孔深度，防止因钻孔间距过大、钻孔深度不够，不能全面查清地下软土层、滑坡、墓穴、孔洞等有害地质构造。地质勘察报告必须详细、准确，防止因为不符合实际情况的地质资料而采用错误的地基方案，导致不均匀沉降、失稳等。

3. 科学加固处理地基

对于软弱土、冲填土、杂填土、湿陷性黄土、膨胀土、岩层出露、岩溶、土洞等不均匀地基要进行科学的加固处理。根据不同地基的工程特性，按照地基处理应与上部结构相结合使其共同工作的原则，综合考虑地基处理与设计措施、结构措施、防水措施、施工措施等方面。

4. 进行必要的设计审查复核

项目经理部宜邀请具有相应资质、丰富经验的审图或咨询机构，对于施工图设计进行审查复核，防止因设计考虑不周、结构构造不合理、设计计算错误、沉降缝及伸缩缝设置不当、悬挑结构未通过抗倾覆验算等原因，导致施工质量事故的发生。

5. 严格把控建筑材料及制品质量

项目经理部要从采购订货、进场验收、质量复验、存储和使用等环节，严格控制建筑材料及制品的质量，防止不合格或者变质、损坏的材料和制品用于工程。必要时，可与项目监理机构共同完成相关工作。

6. 对施工人员进行必要的培训

项目经理部要通过技术培训使施工作业人员掌握基本的建筑结构、建筑材料知识和作业技能，通过全员培训提高责任感、积极性，懂得遵守施工验收规范对于保证工程质量的重要性，从而在施工中自觉遵守操作规程，不蛮干，不违章操作，不偷工减料。

7. 依法进行施工组织管理

项目经理部的施工管理人员要认真学习、严格遵守国家相关政策法规和施工技术标准，依法进行施工组织管理。施工人员首先要熟悉图纸，对工程的难点和关键工序、关键部位应编制专项施工方案，并严格执行；施工作业必须按照图纸和施工验收规范、操作规程进行；确保施工技术措施正确、施工顺序合理，脚手架和楼面不可超载堆放构件和材料；严格按照相关制度规定进行质量检查和验收。

8. 做好应对不利施工条件和各种灾害的预案

项目经理部要根据当地气象资料的分析和预测，事先针对可能出现的风、雨、高温、严寒、雷电等不利施工条件，制定相应的施工技术措施；对于不可预见的人为事故和严重自然灾害做好应急预案，并有相应的人力、物资等储备。

三、质量问题和质量事故的处理

根据《建设工程质量管理条例》的有关规定，工程质量事故发生后，总监理工程师应签发"工程暂停令"；施工单位须进行质量事故调查，分析质量事故产生的原因，并提交质量事故调查报告；项目监理机构应及时向建设单位提交质量事故书面报告，并应将完整的质量事故处理记录整理归档。

（一）施工质量事故处理的依据

处理施工质量事故通常需要以下四个方面的依据。

（1）质量事故的实况资料。包括：质量事故发生的时间、地点；质量事故状况的描述；

质量事故发展变化的情况；有关质量事故的观测记录、事故现场状态的照片或录像；事故调查组调查研究获得的第一手资料等。

（2）有关合同及合同文件。包括建设工程设计委托合同、建设工程施工合同、设备材料采购合同、建设工程监理合同及专业分包合同等。

（3）有关的技术文件和档案。包括有关的设计文件（如施工图纸和技术说明），与施工有关的技术文件、档案和资料。例如，施工方案、施工计划、施工记录、施工日志，有关建筑材料的质量证明资料、现场制备材料的质量证明资料，质量事故发生后对事故状况的观测记录、试验记录或试验报告等。

（4）相关的建设法规。除《中华人民共和国建筑法》外，主要有《建设工程质量管理条例》《关于做好房屋建筑和市政基础设施工程质量事故报告和调查处理工作的通知》；还有与工程质量及质量事故处理有关的法规，勘察设计、施工、监理等单位资质和从业人员资格管理的规定，建筑市场管理方面的法规，以及相关技术标准、规范、规程和管理办法等。

（二）质量事故调查处理的程序

一旦发生工程质量事故，其报告、调查和处理程序，通常包括事故报告、事故调查、事故原因分析、制定事故处理的技术方案、进行事故处理、事故处理的鉴定验收和提交事故处理报告等内容。其一般程序如图2-1所示。

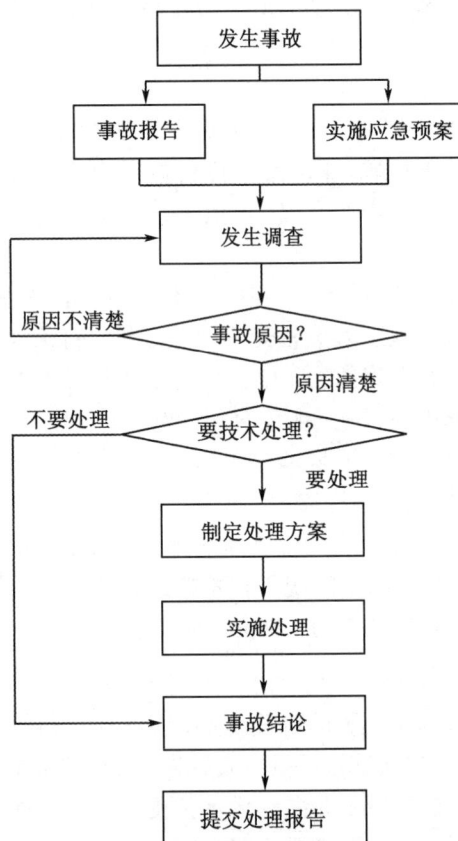

图2-1 质量事故调查处理的一般程序

在图2-1的处理程序中，事故报告、事故调查等，参见本书第五章（建设工程安全生产、职业健康与环境管理)的第二节内容。

在进行事故处理后,事故调查组必须尽快提交完整的事故处理报告,其内容包括:事故调查的原始资料、测试的数据;事故原因分析和论证结果;事故处理的依据;事故处理的技术方案及措施;实施技术处理过程中有关的数据、记录、资料;检查验收记录;对事故相关责任者的处罚情况和事故处理的结论等。

(三)施工质量事故处理的基本方法

施工质量缺陷、质量事故的处理,就民事处理的层面(不含行政处理、刑事处理)而言,可以根据具体情况选择或组合应用以下基本方法。

1. 返修处理

某些部分的施工质量虽未达到规范、标准或设计规定的要求,存在一定的缺陷,但经过采取整修等措施后可以达到要求的质量标准,又不影响使用功能或外观的要求时,可采取返修处理的方法。例如,某混凝土结构表面出现蜂窝、麻面,或者混凝土结构局部出现损伤(如结构受撞击、局部未振实、冻害、火灾、酸类腐蚀、碱骨料反应等),而且这些缺陷或损伤仅仅在结构的表面或局部,不影响其使用和外观,可进行返修处理。

2. 加固处理

加固处理主要是针对危及结构承载力的质量缺陷进行的处理。通过加固处理,使建筑结构恢复或提高承载力,重新满足结构安全性与可靠性的要求,使结构能继续使用或改作其他用途。

3. 返工处理

当工程质量缺陷经过返修、加固处理后仍不能满足规定的质量标准要求,或不具备补救可能性时,则应当采取重新制作、重新施工的返工处理措施。例如某防洪堤坝填筑压实后,其压实土的干密度未达到规定值,经核算将影响土体的稳定且不满足抗渗能力的要求,则须挖除不合格土,重新填筑,重新施工。

4. 限制使用

在工程质量缺陷按修补方法处理后,无法保证达到规定的使用要求和安全要求,且无法返工处理的情况下,迫不得已可以作出诸如结构卸荷、减荷等限制使用的决定。

5. 不作处理

某些工程质量虽然未能达到规定的要求或标准,但其情况不严重,对结构安全或使用功能影响很小,经过分析、论证、法定检测单位鉴定和设计单位等认可后,可以不作专门处理。一般可不作专门处理的质量缺陷有以下几种:

① 不影响结构安全、生产工艺和使用要求的。例如,某工业建筑物出现放线定位的偏差,且严重超过规范标准规定、要纠正会造成重大经济损失,但经过分析、论证其偏差不影响生产工艺和正常使用,在外观上也无明显影响,可不作处理。

② 后道工序可以弥补的质量缺陷。例如,混凝土现浇楼面的平整度偏差达到10mm,但由于后续垫层和面层的施工可以弥补,所以也可不作处理。

③ 法定检测单位鉴定合格的工程。例如,某检验批混凝土试块强度值不满足规范要求,但经法定检测单位对混凝土实体强度进行实际检测后,其实际强度达到规范允许和设计要求值时,可不作处理。

④ 出现的质量缺陷,经检测鉴定达不到设计要求,但经原设计单位核算,仍能满足结构安全和使用功能的。例如,某结构构件截面尺寸或材料强度不足、影响结构承载力,但

按实际情况进行复核验算后仍能满足设计要求的承载力时，可不进行专门处理。

6. 报废处理

出现质量事故的工程，采取上述处理方法后，仍然不能满足规定的质量要求或标准，则必须予以报废处理。

(四)施工质量事故处理的基本要求

通过施工质量事故处理应当保证工程的耐久性、满足预定的质量目标。因此，质量事故处理应当满足以下基本要求：

① 质量事故的处理应达到安全可靠、不留隐患、满足生产和使用要求以及施工方便、经济合理的目的；

② 重视消除造成事故的原因，注意综合治理，防止类似事故的再次发生；

③ 正确确定技术处理的范围和正确选择处理的时间和方法；

④ 切实做好事故处理的检查验收工作，认真落实防范措施；

⑤ 确保事故处理期间的安全。

第五节　工程项目质量的政府监管

我国《建设工程质量管理条例》规定，国家实行建设工程质量监督管理制度，由政府行政主管部门设立专门机构对工程建设全过程进行质量监督管理。而且，政府部门的行政监管有利于提高工程质量、维护社会安全。

一、政府质量监管的职责划分

国务院建设行政主管部门对全国的建设工程质量实施统一监督管理。国务院铁路、水利等有关部门按照国务院规定的职责分工，负责全国有关专业建设工程质量的监督管理。县级以上地方人民政府建设行政主管部门对本行政区域内的建设工程质量实施监督管理。

县级以上地方人民政府交通、水利等有关部门在各自的职责范围内，负责对本行政区域内的专业建设工程质量进行监督管理。

国务院发展改革部门按照国务院规定的职责，组织稽察特派员，对国家出资的重大建设项目实施监督检查。

国务院经济贸易主管部门按照国务院规定的职责，对国家重大技术改造项目实施监督检查。

二、政府质量监督的性质与职权

(一)政府质量监督的性质

政府质量监督的性质属于行政执法行为，是主管部门依据有关法律法规和工程建设强制性标准，对工程实体质量和工程建设、勘察、设计、施工、监理单位(建设工程五方责任主体)、质量检测等单位的工程质量行为实施监督。

工程实体质量监督，是指主管部门对涉及工程主体结构安全、主要使用功能的工程实体质量情况实施监督。

工程质量行为监督，是指主管部门对工程质量责任主体和质量检测等单位履行法定质量责任和义务的情况实施监督。

(二)政府质量监督的职权

政府建设行政主管部门和其他有关部门履行工程质量监督检查职责时，有权采取下列措施：

① 要求被检查的单位提供有关工程质量的文件和资料；

② 进入被检查单位的施工现场进行检查；

③ 发现有影响工程质量的问题时，责令改正。

有关单位和个人对政府建设行政主管部门和其他有关部门进行的监督检查应当支持与配合，不得拒绝或者阻碍建设工程质量监督检查人员依法执行职务。

三、政府质量监督的内容与实施

(一)政府质量监督的内容

政府建设行政主管部门和其他有关部门的工程质量监督管理应当包括下列内容：

① 执行法律法规和工程建设强制性标准的情况；

② 抽查涉及工程主体结构安全和主要使用功能的工程实体质量；

③ 抽查工程质量五方责任主体和质量检测等单位的工程质量行为；

④ 抽查主要建筑材料、建筑构配件的质量；

⑤ 对工程竣工验收进行监督；

⑥ 组织或者参与工程质量事故的调查处理；

⑦ 定期对本地区工程质量状况进行统计分析；

⑧ 依法对违法违规行为实施处罚。

(二)政府质量监督的实施程序

对于工程项目质量监督的实施程序通常包括以下几个方面。

1. 受理建设单位办理质量监督手续

在工程项目开工前，监督机构受理建设单位有关建设工程质量监督的申报手续，并对建设单位提供的有关文件进行审查，审查合格签发有关质量监督文件。工程质量监督手续可以与施工许可证或者开工报告合并办理。

2. 制订工作计划并组织实施

监督机构根据工程项目具体情况，制订质量监督工作计划并组织实施。工作计划的内容包括：① 实施质量监督依据的法律、法规、规范、标准；② 在项目施工的各个阶段，质量监督的内容、范围和重点；③ 实施质量监督的具体方法和步骤；④ 定期或不定期进入施工现场进行监督检查的时间计划安排；⑤ 质量监督记录表(格式)；⑥ 监督人员及需用资源安排。

3. 对工程实体质量和工程质量行为进行抽查、抽测

① 日常检查和抽查抽测相结合，采取"双随机、一公开"(随机抽取检查对象，随机选派监督检查人员，及时公开检查情况和查处结果)的检查方式和"互联网+监管"的模式。监督抽样检测的重点是涉及结构安全和重要使用功能的项目，例如，在工程基础和主体结构分部工程质量验收前，要对地基基础和主体结构混凝土强度分别进行监督检测。

② 对工程质量责任主体和质量检测等单位的质量行为进行检查。检查的内容包括：参与工程项目建设各方的质量保证体系建立和运行情况；企业的工程经营资质证书和相关人员的资格证书；按建设程序规定的开工前必须办理的各项建设行政手续是否齐全完备；施工组织设计、监理规划等文件及其审批手续和实际执行情况；执行相关法律法规和工程建设强制性标准的情况；工程质量检查记录等。

4. 监督工程竣工验收

在竣工阶段，监督机构主要是按规定对工程竣工验收工作进行监督。竣工验收前，针对在质量监督检查中提出的质量问题进行复查，检查其是否按要求整改完毕。竣工验收时，参加竣工验收的会议，对验收的程序及验收的过程进行监督。工程竣工验收合格后，检查建设单位是否在建筑物明显部位设置永久性标牌，载明建设、勘察、设计、施工、监理单位等工程质量责任主体的名称和主要责任人姓名等。

5. 形成工程质量监督报告

工程质量监督报告的基本内容包括：① 工程项目概况；② 项目参建各方的质量行为检查情况；③ 工程项目实体质量抽查情况；④ 历次质量监督检查中提出的质量问题及整改情况；⑤ 工程竣工质量验收情况；⑥ 项目质量评价（包括建筑节能和环保评价）；⑦ 对存在的质量缺陷的处理意见等。

6. 建立工程质量监督档案

工程质量监督档案应按单位工程建立。要求归档及时，资料记录等各类文件齐全，经监督机构负责人签字后归档，按规定年限保存。相关内容，参见本书第七章（工程项目信息管理）的第三节、第十章（工程项目收尾管理）的第一节内容。

第六节　质量管理标准体系

一、标准的基本概念

标准通常的定义是，为了在一定的范围内获得最佳秩序，经协商一致制定并由公认机构批准，共同使用的和重复使用的一种规范性文件。

工程建设标准是指对于基本建设中各类工程的勘察、规划、设计、施工、安装、验收等需要协调统一的事项所制定的标准。因此，工程建设标准是为在工程建设领域内获得最佳秩序，对建设工程的主要活动和结果需要协调统一的事项所制定的共同的、重复使用的技术依据和准则。而且，在我国工程建设标准中，对于直接涉及工程质量、安全、卫生及环境保护等方面的重要事项，列有参建各方必须严格执行的强制性条文。工程建设标准及强制性条文的正确实施，对促进工程建造活动健康发展，保证工程质量、安全，提高投资效益、社会效益和环境效益等，具有直接作用和重要意义。

质量管理体系（Quality Management System，QMS），是指在质量方面指挥和控制组织的管理体系。质量管理体系是组织内部建立的为实现质量目标所必需的系统的质量管理模式，是组织的一项战略决策。

针对质量管理体系的要求，国际标准化组织的质量管理和质量保证技术委员会制定了ISO9000 质量管理系列标准，以适用不同类型、产品、规模与性质的组织。该类标准由若干相互关联或补充的单个标准组成，其中为大家所熟知的是 ISO9001 质量管理体系，提出对于产品要求的补充，并经过数次的改版。在此标准基础上，不同的行业又制定了相应的技术规范，如 IATF 16949：2016《汽车生产件及相关服务件组织应用 ISO9001：2015 的特别要求》等。

为促进供给侧结构性改革，适应高质量发展及建设行业调速换挡、转型升级的需要，提升施工承包企业质量管理水平，住房和城乡建设部近年先后出台了《工程建设施工企业质量管理规范》（GB/T 50430—2017）、《建设工程施工合同（示范文本）》（GF—2017—

0201）、《建设项目工程总承包管理规范》（GB/T 50358—2017）、《建设项目工程总承包合同（示范文本）》（GF—2020—0216）等标准、规范。

二、工程建设标准的构成和特点

质量管理标准体系涉及的规范、标准、规定较多。面对施工承包企业，本书以《工程建设施工企业质量管理规范》（GB/T 50430—2017）为例加以阐述。

（一）标准的构成

《工程建设施工企业质量管理规范》（GB/T 50430—2017）共分为12个章节，其主要内容依次包括：总则；术语；基本规定；组织机构和职责；人力资源管理；投标及合同管理；施工机具与设施管理；工程材料、构配件和设备管理；分包管理；工程项目质量管理；工程质量检查与验收；质量管理检查、分析、评价与改进。

（二）标准的特点

《工程建设施工企业质量管理规范》（GB/T 50430—2017）具有以下特点。

（1）进一步促进了工程质量管理标准化。本规范从工程开工到竣工验收备案的全过程，对工程参建各方主体尤其是施工企业的质量行为和工程实体质量控制实行的规范化管理活动进行指导。其核心内容是质量行为标准化和工程实体质量控制标准化。质量行为标准化主要包括人员管理、技术管理、材料管理、分包管理、施工管理、资料管理和验收管理等；工程实体质量控制标准化从建筑材料、构配件和设备进场质量控制、施工工序控制及质量验收控制的全过程，对影响结构安全和主要使用功能的分部分项工程和关键工序做法以及管理要求等做出相应规定。

（2）确定了施工企业各项质量管理活动的内容和要求。本规范关注活动，更关注结果，是施工企业质量管理的行为准则，也是施工和服务质量符合法律法规要求的基本保证。

（3）与ISO9001质量管理体系的兼容性更强。本规范与建筑施工企业实际相结合，更具针对性、专业性，有利于建筑施工企业的管理体系有效实施。从而切实加强工程建设施工企业的质量管理工作，提高企业自律和质量管理水平，强化和落实质量责任，促进施工企业质量管理的科学化、规范化和法制化。

（4）是ISO9001质量管理体系的本土化、行业化和具体化，更加契合我国建筑业企业的实际情况，更加符合中国的工程建设法规和惯例，更加清晰明确，利于掌握和认证应用。

三、质量管理体系的建立与实施

不同于针对工程项目的质量控制体系或质量控制系统，为实施有效管理而建立的质量管理体系，以及通过第三方质量认证机构的质量认证，可为广大施工企业的承包经营和质量管理等奠定基础、提供指引。本书谨以ISO9000：2015版的质量管理体系为例加以阐述。

（一）企业质量管理体系的建立

无论是否经过正式的策划，每个企业或组织必然有其质量管理活动，并追求对组织环境的适宜性。ISO9000：2015与GB/T 19001及GB/T 19004一起，可以帮助组织建立完善的质量管理体系。质量管理体系是随着时间的推移而进化、通过周期性改进的动态系统。

质量管理体系（文件）通常包括质量方针、质量目标、质量手册、质量体系程序文件和质量记录等内容。规范的质量管理体系应准确地反映组织的需求，并为策划、实施、监控和改进质量管理活动的绩效等提供框架和指南。在建立质量管理体系的过程中，要注重ISO9000：2015给出的质量管理的基本概念和原则。其中，基本概念包含关于质量、质量管理体系、组织环境、相关方、支持(总则、人员、能力、意识、沟通)的定义。

1. 质量管理原则

作为质量管理体系的建立，也就是质量管理原则，通常包括以下 7 项：

① 以顾客为关注焦点。即质量管理的首要关注点是满足顾客要求并且努力超越顾客期望，只有赢得和保持顾客和其他有关相关方的信任，才能获得持续成功。

② 领导作用。即各级领导建立统一的宗旨和方向，并创造全员积极参与、实现组织的质量目标的条件。

③ 全员积极参与。为了高效地管理组织，组织内的各级人员需要得到尊重并参与其中。

④ 过程方法。质量管理体系是由相互关联的过程组成的。只有将活动作为相互关联、功能连贯的过程组成的体系来理解和管理，才能更加高效地获得一致的、可预知的结果。

⑤ 改进。通过改进使得组织保持当前的绩效水平，对其内、外部条件的变化做出反应，并创造新的机会。

⑥ 循证决策。即基于数据和信息的分析和评价的决策，更有可能产生期望的结果。

⑦ 关系管理。为了持续的成功，组织需要管理与各相关方(如供方)的关系。

2. 企业质量管理体系的建立程序

质量管理体系的建立程序可以划分为前期准备、体系策划和体系建立等阶段。其中的主要工作任务包括以下几个方面：

① 质量目标分解。在确定市场及顾客需求的前提下，按照质量管理原则，制定企业完整的质量管理体系文件，并将质量目标分解落实到相关层次、岗位以及职能和职责中，形成企业质量管理体系的执行系统。

② 开展员工培训。组织企业不同层次的员工开展培训，使质量管理体系的工作内容和执行要求为员工所了解，为全员参与企业质量管理体系的运行夯实基础。

③ 进行整合资源。识别并提供实现质量目标和持续改进所需的资源，包括人员、基础设施、环境、信息等。

(二)企业质量管理体系的实施

企业质量管理体系的运行要求在生产及服务的全过程，按照质量管理体系文件所制定的程序、标准、工作要求和目标分解的岗位职责规范运作。同时，需要做好以下工作：

① 做好记录与分析。在企业质量管理体系运行的过程中，按各类体系文件的要求，监视、测量和分析过程的有效性和效率，做好文件规定的质量记录，持续收集、记录并分析过程的数据和信息，全面反映产品质量和过程符合要求，并具有可追溯的效能。

② 进行评审考核。在企业质量管理体系运行的过程中，按文件规定的办法进行质量管理评审和考核。针对发现的主要问题，采取必要的改进措施，促使过程达到策划的结果，并实现对过程的持续改进。

③ 开展内部审核。落实质量管理体系的内部审核程序，有组织有计划地开展内部质量审核活动，其主要目的在于：评价质量管理程序的执行情况及适用性；揭露过程中存在的问题，为质量改进提供依据；向外部审核单位提供有效的证据。

为确保系统内部审核的效果，企业领导应发挥决策领导作用，制定审核政策和计划，组织内审人员队伍，落实内审条件，并对审核中发现的问题采取纠正措施、提供相关的支持。

四、质量认证

质量认证（Quality Certification）又称合格认证。ISO/IEC 指南 2：1991 中，对"认证"的定义是："由可以充分信任的第三方证实某一经鉴定的产品或服务符合特定标准或规范性文件的活动。"

（一）企业质量管理体系认证的意义

质量认证制度是由公正的第三方认证机构对企业的产品及质量体系做出正确可靠的评价，从而使社会对企业的产品建立信心。第三方质量认证制度自 20 世纪 80 年代以来已得到世界各国的普遍重视，它对供方、需方、社会和国家的利益都具有以下几方面的意义：① 提高供方企业的质量信誉；② 促进企业完善质量体系；③ 增强国际市场竞争能力；④ 减少社会重复检验和检查费用；⑤ 有利于保护消费者利益；⑥ 有利于法规、标准的实施。

（二）企业质量管理体系认证的程序

1. 申请和受理

具有法人资格，已按 GB/T 19000 族标准或其他国际公认的质量体系规范建立了文件化的质量管理体系，并在生产经营全过程贯彻执行的企业可提出申请。申请单位须按要求填写申请书。认证机构经审查符合要求后接受申请，如不符合要求则不接受申请，接受或不接受申请均予发出书面通知书。

2. 审核

认证机构派出审核组对申请方质量管理体系进行检查和评定，包括文件审查、现场审核，并提出审核报告。

3. 审批与注册发证

认证机构对审核组提出的审核报告进行全面审查，对符合标准者予以批准并注册，颁发认证证书（内容包括证书号、注册企业名称地址、认证和质量管理体系覆盖产品的范围、评价依据、质量保证模式标准及说明、发证机构、签发人和签发日期）。

（三）获准认证后的维持与监督管理

企业质量管理体系获准认证的有效期为 3 年。获准认证后，企业应通过经常性的内部审核，维持质量管理体系的有效性，并接受认证机构对企业质量管理体系实施监督管理。获准认证后的质量管理体系，维持与监督管理内容如下：

（1）企业通报。认证合格的企业质量管理体系在运行中出现较大变化时，需向认证机构通报。认证机构接到通报后，视情况采取必要的监督检查措施。

（2）监督检查。认证机构对认证合格单位质量管理体系维持情况进行监督性现场检查，包括定期和不定期的监督检查。定期检查通常是每年一次，不定期检查根据需要临时安排。

（3）认证注销。注销是企业的自愿行为。在企业质量管理体系发生变化或证书有效期届满未提出重新申请等情况下，认证持证者提出注销的，认证机构予以注销，收回该体系认证证书。

（4）认证暂停。认证暂停是认证机构对获证企业质量管理体系发生不符合认证要求情况时采取的警告措施。认证暂停期间，企业不得使用质量管理体系认证证书做宣传。企业在规定期间采取纠正措施满足规定条件后，认证机构撤销认证暂停；否则将撤销认证注册，收回合格证书。

（5）认证撤销。当获证企业发生质量管理体系存在严重不符合规定，或在认证暂停的规定期限未予整改，或发生其他构成撤销体系认证资格情况时，认证机构做出撤销认证的决定。企业不服从撤销认证的可提出申诉。撤销认证的企业一年后可重新提出认证申请。

（6）复评。认证合格有效期满前，如企业愿意继续延长期限，可向认证机构提出复评申请。

（7）重新换证。在认证证书有效期内，出现体系认证标准变更、体系认证范围变更、体系认证证书持有者变更，可按规定重新换证。

复习思考题

1. 工程项目质量的特征及影响因素有哪些？
2. 如何建立工程项目质量控制体系、质量控制系统？
3. 在施工过程质量验收中，自控与监控的要点以及两者的关系如何？
4. 如何理解质量控制点的设置与管理？
5. 质量事故的分类与质量事故处理基本方法之间有何关系？
6. 如何理解政府质量监督的内容与实施？
7. 质量认证对于质量管理体系的建立与实施有哪些影响？

第三章　工程项目进度控制

工程项目建设活动的不同参与者，在建设过程中所承担的工作范围、活动时限（时间）等并不相同，应根据工程具体情况、管理目标需要等具体确定。从施工单位的角度出发，通常需要考虑工程的施工准备、施工实施、验收交付等过程。而且，工程项目进度控制过程中，充分论证总进度目标、科学编制进度计划，以及进度计划的及时检查、有效调整是一个完整的过程，需要统筹策划、动态循环。

第一节　工程项目进度及控制概述

一、工程项目进度及其控制的界定

在工程项目建设活动中，建设单位负责工程项目的策划与组织，需要解决处理包括决策与策划、设计与计划、招标与采购、准备与实施、验收与交付等在内的建设周期的相关事宜。施工单位则主要在工程项目的准备与实施阶段，完成相应的施工任务并通过相应的验收。因此，同一工程项目的不同参建方，对于"时间"及其管理、控制多有不同的理解。

（一）工期、进度与寿命周期的定义

1. 工期

施工工期，也称建设工期，简称工期，是指所承包的工程项目或任务从正式开工到完成合同规定的全部内容，达到竣工验收标准所经历的时间（通常以天数表示）。它是考核施工单位及其项目管理水平的重要指标，并对工程质量、工程成本等具有重要影响。

工期可以细分为合同工期和实际工期。合同工期，也称日历工期，是指从开工日期到完成合同规定内容的竣工日期，按照总日历天数（包括法定节假日）计算的作业持续时长。从合同工期的全部日历天数中，扣除法定节假日未施工的天数以及因为设计、材料、气候等原因停工的天数，称为"实际工期"。开工日期，通常从承包人接到监理工程师开工通知令中载明的日期算起；竣工日期常指发包人与承包人在协议书中约定，承包人完成承包范围内工程的绝对或相对的日期。

工程建设活动是编制进度计划、分析进度状况和控制进度的基本工作单元，需要根据工程项目实际、管理工作需要等科学选定。例如，在施工单位详细进度计划中，可以将混凝土搅拌、混凝土运输、混凝土浇筑和混凝土养护各定义为一项活动，也可将这四项关联性较强的活动综合定义为一项"混凝土工程"。

2. 进度

工程项目进度，也称建设进度，简称进度，是指建设单位或工程总承包单位根据已经批准的建设文件，为完成工程项目各项建设活动所做出的时间安排。由于工程进度包括准备、设计和施工等阶段，其计划可分为：准备阶段进度计划、设计阶段进度计划、施工阶段进度计划等。在工程建设与管理实践中，某地区、某行业在报告期内建成所有工程项目平均所需要的时间，也被称为建设周期。

施工阶段进度计划作为工程项目进度计划的重要部分，可按实施阶段分解为年度计划、季度计划、月度计划等不同时间段的进度计划，也可按项目的结构分解为单位（项）工程进度计划、分部分项工程的进度计划。

3. 寿命周期

工程项目的寿命周期，简称寿命周期，是指从工程项目的投资意向开始，到投资终结的全部过程或时间。产品或服务的提供者必须认识到，工程项目业主或用户角度的寿命周期是由建设期、运营期组成的完整时间跨度。而且，用户更加注重工程项目在时间漫长的运营期，甚至更新、拆除阶段的综合质量，并需要从建设期开始夯实基础。

针对图1-2和表1-1的工程项目寿命周期与建设程序，可以通过合并相关工作环节，将工程项目的寿命周期简化为项目决策、项目实施、项目使用和项目拆除四个主要阶段。同理，可将其中的项目实施阶段，简化为准备、设计、施工等更小的阶段或环节。

4. 工期、进度与寿命周期的关系

为了比较形象地反映工程项目的工期、进度与寿命周期的时间跨度之间包含、递进关系，可以绘制出图3-1。

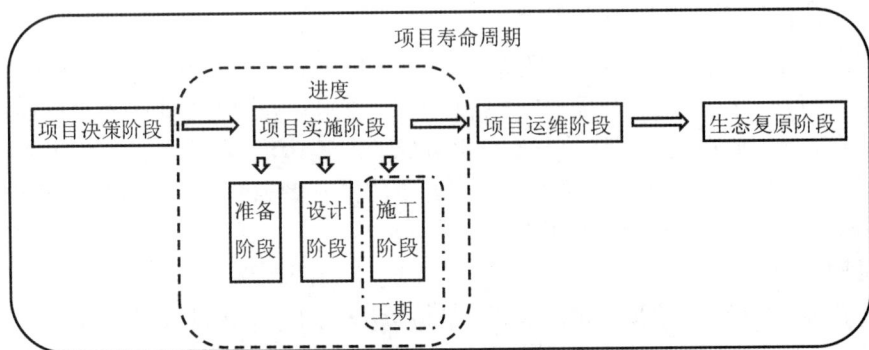

图3-1　工期、进度与寿命周期的关系（示意）图

从图3-1可见，用户角度的寿命周期（时间）包含了建设单位或工程总承包单位管控的进度，施工单位关注的工期仅仅属于工程进度当中的一个组成部分。当然，本书将在兼顾进度、寿命周期的基础上，着重阐述工期。

（二）工程进度控制的概念

工程进度控制，简称进度控制，是指在工程项目预定目标及约束条件下，编制科学合理的进度计划，并通过及时有效的检查与调控，保证付诸实施。因此，进度控制实质上是对工程项目实施过程中的各阶段工作及其时间，进行科学统筹、有效监控的一系列活动。

工程项目能否顺利通过竣工验收、按期交付使用，不仅影响建设单位的投资经济效益，而且关乎施工单位的信用与利益。因此，进度控制的最终目的是确保工程项目按照预定的时间总目标动用或提前交付使用。

在工程建设不同阶段，不同参与者进度控制的工作内容、持续时间、具体目标等也会有所不同。为了加强工程进度控制，需要建设单位、设计单位、施工单位、监理单位等，分别设定控制指标，建立管理制度、健全管理措施，均衡有序工作。例如，建设单位的进度控制涉及设计、采购、施工、验收交付等项工作内容。施工单位主要承担工程施工任务，其进度控制的指标可以包括施工工程及主要工序的持续时间（工期）、结果状态数量、已完成工程量的价值量和资源的消耗量等。

完整的工程进度控制工作，至少包括以下三个环节。

① 工程进度计划的编制。根据进度总目标及资源优化配置原则，采用科学的方法，明确工程建设各阶段的工作内容、工作程序、持续时间和衔接关系等。

② 工程进度计划执行情况的检查。在进度计划的实施过程中，及时、准确地检查实际执行情况，分析实际进度与计划目标的偏差，发现延误的程度，并查明原因。

③ 工程进度计划的调整。针对偏差，采取相应的调整或补救措施，动态优化进度计划。在某些单项工作误期且必要的情况下，可对本项工作和相关工作的进度进行修改。

（三）工程进度控制的程序

在工程进度控制实践中，建设单位的进度目标需要统筹设计、采购、施工等多个阶段，且处于"上位"、比较宽泛。工程进度体系丰富、影响宽泛，其内容通常包括总进度计划、设计进度计划、采购进度计划、施工进度计划和验收与交付进度计划等。

作为工程实施重要参与方和实现者的施工单位，其施工进度不仅决定建设计划中时间目标的实现，还关系到工程项目的质量和成本等。因此，工程项目管理必须坚持"目标协调"的最基本原则，在确保工程质量、成本的前提下，控制工程的进度。施工单位进度控制的主要工作依次包括确立目标、检查分析和计划调整。其控制工作的主要程序，可列于图3-2。

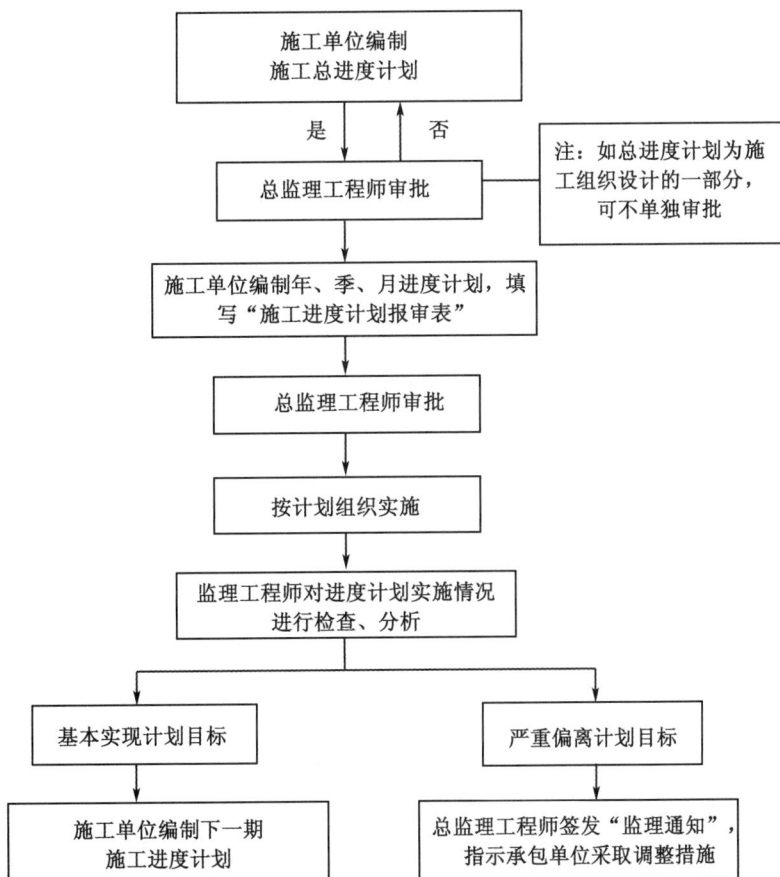

图3-2　施工单位进度控制的主要程序

按照工程项目管理或质量控制"上道工序对于下道工序负责"的准则，施工单位需要基于图 3-2 的流程，优化施工进度控制，并为建设单位完善建设期管理、实现建设进度目标奠定基础。而且，从工程项目的用户或业主角度出发，进度控制的更高境界则是贯穿建设期、运维期的全寿命周期(时间)管理。

二、工程进度控制的原理与任务

工程建设的不同参与方，例如建设单位、施工单位，在进度控制中承担的任务有所不同，但是进度控制的原理或思路，以及控制过程中的时间维度基本一致。

（一）进度控制的原理

工程建设的不同参与者，在进行进度控制的过程中，通常需要把握以下要点。

1. 全过程动态控制原理

工程进度控制是一个循环进行的过程，也是一个动态的、持续的控制过程。从工程建设开始，工程进度进入实际的运行。由于计划不准、环境变化等原因，实际的工程进度往往会与计划目标产生偏差，并需要分析原因，修改调整；如此反复循环，工程进度最终按照预定方向完成目标。其未来控制与动态循环相互结合的过程如图 3-3 所示。

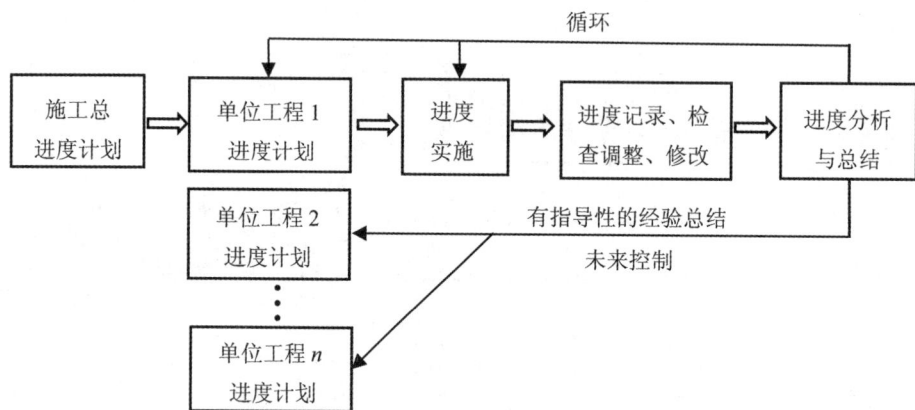

图 3-3　施工进度的未来控制与动态循环

在图 3-3 的调整、修改中，通常采取的控制措施，类似于第二章(工程项目质量控制)的"人、机、料、法、环"，可从上述五个维度发力。

2. 信息反馈原理

从某种意义上讲，信息是反映工程进度的载体、控制工程进度的抓手，项目管理的实质就是对于相关信息的有效管理。工程项目的计划信息自上而下传递；工程项目的实际进度(信息)从下而上传递，反馈给相关人员做出决策、下达调整；如此循环，使得实际进度计划符合预定目标。信息反馈原理要求实现一个闭合的信息传递和反馈过程。通常需要根据项目管理的 PDCA 循环原理(见图 3-4)，尤其重视"检查""处理"，实现工程进度信息的不断传递与及时反馈，促使工程进度按照预定的目标运行。

3. 网络计划技术原理

作为一种科学、有效的管理方法，网络计划技术既可以用于进度计划的编制，又可以根据对实际进度信息的收集比较，用于进度计划的优化与管理。网络计划技术原理首先将工程建设工作或活动，分解为若干的子工作，按照各子工作之间的先后顺序和逻辑关系绘出网络图；其次通过网络图及计算分析，找到关键工作和关键线路，通过网络计划优化后，确定最优方案；最后在计划的执行过程中，检查、控制实际的进展情况，合理配置人力、物

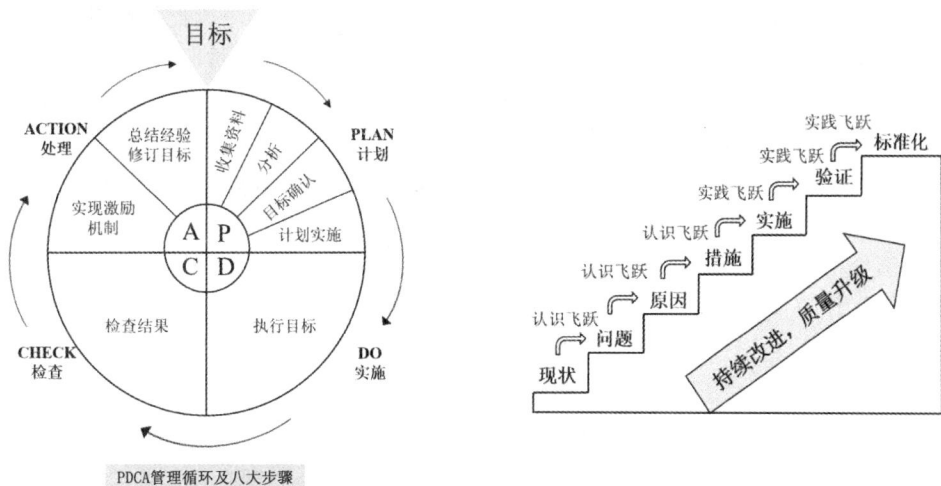

图 3-4　PDCA 循环的阶段与步骤

力等资源，以实现预定目标、获得最大的效益。网络计划技术的相关内容，参见本章的第三节（工程进度计划的编制方法）。

4. 弹性原理

弹性原理要求编制工程进度计划、确定预期目标时，做到留有余地、具有弹性。虽然进度控制的总体目标、基本方向比较明确，但计划毕竟是针对将来时间的事件，加之其持续时间较长、不确定性因素较多，编制者无法准确地预测所有情况。因此，在编制工程进度计划时，应尽量全面地考虑工程进度的影响因素，并在计划中留有余地。随着工程建设的进行，环境条件趋于确定、实际进度逐渐明朗，修订的计划更加符合实际，便于采取措施、达到目的。根据弹性原理要求，编制的工程进度计划要有设置不同指标的几套方案以及相应的应急措施，抓住影响工期、工程的关键因素和关键环节。

5. 系统原理

工程项目实施涉及机械、信息、材料和人力等资源要素，进度计划包括总进度规划、项目进度计划、项目实施计划等诸多层次。因此，工程进度计划是较为复杂的系统工程，需要着眼全局，把握细节，抓好进度控制工作。在利用系统原理进行工程进度控制的过程中，首先根据系统目的性的要求，确立工程进度计划的预定目标，按照计划对象从大到小、内容由粗到细的思路，编制进度计划及资源计划等；其次结合系统整体性的特征，树立全局观念，依据工程建设相关主体及各类人员的需要，建立完整的组织体系，形成项目实施的组织系统；最后强化系统层次性的结构，明确不同的部门、人员的责任和分工，形成工程进度控制体系，通过各司其职、各负其责，均衡有序地实现工程进度目标。因此，无论是控制主体、控制对象，还是进度计划、控制活动，均有系统属性，应当符合系统原理。

（二）进度控制的任务

面对同一项目工程进度或建设进度的时间目标，建设单位、设计单位、施工单位、监理单位和供货单位等由于立场、角色的不同，所承担的任务也有区别。本书仅以部分市场主体为例，加以阐述。

1. 建设单位进度控制的任务

建设单位负责工程项目的策划与组织，其进度控制工作在决策立项以后，从工程项目的策划设计与建设计划开始，管理整个项目建设期间的全部工作。因此，建设单位进度控制的任务，包括管理、控制工程项目决策与策划阶段，设计与计划阶段，招标与采购阶段，准备与实施阶段，验收与交付阶段等的工作进度。

2. 设计单位进度控制的任务

设计单位接受建设单位委托，根据"建设工程设计合同"负责工程项目的相关设计工作。设计单位进度控制的基本任务是依据设计合同要求，履行设计义务，根据出图计划，控制设计工作的进展与速度。同时，设计单位应尽可能使其设计工作的进度与施工招标、物资采购等工作进度相协调。在国际上，设计进度计划主要是各设计阶段关于设计图纸（包括有关的说明）的出图计划，在出图计划中标明每张图纸的名称、图纸规格、负责人和出图日期。

3. 施工单位进度控制的任务

施工单位作为工程项目、设计意图的具体实现者，根据"建设工程施工合同"承担相应的施工任务，其作业时间通常在建设进度总目标中占有较大的权重。施工单位进度控制的任务是依据施工合同要求，控制施工进度。施工单位应视项目的特点和施工进度控制需要，编制深度不同的具有控制性、指导性和实施性的施工进度计划，以及不同计划周期（年度、季度、月度和旬）的施工计划等，并按计划均衡有序地组织施工。

三、工程进度计划系统

工程项目层次复杂、参与者众多，面临着既定的控制目标、既有的约束条件，更加需要依靠完整、系统的进度计划体系，实施有效的进度控制。

（一）工程进度计划系统的内涵

工程进度计划系统是指由多个相互关联的进度计划组成的完整体系，并作为工程进度控制的依据。按照由上到下的层次或层面划分，工程进度计划系统依次包括总进度纲要、总进度规划、项目进度计划和项目实施计划等四级。某工程项目的进度计划系统（示例），如图3-5所示。

从图3-5可见，该工程进度计划系统，涉及由大到小的4个计划层次。而且，由于计划编制的资料有限、执行环境的变化，工程进度计划通常需要在工程项目的实际进展中逐步完善。因此，工程进度计划系统的建立是一个动态、渐进的过程。图3-5中，第二层次是由多个相互关联的不同参与方的进度计划组成的计划系统；第三、第四层次是由多个相互关联的不同计划深度的进度计划组成的具体工作（项目）计划系统。

（二）不同类型的工程进度计划系统

根据工程进度控制不同的需要和用途，建设单位、施工单位等不同的工程建设参与方可以构建不同深度、多个维度的工程进度计划系统。

1. 不同项目参与方的进度计划构成的计划系统

该计划系统主要包括：① 建设单位编制的整个工程项目的实施进度计划；② 设计进度计划；③ 施工和设备安装进度计划；④ 采购和供货进度计划等。

2. 不同深度的进度计划构成的计划系统

该计划系统主要包括：① 总进度规划（计划）；② 项目子系统进度规划（计划）；③ 项目子系统中的单项工程进度计划等。

3. 不同功能的进度计划构成的计划系统

该计划系统主要包括：① 控制性进度规划（计划）；② 指导性进度规划（计划）；③ 实

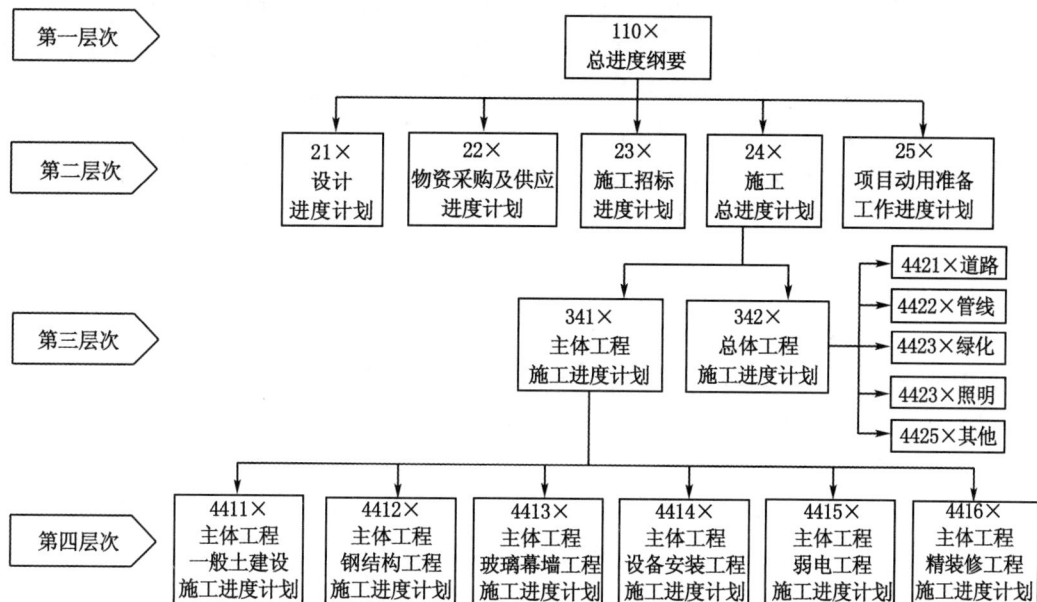

图 3-5 工程进度计划系统(示例)

施性(操作性)进度计划等。

4. 不同周期的进度计划构成的计划系统

该计划系统主要包括: ① 5 年建设进度计划; ② 年度、季度、月度和旬计划等。

(三)工程进度计划系统中的内部关系

在工程进度计划系统中,编制和调整各进度计划或各子系统进度计划时,必须注意彼此之间的联系和协调。其主要要求包括:

① 总进度规划(计划)、项目子系统进度规划(计划)与项目子系统中的单项工程进度计划之间的联系和协调;

② 控制性进度规划(计划)、指导性进度规划(计划)与实施性(操作性)进度计划之间的联系和协调;

③ 建设单位编制的整个工程项目实施进度计划、设计方编制的进度计划、施工和设备安装方编制的进度计划以及采购和供货方编制的进度计划之间的联系和协调等。

第二节 工程项目进度目标的论证

工程进度控制的首要任务是为工程建设工作论证、确立先进且合理的进度控制目标,从而奠定后续控制的工作基础。而且,由于工程建设过程涉及设计、采购、施工等阶段,以及相关工作的持续时间。故此,工程进度目标的论证不仅包括工程项目的总进度目标,还应考虑主要阶段的工作目标。

一、工程项目总进度目标及其内容

(一)工程项目总进度目标的含义

工程项目总进度目标,也称工程总进度目标,简称总进度目标,是在项目投资决策或项目策划阶段确定的,完成整个工程建设所需要的全部进度(时间)目标。当然,建设过程包括设计、采购、施工等阶段的顺序及目标，也应该在总目标中有所体现。

作为工程进度目标系统的第一或最高层次，总进度目标的实施时间必须满足建设单位的要求，进而成为项目管理的主要任务或控制目标之一。

由于尚未掌握比较详细的工程设计资料，缺乏比较准确的工程发包、施工组织和施工技术等资料，确定总进度目标需要结合工程项目的特点、要求，分析工程实施条件，并与控制规划、工程实施策划编制等工作相结合。

（二）工程总进度纲要

如图3-5所示，总进度纲要是工程计划系统的最高层次。大型项目的总进度纲要，通常包括以下主要内容：① 项目实施的总体部署；② 总进度规划；③ 各子系统进度规划；④ 确定里程碑事件的计划进度目标；⑤ 总进度目标实现的条件和应采取的措施等。

（三）工程总进度的内容

结合图3-5，在工程项目建设实施阶段，第二层次的工程总进度应当包括具有相互关联的以下主要内容：① 设计前准备阶段的工作进度；② 设计工作进度；③ 招标采购工作进度；④ 施工前准备工作进度；⑤ 工程施工和设备安装工作进度；⑥ 物资采购工作进度；⑦ 项目动用前的准备工作进度。

二、工程项目总进度目标论证的步骤

工程总进度目标论证的核心是通过编制总进度纲要，分析总进度目标的先进性、实现的可能性。通常需要根据工程项目的特点和任务要求，在收集相关资料的基础上，根据"先项目后进度，先分析后编码，先各层后总体"的原则，按照以下步骤分析论证。

（1）调查研究和收集资料。其包括：① 项目决策阶段有关项目进度目标确定的情况和资料；② 与进度有关的该工程项目组织、管理、经济和技术资料；③ 类似工程项目的进度资料；④ 该项目的总体部署；⑤ 该项目实施的主客观条件等。

（2）项目结构分析。大型工程项目的结构分析是根据编制总进度纲要的需要，将整个项目进行逐层分解，并确立相应的工作目录，如：① 一级工作任务目录，将整个工程项目划分成若干个子系统；② 二级工作任务目录，将每一个子系统分解为若干个子项目；③ 三级工作任务目录，将每一个子项目分解为若干个工作项。

（3）进度计划系统的结构分析。大型工程项目的计划系统一般由多层计划构成，如：① 第一层进度计划，将整个项目划分成若干个进度计划子系统；② 第二层进度计划，将每一个进度计划子系统分解为若干个子项目进度计划；③ 第三层进度计划，将每一个子项目进度计划分解为若干个工作项。

整个工程项目具体划分成多少计划层，应根据项目的规模和特点而定。

（4）项目的工作编码。项目的工作编码是指每一个工作项均具有自己特定的编码。编码的方式可以有所不同，但编码时应考虑下列因素：① 对于不同计划层的标识；② 对于不同计划对象的标识，例如不同子项目；③ 对于不同工作的标识，例如设计工作、招标工作和施工工作等。

工程项目编码的示例，如图3-6所示。

（5）编制各层（各级）进度计划。

（6）协调各层进度计划的关系，编制总进度计划。若所编制的总进度计划不符合项目预期的进度目标，则设法调整；若经多次调整，进度目标仍无法实现，则报告工程项目的决策者。

A 计划平面编码 · A

B 工程类别编码 · B1

组合编码系统 → C 项目结构编码 · C1 C2 C3 C4

D 工作编码 · D1 D2 D3 D4

E 项目参与单位编码 · E1 E2 E3

A B1 C1 C2 C3 C4 D1 D2 D3 D4 E1 E2 E3

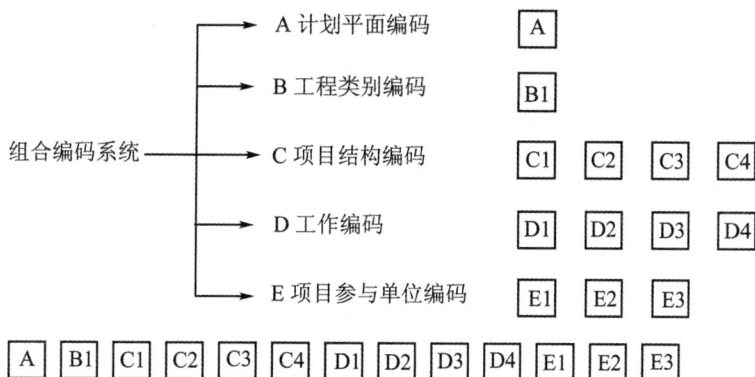

图 3-6 工程项目的编码(示例)

三、施工阶段的进度目标

施工阶段是工程实体形成的主要阶段,其持续时间较长,属于建设工程进度控制的重点。保证工程项目按期建成交付使用,是工程项目施工阶段进度控制的最终目的。

(一)施工阶段进度控制的目标

为了有效地控制施工进度,首先要将施工进度总目标从不同角度进行层层分解,形成施工进度控制目标体系,从而作为实施进度控制的依据。

1. 按项目组成分解,确定各单位工程开工及交工动用日期

各单位工程的进度目标应在工程项目建设总进度计划及建设工程年度计划中均有体现。在施工阶段应进一步明确各单位工程的开工和交工动用日期,以确保施工总进度目标的实现。

2. 按承包单位分解,明确分工条件和承包责任

若一个单位工程中有多个承包单位或分包单位参加施工时,应按承包单位将单位工程的进度目标分解,确定出各承包、分包单位的进度目标,列入分包合同,以便落实分包责任。同时,按各专业工程交叉施工方案和前后衔接条件,明确不同承包单位工作面交接的条件和时间。

3. 按施工阶段分解,划定进度控制分界点

根据工程项目的特点,可将其施工分成几个阶段,如土建工程可分为基础、结构和内外装修阶段。每一阶段的起止时间均有明确的标志,特别是不同单位承包的不同施工段之间,更要明确划定时间分界点,以此作为形象进度的控制标志,并使单位工程动用目标具体化。

4. 按计划期分解,组织综合施工

为便于进度计划的实施与检查,应将工程项目的施工进度控制目标按年度、季度、月(或旬)进行分解,并用实物工程量、货币工作量及形象进度表示。划定的计划期越短,进度目标越细,进度跟踪也越及时,发生进度偏差时也就更能有效地采取措施予以纠正。

工程项目施工阶段进度控制的目标体系,如图 3-7 所示。

由图 3-7 的目标体系可知,工程项目不仅要有建成交付使用确切日期的总目标,还要有各单位工程交工动用的分目标以及按承包人、施工单位和不同计划期划分的分目标。各目标之间相互联系,共同构成综合目标体系。其中,下级目标受上级目标的制约,下级目标保证上级目标,最终保证施工进度总目标的实现。

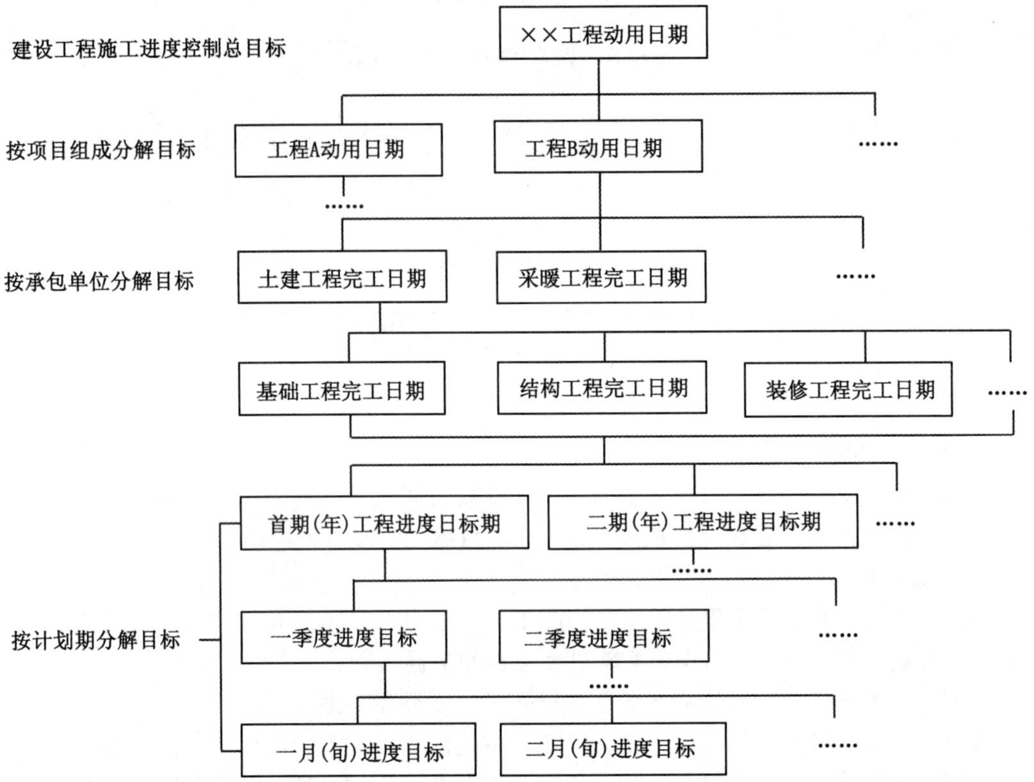

图 3-7　工程项目施工阶段进度控制的目标体系

(二) 影响施工阶段进度的因素

影响施工阶段进度控制的因素有很多，归纳起来主要有以下几个方面。

1. 工程建设相关单位的影响

除施工单位影响工程施工进度外，与工程建设有关的单位 (如建设单位、设计单位、物资供应单位，以及运输、通信、供电部门和政府有关部门等) 的工作效率或进度，也将对施工进度产生影响。

2. 物资供应进度的影响

如果施工过程中需要的材料、构配件、机具和设备等不能按期运抵施工现场，或者运抵施工现场后发现其质量不符合有关标准的要求，必将对施工进度产生不利影响。

3. 设计变更的影响

在施工过程中出现设计变更在所难免，或者由于原设计有问题需要修改，或者由于建设单位提出新的设计要求，都会直接影响施工进度。

4. 施工条件的影响

在施工过程中，一旦遇到气候、水文、地质及周围环境等方面的不利因素，必然会影响到施工进度。

5. 各种风险因素的影响

政治方面的风险因素有战争、内乱、罢工、拒付债务、制裁等；经济方面的风险因素有延迟付款、汇率浮动、换汇控制、通货膨胀等；技术方面的风险因素有工程事故、试验失败、标准变化等；自然方面的风险因素有地震、洪水等。发生上述风险因素或事件，势必影响施工进度。

6. 施工单位自身管理水平的影响

施工现场的情况千变万化，如果施工单位的施工方案不当、计划不周、管理不善、解决问题不及时等，都会影响建设工程的施工进度。施工单位应通过分析、总结吸取教训，及时改进。

第三节　工程进度计划的编制方法

以实现预定竣工日期为最终目标的工程进度计划组成内容较多，最为常用的施工进度计划的持续时间长、影响大，并为本书阐述的重点。编制施工进度计划时，在遵守规范规定、收集相关资料的基础上，应努力体现技术上的可行性和组织上的先进性，尽量安排流水施工、组织均衡施工。而且，通常采用横道图与网络图相结合的编制方法，充分反映各施工工序间的相互逻辑关系、确定关键线路，进而便于进度计划的实施及检查。

一、横道图法

(一)横道图的基本概念

横道图，又称甘特图、条状图，其通过横竖轴表格的条状图，将时间与活动(项目)相结合，并表示一个任务、计划或者项目随着时间的完成情况(进度)。某宿舍楼施工总进度计划的横道图，如图 3-8 所示。

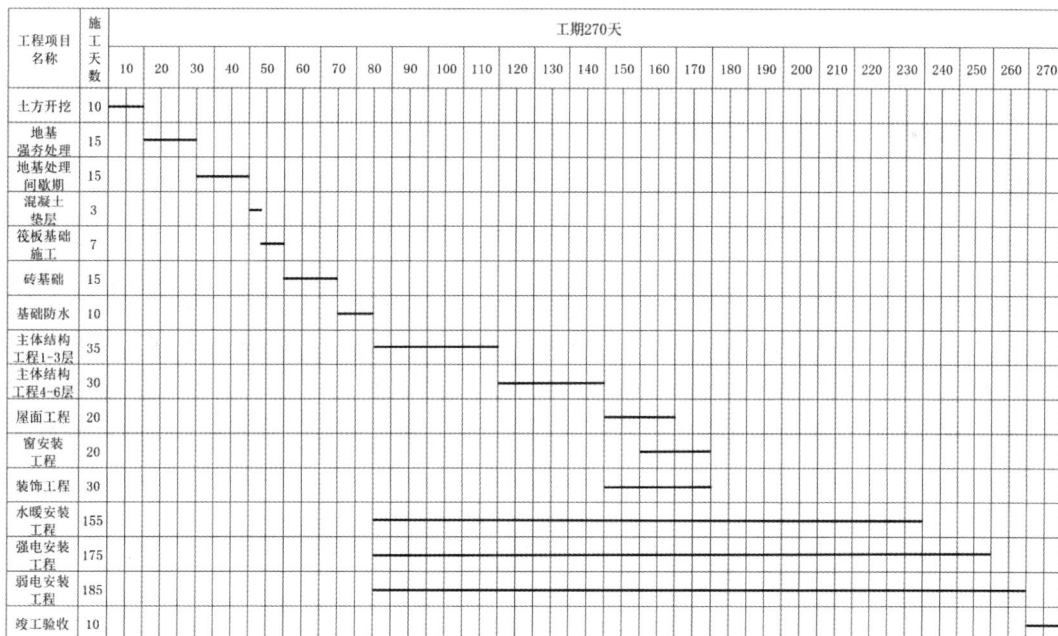

工程项目名称	施工天数
土方开挖	10
地基强夯处理	15
地基处理间歇期	15
混凝土垫层	3
筏板基础施工	7
砖基础	15
基础防水	10
主体结构工程1-3层	35
主体结构工程4-6层	30
屋面工程	20
窗安装工程	20
装饰工程	30
水暖安装工程	155
强电安装工程	175
弱电安装工程	185
竣工验收	10

（工期270天）

图 3-8　施工总进度计划的横道图(示例)

类似于图3-8的横道图在编制工程进度计划、实施工程项目管理等方面运用非常频繁，是项目管理人员的必备工具之一。

（二）横道图的绘制步骤

绘制横道图的主要步骤如下。

（1）明确项目牵涉到的各项活动、项目。内容包括项目名称（包括顺序）、开始时间、工期、任务类型（依赖/决定性）和依赖于哪一项任务等。

（2）创建横道图的草图。将所有的项目按照开始时间、工期，标注到横道图上。

（3）确定项目活动依赖关系及时序进度。使用横道图的草图，按照项目的类型将项目联系起来，安排项目进度。从而确保所有依赖性活动能且只能在决定性活动完成之后按计划展开，避免关键性路径过长并且不会滥用项目资源。

（4）计算单项活动任务的工时量。

（5）确定活动任务的执行人员，适时按需调整工时。

（6）计算整个项目的工作时间。

（三）横道图的特点

1. 横道图的优点

① 结构简单、形象直观，一目了然、易于理解。

② 使用方便，又有专业软件支持，制作简单便利。

③ 便于管理人员实时把握任务的进度，发现问题，及时进行调整与改善。

2. 横道图的缺点

① 只能描述项目管理的时间与活动（任务）的关系，无法反映各个活动之间的逻辑关系。

② 无法表示活动的重要性，难以判断活动是否紧急、是否可以延迟等情况。

③ 修改与调整的难度很大，不利于计划方案的优化。

④ 倘若任务分类过多，则会导致图表的线条错综复杂，造成阅读困难。

二、工程网络计划技术的概述

（一）网络计划技术的产生和发展

网络计划技术是在 20 世纪 50 年代后期发展起来的一种科学地进行计划管理和系统分析的方法。为了适应复杂系统及管理需要，1956 年美国杜邦·耐莫斯公司的摩根·沃克与莱明顿公司的詹姆斯·E.凯利合作，开发了面向电子计算机的合理安排工程项目进度计划的 critical path method 方法，后被称作关键路线法（简称 CPM）。网络计划技术以工作所需的工时为基础，用"网络图"反映工作之间的相互关系和整个工程任务的全貌，通过数学计算，找出对全局有决定性影响的各项关键工作，据此对任务做出切实可行的全面规划和安排。

为了适应各种计划管理的需要，在 CPM 方法的基础上，人们先后研制出搭接网络技术（DLN）、图示评审技术（GERT）、决策网络计划法（DN）、风险评审技术（VERT）、仿真网络计划法和流水网络计划法等。

我国从 20 世纪 60 年代开始应用网络计划技术。著名数学家华罗庚教授结合我国实际，在吸收国外网络计划技术理论的基础上，将关键路线法（CPM）、计划评审技术（PERT）等方法统一命名为统筹法。《工程网络计划技术规程》（JGJ/T 121—2015）施行以后，网络计划技术在我国已广泛应用于工程建设，乃至国民经济各个领域的计划管理之中。

(二)网络计划技术的原理与特点

1. 网络计划技术的原理

网络计划技术的基本模型是网络图。网络图是由箭线和节点组成的,用来表示工作流程的有向、有序的网络图形。所谓网络计划,是用网络图表达任务构成、工作顺序,并加注时间参数的进度计划。

网络计划技术的基本原理(或编制实施程序和方法)是:首先绘制出拟建工程进度网络图,用以表达一项计划(或工程)中各项工作的开展顺序及其相互之间的逻辑关系;其次通过对网络图的时间参数进行计算,找出网络计划的关键工作和关键路线;再次按选定的工期、成本或资源等不同的目标,对网络计划进行调整、改善和优化处理,选择最优方案;最后在网络计划的执行过程中,对其进行有效的控制与监督,按网络计划确定的目标和要求顺利完成预定任务。

2. 网络计划技术的特点

网络计划技术作为现代管理的方法,与传统的计划管理方法相比较,具有明显优点,主要表现如下。

① 利用网络图模型,明确表达各项工作的逻辑关系。按照网络计划方法,在制订工程进度计划时,必须明确该项目内的全部工作以及它们之间的相互关系,才能绘制网络图模型,进而帮助计划编制者理顺逻辑关系,形成完整合理的项目总体思路。

② 通过网络图时间参数计划,确定关键工作和关键路线。通过网络图时间参数计算,可以获悉各项工作的起始时间、整个计划的完整时间,进而确定关键工作和关键线路,便于抓住主要矛盾,集中资源,确保进度。

③ 掌握机动时间,进行资源合理分配。网络计划可以反映各项工作的机动时间,制定出最经济的资源使用方案,避免资源冲突,均衡利用资源,达到提高效率、降低成本的目的。

④ 运用计算机辅助手段,便于网络计划的调整与控制。在施工进度计划实施过程中,由于各种影响因素的干扰,目标的计划值与实际值之间往往会产生一定的偏差。运用网络图模型和计算机(软件)辅助手段,能够方便、灵活、迅速地进行跟踪检查和调整项目施工计划,控制目标偏差。

当然,网络计划技术也有进度状况不能一目了然、识图较困难、绘图的难度和修改的工作量都很大等缺点,且要求应用者有较高的文化素质。故此大型工程项目及其进度管理,通常需要不同方法的综合运用。

(三)网络计划技术的分类

1. 按照工作之间逻辑关系和持续时间的特点划分

网络计划技术首先分为肯定型和非肯定型网络计划技术两大类,如图 3-9 所示。

其中,肯定型网络计划技术,即工作、工作之间的逻辑关系以及工作持续时间都能确定的网络计划,如关键路线法(CPM)、搭接网络计划法(MPM、PDN 等)、流水网络计划法等;非肯定型网络计划技术,即工作、工作之间的逻辑关系以及工作持续时间三者之中有一项或一项以上不能确定的网络计划,如计划评审技术(PERT)、图示评审技术(GERT)等。

2. 按照工作和事件在网络图中的表示方法划分

网络计划技术可分为事件网络计划技术和工作网络计划技术。事件网络计划技术是以

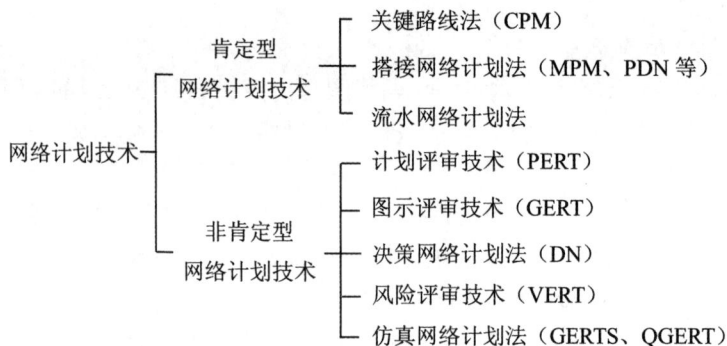

图3-9 网络计划技术的分类

节点标识事件的网络计划。根据《工程网络计划技术规程》（JGJ/T 121—2015），工作网络计划技术又可分为两种，一种是以箭线表示工作的网络计划（称为双代号网络计划），另一种是以节点表示工作的网络计划（称为单代号网络计划）。具体如表3-1所列。

表3-1 网络元素表示形式

	工作	事件
箭线	双代号网络（也可称为工作箭线网络） 工作表示为箭线。节点表示工作的开始事件和完成事件，但这些事件不定义为联系。如CPM（关键线路法）	
节点	单代号网络，单代号搭接网络（也可称为工作节点网络） 工作表示为节点。箭线表示工作之间的逻辑关系，即工作的确定时间点之间的顺序关系。如PDN（搭接网络计划法）	事件节点网络（属单代号网络） 事件（状态）表示为节点。箭线表示事件之间的顺序关系（不对应定义的工作）。如PERT（计划评审技术）

3. 按照目标的数量划分

网络计划技术可以分为单目标网络计划和多目标网络计划：前者只有一个终点节点；后者的终点节点不止一个。

4. 按照计划平面的个数划分

网络计划技术可以分为单平面网络计划和多平面网络计划（多阶网络计划、分阶网络计划）。

5. 按照表达方式划分

以时间坐标为尺度绘制的网络计划，称为时标网络计划；不按时间坐标绘制的网络计划，称为非时标网络计划。

三、双代号网络计划

（一）基本概念

双代号网络图是以箭线及其两端节点的编号表示相关工作的网络图。其示例如图3-10所示。

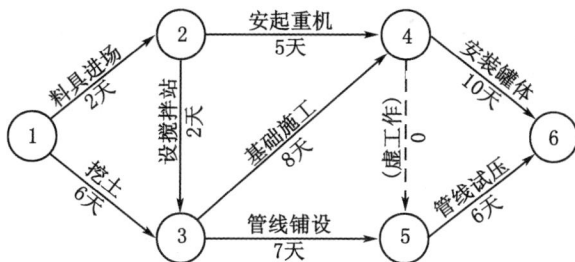

图 3-10 双代号网络图（示例）

在图 3-10 所示的双代号网络图中，箭线代表需要消耗的人力、物力和时间的具体活动过程，也称工序或工作（表示虚设工作的虚箭线指在不同工作之间的联系、区分和断路）；节点，又称结点、事件，属于图中箭线之间具有承上启下作用的连接点；线路是从起始节点开始，沿箭头方向顺序通过一系列箭线与节点，最后到达终点节点的通路，并可以用长度表示所需要的时间；不同工作之间先后顺序、逻辑关系分为工艺关系和组织关系。

（二）绘图规则

在绘制双代号网络图时，一般遵循以下基本规则。

（1）双代号网络图必须按照已定逻辑关系绘制。网络图中常见的各种工作逻辑关系的表示方法，如表 3-2 所列。

表 3-2 网络图中常见的各种工作逻辑关系的表示方法

序号	工作之间的逻辑关系	网络图中的表示方法
1	A 完成后进行 B 和 C	
2	A、B 均完成后进行 C	
3	A、B 均完成后同时进行 C 和 D	
4	A 完成后进行 C，A、B 均完成后进行 D	
5	A、B 均完成后进行 D，A、B、C 均完成后进行 E，D、E 均完成后进行 F	
6	A、B 均完成后进行 C，B、D 均完成后进行 E	

表3-2(续)

序号	工作之间的逻辑关系	网络图中的表示方法
7	A、B、C 均完成后进行 D， B、C 均完成后进行 E	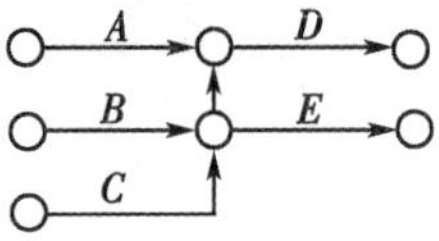
8	A 完成后进行 C， A、B 均完成后进行 D， B 完成后进行 E	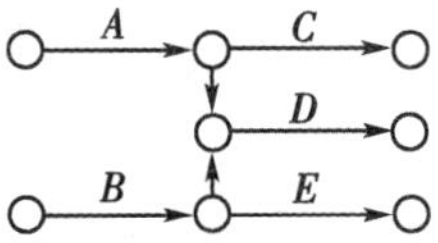
9	A、B 两项工作分成三个施工段，分段流水施工：A_1 完成后进行 A_2、B_1， A_2 完成后进行 A_3、B_2， A_2、B_1 均完成后进行 B_2， A_3、B_2 均完成后进行 B_3	有两种表示方法 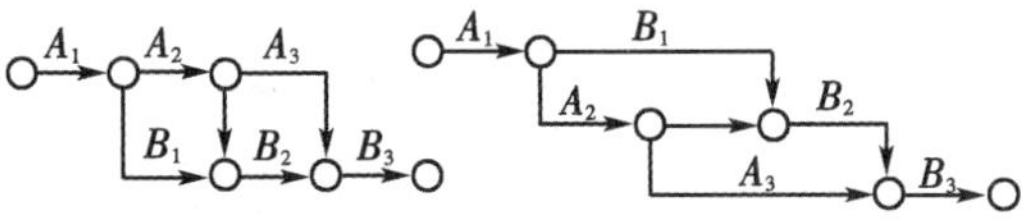

(2)双代号网络图中，不允许出现循环回路。所谓循环回路，是指从网络图中的某一个节点出发，沿着箭线方向又回到了原来出发点的线路。具体如图 3-11 所示。

(3)双代号网络图中，在节点之间不能出现带双向箭头或无箭头的连线。具体如图 3-12 所示。

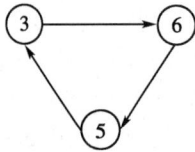

图 3-11　循环回路示意图

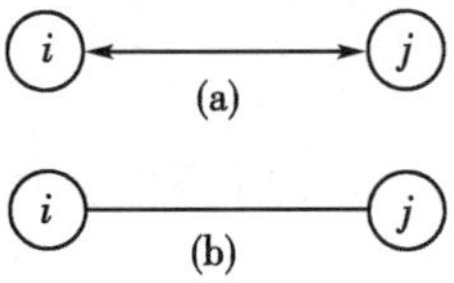

图 3-12　箭线的错误画法

(4)双代号网络图中，不能出现没有箭头节点或没有箭尾节点的箭线。具体如图 3-13 所示。

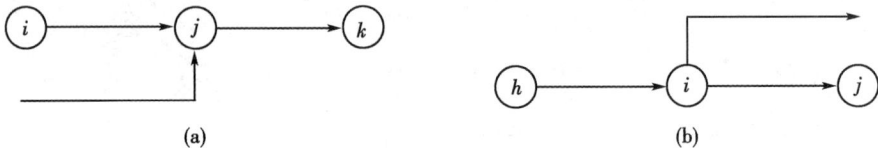

图 3-13　没有箭头和箭尾节点的箭线

(5)当双代号网络图的节点有多条外向箭线或多条内向箭线时，为使图形简洁，可使用母线法绘制(满足一项工作用一条箭线和相应的一对节点表示)。具体如图 3-14 所示。

(6)绘制网络图时，箭线不宜交叉。当交叉不可避免时，可用过桥法或指向法。具体如图 3-15 所示。

(7)双代号网络图中，应当只有一个起点节点和一个终点节点(多目标网络计划除外)，而其他节点均应是中间节点。如图 3-10 所示。

(8)双代号网络图应条理清楚、布局合理。例如，网络图中的工作箭线不宜画成任意方向或曲线形状，尽可能用水平线或斜线；关键线路、关键工作尽可能安排在图面中心位置，其他工作分散在两边；避免倒回箭头等。

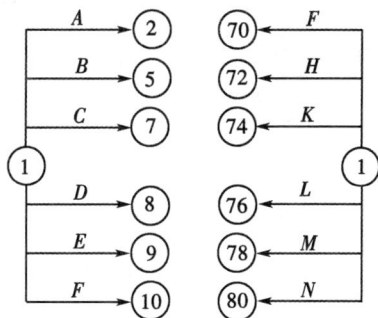

图 3-14 母线法绘制

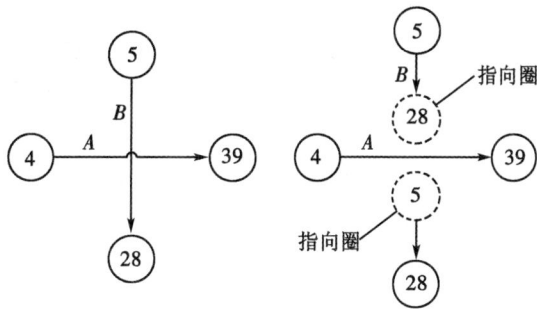

（a）过桥法　　　（b）指向法

图 3-15 箭线交叉的表示方法

（三）时间参数计算

计算各项工作的时间参数，旨在确定网络计划的关键工作、关键线路和计算工期，并为网络计划的优化、调整和执行等提供明确的时间参数或指引。双代号网络计划的时间参数常用按工作计算法、按节点计算法等进行计算。其中，按工作计算法计算网络计划时间参数的主要步骤如下。

1. 计算工作最早开始时间（ES_{i-j}）和最早完成时间（EF_{i-j}）

由于工作最早时间参数受到紧前工作的约束，故其计算顺序应从起点节点开始，沿着箭线方向，依次逐项计算。

（1）以网络计划的起点节点 i 为箭尾节点 j 的工作 $i-j$，当未规定其最早开始时间时，其最早开始时间取零。如起点节点的编号为 1，则：

$$ES_{i-j}=0(i=1) \tag{3-1}$$

（2）沿着箭头方向依次计算各个工作的最早完成时间和最早开始时间。

最早完成时间等于最早开始时间加上其持续时间（D_{i-j}）：

$$EF_{i-j}=ES_{i-j}+D_{i-j} \tag{3-2}$$

最早开始时间等于各紧前工作的最早完成时间的最大值：

$$ES_{i-j}=\max\{EF_{h-i}\} \tag{3-3}$$

或

$$ES_{i-j}=\max\{ES_{h-i}+D_{h-i}\} \tag{3-4}$$

2. 确定计算工期（T_c）

计算工期等于以网络计划的终点节点为箭头节点的各个工作的最早完成时间的最大值。当网络计划终点节点的编号为 n 时，则其计算工期：

$$T_c=\max\{EF_{i-n}\} \tag{3-5}$$

当无要求工期的限制时，其计划工期（T_p）等于计算工期，即取 $T_p=T_c$。

3. 计算最迟开始时间（LS_{i-j}）和最迟完成时间（LF_{i-j}）

由于工作最迟时间参数受到紧后工作的约束，故其计算顺序应从终点节点起，逆着箭线方向，依次逐项计算。

（1）以网络计划的终点节点（$j=n$）为箭头节点的工作的最迟完成时间等于计划工期 T_p，即：

$$LF_{i-n}=T_p \tag{3-6}$$

（2）逆着箭线方向依次计算各项工作的最迟开始时间和最迟完成时间。

最迟开始时间等于最迟完成时间减去其持续时间：

$$LS_{i-j} = LF_{i-j} - D_{i-j} \qquad (3-7)$$

最迟完成时间等于各紧后工作的最迟开始时间的最小值：

$$LF_{i-j} = \min\{LS_{j-k}\} \qquad (3-8)$$

或

$$LF_{i-j} = \min\{LF_{j-k} - D_{j-k}\} \qquad (3-9)$$

4. 计算工作总时差（TF_{i-j}）

工作总时差等于其最迟开始时间减去最早开始时间，或等于最迟完成时间减去最早完成时间：

$$TF_{i-j} = LS_{i-j} - ES_{i-j} \qquad (3-10)$$

或

$$TF_{i-j} = LF_{i-j} - EF_{i-j} \qquad (3-11)$$

5. 计算工作自由时差（FF_{i-j}）

当工作 $i-j$ 有紧后工作 $j-k$ 时，其自由时差应为：

$$FF_{i-j} = ES_{j-k} - EF_{i-j} \qquad (3-12)$$

或

$$FF_{i-j} = ES_{j-k} - ES_{i-j} - D_{i-j} \qquad (3-13)$$

以网络计划的终点节点（$j=n$）为箭头节点的工作，其自由时差应按网络计划的计划工期（T_p）确定，即：

$$FF_{i-n} = T_p - EF_{i-n} \qquad (3-14)$$

（四）关键工作和关键线路的确定

根据网络计划时间参数计算的结果，可以确定工程的关键工作和关键路线。

1. 关键工作

关键工作指的是网络计划中总时差最小的工作。当计划工期等于计算工期时，总时差为零的工作就是关键工作。

2. 关键线路

网络计划中自始至终全部由关键工作组成的线路为关键线路，或线路上总的工作持续时间最长的线路为关键线路。网络图上的关键线路可用双线或粗线标注。

由于关键线路上的关键工作完成得快慢将直接影响整个计划工期，故在进度计划执行过程中关键线路是管理的重点，在时间和费用方面均须严格控制。必要时，可辅之以双代号时标网络计划等。

四、单代号网络计划

（一）基本概念

单代号网络图是以节点及其编号表示工作，以箭线表示工作之间逻辑关系的网络图，并在节点中加注工作代号、名称和持续时间，以形成单代号网络计划。其示例如图3-16所示。

在图3-16所示的单代号网络图中，圆圈或矩形的节点表示某一项工作，并标注工作名称、持续时间和工作代号；箭线表示紧邻工作之间的逻辑关系，其方向自左向右表示工作的行进；线路以该线路上的节点编号，从小到大依次表述。

（二）绘图规则

单代号网络图的绘图规则与双代号网络图的绘图规则，如下的①-⑤项基本相同，主要区别为第⑥项内容。

① 必须正确表述已确定的逻辑关系；

② 不允许出现循环回路；

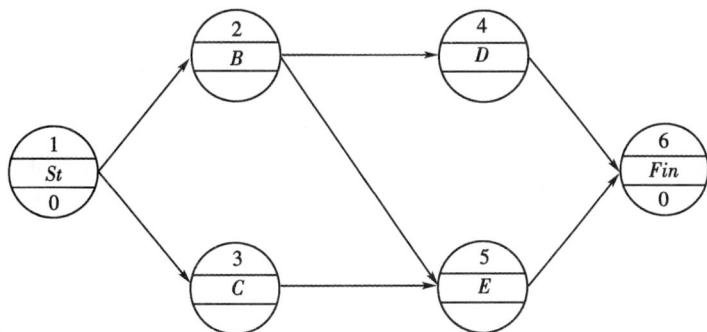

图 3-16　单代号网络计划图(示例)

③ 不能出现双向箭头或无箭头的连线;

④ 不能出现没有箭尾节点的箭线和没有箭头节点的箭线;

⑤ 箭线不宜交叉。当交叉不可避免时,可采用过桥法或指向法绘制;

⑥ 单代号搭接网络图只应有一个起点节点和一个终点节点。当网络图中有多项起点节点或多项终点节点时,应在网络图的相应端分别设置一项虚工作,作为该网络图的起点节点(St)和终点节点(Fin)。

(三)时间参数计算

在单代号网络图中加注相应工作的持续时间,便形成单代号网络计划。单代号网络计划时间参数的计算应在确定各项工作的持续时间之后进行,计算顺序和计算方法基本上与双代号网络计划时间参数的计算相同。单代号网络计划时间参数的标注形式,如图 3-17 所示。

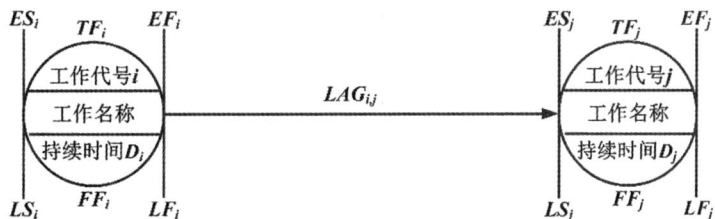

图 3-17　单代号网络计划时间参数的标注形式

1. 计算最早开始时间(ES_i)和最早完成时间(EF_i)

网络计划中各项工作的最早开始时间和最早完成时间的计算应从网络计划的起点节点开始,沿着箭线方向依次逐项计算。

(1)网络计划的起点节点的最早开始时间为零。如起点节点的编号为1,则:

$$ES_i = 0 \ (i=1) \tag{3-15}$$

(2)工作最早完成时间等于该工作最早开始时间加上其持续时间(D_i),即:

$$EF_i = ES_i + D_i \tag{3-16}$$

工作最早开始时间等于该工作的各个紧前工作的最早完成时间的最大值,如工作 j 的紧前工作的代号为 i,则:

$$ES_j = \max\{EF_i\}$$
$$或 \ ES_j = \max\{ES_i + D_i\} \tag{3-17}$$

2. 确定网络计划的计算工期（T_c）

计算工期等于网络计划的终点节点 n 的最早完成时间，即：

$$T_c = EF_n \qquad (3-18)$$

3. 计算相邻两项工作之间的时间间隔（$LAG_{i,j}$）

相邻两项工作 i 和 j 之间的时间间隔等于紧后工作 j 的最早开始时间与本工作 i 的最早完成时间之差，即：

$$LAG_{i,j} = ES_j - EF_i \qquad (3-19)$$

4. 计算工作总时差（TF_i）

工作 i 的总时差应从网络计划的终点节点开始，逆着箭线方向依次逐项计算。

（1）网络计划终点节点的总时差，当计划工期等于计算工期，其值为零，即：

$$TF_n = 0 \qquad (3-20)$$

（2）其他工作 i 的总时差等于该工作的各个紧后工作 j 的总时差，加上该工作与其紧后工作之间的时间间隔（$LAG_{i,j}$）之和的最小值，即：

$$TF_i = \min\{TF_j + LAG_{i,j}\} \qquad (3-21)$$

5. 计算工作自由时差（FF_i）

（1）工作 i 若无紧后工作，其自由时差等于计划工期（T_p）减该工作的最早完成时间，即：

$$FF_n = T_p - EF_n \qquad (3-22)$$

（2）当工作 i 有紧后工作 j 时，其自由时差等于该工作与其紧后工作 j 之间的时间间隔的最小值，即：

$$FF_i = \min\{LAG_{i,j}\} \qquad (3-23)$$

6. 计算工作的最迟开始时间（LS_i）和最迟完成时间（LF_i）

（1）工作的最迟开始时间等于该工作的最早开始时间与其总时差之和，即：

$$LS_i = ES_i + TF_i \qquad (3-24)$$

（2）工作 i 的最迟完成时间等于该工作的最早完成时间与其总时差之和，即：

$$LF_i = EF_i + TF_i \qquad (3-25)$$

（四）关键工作和关键线路的确定

1. 关键工作

在网络计划中，总时差最小的工作就是关键工作。

2. 关键线路

在网络计划中，从起点节点开始到终点节点均为关键工作，且所有工作的时间间隔为零的线路为关键线路。

与双代号网络计划类似，未来工作中对于关键线路、关键工作需要严加管控。必要时，可辅之以单代号搭接网络计划等。

第四节　工程项目进度的检查方法

工程进度计划编制完成后，在工程实践中需要及时检查工程进度的实际进展，对比分析实际进度与计划进度（目标），找出进度偏差。进而通过有效的调整，保证施工进度按照既定的目标发展。根据工程实际和管理需要，进度检查的方法较多，例如横道图比较法、S曲线比较法、香蕉曲线比较法和前锋线比较法等。如果选择得当，其不仅能较好地完成进度计划的检查，还可与编制形成呼应、延伸。

一、横道图比较法

(一)横道图比较法的概念

横道图比较法是指将项目实施过程中检查实际进度收集到的数据，经过加工整理后直接用横道线平行绘于原计划的横道线处，并进行实际进度与计划进度比较的方法。采用横道图比较法，可以形象、直观地反映实际进度与计划进度的比较情况。

例如某项目基础工程的计划进度和截至第 8 周末的实际进度，如图 3-18 所示。其中，双线条表示该工程的计划进度，粗实线表示工程的实际进度。

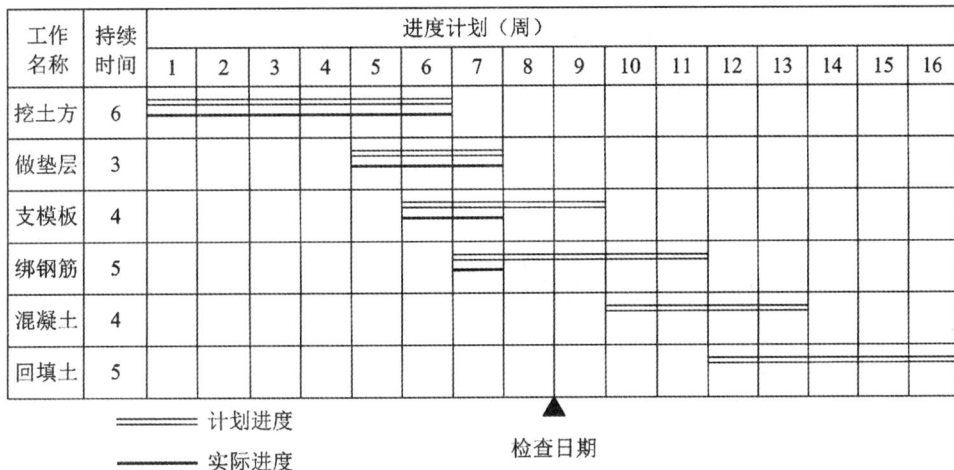

工作名称	持续时间	进度计划（周）															
		1	2	3	4	5	6	7	8	9	10	11	12	13	14	15	16
挖土方	6																
做垫层	3																
支模板	4																
绑钢筋	5																
混凝土	4																
回填土	5																

　　═══════　计划进度　　　　　　　　　　▲

　　━━━━━　实际进度　　　　　　　　检查日期

图 3-18　某项目基础工程实际进度与计划进度的比较图

从图 3-18 以及实际进度与计划进度的比较可见，到第 8 周末进行实际进度检查时，挖土方、做垫层两项工作已经完成；支模板按计划应完成 75%，实际只完成 50%，任务量拖欠 25%；绑钢筋按计划应该完成 40%，实际只完成 20%，任务量拖欠 20%。通过比较，进度控制者根据各项工作的进度偏差，可以采取相应的纠偏措施对进度计划进行调整，以确保该工程按期完成。

(二)横道图比较法的分类与应用

由于工程建设各项工作的进度或进展可能匀速，也可能非匀速。故此，横道图比较法可以分为匀速进展横道图比较法和非匀速进展横道图比较法两大类。

1. 匀速进展横道图比较法

匀速进展是指在工程建设中，每项工作在单位时间内完成的任务量都是相等的，即工作的进展速度是均匀的。其示例如图 3-19 所示。

匀速进展横道图比较法中，每项工作累计完成的任务量与时间之间，呈现出简单的线性关系。完成任务量可以用实物工程量、劳动消耗量或费用支出表示；为了便于进行形象的比较，通常用上述物理量的百分比表示。

采用匀速进展横道图比较法时，其基本步骤如下：

(1)编制横道图进度计划；

(2)在进度计划上标出检查日期；

(3)加工整理检查收集的实际进度数据，按比例用涂黑的粗线标识于计划进度的下方，如图 3-19 所示；

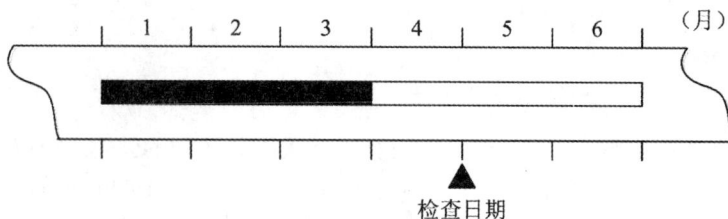

检查日期

图 3-19　匀速进展横道图比较法（示例）

（4）对比分析实际进度和计划进度，并可能出现以下结果：① 涂黑的粗线右端落在检查日期左侧，表明实际进度拖后（示例如此）；② 涂黑的粗线右端落在检查日期右侧，表明实际进度提前；③ 涂黑的粗线右端与检查日期重合，表明实际进度与计划进度一致。

2. 非匀速进展横道图比较法

如果工作在不同单位时间里的进展速度不相等，则累计完成的任务量与时间的关系为非线性关系。此时，应采用非匀速进展横道图比较法进行工作实际进度与计划进度的比较。而且，该法又包括双比例单侧横道图比较法、双比例双侧横道图比较法两种。由于双比例双侧横道图比较法相对复杂，本书仅就双比例单侧横道图比较法作以阐述。

双比例单侧横道图比较法在用涂黑粗线表示某工作实际进度的同时，还要标出其对应时刻完成任务量的累计百分比，并将该百分比与其同时刻计划完成任务量的累计百分比相比较，从而判断某工作实际进度与计划进度之间的关系。

采用非匀速进展横道图比较法时，其基本步骤如下：

（1）编制横道图进度计划；

（2）在横道线上方标出各主要时间某工作的计划完成任务量累计百分比；

（3）在横道线下方标出相应时间某工作的实际完成任务量累计百分比；

（4）用涂黑粗线标出工作的实际进度，从开始之日标起，同时反映出该工作在实施过程中的连续与间断情况；

（5）比较同一时刻实际完成任务量累计百分比和计划完成任务量累计百分比，判断工作实际进度与计划进度之间的关系，并可能出现以下结果：① 同一时刻横道线上方累计百分比大于横道线下方累计百分比，表明实际进度拖后，拖欠的任务数量为二者之差；② 同一时刻横道线上方累计百分比小于横道线下方累计百分比，表明实际进度提前，提前的任务数量为二者之差；③ 同一时刻横道线上下方两个累计百分比相等，表明实际进度与计划进度一致。

在规定时间的相关记录、资料完整以及施工速度变化的情况下，非匀速进展横道图比较法不仅可以完成两种进度的比较，还能提供某一指定时间段实际进度与计划进度比较情况的其他信息。

（三）横道图比较法的特点

（1）横道图比较法的优点。绘制容易、简单直观。因为附有时间坐标，各项工作的施工起始时间、作业持续时间、工期，以及流水作业的情况等都表示得清楚明确。而且，基于人力和资源等的计算，便于据图叠加。

（2）横道图比较法的缺点。各项工作之间的逻辑关系表达不够明确，关键工作和关键线路无法确定。一旦某些工作实际进度出现偏差时，难以预测其对后续工作和总工期的影响，也难以确定相应的进度计划调整方法。

二、S 曲线比较法

(一)S 曲线的概念

在工程建设实践中,单位时间投入的资源量、单位时间完成的任务量通常符合"中间高,两头低"(开始和结束时段较少,中间阶段较多)的正态分布,随着工程进展导致累计的数量呈现出 S 形变化,故名"S 曲线"。具体如图 3-20 所示。

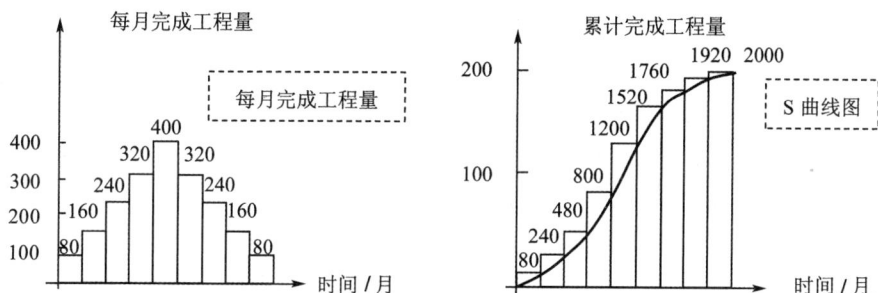

图 3-20 S 曲线示意图

结合图 3-20,绘制 S 曲线的基本步骤如下:

① 确定单位时间完成的任务量或投入的资源量;

② 计算不同时点累计完成的任务量或投入的资源量;

③ 根据累计完成的任务量或投入的资源量,描点绘出相应的 S 曲线。

S 曲线比较法是以横坐标表示时间,纵坐标表示累计完成量,绘制一条按计划时间-累计完成任务量的曲线;项目实施中,将各检查时间-实际累计完成任务量的曲线,绘于同一坐标系;根据两条曲线,进行实际进度与计划进度的比较。

(二)S 曲线比较法的应用

与横道图比较法类似,S 曲线比较法也可针对某一检查日期,在图上直接进行工程项目实际进度与计划进度的形象比较。

某工程按照规定时间,将检查收集到的实际累计完成任务量绘制在原计划累计完成任务量的 S 曲线图上,可以得到图 3-21。

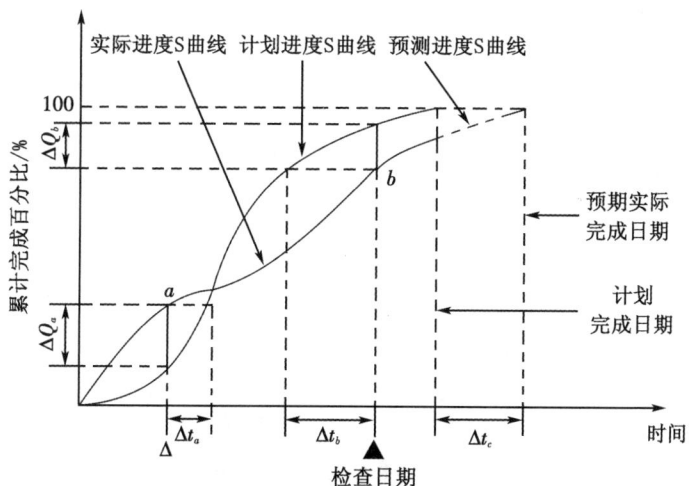

图 3-21 S 曲线比较法(示例)

在图 3-21 中，通过比较实际进度 S 曲线和计划进度 S 曲线，可以获得如下信息，进而为后续的进度调控提供重要的支持。

（1）工程项目实际进展状况。

如果工程实际进展点落在计划进度 S 曲线左侧（图 3-21 中的 a 点），表明此时实际进度比计划进度超前；如果工程实际进展点落在计划进度 S 曲线右侧（图 3-21 中 b 点），表明此时实际进度拖后；如果工程实际进度点正好落在计划进度 S 曲线上，则此时的实际进度与计划进度一致。

（2）工程项目实际进度提前或拖后的时间。

通过 S 曲线比较图可以直接读出实际进度比计划进度提前或拖后的时间。例如图 3-21 中的 Δt_a 表示 T_a 时刻实际进度提前的时间；Δt_b 表示 T_b 时刻实际进度拖后的时间。

（3）工程项目实际超额或拖欠的任务量。

在 S 曲线比较图中可以直接读出实际进度比计划进度超额或拖欠的任务量。例如图 3-21 的 ΔQ_a 表示 T_a 时刻超额完成的任务量，ΔQ_b 表示 T_b 时刻拖欠的任务量。

（4）后期工程进度预测。

如果后期工程按原计划速度进行，则可做出后期工程计划进度 S 曲线（图 3-21 中的虚线），从而确定工期拖延预测值 Δt_c。

（三）S 曲线比较法的特点

S 曲线比较法的特点与横道图比较法类似。而且，由于工程建设通常涉及许多专业、工作，其检查检测计量方式会存在很大的差别。因此，在 S 曲线比较法的应用中，还需要解决不同专业的权重划分、保证重要专业或工作检查结果的精度等问题。

三、香蕉曲线比较法

（一）香蕉曲线的概念

由 S 曲线比较法可知，在一个工程的网络计划中，以各项工作的最早开始时间安排进度绘制而成的 S 曲线称为 ES 曲线，以各项工作的最迟开始时间安排进度绘制而成的 S 曲线称为 LS 曲线。两条 S 曲线具有相同的起点和终点，故此两条曲线首尾闭合。在一般情况下，ES 曲线上的各点均落在 LS 曲线相应点的左侧，由于形似"香蕉"，故称为香蕉曲线，或称香蕉型图。如图 3-22 所示。

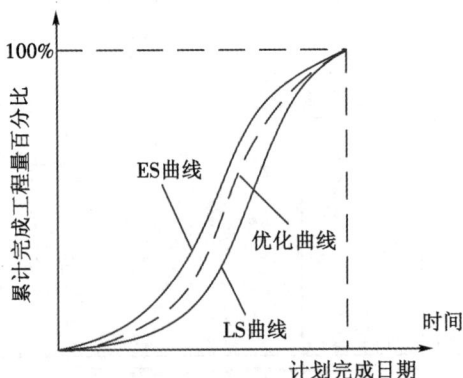

图 3-22　香蕉曲线（示意）图

香蕉曲线与 S 曲线的绘制方法基本相同。不同之处在于香蕉曲线需要按照工作最早开始时间和最迟开始时间，分别绘制形成两条 S 曲线，并围合而成。

（二）香蕉曲线比较法的应用

香蕉曲线比较法是根据检查得到的实际累计完成任务量，按同样的方法在原计划香蕉曲线上绘制实际进度曲线，据此进行实际进度与计划进度的比较。

香蕉曲线比较法的主要应用如下。

（1）合理安排工程项目进度计划。如果各项工作均按最早开始时间安排进度，将导致同一时刻的资源投入增大；如果各项工作都按最迟开始时间安排进度，一旦工程进度受到某些因素的干扰导致工期延迟，则进度控制风险加大。因此，进度检查及控制的理想状态是任意时刻按实际进度描绘的点都应该落在香蕉型曲线的闭合区域之内，即图 3-22 所示的中间曲线(虚线)。

（2）定期比较工程项目的实际进度与计划进度。在工程项目的实施过程中，根据每次检查收集到的实际完成任务量，绘制出实际进度的 S 曲线，便可以与计划进度进行比较。如果工程实际进展点落在 ES 曲线的左侧，表明此刻实际进度比各项工作按最早开始时间安排的计划进度超前；如果工程实际进展点落在 LS 曲线的右侧，表明此刻实际进度比各项工作按最迟开始时间安排的计划进度落后，均需改进。

（3）预测后期工程进度趋势。以图 3-23 为例，该工程项目在检查日期的实际进度超前，检查日期之后的后期工程进度安排如图中虚线所示，预计该工程项目将会提前完成。

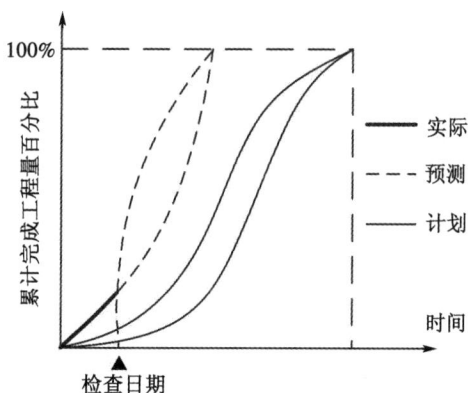

图 3-23　工程进展趋势预测图

四、前锋线比较法

（一）前锋线比较法的概念

所谓前锋线，是指在原时标网络计划上，从检查时刻的时标点出发，用点画线依次将各项工作实际进展位置点连接而成的折线。其示例如图 3-24 所示。

前锋线比较法就是通过实际进度前锋线与原进度计划中各工作箭头焦点的位置来判断工作实际进度与计划进度的偏差，进而分析该偏差对后续工作及总工期影响程度的一种方法。它主要适用于时标网络计划背景下的工程进度管理。

（二）前锋线比较法的工作步骤

采用前锋线比较法进行实际进度与计划进度的比较，主要的工作步骤如下。

（1）绘制时标网络计划图。绘制工程项目时标网络计划图时，为清楚起见，可在时标网络计划图的上方和下方，各设一时间坐标。

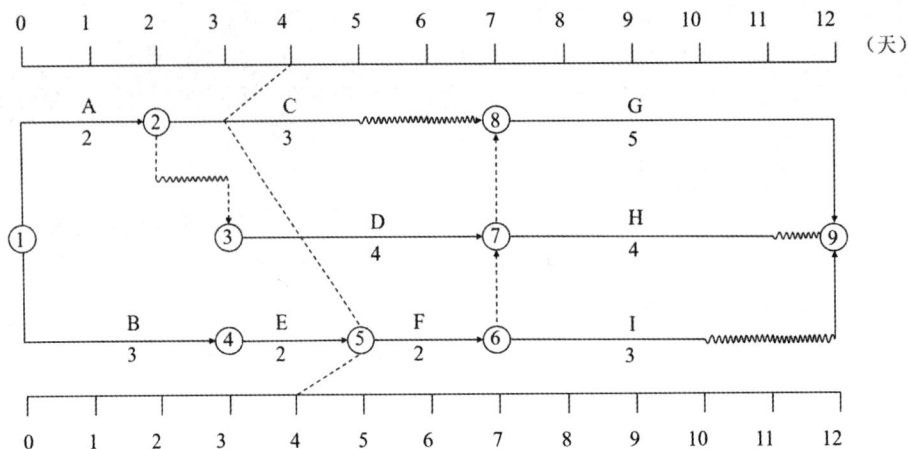

图 3-24　前锋线（示例）图

（2）绘制实际进度前锋线。从时标网络计划图上方时间坐标的检查日期开始，依次连接相邻工作的实际进展位置点，进而与时标网络计划图下方坐标的检查日期相连接、绘制。其中，工作实际进展位置点的标定，可以选择以下两种方法之一。

第一，按该工作已完任务量比例进行标定。假设工程项目中各项工作均为匀速进展，根据实际检查时刻该工作已完成任务量占计划完成总任务量的比例，在工作箭线上从左至右按相同的比例标定其实际进展位置点。

第二，按尚需作业时间进行标定。当某些工作的持续时间难以按实物工程量计算而只能凭经验估算时，可以先估算出检查时刻到该工作全部完成尚需作业的时间，然后在该工作箭线上从右向左逆向标定其实际进展位置点。

（3）进行实际进度与计划进度的比较。前锋线可以直观地反映出检查日期有关工作实际进度与计划进度之间的关系，并可能存在以下三种情况：

① 工作时间实际进展位置点落在检查日期的左侧，表明该工作实际进度拖后，拖后的时间为二者之差；

② 工作时间实际进展位置点落在检查日期的右侧，表明该工作实际进度提前，提前的时间为二者之差；

③ 工作时间实际进展位置点与检查日期重合，表明该工作实际进度与计划进度一致。

（4）预测进度偏差对后续工作及总工期的影响。通过实际进度与计划进度的比较确定进度偏差后，还可根据工作的自由时差和总工期预测该进度偏差对后续工作及项目总工期的影响。

因此，在时标网络计划的基础上，前锋线比较法既适合于工作实际进度与计划进度之间的局部比较，又可用来分析和预测工程项目整体进度情况。

值得注意的是，以上比较是针对匀速进展的工作。对于非匀速进展的工作，其比较的方法较为复杂，此处不赘述。

第五节 工程项目进度的监测与调整

在工程建设过程中，进度计划的编制者事先无法对于外部环境和条件的变化、可能出现的问题等进行全面、准确的估计。不确定性因素、不可预见的变化又会对工程进度计划的实施产生影响，造成实际进度偏离计划，甚至影响进度总目标的实现。故此，在进度计划的执行过程中，必须采取有效的手段对于进度计划的实施过程进行监控，以便及时发现问题，并运用行之有效的方法、措施加以调整、解决。

一、进度监测与调整的概述

工程进度计划实施过程的监控，需要通过及时、准确地监测发现问题或偏差，分析产生的原因及可能产生的影响，进而采取科学有效的措施加以调整，努力实现工程项目的预定目标。因此，工程进度计划的监测与调整是一个密不可分的系统过程。

（一）工程进度监测的系统过程

在工程实施过程中，管理人员应当及时、准确地对于进度计划的执行情况进行跟踪检查。如果发现问题，则需分析原因并采取相应的措施加以解决。工程进度计划执行过程中的监测，主要包括实际进度的跟踪检查、实际数据的加工处理、实际进度与计划进度（目标）的比较与分析。某项目工程进度监测的系统过程，如图3-25所示。

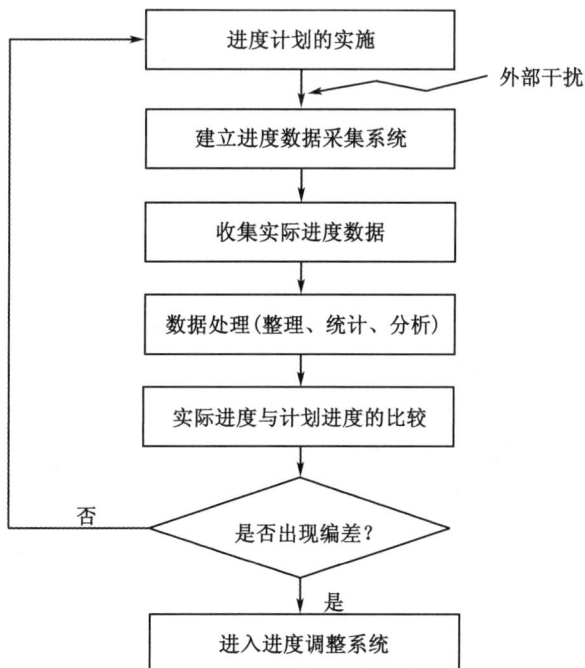

图3-25 工程进度监测的系统过程（示例）

（二）工程进度调整的系统过程

在工程实施进度监测过程中，一旦发现实际进度偏离计划目标，即出现进度偏差，必须认真分析产生偏差的原因及其对后续工作和总工期的影响。进而在必要时采取合理、有效的调整措施，确保进度总目标的实现。某项目工程进度调整的系统过程，如图3-26所示。

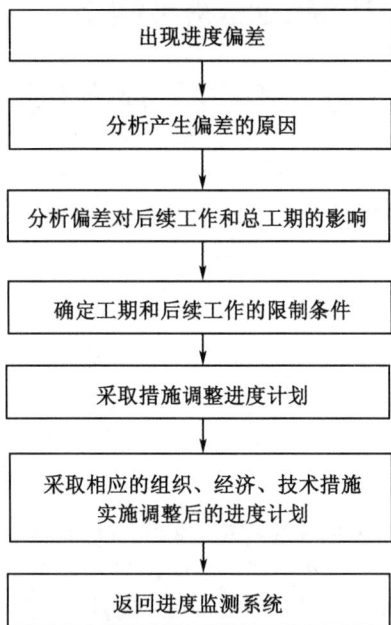

图 3-26 工程进度调整的系统过程(示例)

(三)产生进度偏差的原因及后续影响分析

1. 产生进度偏差的原因分析

按照市场主体或参建单位划分,造成工程进度偏差的原因可能源自建设单位、施工单位、设计单位、监理单位以及客观环境等诸多方面。其中,主要的表现通常包括:

① 计划欠周密;

② 工程实施的条件发生变化;

③ 管理工作失误。管理工作的失误,表现比较宽泛。例如,计划部门与执行部门缺少信息沟通,导致进度失控;施工单位进度控制水平较差;参建各方协调不力,造成计划实施与控制脱节;项目资源供应不及时,使得工程实际进度严重偏离、滞后等。

2. 进度偏差对于后续工作及总工期的影响分析

工程进度偏差的大小及其所处位置的不同,对于后续工作及总工期的影响也不相同。分析时,需要根据工程项目及建设实际情况,利用网络计划中工作总时差和自由时差的概念进行判断。其分析的主要步骤如下。

(1)分析出现进度偏差的工作是否为关键工作。如果出现进度偏差的工作位于关键线路上,即该工作为关键工作,则无论其偏差大小,都将对后续工作和总工期产生影响,必须采取相应的调整措施;如果出现偏差的工作并非关键工作,则需要根据进度偏差值与总时差和自由时差的关系作出进一步分析。

(2)分析进度偏差是否超过总时差。如果工作的进度偏差大于该工作的总时差,则此进度偏差必将影响其后续工作和总工期,必须采取相应的调整措施;如果工作的进度偏差未超过该工作的总时差,则此进度偏差不影响总工期。至于对后续工作的影响程度,还需要根据偏差值与其自由时差的关系作出进一步分析。

(3)分析进度偏差是否超过自由时差。如果工作的进度偏差大于该工作的自由时差,则此进度偏差将对其后续工作产生影响，应根据后续工作的限制条件确定调整方法；如果工作的进度偏差未超过该工作的自由时差，则此进度偏差不影响后续工作，原进度计划可以不做调整。

二、工程进度调整的方法

如果实际进度发生的偏差影响到后续工作、总工期，并需要调整进度计划时，其可以选择以下方法调整进度。

1. 改变某些工作之间的逻辑关系

若工程建设实施中产生的进度偏差影响到总工期，且有关工作的逻辑关系允许改变，可以改变关键线路和超过计划工期的非关键线路上有关工作之间的逻辑关系，以达到缩短工期的目的。例如，将顺序进行的工作改为平行作业、搭接作业以及分段组织流水作业等。

2. 调整关键线路

当关键线路的实际进度比原计划目标拖后时，应在尚未完成的关键工作中，选择资源强度较小或费用较低的工作，缩短其持续时间，并重新计算未完成部分的时间参数，进而将原来的网络计划进度更新后，作为一个新计划实施。

当关键线路的实际进度比计划目标超前时，若无意工期提前，应选用资源占用量大或者费用较高的后续关键工作，适当延长其持续时间，以降低其资源强度或工程费用；当确定需要提前完工时，应将原计划尚未完成的部分作为一个新计划，重新确定关键工作的持续时间，并按更新后的计划实施。

3. 调整非关键工作时差

非关键工作时差的调整应在其拥有的时差的范围内进行，以便更充分地利用资源、降低工程成本、满足施工的需要。每一次对非关键工作进行调整后，都必须重新计算时间参数，观察该调整对于整体计划的影响。可采用以下几种具体调整方法：

① 将工作在其最早开始时间与最迟完成时间范围内移动；

② 延长工作的持续时间；

③ 缩短工作的持续时间。

4. 增、减工作项目时的调整方法

当采用增、减工作项目进行调整时，应符合下列规定。

① 不打乱原网络计划总的逻辑关系，只对局部逻辑关系进行调整。

② 在增、减工作后应重新计算时间参数，并分析对原网络计划的影响。当对工期有影响时，应采取相应的措施进行调整，以保证计划工期不变。

5. 调整工作的持续时间

在计划实施过程中，当发现某些工作的原持续时间估计有误或实现条件不充分时，应重新估算其持续时间，并重新计算工作时间参数，尽量使原计划工期不受影响。

6. 调整资源的投入

当资源供应发生变化或异常时，应采用资源优化方法对计划进行调整，或采取应急措施，使其对工期的影响最小。

网络计划的调整，可以定期进行，亦可根据计划检查的结果在必要时进行。只有不断对网络计划的实施过程进行监测与检查、分析与调整，才能确保工程进度目标的顺利实现。

三、工程进度控制的措施

从理论上讲，工程进度控制涉及建设、施工、咨询（管理）单位等诸多主体，准备、施

工、验收等不同阶段，并影响到质量、成本等相关目标。而且，可以借助工程项目管理常用的组织、经济、技术、合同等措施。就工程进度控制而言，可以结合工程项目及其建设的具体情况，从以下五个方面发力。

（一）工程项目进度控制的组织措施

所谓组织措施，是指从组织系统的角度出发，优化组织设计、完善规章制度，建立进度控制的机构、责任，规范工作流程，做好组织协调等。举例如下。

1. 明确目标

建立进度控制目标体系，以总进度计划为依据，按工程项目的组成、进展、施工阶段对项目总目标进行分解，明确项目各个参与单位的进度控制目标，通过合同责任书落实相关责任，通过分头实现各自的进度控制目标来确保总目标。

2. 规范制度

例如，建立工程进度报告制度及进度信息沟通网络；建立进度计划审核制度；建立进度计划实施过程中的检查分析制度，对影响进度计划实施的因素进行分析和预测；建立进度协调会议制度，包括协调会议举行的时间、地点、参会人员等；建立图纸审查、工程变更和设计变更管理制度等。

3. 职责到人

针对各单位、各层次的进度控制人员，明确其具体任务、管理职能、职责分工，并在进度控制组织设计的任务分工表和管理职能分工表中标示、落实，让专人（或专业部门）来负责对应层次的进度控制工作。

4. 编制流程

例如，定义施工进度计划系统组成；编制施工进度控制工作细则；规范各类进度计划的编制程序、审批程序和调整程序等；协助并监督进度计划的实施、动态控制。

5. 分解进度

按工程总进度计划的时间要求，将施工总进度计划再细分为年度、季度、月度、旬期等进度计划。

6. 控制节点

以关键线路为主线、以网络计划中起止里程碑为控制节点，划分施工阶段，并在不同施工阶段确定对应的重点进度控制对象，制定施工细则，以确保控制节点顺利完成。

（二）工程项目进度控制的管理措施

管理措施，是指通过完善项目内部的管理活动，提高工程进度控制水平，消除或减轻各种不利因素对工程进度的影响。其涉及项目管理的思想、方法、手段，工程项目的承发包模式，动态优化、信息技术和风险管理等。为便于阐述，仅按计划、实施、总结三个阶段划分。

1. 计划阶段

制订工程进度计划，并结合现场实际评审计划的可行性。明确项目总工期，与项目的参与单位签订责任状，并根据总合同工期明确各单位及分项工程的工期（节点工期）要求。

2. 实施阶段

例如，对于各级进度计划（旬、月、季、年计划）的执行情况进行监督，检查是否有工期拖延现象，协助排除影响工程进度的障碍；加强与建设、监理单位的沟通与协调，快速解决现场出现的技术问题、变更洽商、竣工报验、质量问题等；加强与设计单位的配合，减少设计变更对施工进度造成的不利影响；在施工过程中，保障设备、材料、资金的及时供应；定期、严格监督检查施工质量，避免因施工质量不达标而造成的返工、返修等。

3. 总结阶段

检查各单位的阶段性施工结果，对能在要求工期内按时、按质、按量完成施工任务的单位提出表彰、奖励，对未能如期完成施工的单位作出惩罚并总结经验，同时对新的施工阶段进行计划。

（三）工程项目进度控制的经济措施

经济措施，是指在工程进度计划实施过程中，提供必要的资金保障，采取相应的经济激励与奖惩措施提高有关工作的积极性。其涉及编制资金需求计划、资金供应的条件和时间、经济激励措施，以及工程预付款、工程进度款的支付等。例如：

① 对工期提前的单位给予奖励；

② 对工期延误的单位做出惩罚，收取误期损失赔偿金，严重者根据合同终止合作；

③ 出现应急赶工情况，施工单位应当获得合理的补偿（赶工或提前完工费用）；

④ 及时办理工程预付款、工程进度款、竣工结算价款等的申请和支付手续；

⑤ 保障施工过程中的资金、设备、材料、人工等供应；

⑥ 加强工期索赔、工程变更和现场签证等管理。

（四）工程项目进度控制的技术措施

技术措施，是指在加强技术活动、技术要素管理的基础上，优化施工组织设计和施工方案，积极选用有利于实现施工进度目标的新技术、新工艺等。例如：

① 采用网络计划等先进的进度计划编制技术，科学确定工程进度目标，通过互联网、大数据等先进的控制方法与手段动态把控工程实际进展；

② 审查施工进度计划的技术可行性，力争其在合理、可实现的状态下施工；

③ 组织流水化施工，保证施工作业连续、均衡、有节奏；

④ 采取能够加快施工进度的施工技术，缩短作业时间，减少技术间隔等。

（五）工程项目进度控制的合同措施

合同措施，是指通过科学设置、认真签订施工合同，明确项目各参与方在项目进度控制中的职责，并以合同管理为手段保障施工进度控制目标的实现。例如：

① 适应设计—建造模式、设计—采购—施工模式等合同管理模式，以及分段设计、分段发包和分段施工等方式，在施工合同中明确施工单位的责任范围、工期要求等；

② 在签订合同前，全面考虑到工程施工过程中可能存在的风险因素，分析其对施工进度的影响并提出相应处理办法等，尽可能采取预控措施，减少不利影响；

③ 协调合同工期与施工进度计划之间的关系，合同工期要与计划工期保持同步，并保证合同工期目标的实现；

④ 严格把控施工中的合同变更，对各参与单位在施工过程中提出的工程变更、设计变更，应配合专业监理工程师审查其必要性、真实性，分析其对于工期的影响等，通过之后才能补充写入合同文件；

⑤ 加强对工期延误的索赔管理，明确责任、评估影响，公平、快速地处理索赔，督促各参与单位积极配合，努力实现施工进度控制的目标。

复习思考题

1. 什么是工期、进度？怎样理解工程进度控制的原理？
2. 工程项目总进度包括哪些内容？其论证步骤有哪些？
3. 施工阶段进度控制的目标及影响因素有哪些？
4. 什么是关键线路和关键工作？其确定方法有哪些？
5. 工程进度的检查方法有哪些？各自的特点如何？
6. 怎样理解工程进度监测与调整的系统过程？
7. 工程进度的控制措施有哪些？

第四章 工程项目成本控制

工程造价或成本控制是工程项目管理的重要目标之一，并与各方利益密切相关。工程项目不仅规模大、建设周期长、占用资金数量多，而且所涉及的参与方众多、相互关系复杂。在高质量发展的进程中，并非忽视成本费用，反而要求深化工程造价和成本管理，提高工程产品的性价比。建设投资或工程造价属于建设单位的建设成本，其中包括支付给施工承包单位的建筑安装工程费用或工程价款。施工承包单位在预计或实际获得工程价款收入的同时，需要贯通成本费用的计划、控制、核算以及分析、考核，实现系统化、高水平的工程项目成本控制。

第一节 工程造价及其控制概述

一、工程造价及其控制的概念

（一）工程造价的概念

工程项目造价，也称建设投资、建设工程造价，简称工程造价，常指建设单位为完成工程项目建设，在建设期内所花费的全部费用。建设投资由设备及工器具购置费、建筑安装工程费、工程建设其他费、预备费和资金筹措费（建设期利息）组成。对于生产性工程项目而言，其工程项目总投资除建设投资外，还要包括流动资金或铺底流动资金；非生产性工程项目总投资仅考虑建设投资。就此而言，工程造价与建设项目总投资的概念是一致的。

在工程实践中，工程造价也指工程价格，即建设一项工程，预计或实际在土地、物资、技术劳务市场以及承包市场等交易活动中，通过竞争形成的建筑安装工程的价格和建设工程的总价格。例如，2021年我国部分省会城市高层住宅的工程造价为2900~3100元/平方米。

鉴于建设工程项目及其生产经营特点，建设投资通常具有数额巨大、不同项目差异明显、需要单独计算、确定依据复杂、确定层次繁多和需要动态跟踪等特点。其中的依据复杂，导致工程建设的不同阶段，需要依据不同的指标、定额或计价规范，依次编制投资估算、设计概算、施工图预算（合同价）以及竣工结算、竣工决算等。

（二）建筑安装工程费用的概念

在建设单位的建设投资中，建筑安装工程费用就是其支付给施工承包单位或施工单位的工程价款。其有时也被称为狭义的工程造价。如果按照费用构成要素划分，建筑安装工程费由人工费、材料（含工程设备）费、施工机具使用费、企业管理费、利润、规费和增值税组成。其具体构成，详见本节后文。

因此，对于建设单位而言，建筑安装工程费用属于其建设投资、建设成本的重要组成部分。对于施工单位来讲，建筑安装工程费用承包项目的工程价款收入，也是其正常情况下工程成本支出的上限。

（三）工程项目成本的概念

工程项目成本，也称建设工程成本，简称工程成本，是指施工承包单位在工程施工过程中所发生的，按一定成本核算对象归集的生产费用的总和。它通常以单位工程作为核算对象，根据相关财务制度和《企业会计准则》进行生产费用、施工费用的确认、归集。因此，在为生产产品而发生的施工费用中，只有经过确认、计量的部分，才能计入工程成本。

站在施工企业会计核算的角度，工程成本包括直接费用和间接费用两大部分。直接费用是指直接耗用于工程施工，构成工程实体或有助于工程形成的各项支出，包括人工费、材料费、机械使用费和其他直接费用。间接费用是指施工企业所属各直接从事施工生产的项目经理部、作业队等单位，为组织和管理施工生产活动所发生的各项费用。施工企业的管理费用、财务费用等，不属于施工费用的范畴。其具体构成，详见本节后文。

（四）工程项目寿命周期费用

工程项目全寿命周期费用，简称项目寿命周期费用、寿命周期费用，是指工程项目在包括建设期、运营（运维）期在内的整个寿命周期，所发生的各项费用的总和。

就供给侧（施工单位）而言，项目寿命周期费用（C）由生产成本（C_1）、使用及维护成本（C_2）两部分组成；从需求侧（业主或用户）来讲，项目寿命周期费用（C）应当包括购置费用（C_1）、使用及维护费用（C_2）。而且，在一定范围内，产品的生产成本与使用及维护成本存在此消彼长的关系。例如，随着产品功能（F）水平的提高，其生产成本或购置费用增加，但是使用及维护成本降低，并且在功能不足的情况下有可能使得寿命周期费用降低。产品功能与成本及寿命周期费用的关系，如图4-1所示。

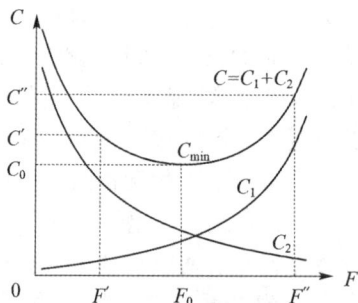

图4-1 产品功能与成本及寿命周期费用的关系（示意）图

因此，在高质量发展背景和业主（用户）视角下，必须充分考虑工程项目漫长的持有期，通过适当提高质量、改善功能，降低工程项目的全寿命周期费用。而且，如果进一步考虑环境成本、社会成本以及广义的寿命周期费用，这种倾向将会更加强烈。

（五）工程造价控制与工程成本控制

工程项目造价控制，简称工程造价控制，是指建设单位或总承包单位在工程建设全过程或某些阶段，科学地确立造价控制目标，合理地使用人力、物力、财力等资源，并通过发现与纠正偏差，实现预定目标，进而取得较好的经济和社会效益。

工程造价控制是工程项目管理的重要目标之一，施工阶段是工程造价发生与控制的主要环节或时段。建设单位在工程造价控制的过程中，应统筹先进性与可能性，科学合理地确立其控制目标；在坚持全过程控制的基础上，宜以施工之前的投资决策和设计阶段为重点；在建设过程中，要坚持动态控制、纠正偏差、循环管理；通过技术与经济工作相结合，优化措施手段，实现预定目标。

工程项目成本控制，也称施工成本控制、工程成本控制，是指施工单位在保证质量、工期满足要求的前提下，从投标报价到竣工结算的工程实施全过程，综合运用科学技术方法、经济管理手段，将工程成本控制在计划范围之内，并寻求最大程度成本节约的系列活动。

施工企业应当结合行业和工程特点，聚焦工程构成要素、确立目标成本，通过成本计划、实施与核算、分析与考核等，对于施工过程中所发生的各项收支进行科学配置、系统控制，进而实现预定的成本目标。在工程成本控制的过程中，应当强化成本核算制，建立成本控制体系，健全规章制度，以货币为主要计量单位，加强财务与核算管理，优化控制方法、整合有效措施，将实际发生的各种消耗和支出严格控制在目标及计划的范围之内。由于工程成本是工程造价的重要部分，控制好工程成本不仅能使施工单位受益，而且有利于工程项目及参建各方。

二、工程造价的构成

对于建设投资角度的工程造价而言，生产性工程项目总投资的构成最为全面（非生产性工程项目的总投资通常不考虑流动资金），具体如表4-1所列。

表4-1　建设工程项目总投资组成表

费用项目名称				
工程项目总投资	建设投资	第一部分 工程费用	设备及工器具购置费	
			建筑安装工程费	
		第二部分 工程建设其他费用	建设用地费	
			与工程建设有关的其他费用	建设管理费
				可行性研究费
				专项评价费
				研究试验费
				勘察设计费
				场地准备费和临时设施费
				引进技术和进口设备材料其他费
				特殊设备安全监督检验费
				市政公用配套设施费
				工程保险费
				专利及专有技术使用费
			与未来生产经营有关的其他费用	联合试运转费
				生产准备费
				办公和生活家具购置费
			其他	
		第三部分 预备费	基本预备费	
			价差预备费（涨价预备费）	
	资金筹措费（建设期利息）			
	流动资产投资——铺底流动资金			

在表4-1中，人们通常将建设投资划分为静态投资部分、动态投资部分两类：前者是针对某一基准时刻，预计完成项目建设所需要的投资，包括工程费用（设备及工器具购置费、建筑安装工程费）、工程建设其他费用和预备费；后者考虑由于建设期内发生变化以及由此增加的投资费用，主要包括价差预备费、资金筹措费（建设期利息）等。近年来，设备及工器具购置费、建设用地费（土地使用权的取得费用）在建设投资中所占比重呈上升趋势。因此，施工承包单位的工程价款收入只是建设单位建设投资或工程造价的一部分，两者既有联系，更有区别。

三、建筑安装工程费的组成和计价程序

在我国 2013 年印发的《建筑安装工程费用项目组成》（建标〔2013〕44号）的基础上，随着增值税及相关规定的施行，建筑安装工程费用的组成项目或要素基本成型。而且，按照费用构成要素和工程造价形成进行划分，其组成内容有所不同。

（一）按照费用构成要素划分的建筑安装工程费用项目组成

按照费用构成要素划分，建筑安装工程费由人工费、材料（含工程设备，下同）费、施工机具使用费、企业管理费、利润、规费和增值税组成。具体情况，如图 4-2 所示。

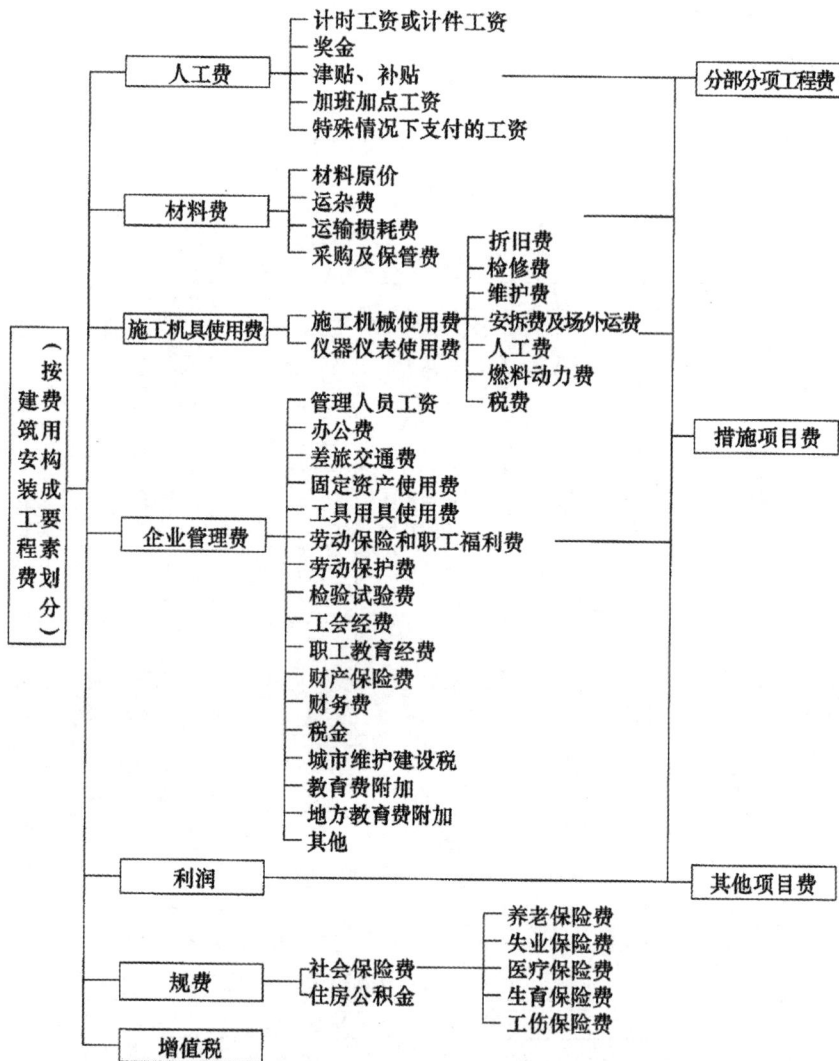

（按建筑安装工程费用构成要素划分）

- 人工费
  - 计时工资或计件工资
  - 奖金
  - 津贴、补贴
  - 加班加点工资
  - 特殊情况下支付的工资
- 材料费
  - 材料原价
  - 运杂费
  - 运输损耗费
  - 采购及保管费
- 施工机具使用费
  - 施工机械使用费
    - 折旧费
    - 检修费
    - 维护费
    - 安拆费及场外运费
    - 人工费
    - 燃料动力费
    - 税费
  - 仪器仪表使用费
- 企业管理费
  - 管理人员工资
  - 办公费
  - 差旅交通费
  - 固定资产使用费
  - 工具用具使用费
  - 劳动保险和职工福利费
  - 劳动保护费
  - 检验试验费
  - 工会经费
  - 职工教育经费
  - 财产保险费
  - 财务费
  - 税金
  - 城市维护建设税
  - 教育费附加
  - 地方教育费附加
  - 其他
- 利润
- 规费
  - 社会保险费
    - 养老保险费
    - 失业保险费
    - 医疗保险费
    - 生育保险费
    - 工伤保险费
  - 住房公积金
- 增值税

分部分项工程费
措施项目费
其他项目费

图 4-2 按费用构成要素划分的建筑安装工程费用项目组成

1. 人工费

人工费指按工资总额构成规定，支付给从事建筑安装工程施工的生产工人和附属生产单位工人的各项费用。具体内容包括计时工资（或计件工资）、奖金、津贴、补贴、加班加点工资和特殊情况下支付的工资。人工费的计算思路是应将各分部分项的工日消耗量乘以

相应的日工资单价后，汇总求和，见式(4-1)。

$$人工费 = \sum (工日消耗量 \times 日工资单价) \tag{4-1}$$

2. 材料费

材料费指施工过程中耗费的原材料、辅助材料、构配件、零件、半成品或成品、工程设备的费用。具体内容包括材料原价、运杂费、运输损耗费、采购及保管费。其中包括构成永久性工程的工程设备。材料费的计算思路是将各分部分项的材料消耗量(工程设备数量)乘以相应的单价后，汇总求和，见式(4-2)。

$$材料费 = \sum (材料消耗量 \times 材料单价) \tag{4-2}$$

3. 施工机具使用费

施工机具使用费指施工作业所发生的施工机械、仪器仪表使用费或其租赁费。其中，施工机械使用费包括折旧费、维护(大修理)费、检修(经常修理)费、安拆费及场外运费、人工费、燃料动力费和税费。施工机械使用费的计算思路是将各分部分项的机械台班消耗量乘以相应的机械台班单价后，汇总求和[自有机械、租赁设备，计算分别见式(4-3)、式(4-4)]。

$$施工机械使用费 = \sum (施工机械台班消耗量 \times 机械台班单价) \tag{4-3}$$

$$施工机械使用费 = \sum (施工机械台班消耗量 \times 机械台班租赁单价) \tag{4-4}$$

4. 企业管理费

企业管理费指建筑安装企业组织施工生产和经营管理所需的费用。其具体内容包括管理人员工资、办公费、差旅交通费、固定资产使用费、工具用具使用费、劳动保险和职工福利费、劳动保护费、检验试验费、工会经费、职工教育经费、财产保险费、财务费、税金、城市维护建设税、教育费附加、地方教育费附加和其他。企业管理费的计算(思路)是以人工、材料和机械费的"三费"之和为基数，乘以相应的费率。

5. 利润

利润指施工企业完成所承包工程获得的盈利。施工企业根据企业自身需求并结合建筑市场实际自主确定，并将利润列入报价中。

6. 规费

规费指按国家法律、法规规定，由省级政府和省级有关权力部门规定必须缴纳或计取的费用。其包括社会保险费(含养老保险费、失业保险费、医疗保险费、生育保险费、工伤保险费)和住房公积金，并按上述部门规定的费率计算，见式(4-5)。

$$社会保险费和住房公积金 = \sum (工程定额人工费 \times 社会保险费和住房公积金费率)$$
$$\tag{4-5}$$

7. 增值税

增值税指国家税法规定应计入建筑安装工程造价内的增值税销项税额。其按照税前工程造价和相应的增值税率进行计算[见式(4-6)、式(4-7)]。目前建筑业的增值税税率为9%。

$$税金 = 税前工程造价 \times 税率(或征收率) \tag{4-6}$$

$$税金 = \frac{工程造价}{1 + 税率(或征收率)} \times 税率(或征收率) \tag{4-7}$$

在图 4-2 中，人工费、材料费、施工机具使用费、企业管理费和利润可构成"综合单价"，并包含在分部分项工程费、措施项目费、其他项目费中。而且，如果从右侧向左侧观看该图，则转为按照工程造价形成的建筑安装工程费用项目（组成）。

（二）按造价形成划分的建筑安装工程费用项目组成

目前，我国按照工程造价形成划分的建筑安装工程费用由分部分项工程费、措施项目费、其他项目费、规费和增值税组成。如图 4-2 所示，在分部分项工程费、措施项目费、其他项目费中可以包含相应的人工费、材料费、施工机具使用费、企业管理费和利润。

1. 分部分项工程费

分部分项工程费指各专业工程的分部分项工程应予列支的各项费用。根据现行国家计量规范，可以划分为房屋建筑与装饰工程、仿古建筑工程、通用安装工程、市政工程、园林绿化工程、构筑物工程、矿山工程、城市轨道交通工程和爆破工程共 9 个专业。其计算时，应将各分部分项的实物工程量乘以相应的综合单价后，汇总求和（公式 4-8）。

$$分部分项工程费 = \sum（分部分项工程量 \times 综合单价） \qquad (4-8)$$

式中：综合单价包括人工费、材料费、施工机具使用费、企业管理费和利润，以及一定范围内的风险费用。

2. 措施项目费

措施项目费指为完成建设工程施工，发生于该工程施工前或施工过程中的技术、生活、安全、环境保护等方面的费用。其常用内容包括安全文明施工费（含安全施工费、文明施工费、环境保护费、临时设施费和建筑工人实名制管理费）、夜间施工增加费、二次搬运费、冬雨期施工增加费、已完工程及设备保护费、工程定位复测费、特殊地区施工增加费、大型机械设备进出场及安拆费和脚手架工程费等 9 项。计算时，需充分考虑工程项目、作业现场及施工方案等做出调整并科学计算。

3. 其他项目费

（1）暂列金额。指发包人在工程量清单中暂定并包括在工程合同价款中的一笔款项。其用于签订施工合同时尚未确定或不可预见的材料、工程设备、服务采购，施工中可能发生的工程变更、合同约定调整因素出现时的工程价款调整以及发生的索赔、现场签证确认等的费用。

（2）暂估价。包括材料和工程设备暂估单价、专业工程暂估价。

（3）计日工。指在施工过程中，承包人完成发包人提出的图纸以外的零星项目或工作所需的费用。

（4）总承包服务费。指总承包人为配合、协调发包人进行的专业工程发包，对发包人自行采购的材料、工程设备进行保管以及施工现场管理、竣工资料汇总整理等服务所需的费用。

4. 规费（同前）

5. 增值税（同前）

（三）建筑安装工程费用的计价程序

工程项目的不同参建单位、在工程建设的不同阶段，计算建筑安装工程费用的角度、目的和依据势必有所差异。但总体而言，都是针对按照工程造价形成的划分，依次计算建筑安装工程费用组成的五大部分。以某工程项目建筑安装工程费用的竣工结算为例，其计价程序，可列于表 4-2。

表4-2 竣工结算的计价程序

工程名称： 标段：

序号	汇总内容	计算方法	金额(元)
1	分部分项工程费	按合同约定计算	
1.1			
1.2			
1.3			
……			
2	措施项目费	按合同约定计算	
2.1	其中：安全文明施工费	按规定标准计算	
3	其他项目费		
3.1	其中：专业工程结算价	按合同约定计算	
3.2	其中：计日工	按计日工签证计算	
3.3	其中：总承包服务费	按合同约定计算	
3.4	索赔与现场签证	按发承包双方确认数额计算	
4	规费	按规定标准计算	
5	增值税	税前工程造价×税率(或征收率)	

竣工结算总价合计＝1+2+3+4+5

在表4-2建筑安装工程费用的竣工结算中，由于本工程已经完工，需要采用实际发生、符合合同约定或签约双方认可的相关数据。

四、工程项目成本的构成与分类

工程项目成本通常由诸多费用因素组成。而且，按照不同的目的和角度进行系统、科学的分类，有利于施工单位更好地认识各组成要素的性质和特点，在未来能够科学计划、有效控制。

（一）工程成本的构成

根据《企业会计准则》，工程成本应当包括从建造或施工合同签订开始至合同完成止所发生的、与执行合同有关的直接费用和间接费用。

1. 直接费用

直接费用指为完成合同所发生的、可以直接计入成本核算对象的各项费用支出。其包括工程施工所耗用的人工费用、材料费用、机械使用费和其他直接费用。

（1）耗用的人工费用。包括企业从事建筑安装工程施工人员的工资、奖金、职工福利费、工资性津贴等。

（2）耗用的材料费用。包括施工过程中耗用的构成工程实体的原材料、辅助材料、构配件、零件、半成品的费用；周转材料的摊销及租赁费用。

（3）耗用的机械使用费。包括施工过程中使用自有施工机械所发生的机械使用费；租用外单位施工机械的租赁费；施工机械进行安装、拆卸和出场等。

（4）其他直接费用。除人工费、材料费、机械使用费之外，可以直接计入工程成本的其他直接费用，包括材料二次搬运费、临时设施摊销费、生产工具用具使用费、工程定位复测费、工程点交费、场地清理费等。

2. 间接费用

间接费用主要是企业下属施工单位或生产单位为组织和管理施工所发生的费用支出。例如，管理人员工资、奖金，固定资产折旧及修理费，检验试验费，工程保修费，劳动保护费等。其中的"下属施工单位"，多指施工企业内部的项目经理部、施工队等为内部工程项目服务的非独立核算单位。

根据"财政部关于印发《企业产品成本核算制度（试行）》的通知"（财会〔2013〕17号）的规定，分包成本（开展分包并分付给分包单位的工程价款）也属于成本项目的范围。

上述内容中，不包括企业行政管理部门为组织和管理生产经营活动而发生的费用。应当注意，施工企业进行工程成本核算的财务规定，与招标投标、价款结算中的建筑安装工程费用构成及规定有所不同，而且以上组成主要针对项目经理部，并非企业。需要区分各自应用的目的和场景，避免产生混淆。

（二）工程成本的分类

1. 按照工程项目的特点和管理要求划分

（1）预算成本。也称承包预算，是施工企业根据施工图纸或工程量清单、常规施工方案，利用工程量计算规则、预算定额以及取费标准等计算出来的工程项目成本。它基于施工图预算，反映全社会的平均成本水平，进而成为施工单位合同谈判、控制成本的基础。

（2）计划成本。项目经理部根据项目管理目标责任书的要求，结合施工工程项目的技术特征、劳动力素质、材料供应、机械设备情况、施工方案等确定的施工项目成本。计划成本以施工预算为基础，应当反映社会的平均先进水平，是控制项目成本支出的标准和成本管理的目标。

（3）实际成本。在项目施工过程中实际发生的，按一定的成本核算对象进行归集的各项支出费用的总和。实际成本受工程项目的技术水平、管理水平、组织措施等因素的影响，是工程施工实际发生的各种消耗的综合反映。

上述各项成本既有联系又有区别，如图4-3所示。

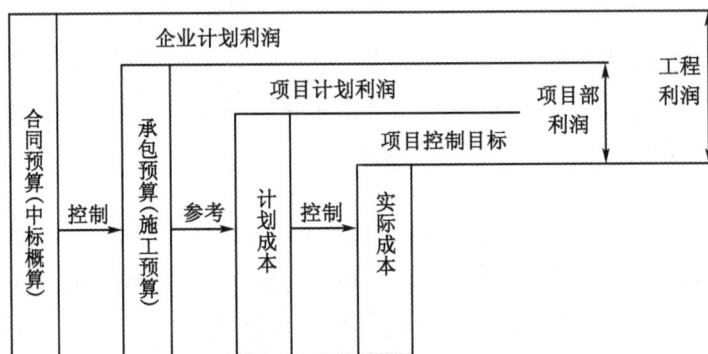

图4-3 预算成本、计划成本与实际成本的关系（对比）

从图4-3可见，将项目的实际成本与预算成本对比，可以反映项目的经济效益；将项目的实际成本与计划成本对比，可以反映成本计划的执行情况。

2. 按照费用成本与实物工程量的关系划分

（1）固定成本。费用总额在一定的时期和实物工程量范围内，不受工程量增减变动的影响而相对不变的成本。例如，间接费用中的管理人员工资、奖金，固定资产折旧及修理费、检验试验费等。但是，单位固定成本则与实物工程量的增减变动成反比关系。

（2）变动成本。费用总额随着实物工程量的增减变动而呈正比例变化的成本。例如，直接费用中的材料费、计件工资制下的人工费等。但是，在一定的范围内，单位变动成本则与工程总量增减的变动无关。

按照费用与实物工程量的关系划分成本，有利于工程项目的成本决策与管理。例如，通过提高劳动生产率、增大工程总量降低固定成本，降低变动成本则应从降低消耗定额入手。

当然，工程成本还有其他划分方式，可以结合工程实际，交叉使用。例如，按照计入成本的方法，可以分为直接成本、间接成本；按照经济性质，可以分为活劳动、劳动对象、劳动手段等方面的费用等。

（三）责任成本与可控成本

项目管理目标责任书中通常会针对项目经理部，明确规定质量高、工期短、消耗低、施工安全文明等控制目标，而工程成本属于上述目标的综合反映。因此，按照目标的明确性与成本的合理性（可控性）、责权利相结合等特点，规范责任、区分成本，有利于明确工程成本管理的重点范围，稳步提高工程成本控制水平。

1. 责任成本

可控成本，须同时满足以下3个条件：

① 可以通过一定的方法预计该消耗将如何发生；

② 可以通过一定的手段对该消耗进行计量；

③ 可以通过一定的措施对该消耗进行控制。

某成本或费用中心的所有可控成本之和即为其相应的责任成本，工程施工成本则是项目经理部的责任成本。因此，施工企业在制订项目管理责任书时，必须明确界定施工现场可控成本、责任成本的范围，并将其作为考核项目经理责任目标的依据。

2. 不可控成本

凡不能同时满足上述三个条件的，称为不可控成本。

责任成本可以明确工程项目施工各种成本的经济责任，并通过科学的计量、记录、分析等实施有效的成本控制与管理。因此，项目经理部及其所属财务、技术、材料、行政等职能部门以及作业队、班组，作为不同的成本或费用控制中心，均应对施工过程发生的其相应责任范围以内的各种消耗和费用进行动态控制。

五、工程项目成本的影响因素

与第二章（工程项目质量控制）第一节（工程项目质量的概述之"工程项目质量的影响因素"）相呼应，工程成本的影响因素，可以从施工过程、管理目标的角度进行梳理。

1. 施工方案

施工方案与工程成本之间存在着相互依赖、相互制约的关系。具体地说，确定正确的施工方法可以提高施工技术水平、加快施工进度，合理选择施工机械可以充分发挥机械的使用效率。而且，采用合理的施工组织、施工顺序等，都可以达到降低施工成本的目的。

2. 施工进度

施工进度与工程成本紧密关联，并符合"中间低、两头高"的鞍形曲线。一般来讲，在保证目标工期的前提下，应尽量降低工程项目成本；在工程项目目标成本控制下，应尽量加快施工进度。

3. 施工质量

通常情况下，工程施工质量与工程成本的关系也会大致符合鞍形曲线，即质量标准过高或过低，都将造成工程成本的增加。因此，项目经理部应当按照施工合同、相关规范标准以及项目管理目标责任书的要求，确定并实现适宜的质量水平。

4. 施工安全

施工安全直接影响着工程项目成本。例如，适当加大安全投入，全力保障并提高施工作业的安全性，虽然前期费用有所增加，但是可以减少发生安全事故，降低事故损失及处理费用，施工作业所受干扰也会较少，从而降低施工承包单位的综合费用成本。因此，项目经理部应当切实抓好安全生产及相关管理工作。

5. 施工现场管理

科学合理的施工现场管理，既可以实现施工过程互不干扰、有序实施，达到各项资源与设施间的高效组合、安全运行，又可以通过减少二次搬运费用、提高劳动生产率，降低工程成本。同时，施工现场的场容、职业健康环境保护（管理）、卫生防疫等也对工程成本以及企业形象具有重大影响。

第二节　工程项目成本计划

工程项目成本计划是以货币形式反映的工程项目在计划期内的成本目标，以及为降低成本所采取的主要措施和规划的书面方案。工程项目成本计划属于成本的事前管理，是工程项目管理目标体系、企业生产经营管理的重要组成部分。对于施工单位而言，通过成本预测、明确施工项目的目标成本，可以建立施工项目成本管理责任制，编制施工成本计划，属于开展成本控制和核算的基础，是指导施工成本考核与分析的依据，进而达到控制和降低施工成本的目的。

一、工程项目成本的预测

（一）工程项目成本预测的内涵

工程项目成本预测，简称工程成本预测，是根据工程项目特点及相关项目成本信息，采用科学的方法和手段，对一定时期内工程成本变化趋势和成本目标做出预测与判断。其不仅需要预测工程成本的总额或水平，还应按照工程成本的费用构成（人工费、材料费、施工机具使用费等）、项目构成（单位工程、分部工程、分项工程等）和实施时间（年度、季度、月度等）给出相应的明细。

成本预测是科学编制成本计划、有效实施成本控制的重要基础，对于企业经营决策、编制成本计划、实施成本管理与控制等具有重要意义。因此，应当在工程项目正式施工之前，由项目经理组织项目经理部编制。

（二）工程项目成本预测工作的原则

工程或施工成本预测必须满足合同规定的工程质量和工期要求，结合工程特点，适应资源要素及市场走势。同时，遵循以下原则。

① 强化目标导向。在协调平衡企业和项目关系的基础上，立足经济效益，确保质量、进度与安全，动用潜在资源。

② 坚持合法合规。执行有关的定额、标准、规范和规定，满足企业对于施工承包管理目标的要求。

③ 统筹积极稳健。预测的结果既要积极先进，又要留有余地、切实可行。

④ 健全逻辑思维。整合工程建设的时间、主体、工具等维度，以技术先进、经济合理的施工方案为基础，优化成本预测的目标及明细。

（三）工程项目成本预测的程序

工程成本涉及面宽、持续时间长，影响因素多，为了追求预测结果的全面、科学并富有弹性，通常要依次完成如下主要工作。

（1）环境调查。包括本行业各类工程的成本水平，本企业各地区、各类型工程项目的成本水平和目标利润，建筑材料、劳务供应市场情况、价格及其变化趋势，可能采用的新技术、新材料、新工艺及其对成本的影响等。

（2）收集资料。针对工程项目，除已经签订的相关合同、投标报价文件、施工组织设计或施工方案外，根据成本预测的需要，还应收集企业定额、施工预算、企业下达的相关成本指标，以及项目技术特征、交通、能源供应等其他资料。

（3）选择预测方法。根据预测期限、数据资料及预测精度等，选定适宜的预测方法，确立相应的预测模型。

（4）获得并分析预测结果。如果预测结果无法满足目标成本的要求，必须组织有关人员深入研究寻找降低成本的途径，重新进行预测；如果因突发事件或模型误差等导致预测结果失真，应当进行修正，甚至重新选择预测方法或模型。

（5）完成预测报告。确认预测结果后，应通过预测报告，确定工程目标成本及主要明细，并作为编制成本计划、实施成本控制的依据。

（四）工程项目成本预测的方法

1. 定性预测方法

定性预测方法主要利用可能收集到的资料，根据专家的经验、知识进行综合分析、判断，从而对于未来的工程成本作出预测。其具体方法很多，但经验判断法、专家会议法、专家调查法（德尔菲法）、主观概率法、访问调查法等比较常用。

定性预测方法主要依靠专家的经验和主观能动性，侧重于市场行情与发展趋势，以及施工过程中的工程成本各种因素的影响分析，可以较快地得出预测结果。但是，它对于专家的依赖性较强，需要通过收集有关数据资料加以改善。

2. 定量预测方法

定量预测方法也称统计预测方法，是针对已经掌握的比较完备的历史统计数据资料进行加工整理，运用一定的数学方法或模型揭示各项因素之间的规律性，并推测未来工程成本的变化趋势及目标。其具体方法很多，主要可归纳为时间序列法和回归分析法两大类。

定量预测方法依据客观统计资料，受主观因素影响较小，可借助现代数学方法进行大量数据的处理分析，并对工程成本及变化情况作出定量的描述。但是，其过程比较机械，并需要大量的数据资料。

应当承认，针对工程成本的费用构成、项目构成和实施时间进行预测时，可能需要采用不同的方法，获得科学的结论。而且，上述定性预测与定量预测划分并非"泾渭分明"，应当根据工程实际、工作需要，综合运用以上两种预测方法。

二、工程项目目标成本的确定

（一）工程项目目标成本的含义

工程项目目标成本，简称工程目标成本，是指在相关分析、成本预测，以及劳动力、材料、机械设备等资源优化的基础上，项目经理部经过努力可以且必须实现的预期成本。鉴于工程项目构成、工程技术经济文件的编制以及工程项目管理的现状等，通常以单位工程为对象并确定其目标成本。

工程目标成本既包括施工成本目标的总额，又涉及其中主要的明细，是施工承包单位要求项目经理开展工程成本管理工作的最高控制目标，故应在工程施工之前编制完成。而且，工程项目成本目标是未来施行项目成本核算制的重要基础。

（二）工程目标成本的编制步骤

确定工程目标成本属于工程成本控制系统工作中的关键环节，编制目标成本活动本身也是一个自我循环、自我完善的重要过程。其主要步骤如下。

（1）施工企业下达工程项目的目标成本。工程项目的工程承包合同签订以后，施工企业应根据合同造价、施工图纸、招标投标文件（工程量清单及计价表）以及成本预测的结果等，确定企业在正常情况下的管理费用、财务费用和利税留成后，将其中的制造成本（工程项目直接成本）确定为项目经理部的可控成本，下达并形成项目经理部的责任目标成本（预算成本）。

（2）项目经理估算降低成本的目标值。项目经理根据工程承包合同、企业下达的项目目标成本以及成本预测结果，通过编制项目管理实施规划、施工预算等，寻求降低成本途径，初步估算出项目降低成本的目标值。确定降低成本的目标值时，应统一领导、分级管理、全员参与，并可从定额估算法、直接估算法、定率估算法、量本利分析法中选择适宜的方法。

同时，项目经理部应当以施工方案和技术组织措施为依据，按照本企业的管理水平、消耗定额、作业效率等进行工料分析，并应反映市场价格及其变化趋势。如果某些环节或分部分项工程的施工条件尚未明确，可按照类似工程的施工经验或招标文件所提供的计量依据，计算其暂估费用。

（3）确认工程项目的目标成本。项目经理部根据经济合理的施工方案、企业定额，将企业下达的目标成本，扣除项目经理部的目标利润、降低成本目标值后，得出其工程项目的目标成本。

如果该目标成本不高于企业下达的目标成本，便可将其确认为该项目及项目经理部的目标成本，并尽量将其细化。否则，应重新编制确认。

（4）确定工程目标成本的降低额和降低率。两者的计算公式如下：

$$目标成本降低额 = 项目的预算成本 - 项目的目标成本 \qquad (4-9)$$

$$目标成本降低率 = \frac{目标成本降低额}{项目的预算成本} \times 100\% \qquad (4-10)$$

三、工程项目目标成本的分解

工程项目目标成本是全面完成施工合同任务前提下，项目经理部需要管控的全部费用预算。为夯实工作基础、提高管理水平，应将目标总额在工程项目组织系统内部，按照项目构成、职能部门或实施时间进行不同费用的分解。进而，在实施过程中开展相应的计量与核算、分析与考核，采取有针对性的控制措施，确保目标成本的顺利实现。

（一）可控成本范围的界定

为科学地分解项目目标成本、合理地明确相应的责任，必须立足目标成本（总额），全面界定项目系统内部各成本控制中心（单位）对于所发生成本的可控范围。

1. 项目经理部的可控成本

项目经理部内设的各职能部门，由于业务范围及业务控制程度不同，其可控成本范围也会不尽相同，应当予以明确。例如，技术部门应负责最佳施工方案的制定，确保相应的成本不超过目标成本范围；因计划协调不力而拖延工期，或为赶工期而增加的成本等，属于计划部门的可控成本；材料部门的可控成本应包括材料的价款、包装、运输、仓储、保管等费用；固定资产折旧费、大修理费、财务费用，以及项目经理部以下各个成本控制中心（单位）发生的管理费用等，属于财务部门的可控成本范围。

2. 作业队的可控成本

一般包括人工费，材料费，施工机械使用费中的人工费、燃料动力费，以及作业队管理人员所发生的间接费用。

3. 作业班组的可控成本

一般包括人工费、材料费、施工机械使用费，并应按照实际消耗或目标成本的规定计算。

（二）目标成本的纵向分解

纵向分解是将工程目标成本（总额）中的分部分项工程费以及措施项目费中的可控成本，按照项目的构成情况进行垂直分解。例如，直接费用（材料费）中的材料采购成本属于作业队的不可控范围，不应参与分解。

根据工程项目的组织、作业特点，纵向分解分级管理时，应将分部分项工程与作业队、班组结合起来，力争"纵向到底"。其基本思路（格式）如表4-3所列。

表4-3 项目目标成本纵向分解表

费用单位：

编号	工程名称	实物量		项目成本（费用）								责任单位
		单位	数量	人工费		材料费		机械费		措施项目费		
				预算	计划	预算	计划	预算	计划	预算	计划	
	单位工程Ⅰ 分部分项工程1 分部分项工程2 …… 单位工程Ⅱ ……											
	临时设施											
	合计											

编制单位或部门： 编制人： 审定人： 日期：

（三）目标成本的横向分解

横向分解是将工程目标成本（总额）中的企业管理费、分部分项工程费中不宜纵向分解的部分（如材料采购成本）以及措施项目费中不宜纵向分解的部分（总价措施项目），在项目经理部内部的有关职能部门进行分解。

横向分解、归口管理，要求"横向到边"。其基本思路（格式）如表4-4所列。

表4-4 项目目标成本横向分解表

费用单位：

编号	成本（费用）项目	办公室	施工技术	安全质量	预算计划	财务会计	材料供应	机械设备	……
	工资 奖金 ……								
	合计								
	材料采购成本								

编制单位或部门：　　　　编制人：　　　　审定人：　　　　日期：

四、工程项目成本计划及其表格

从理论上讲，工程项目成本计划应当包括编制说明、施工成本计划的指标以及按工程量清单列出的单位工程计划成本汇总表、按费用性质划分的单位工程成本汇总表等。其中，编制说明需要指出工程的范围、企业对于项目经理部提出的责任成本目标、施工成本计划编制的指导思想和依据等。

在工程实践中，施工成本计划的指标，应当在明确目标成本的基础上，给出工程项目直接成本和间接成本的降低计划、降低成本技术组织措施计划（表）等。项目经理部通过编制工程项目成本计划表，将各分部分项工程以及各成本要素、成本控制的目标和要求，落实到成本控制的责任者，并通过检查、分析，实施有效的工程项目成本控制。

现就常用的工程项目成本计划表（格式）列举二例。

1. 目标成本计划表

目标成本计划表（格式）如表4-5所列。它综合反映工程项目在计划期内的预算成本、计划成本、计划成本降低额与计划成本降低率。

表4-5 项目的目标成本计划表

费用单位：

成本（费用）项目	预算成本	计划成本	计划成本降低额	计划成本降低率（%）
1 分部分项工程费以及 　措施项目费 　　人工费 　　材料费 　　机械使用费 　　……				
2 其他项目费 　施工管理费 　　……				
合计				

编制单位或部门：　　　　编制人：　　　　审定人：　　　　日期：

2. 降低成本技术组织措施计划表

降低成本技术组织措施计划表的表格形式，如表4-6所列。

表4-6　项目降低成本技术组织措施计划表

费用单位：

措施项目	措施内容	涉及对象			降低成本来源		降低成本额						执行者
		实物名称	单价	数量	预算收入	预算开支	人工费	材料费	机械费	措施费	其他	合计	
合计													

编制单位或部门：　　　　编制人：　　　　审定人：　　　　日期：

降低成本技术组织措施计划表是测算工程项目在计划期内直接成本降低额的依据。一般由项目经理部的技术人员，会同有关部门共同研究确定，并主要包括以下内容：① 计划期内拟采取技术组织措施的种类和内容；② 该项措施涉及的对象；③ 经济效益的计算和直接成本的降低。

第三节　工程项目成本控制

广义的工程项目成本控制，也称工程成本管理，是指施工承包单位或项目经理部在工程成本形成的全过程中，为了控制资源消耗和费用支出，达到预期的成本目标，所进行的工程成本预测与计划、组织与实施以及核算、分析、考核，乃至整理成本资料与编制成本报告等一系列活动。在工程建设实践中，狭义的成本控制(实施)多指项目经理部在施工过程中，根据项目管理目标责任书、工程成本计划和工程实际，采取积极措施，有效控制费用发生，以保证成本目标的实现。在工程实施阶段，工程成本的发生和形成是渐进的过程，因此成本控制也将是一个动态的过程。

一、工程项目成本控制的原理

本书主要阐述狭义的工程项目成本控制，即项目经理部按照既定的成本目标、成本计划，有效控制工程成本的发生或实施过程。而且，工程项目成本控制属于成本的事中管理。

（一）工程项目成本控制的依据

从理论上讲，凡是与工程成本形成有关的资料，均属成本控制的依据。在建设实践中，工程项目成本控制的依据主要包括。

1. 工程承包合同文件

工程项目成本控制要以工程承包合同为依据，围绕实现或降低工程成本目标，从预算收入和实际成本两方面，努力挖掘增收节支潜力，以求获得最大的经济效益。

2. 工程项目成本计划

工程项目成本计划是根据工程项目的具体情况制订的、经过有关方面批准的成本目标，并且包括具体成本控制目标、降低成本的措施等。故此，它是工程项目成本控制的指导性文件。

3. 施工组织设计

施工组织设计，尤其是施工进度计划，可以提示未来不同时刻主要分项的实物量、预计费用支出等重要信息，使得成本控制通过比较实际建设或实施情况与成本计划的差异，采取措施、加以改进。而且，施工组织设计和进度计划还有助于管理者及时发现工程实施中存在的隐患，尽量防患未然、避免损失。

4. 施工方案

工程项目的施工方案，既是技术问题，也是经济问题。因为不同的施工方案在施工过程中，将会对工程质量、进度和造价（费用）等产生直接、重要的影响。通常需要采用的施工方案，应当技术先进、经济合理。

5. 工程变更与索赔资料

在施工过程中，由于各方面的原因，工程变更、索赔（施工索赔）在所难免，并将引发实物工程量、工期、成本（费用）发生相应的变化。因此，成本管理及相关人员应当全面收集相关资料，科学分析各类数据，及时掌握情况变化，包括已发生工程量、将要发生工程量、工期是否拖延、支付情况等。

除上述依据外，施工单位或项目经理部的有关人员还应收集资源要素的市场信息、新技术及其应用、类似项目的成本数据、分包合同等情况或资料。

（二）工程项目成本控制的要求

在满足目标成本的前提下，工程成本实施及控制工作，应满足下列要求。

① 按照计划成本目标及分项数值控制生产要素的采购价格，并认真做好材料、设备进场数量和质量的检查、验收与保管。

② 控制生产要素的利用效率，发挥消耗定额的积极作用，健全任务单管理、限额领料、验工报告审核。做好不可预见成本风险的分析和预控，编制相应的应急措施等。

③ 加强工程变更、索赔和现场签证管理，控制影响效率和消耗量的各种因素所引起的成本费用增加。

④ 促成项目成本管理责任制度与项目管理者激励机制的有机结合，增强管理人员的成本意识和控制能力。

⑤ 健全工程财务管理制度，按规定的权限和程序对项目资金的使用和费用的结算支付进行审核、审批，使其成为项目成本控制的一个重要动力。

（三）工程项目成本控制的原则

进行工程项目成本控制过程中，应当把握以下要点或遵循以下原则。

1. 增收节支原则

通过工程成本的过程控制、事后监督，严格按照成本计划目标，控制各项成本费用支出。研读合同条款，及时办理工程价款结算。事先加强对于工程项目的研究、分析，积极主动地优化施工方案，提高作业效率，减少资源消耗，挖掘降低成本的各种潜力，有效地发挥事前控制的作用，防范成本控制工作的先天不足。进而，实现目标成本控制、提高经济效益。

2. 全面控制原则

要求工程项目的全体参与人员，对于施工全部过程的全面成本费用进行有效的控制。在工程项目的施工准备、组织施工、竣工与交付的全过程中，根据系统工程的思想，实施连续的成本控制。建立包括每个部门、每名职工的成本控制责任体系,形成全员关心、控制全面成本,并与自身利益相关联的局面。

3. 责权利相结合原则

项目成本责任制要求对于工程项目成本目标进行分解,形成完整的项目成本控制责任体系。为了对于可控成本实施有效的控制,应当赋予各责任主体相应的权力。为了充分调动全体人员参与控制工作的积极性,项目经理须定期检查各成本(费用)控制中心的工作进展,进行业绩考评,并及时据以兑现奖惩,进而实现全面、高效的工程项目成本控制。

4. 目标管理原则

目标管理要求根据项目管理目标责任书,结合工程项目的成本计划,对于施工过程中发生的各种费用支出进行监督、控制,以保证目标成本的实现。其主要内容包括:目标的设定与层层分解,目标责任的到位与执行,目标执行的进展或结果检查、评价及相关处理。进而,实现工程项目成本管理的 P(计划)、D(实施)、C(检查)、A(处理)循环。

当然,实施工程成本控制时,还应结合工程项目实际及环境,综合考虑动态控制、科学化、有效化、例外管理等原则,并做到科学整合、重点遵循。

(四)工程项目成本控制的内容

在工程建设过程中,实施工程项目成本控制需要围绕项目成本目标,开展施工作业、优化资源配置,有效控制现场发生的各种成本费用支出。其主要内容如下。

1. 人工费

按照实行"量价分离"的原则,将施工作业用工及零星用工按定额工日的一定比例,综合确定用工数量与单价,并通过劳务合同进行控制。

2. 材料费

材料费通常在工程价款、工程成本中占有非常重要的地位,而且其供应的质量、时间也会影响到工程成本、质量等。因此,项目经理部应当按照"量价分离"的原则,控制施工作业的材料用量和材料价格(费用)。

(1)控制材料用量。在保证符合设计要求和质量标准的前提下,合理使用材料,通过材料需用量计划、定额管理、计量管理等手段,有效控制材料物资的消耗。控制的要点可能包括:确保材料需用量计划编制工作的及时性、完整性,控制实施的准确性;完善定额指标、限额领料等制度,加强材料领用管理;做好材料物资收发、投料等计量检查,加强操作管理、降低损耗;控制工序施工质量,尽力做到全程受控、及时检查、一次合格,避免因返修而增加材料消耗。

(2)控制材料价格。材料价格由原价(出厂价)、运杂费、运输中的合理损耗、采购及保管费组成,通常实行企业和项目经理部"分级管理,分类采购"。对于由公司材料采购部门管控的主要材料,应掌握及时、准确的市场信息,选择优质对路的货源,力争适宜的采购价格。项目经理部通过优化物资运输、完善现场堆放与保管、降低作业过程中的损耗等,摊薄材料费用。

3. 施工机具使用费

伴随着科学技术的进步、施工机械化的普及,施工机具设备及其费用对于工程施工及成本费用的影响越来越大。为控制施工机具使用费,综合施工机械台班数量和台班单价,首先应对照项目管理目标的需要,结合工程项目特点、施工条件等,确定主要施工机械的方案组合;其次,通过技术分析、经济比选,优化主要施工机械设备的购买、租赁或方案组合；第三，合理安排施工生产，加强机械设备调度，做好机上人员与辅助人员的协调与配合，尽量避免窝工，减少设备闲置，提高现场设备利用率；最后，加强现场设备的保养维修，比选自有设备的更新方案、确定更新时机，避免施工机械设备因不正确使用造成停置、因超期服役造成费用的不经济等情况发生。详见本书第九章的第三节

4. 其他直接费用和间接费用

在其他直接费用中，材料二次搬运费、工程定位复测费、工程点交费、场地清理费等，多与"下属施工单位"密切相关。因此，需要项目经理部及其所属的施工(作业)队，优化施工组织设计、强化施工现场管理，完善工作计划，提高工作效率，控制费用水平。

计入工程成本的间接费用，例如管理人员工资、奖金，固定资产折旧及修理费，检验试验费，劳动保护费等，通常属于项目经理部的管控范围。故此，需要项目经理部及有关职能部门、人员，应分工协作、高效管理、降低费用。

5. 施工分包费用

分包工程及其价格，直接影响施工项目的成本费用，还会影响施工的进度甚至质量。因此，项目经理部应在编制施工组织设计、施工方案的初期，根据施工项目的专业性质、规模等，科学划定需要分包的工程范围。同时，做好分包工程的询价、谈判，订立平等互利的分包合同。最后，加强分包工程的施工验收、价款结算等工作，建立稳定的分包关系网络。

二、工程项目成本控制的对象和基础工作

(一)明确工程项目成本控制的对象

鉴于工程项目成本计划的编制、目标成本的对象，并考虑承接未来的成本核算，工程项目成本控制通常以单位工程或分部工程为对象(基础)，据此深化相关的控制工作。

(1)以工程项目成本形成的过程作为控制对象。在工程投标阶段，施工单位在投标过程中或中标以后，根据项目的建设规模、工程特点和企业实际，选定相适应的项目经理，并由其组建项目经理部；签订并根据工程施工合同，将确定的工程项目成本目标，下达给项目经理部。

在施工准备阶段，根据设计图纸和现场实际，研究施工方法、施工顺序、作业组织形式、机械设备选型和相关管理措施等，制定科学先进、经济合理的施工方案。

在施工阶段，将包括施工任务单、限额领料单在内的结算资料与施工预算或成本计划进行对比，计算成本差异，分析差异原因，启动纠偏措施；做好月度成本原始资料的收集和整理工作，及时、正确地计算月度成本，健全责任成本核算；加强工程变更、施工索赔和现场签证的管理，及时结算工程进度款；经常检查对外经济合同的履约情况，保证物质供应、施工合作的顺利进行，定期检查各责任部门和责任者的成本控制情况等。

在竣工验收阶段，竣工验收前，认真准备、及时报送验收所需要的各种书面资料(包括竣工图)；验收过程中，认真记录有关方面提出的意见，并根据设计要求和合同内容积极处理，如果涉及费用，应请监理单位、建设单位签证，列入工程结算；完成验收手续，及时办理工程价款的竣工结算。

在缺陷责任期和工程保修期间，缺陷责任期满后，及时向建设单位提交最终结算申请单，并提供相关证明材料，尽早获得相应支付；项目经理指定保修工作的责任者，并责成其根据实际情况提出保修计划(包括费用计划)，控制自身原因造成工程缺陷、损坏的修复费用，收取其他原因造成工程缺陷、损坏的修复费用。

(2)以成本形成的目标作为控制对象。项目经理部的有关部门或人员，根据分部分项

工程的实物工程量，参照施工定额(企业定额)，结合有关人员的技术素质、业务素质和技术组织措施的节约计划，编制包括人工(工日)、材料、施工机械(台班)消耗数量以及单价、金额在内的施工预算，并作为对分部分项工程成本进行控制的依据。

(3)以成本形成的市场主体作为控制对象。作为最直接、最有效的项目成本控制，项目经理部的职能部门、施工队和生产班组根据分工，自我控制日常发生的各种费用和损失，并针对其责任成本承担相应的责任。

(4)在外延层面，以对外经济合同作为成本控制的对象，为工程施工顺利地提供物质资源，保证成本目标的实现。

(二)加强工程项目成本控制的基础工作

1. 强化定额管理

定额既是明确工程项目参与各方经济责任的依据，也是开展或评价工程项目成本计划，控制、分析各项活动及其经济效果的尺度。建设工程定额的种类较多，按照生产要素内容划分，有人工定额、材料消耗定额、施工机械台班使用定额；按照编制程序和用途划分，包括施工定额、预算定额、概算定额等；按照编制部门和适用范围划分，涉及国家定额、行业定额、地区定额和企业定额。预算定额反映社会平均的生产率水平，适合于招标投标、谈判签约。施工企业根据自身的管理水平、技术能力制定的企业定额，是测算工程项目或施工作业资源消耗数量、编制成本计划、考评工作业绩的重要、直接依据。虽然目前的企业定额有所缺失，施工单位至少可以暂时借用相近的施工定额，开展相关活动。

2. 完善单价分析

我国的工程造价管理及成本控制，经常涉及工料单价(包括人工费、材料费、施工机具使用费)和综合单价(包括人工费、材料费、施工机具使用费、企业管理费和利润，以及一定范围内的风险费用)。其中，人工工日、材料和施工机械台班的单价是编制各种预算的基础，并对于施工企业编制投标报价、签订合同，编制成本计划、进行工程价款结算，处理工程的变更与索赔等具有重要作用。

在深化市场经济体制改革和"放管服"的背景下，强调企业自主报价，编制施工图预算或施工预算(工程成本计划)时，需采用更有针对性的企业单价。因此，施工企业必须高度重视各种资源的市场价格，以及企业管理费、利润率的测算、修订工作。同时，加速建立以等价交换为原则的有偿服务的企业内部物资、劳务市场，并实现数据完整、及时更新。

3. 健全原始记录

在工程造价及成本管理过程中，产生了大量、有用的信息。原始记录是记载有关情况的最初书面文件，对于编制成本计划、监控项目管理及成本控制系统的正常运行等，有着重要的作用。

原始记录种类繁多、内容复杂，一般包括施工生产记录、劳动工资记录、材料物资记录、能源记录、设备记录、工程款结算记录、合理化建议记录、财务记录等。施工企业及项目经理部应按照统一领导、分级管理的原则，建立健全原始记录的管理工作，努力提高有关人员的素质，做到原始记录的完整、准确、及时，实现记录的内容、格式、填写、传递、整理、修改等环节的规范化、标准化。同时，借助电子计算机、互联网和大数据等，实现信息管理的现代化、数据化。

4. 改进计量工作

计量是按照统一的计量仪器、计量单位，采用科学的检测方法，对于计量对象的质与量的数据进行采集、传递的工作。正确的计量，可以提供工程项目的质量、数量以及材料性能试验等必要的数据，确保工程项目成本控制与核算工作的准确无误。

因此，项目经理部应当在材料进场、工程测量、质量验收、竣工移交等施工全过程中，委托专门机构、设置专门人员负责计量工作，并努力提高仪器、仪表的精度，确保计量方法与检测技术的科学，完善计量数据的采集、填制、传递与反馈。

5. 落实各项规章制度

强化全体人员的全面成本理念，实现全部过程的成本管理，不仅需要周密的成本计划目标，更需要完备的规章制度作为必要的保障。

对于施工承包单位而言，其工程项目成本管理的规章制度可以包括：计量验收制度、考勤考核制度、原始记录与统计制度、项目经理责任制度、项目成本核算制度等。其中，项目经理责任制度和项目成本核算制度显得尤为重要。

三、工程项目成本控制的措施与步骤

如前所述，工程项目管理通常采用组织、经济、技术、合同等方面的措施，在工程项目成本控制工作中，拟采用的措施应当贴近工程实际、结合成本控制工作的需要，并与控制工作的步骤相结合。

（一）工程项目成本控制的措施

1. 组织措施

建立成本控制组织保证体系，完善项目经理部各部门、各层次的组织机构，健全规章制度，做到人员、机构落实，任务、职责明确，工作流程规范。

2. 技术措施

应用价值工程原理、网络计划技术等现代管理的理论与方法，通过多方案的比较与选择，严格审查施工组织设计和施工方案，严格控制工程返工、窝工，采取有效的措施达到降低工程成本的目的。例如，项目经理部应加强科学的计划管理和施工调度，避免因施工计划不周、盲目调度造成人员窝工、物料积压、机械利用率低等导致的工程成本增加。

3. 经济措施

大力推行项目成本核算制，将成本计划目标层层分解落实，严格各项费用的审批和支付，及时将实际发生费用与计划目标进行对比分析，积极鼓励节约成本。例如，项目经理部应加强施工（企业）定额管理和施工任务单管理，在控制人工、材料和机械设备消耗量的同时，确保施工的结果（产品）符合质量要求。

4. 合同措施

在工程项目成本控制过程中，全面、认真地履行合同，按规定的程序及时做好签证、记录，正确运用施工合同条件和有关法规，妥善处理工程变更和索赔事宜，维护自身权益。例如，对于非承包人原因导致的施工条件变化，承包人（施工单位）及项目经理部应当执行经监理工程师确认批准的施工方案或措施的变更；因发包人（建设单位）提供施工图纸的时间延误或按合同规定应由发包人（建设单位）提供的其他施工条件不能按规定落实到位，影响施工进度而造成的工期延误和经济损失，项目经理部应当提出要求、获得补偿。

5. 信息管理措施

为了适应项目管理发展的需要，施工单位及项目经理部依靠现代信息技术、网络通信技术、计算机技术等，不断改进、完善工程项目成本信息档案资料的管理工作。而且，应当积极建立、利用数据库技术，逐步适应大数据时代。

（二）工程项目成本控制的实施步骤

"良好的开始是成功的一半"。确定工程成本计划及目标成本后，必须定期进行施工成本实际值与计划值的比较，发现实际的偏离时，认真分析产生偏差的原因，并采取适当的纠偏措施，以确保施工成本控制目标及计划的实现。其实施步骤如下。

（1）比较。按照某种确定的方式，定期将施工成本实际值与计划值逐项进行比较，以发现施工成本是否出现超支。

（2）分析。及时对比较的结果进行分析，确定偏差的情况，并且分析偏差产生的原因。作为施工成本控制工作的核心，其主要目的在于找出产生偏差的原因。

（3）预测。根据工程项目施工的实际情况，估算整个项目完成时的施工成本，并为后续决策提供支持。

（4）纠偏。当工程项目的实际施工成本较计划目标出现偏差时，应当根据工程的具体情况、偏差分析和预测的结果，采取适当的措施，减小、纠正偏差。纠偏是施工成本控制中最具实质性的步骤。它不仅有助于执行成本计划、实现成本目标，还可以减少或避免相同或类似原因的事件再次造成的损失。

（5）检查。通过对于工程项目施工进展的跟踪和检查，及时了解工程实际状况以及纠偏措施的执行情况和效果，并为今后的工作及动态循环积累经验。

四、工程项目成本控制的方法

在工程项目成本控制过程中，可供选择的方法或工具很多。例如，价值工程原理（方法）、项目成本审核签证制度、基于网络计划技术的成本计划评审法以及分析项目成本差异的因果分析图法等。在实际工作中，应当根据工程项目的特点与成本管理需要，有针对性地加以选择。目前，应用较多的还是以下几种方法。

（一）利用施工图预算进行控制

即按照施工图预算，根据"以收定支、量入为出"的原则，控制工程成本费用的支出。其工作重点或主要做法如下。

1. 控制人工费

以施工图预算中的总用工量控制施工过程中的实际用工数量，以施工图预算中的人工费单价、管理费及其他因素控制用工单价。项目经理部在签订劳务合同时，应尽量使其人工单价低于承包合同中的人工单价，余留部分可用于定额外人工费和关键工序的奖励支出等。

2. 控制材料费

以施工图预算及工料分析表等，分析、计算的材料消耗数量，控制施工过程中的实际材料用量，并通过限额领料单加以落实；材料的价格应随行就市、留有余地，尽量利用材料预计或预算价格控制其实际采购成本（价格）。对于涉及的构成永久性工程一部分的工程设备，应加强其采购、运输和现场保管等管理工作。

3. 控制施工机具使用费

根据工程特点、施工条件和企业现状等，在满足施工需要、兼顾费用和效益的前提下，确定工程施工需要的主要施工机械设备的获得来源（自有或租赁）的组合方式。从控制施工机械的台班数量和台班单价两个方面发力，有效控制施工机械使用费支出。对于施工中所需要的仪器仪表，加强其摊销费或租赁费的相关管理。

4. 控制构件加工费和分包工程费

作为施工总承包单位，在施工过程中，通常需要依法进行工程分包和构（配）件的委托加工，并支付相关费用。因此，在工程项目成本控制工作中，应通过经济合同明确双方的权利和义务，坚持"以施工图预算控制合同金额"的原则，不允许相应的合同金额超过施工图预算。

（二）利用施工预算进行控制

从理论上讲，施工预算是施工单位或项目经理部根据企业定额、结合工程项目特点和自身实际编制的，反映主要资源消耗数量和成本费用的技术经济文件。因此，具有企业或项目成本内控性质的施工预算属于控制工程成本的有效方法之一。其工作的主要手段包括如下几个方面。

（1）在工程开工前，根据设计图纸、施工组织设计（施工方案）等，利用企业定额（施工定额）编制整个工程项目的施工预算，并作为指导施工、加强管理的依据。对于未来施工过程中的工程变更，应由计划预算部门作出统一调整。

（2）安排施工队（班组）作业任务时，应根据施工预算的有关信息，签发施工任务单和限额领料单，并对其进行交底。

（3）施工过程中，作业队（班组）应针对实际完成的实物工程量，做好实际耗用的人工、材料和施工机械相关情况的原始记录，作为施工任务单和限额领料单结算的依据。

（4）任务作业完成后，根据回收的施工任务单和限额领料单进行结算，并按照结算内容支付相应的报酬。

编制施工预算，进行"两算"（施工预算与施工图预算）对比，有利于编制施工计划、签发任务书，并成为经济核算、绩效考核的重要基础。

（三）以施工方案控制资源消耗

作为施工项目指导性文件的实施方案，施工方案通常包括组织机构方案、人员组成方案、技术方案（进度安排、重大施工步骤预案等）、安全方案、材料供应方案等。而且，有关资源数量对于工程成本费用具有直接影响。以施工方案控制资源消耗的主要实施步骤如下。

（1）在工程项目开工前，根据施工图纸和工程现场的实际情况等，制定科学合理的施工方案。

（2）在施工过程中，有步骤地按施工方案组织相关的施工作业活动，签发任务书，合理地配置人力和施工机械，有计划地组织物资进场，努力做到均衡施工。

（3）尽力优化施工方案。例如，利用价值工程原理，将功能与成本作为一个整体，研究在提高功能的同时不增加成本，或在降低成本的同时不影响功能，努力寻找提高功能和降低成本的改进或最佳施工方案。

（四）利用成本分析表进行控制

工程项目的成本分析表，根据制表周期的不同，可以是周、旬、月或季度等。但均要求其编制准确及时、简单明了，进而可以用于工程项目成本控制。

（1）月度直接费用分析表。利用月度直接费用分析表对比工程项目每月实际完成的实物工程量，主要反映实际施工的人工、材料和施工机械用量、费用（价格），发现偏差、分析原因，为选定纠偏措施提供依据。

（2）月度间接费用分析表。利用月度间接费用分析表对比工程项目每月间接费用总额和主要构成因素的实际发生情况，发现费用偏差、分析原因，为选定纠偏措施提供依据。

同时，还可以利用间接费用占施工产值的比例来分析其支用水平。

（3）最终成本控制报告表。主要通过已经完成的实物（形象）进度、已完产值和已完累计成本（费用），结合尚需完成的实物进度、尚可上报的产值以及将要发生的成本，进行最终成本预测。从而，检查实现成本目标的可能性，并对项目成本控制提出新的要求。

该报表的编制周期可根据项目规模、工期长短等，每个季度或每半年编制一次。

第四节　工程项目成本核算

工程项目及其建设具有体量大、单件性、复杂性以及持续时间长、资源要素价格波动频繁等特点，使得工程成本在工程施工阶段复杂多变。因此，为确保施工单位及其项目经理部能够有效地控制工程成本、总结经验教训，必须及时准确地进行工程项目的成本核算。成本核算成果不仅是对于成本计划、成本实施（控制）工作的检验，也是未来进行工程成本分析、工作成效考核的重要基础，还对施工承包企业的生产经营管理具有促进作用。

一、工程项目成本核算概述

（一）工程项目成本核算的概念及内容

1. 工程项目成本核算的概念

工程项目成本核算，简称工程成本核算，就是按照规定的成本开支范围对于施工费用进行归集和分配，及时准确地核算施工过程中发生的各项费用，计算施工项目的实际成本。因此，成本核算应当包括根据财务制度确认费用、按照管理规定计算工程成本两个基本环节。本书着重阐述后者。

施工过程中，与工程计量支付相一致，工程项目成本核算的周期一般为月，并在每月末的预定日期进行。项目经理部应在工程项目成本核算分析的基础上，编制月度项目成本报告，上报企业成本主管部门。通过编制月度项目成本报告，可以分析月度工程成本的偏差及产生的原因，预测后期成本的变化趋势，根据偏差原因制定改进成本控制的措施，调控下一核算周期的施工成本。

2. 工程项目成本核算的内容

工程项目成本核算的内容，就是工程项目成本的各项构成要素，主要包括直接费用和间接费用。详见本章的第一节。

工程项目成本核算应坚持施工形象进度报告、施工产值统计、实际成本归集"三同步"的原则，以实现项目成本的动态跟踪核算。施工产值的归集，一般按统计人员提供的当月实际完成工程量的价值及有关规定，扣减各项上缴税费后，作为当期工程结算收入。工程实际成本核算（归集），应按下列方法进行。

（1）耗用的人工费用。按照劳动管理人员提供的用工分析和受益对象进行账务处理，直接计入工程成本。

（2）耗用的材料费用。根据当月工程项目材料消耗量和实际价格，计算当期消耗，直接计入工程成本；周转材料应实行内部调配制，按照当月使用时间、数量、单价计算或分摊，直接计入工程成本。

（3）耗用的施工机具使用费用。按照当月工程项目使用的机械台班数量和台班单价（或租赁设备的租金），直接计入工程成本。

（4）其他直接费用。根据施工现场发生的其他直接费用的有关资料进行账务处理，直接计入工程成本。

（5）间接费用。根据施工现场发生的情况和核算资料，先通过费用明细科目进行归集，期末再按确定的方法计入有关工程成本核算对象的工程成本。

上述工程项目成本核算的内容不包括应当计入期间费用的企业经营管理层面的费用。例如，不包括财务费用，也不包括应计入"管理费用"的企业管理费。

（二）工程项目成本核算的对象

成本核算对象划分得过粗，将没有关联的工程合并起来，不宜独立准确地反映实际成本；划分过细，势必涉及许多费用的分摊，烦琐且难以准确、及时。由于施工图预算编制、施工进度统计等，均以单位工程为对象。故此，工程项目成本核算通常以单位工程为对象。这样划分，不仅与项目管理责任目标成本的界定范围相一致，与工程成本控制的对象相衔接，而且便于与工程成本计划、工程预算的执行情况等进行对比。

由于一个工程项目通常包含若干个单位工程，各个单位工程之间可能存在交叉或搭接。因此，成本核算对象的划分必须考虑工程项目的具体情况以及施工管理的要求，具体的划分方法如下。

（1）工业与民用建筑，一般应以单位工程作为成本核算对象。

（2）一个单位工程，如果有两个或两个以上的项目经理部共同施工时，每个项目经理部均以其承包的单位工程作为成本核算对象，分别核算各自完成部分。

（3）对于工程规模大、工期长，或者采用新材料、新工艺的工程，可以根据需要，按工程部位划分成本核算对象。

（4）在同一工程项目中，如果几个单位工程结构类型、施工地点相同，开竣工时间接近，可以合并成一个成本核算对象；建筑群中如有创优工程，应以其作为单独的成本核算对象，并严格划清工料费用。

（5）改建或扩建的零星工程，可以将开竣工时间接近的一批单位工程合并为一个成本核算对象。

（三）工程项目成本核算的要求

成本核算是一个复杂、细致而又联系广泛的过程。在项目成本核算制的基础上，为了保证成本核算工作质量，全面、及时、准确地反映工程项目的实际成本，进行项目成本核算的过程中必须遵循有关原则。例如，分期核算原则、相关性原则、一贯性原则、实际成本核算原则、及时性原则、配比原则、权责发生制原则、谨慎原则、划分收益性支出与资本性支出原则、重要性原则等。

根据成本核算的原则，结合工程项目特点，在核算中一般应满足以下基本要求。

1. 划清资本性支出与收益性支出的界限

根据成本开支的界限，只有"所取得的效益仅基于本会计年度（或一个营业周期）"的收益性支出，例如支付人工费、外购原材料等，可以列入工程成本。购置固定资产的资本性支出，应当计提折旧，不能计入工程成本；滞纳金、盘亏损失等营业外支出，不能计入工程成本。

2. 正确划分各种成本、费用的界限

对允许计入成本、费用开支范围的费用支出，在核算上应当划清几个界限，进而保证工程成本核算的正确性。

（1）本期工程成本与下期工程成本的界限。根据成本分期核算的原则，应由本期工程负担的生产消耗，应全部计入本期的工程成本；不应由本期工程负担的生产消耗，无论其是否在本期内收付(发生),均不能计入本期的工程成本。划清两者的界限,也是权责发生制原则的具体体现。

(2)不同成本核算对象之间的成本界限。凡是能够直接计入有关成本核算对象的成本费用,应直接计入;与几个成本核算对象相关的成本费用,须选择合理的标准,在不同的成本核算对象之间正确分摊。

(3)未完工程成本和已完工程成本的界限。在按月结算方式之下,需要对期末未完施工进行盘点,按照预算定额规定的工序,折合成已完分部分项工程费,再按公式计算未完分部分项工程成本。本期已完工程实际成本根据期末未完施工成本、本期实际发生的生产费用和期末未完施工成本进行计算。

3. 加强成本核算的基础工作

包括建立各种物资的收发、领退、转移、报废、清查、盘点、索赔制度;健全与成本核算相关联的原始记录与统计工作;改进或修订用工、材料等各种资源的消耗定额,以及材料、劳务等的内部结算指导价格;完善各种计量检测设施,严格计量检验制度,使成本核算具有可靠的基础。

4. 成本核算必须有账有据

为了保证成本核算资料的真实、准确、及时、完整,首先要求原始凭证手续齐全、审核无误。同时,按照成本核算对象,对成本项目进行分类、归集,设置必要的生产费用账册以及成本辅助台账。

工程项目成本核算制是针对工程项目以责任目标成本为核心,以工程项目成本核算为支撑,并与项目经理责任制相结合的系列管理制度或活动。故此,必须基于工程项目成本实施控制,高度重视工程项目成本核算工作。

二、工程项目成本核算的方法

1. 会计核算

以原始会计凭证为基础,借助一定的会计科目,运用货币形式,连续、系统、全面地反映和监督工程项目成本的形成过程及综合结果。成本核算中的很多综合性数据资料多是由会计核算提供的,而且会计核算有着严格的凭证与审批程序。因此,价值形式的会计核算在工程成本核算中,具有极其重要的地位。

会计核算通常是由项目经理部所属的财务部门具体负责。其基本程序如图4-4所示。

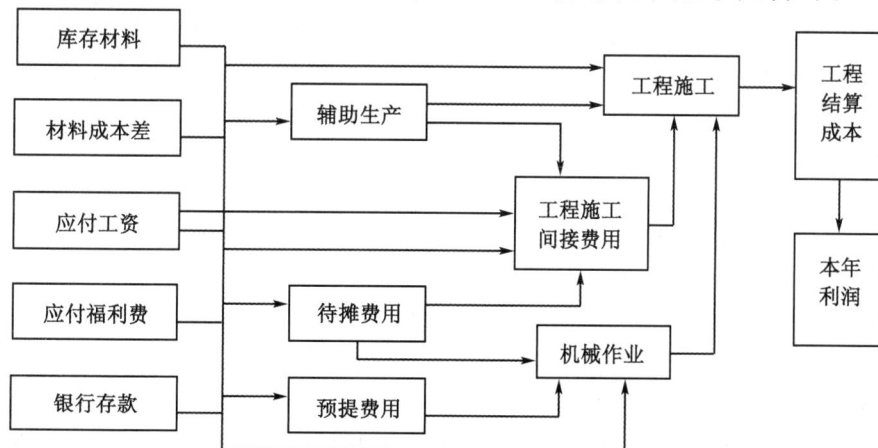

图4-4 会计核算程序图

从图 4-4 可见，为了反映项目施工活动中各种费用的发生、汇总和分配情况，准确地核算工程项目的实际成本，会计核算一般应设置"工程施工""工程施工间接费用""机械作业"等科目，并按成本核算对象设置分类明细账。会计核算的基本流程如下：记录项目费用，即根据费用分类的要求，准确记录各类费用的支出情况；定期检查分析费用记录，保证其准确性；按照财务报表编制要求，准确计算出各类费用的总金额，并填制到财务报表中。

2. 统计核算

统计核算即根据全面调查、抽样调查等特有方法，通过统计、分析和整理，反映和监督工程项目成本。统计核算中的数据资料可以采用货币计量，也可以用实物量、劳动量等计量。它不仅可以反映当前工程成本的实际水平、比例关系，而且可以对于未来的发展趋势做出预测。因此，统计核算在工程项目成本核算中的应用非常普遍。

3. 业务核算

业务核算是针对某项业务活动，简单、迅速地获得所需的各种资料，以反映该项业务活动水平。例如，某个作业班组的工日、材料、能源的消耗情况等。业务核算的范围较广，不仅可以针对某项业务活动反映已经发生的情况，还可以对于尚未或正在发生的事项进行核算，预计其未来的水平并做出相应的决策。

上述成本核算方法的特点和作用各不相同，应当相互补充、相互配合，形成一个完整的工程项目成本核算的方法体系。例如，进行施工(作业)队、作业班组的成本核算时，首先根据其完成的工程量计算出应消耗的工日、材料、机械台班的数量，再统计出其实际消耗的数量，最后通过两者的比较，分析节约或超支情况，评价其业绩。

三、工程项目成本核算的指标体系

工程项目成本核算的涉及面很广，其相应的核算指标势必较多。通常可归纳为以下四个大类，并可根据工程项目的具体情况及管理需要适当调整。

1. 反映项目施工成果的指标

其分别以实物量、劳动量、工程质量以及施工产值等形式表示，具体如下。

(1)实物量。表示施工产量的指标可以是实物量、劳动量和价值量等多种形式。仅就实物量而言，又包含着多种作业或工种。因此，在实际核算工作中，应针对主要的分部分项工程或作业，在项目的施工过程中逐步进行核算。

(2)工程质量。在项目施工过程中，工程质量主要是指其满足设计要求以及有关质量标准、技术规范的程度。一般细分为两类：一类是反映工程本身质量的指标，例如，分部分项工程合格率、一次交验合格品率等；另一类是反映施工过程中主要工作质量的指标，例如，质量事故次数、返工损失金额、返工损失率等。

(3)施工产值。施工产值一般包括施工总产值和施工净产值两类。其中，施工净产值是在施工总产值中，扣除物资价值消耗以后的剩余价值。

2. 反映项目施工消耗的指标

其有活劳动和物化劳动两个方面的内容，具体包括以下三类的指标。

(1)劳动消耗。反映活劳动消耗与生产成果对比关系的指标，主要有出勤率、工日(工时)利用率、劳动生产率等。

(2)材料消耗。可以包括单位工程产品材料消耗量、材料利用率、"三材"节约率等。

(3)机械设备消耗。主要包括机械设备完好率、机械设备利用率等。

3. 反映项目资金占用的指标

由于自有的机械设备等固定资产是根据施工组织设计的安排，结合工程施工需要调入的，一般不会出现闲置。因此，项目经理部应着重核算流动资金的占用情况，并主要设置流动资金周转天数、流动资金周转次数、百元产值占用流动资金和流动资金利用率等指标；也可根据需要设置应收账款周转率指标。

4. 反映项目施工收入的指标

一般可以用利润额、利润率指标反映施工收入。其中，利润额是产量、质量、劳动生产率和成本等的综合反映；表示工程项目盈利水平的利润率，又可分为产值利润率、成本利润率、资金利润率等不同的形式。

当然，为了落实经济责任制，明确项目内部各个成本控制中心的经济责任，并切实发挥成本核算的指导、考核作用，应当根据"干什么，管什么，算什么"的原则，运用相应的方法，将成本核算的指标进行层层分解。例如，利用因素分解法将材料消耗指标，按产量、单位产品消耗量和单价三个因素直接分解到作业班组；利用比例分解法将成本降低率、材料利用率、劳动生产率等，分解到作业队或作业班组。

第五节 工程项目成本的分析与考核

工程项目成本分析是成本控制与管理工作体系的重要一环。针对工程项目成本核算对象，进行实际成本与预算成本、计划目标的比较，分析成本节约或超支的原因，以便采取对策，防止因偏差积累导致的成本总目标失控。而且，可以结合施工企业现状和各种条件，辅之以考核、奖优罚劣等方式，指导、改进未来的成本管理工作。

一、工程项目成本分析的含义及内容

（一）工程项目成本分析的含义

工程项目成本分析，简称工程成本分析，是对工程成本各项目增减变化的因素及原因的分析，以便了解成本支出的合理性。而且，工程项目成本分析属于成本的事后管理。

通过对于影响成本的各种因素进行计算分析，根据企业目前的实际情况和各种条件，可以指导后期的成本管理工作。

（二）工程项目成本分析的内容

工程项目成本分析是成本核算的延续，其内容应与成本核算对象相对应。而且，应在单位工程成本分析的基础上，进行工程项目成本的综合分析，以反映工程项目的施工活动及其成果。

1. 按项目施工进展进行的分析

（1）分部分项工程成本分析。针对已完成的分部分项工程，从开工到竣工进行系统的成本分析。它是工程成本分析的基础。

（2）月（季）度成本分析。通过每月（季）定期的、经常性的过程（中间）成本分析，及时发现问题、解决问题，保证工程项目成本目标的实现。

（3）年度成本分析。通过每年进行的工程成本分析，满足施工企业年度结算、编制年度成本报表的需要，而且可以总结过去、指引未来的改进措施。

（4）竣工成本分析。工程项目竣工后，以项目施工的全过程作为结算期，汇总该工程项目所包含各个单位工程的成本，并应考虑项目经理部的经营效益。

2. 按工程成本构成进行的分析

(1)人工费分析。包括因实物工程量增减而调整的人工、人工费;定额以外的计日工工资;对于工程进度、质量、节约、文明施工等方面做出贡献的班组和个人进行奖励的费用。

(2)材料费分析。分析主要材料与结构件费用,应侧重消耗数量和价格;周转材料使用费分析,应关注其周转率和损耗率;采购保管费用分析,宜从采购保管人员、采购保管过程、材料物质的盘亏及毁损等展开;材料储备资金分析,应计算其日平均用量、材料单价,尤其是储备天数。

(3)机械使用费分析。主要针对工程施工中使用的机械设备,尤其是按使用时间计算费用的设备,分析其完好率、利用率,以实现机械设备的平衡调度。

(4)其他直接费用分析。主要将实际发生数额与预算或计划目标进行比较。

(5)间接费用分析。主要将实际发生数额与预算或计划目标进行比较。

相关内容,可参见本书第九章(工程项目资源管理)。

3. 按特定事项进行的分析

(1)成本盈亏异常分析。按照施工形象报告、施工产值统计、实际成本归集"三同步"的原则,彻底查明造成工程成本异常的原因,并采取措施加以纠正。例如,施工产值与施工任务单的实际工程量和形象进度是否同步?实际成本与资源消耗是否同步?

(2)工期成本分析。在求出固定费用的基础上,将计划工期内应消耗的计划成本与实际工期内所消耗的实际成本进行对比,并分析各种因素变动对于工期成本的影响。

(3)技术组织措施节约效果分析。紧密结合工程项目特点,分析采取措施前后的成本变化,并对影响较大、效果较好的措施进行专题分析。

(4)其他有利和不利因素的影响分析。分析工程结构的复杂性和施工技术的难度、施工现场的自然地理环境、物资供应渠道和技术装备水平等对工程成本的影响。

基于成本分析内容,应当形成工程项目的成本分析报告,并为选择降低成本措施、纠正成本偏差,以及改进成本控制、完善控制体系等提供依据。工程成本分析报告通常由文字说明、报表和图表等部分组成。而且,不同层次分析报告的侧重点也会有所不同。例如,为项目经理提供的报告,主要包括项目总体成本的现状及控制结果、主要节约或超支的项目、项目诊断等;为作业班组长提供的报告,主要包括各分部分项工程的成本(消耗)值、成本的正负偏差、可能采取的措施及趋势分析等。

顺便说明,项目经理部进行的工程成本分析不包括应当计入期间费用的企业经营管理层面的费用。例如,不包括财务费用,也不包括应计入"管理费用"的企业管理费。因此,施工承包单位(财务部门)应当在工程成本分析的基础上,进一步分析并计入分析期间的管理费用、财务费用等。例如,通过测算资金成本,以成本支出率,分析成本费用总额(工程成本+期间费用)支出占工程价款收入的比重,以便加强资金管理、提高企业效益。参见本书第九章(工程项目资源管理)的第五节(资金管理)。

二、工程项目成本分析的方法

工程项目成本分析的内容宽泛,可供选择的方法较多,并且各具特点。项目经理部及有关人员应当根据工程项目特点、成本管理需要等,择优选定、综合运用。

1. 对比法

又称比较法,是在某一时刻,通过技术经济指标的对比,检查施工成本计划的完成情况,分析产生的差异及原因,从而进一步挖掘项目内部潜力的方法。对比法通俗易懂、简便易行、便于掌握,但须注意各项指标之间的可比性。

对比法常有以下几种形式。

(1)实际指标与计划指标对比分析。实际指标与计划指标的对比分析主要包括:实际完成工程量与预算(计划)工程量的对比分析,实际消耗量与计划消耗量的对比分析,实际采用价格与计划价格的对比分析,各种费用实际发生额与计划支出额的对比分析等。

(2)本期实际指标与上期实际指标对比分析。通过此项对比,可以分析研究相应指标的动态走势,反映项目管理的持续改进情况。

(3)与本行业或本地区平均水平、先进水平对比分析。通过此项对比,可以反映本工程项目管理(成本控制)水平与本行业或本地区平均水平、先进水平的差距,以便采取措施,不断改善。

【例4-1】 某工程项目本期计划节约材料费10000元,实际节约12000元,上期节约9500元,本企业先进水平节约13000元。试用对比法分析其工程成本节约情况。

【解】 根据题意,利用对比法分析材料费的节约情况,并将结果列于表4-7。

表4-7 材料费(节约)实际指标与上期指标、先进水平对比表　　　　单位:元

指标	本期 计划数	上期 实际数	企业 先进水平	本期 实际数	对比差异		
					与计划比	与上期比	与先进比
节约数额	10000	9500	13000	12000	+2000	+2500	-1000

从表4-7的对比可见,节约数额越大,成本管理水平越高。故此,该工程项目本期材料管理水平较上期进步不小,并超出计划预期。但是与本企业的先进水平仍有差距。

2. 因素分析法

又称连环替代法、因果分析法,或连锁置换法,它将某工程成本分解为若干相互联系的原始因素,并通过各因素的变动,分析其对于工程成本的影响程度。进而针对主要因素,查明原因,提出改进措施,达到降低或控制成本的目的。

应用因素分析法时,为简化计算,每次仅考虑单一因素的变动(单因素分析),然后逐一用各因素的实际值替代计划值,据此分析对于工程成本的影响。其具体步骤如下:

(1)确定分析对象,选定各个影响因素,并分别计算其实际数与计划数;

(2)根据各因素之间的相互关系,依次用某因素的实际数替代计划数,计算相应的工程成本;

(3)将每次替代所得计算结果与此前结果进行比较,两者的差异作为该因素对于分析对象的影响程度。

【例4-2】 某现浇混凝土分项工程采用商品混凝土,其计划成本与实际成本的数据,列于表4-8。试利用连环替代法分析产量、单价、损耗率因素对于工程成本的影响程度。

表4-8 某商品混凝土的实际成本与计划成本对比表

项目	计量单位	计划数	实际数	差异
产量	m³	500	520	+20
单价	元	700	720	+20
损耗率	%	4	2.5	-1.5
工程成本	元	364000	383760	+19760

【解】 根据题意及表4-8所列的数据资料,利用连环替代法依次替换产量、单价、损

耗率的实际数值，相应的工程成本及各因素的影响程度的计算结果，列入表4-9。

表4-9 商品混凝土成本变动因素分析表

顺序	连环替代计算	计算结果	差异	因素分析
计划数	500×700×1.04	364000		
第一次替代	520×700×1.04	378560	+14560	由于产量增加20 m³，成本增加14560元
第二次替代	520×720×1.04	389376	+10816	由于单价提高20元，成本增加10816元
第三次替代	520×720×1.025	383760	−5616	由于损耗率下降1.5%，成本降低5616元
合计	14560+10816−5616		19760	

从表4-9可见，产量(实物工程量)增加导致实际工程成本达到378560元，其负面影响最大，应根据工程合同，通过变更或索赔，力争相对有利的结果；材料损耗率属于项目团队能够掌控的内部因素，其下降成本变为383760元，成本降低、值得鼓励。

3. 差额分析法

又称差额计算法，它是因素分析法的一种简化形式。它利用各个因素实际数与计划数计算分析对象的数值，并以两者的差额反映该因素变化对于分析对象的影响程度。

【例4-3】 仍以【例4-2】，说明差额计算法的应用。

【解】 根据题意及表4-9(右数第二列)算得的数据，可以发现产量、单价和损耗率对于工程成本的影响(差额)，依次为+14560、+10816、−5616元。仍以产量变化的影响为大。

必须说明，在应用连环替代法或差额分析法时，各个因素的排序应当相对固定不变、依次进行。否则，将会出现混乱，影响结论的精度。而且，在找出主要影响因素后，还宜利用其他方法进行深入，探索应对措施。

三、工程项目成本考核

工程项目成本控制属于一项系统工程，成本考核则是实现动态循环管理的最后一环。通过及时有效的工程项目成本考核，可以贯彻项目经理责任制、项目成本核算制，更好地实现项目成本目标，稳步提高工程项目成本管理水平。

(一)工程项目成本考核的层次与要求

工程项目成本考核在分析施工项目成本核算指标的基础上，对比责任目标，及时奖优罚劣，以便更好地调动全体员工参与工程项目成本管理的积极性和创造性。

1. 工程项目成本考核的层次

按照"统一领导、分级管理"的原则，工程项目成本考核应当分层进行。其主要包括以下两个层次：

① 施工承包企业按照管理目标责任书及责任目标成本，对于项目经理部进行成本管理工作成效的考核；

② 项目经理部按照成本目标的层层保证体系，对于项目经理部内设职能部门、各岗位以及各作业队进行成本管理工作绩效的考核。

2. 工程项目成本考核的要求

工程项目成本考核是贯彻项目成本核算制的重要手段，也是维持项目管理激励机制的重要体现。施工单位和项目经理部应分别建立健全工程项目成本考核的组织、制度，公正公平、及时准确地评价项目经理部以及管理、作业人员的工作业绩。

因此，工程项目成本考核应当满足下列基本要求：

① 施工企业对于项目经理部的考核，应以确定的责任目标成本为依据；

② 项目经理部对其管理机构、作业队伍的考核，应依据成本目标的保证体系，以成本控制的过程为重点，并与竣工考核相结合；

③ 各级成本考核应与工程质量、进度、安全等指标的完成情况相联系；

④ 工程项目成本考核的结果应形成书面文件，并作为对责任人实施奖罚的重要依据。

（二）工程项目成本考核的内容

目标成本完成情况是成本控制工作质量的综合反映。但是，影响工程项目成本的因素很多，也会具有一定的偶然性，可能造成有关工作的业绩无法完整、准确地体现于最终成果。因此，工程项目成本考核应当综合考虑计划目标成本完成情况和成本管理工作业绩等。

1. 企业对项目经理部考核的内容

通常包括以下几个方面：

① 工程项目成本目标和阶段成本目标的完成情况；

② 以项目经理为核心的项目成本核算制的贯彻落实情况；

③ 成本计划的编制和实施情况；

④ 对于各个部门、作业队伍责任成本的检查与考核情况；

⑤ 在成本管理和控制中，责权利相结合原则的执行情况等。

2. 项目经理部对项目内部岗位、作业队考核的内容

通常包括以下几个方面：

① 对于各个部门的考核内容，包括本部门、本岗位责任成本的完成情况，本部门、本岗位成本管理责任的执行情况等。

② 对于各个作业队伍的考核内容，包括对于劳务合同规定的承包范围和承包内容的执行情况，劳务合同以外的补充收费情况，对于作业班组施工任务单的管理情况，以及作业班组完成施工任务后的考核情况等。

③ 对于作业班组的经常性考核应由作业队负责实施。对于重要或特殊的作业班组，项目经理部应以施工任务单、限额领料单的结算资料为依据，与施工预算进行对比，考核其责任成本的完成情况。

（三）工程项目成本考核的实施

进行工程项目成本考核时，在具体工作中应注意以下事项。

① 建立科学的评分规则。根据工程项目特点及考核内容，设置评分准则、赋予适当比例（权重），加权评分。例如，计划目标成本完成情况、成本管理工作业绩的权重分别为0.7和0.3。

② 与相关指标的完成情况相结合。例如，根据工程质量、进度、安全和现场标准化管理等指标的完成情况，加奖或扣罚。

③ 强化工程项目成本的中间过程考核。通过中间过程的考核，及时地发现问题、解决问题，保证成本目标的实现。一般包括月度成本考核、阶段成本考核两个方面，而且按工程形象进度实施的阶段成本考核与其他指标结合又较为紧密。

④ 科学评价竣工成本。竣工成本应在工程竣工验收、工程价款结算的基础上编制，是

工程全部实际成本、项目经济效益的最终反映，必须做到正确核算、分析考核。

⑤ 有效运用激励机制。为调动各机构及人员工作的积极性，应当结合成本考核的情况，按照项目管理目标责任书及有关规定及时兑现奖惩。当然，鉴于月度成本、阶段成本具有中间过程的特性，其奖惩可留有余地，竣工成本考核以后再做调整。

综上，建立规章制度，健全工程成本核算与考核管理，强化施工管理及作业人员的成本意识和成本责任，实现工程成本的动态循环管理，有利于降低工程成本、增加项目收益。

复习思考题

1. 建设投资与工程成本的关系如何？简述我国现行建筑安装工程费用的构成。

2. 根据《企业会计准则》，我国工程成本的构成有哪些？工程成本的分类及影响因素有哪些？

3. 什么是工程目标成本？应当如何进行分解？

4. 工程项目成本控制的原则和内容有哪些？

5. 如何确定工程项目成本控制的对象？应当采取哪些控制方法？

6. 工程项目成本核算的方法及指标分别有哪些？

7. 工程项目成本分析的常用方法、工程项目成本考核的内容分别有哪些？

第五章　建设工程安全生产、职业健康 与环境管理

工程建设尤其是工程施工，通常要求大量人员设备在限定的时间、集中于相对狭小的现场配合作业；工程项目的大型化、高标准以及露天作业等，容易引发安全事故、职业健康和环境保护问题。伴随着社会经济发展、科学技术进步和规章制度完善，要求建设工程安全责任的相关主体，尤其是作为责任第一人的施工企业项目经理，必须加强安全生产、减少安全事故、开展文明施工，加强现场卫生、职业健康与环境管理；进而对标《职业健康安全管理体系与环境管理体系标准》，提升工程项目管理水平，促进企业管理现代化。

第一节　建设工程安全生产管理

从理论上讲，建设工程安全生产管理涉及宏观、微观两个层面。前者多指安全生产的相关管理部门，通过法律法规、组织宣传、执法监察等，对于建设工程安全生产活动进行监督管理；后者指工程建设的主要参与者，科学组织安全生产活动的计划与实施、检查与处理等系列管理工作，确保生产处于安全状态。在工程建设实践中，施工单位及其项目经理部必须健全安全生产管理制度，重视安全技术措施，健全安全生产检查，防范并处理安全隐患。

一、建设工程安全生产管理概述

（一）建设工程安全生产的概念

1. 安全生产的内涵

安全及安全生产，引人注目、百家争鸣。人们从不同的角度，关注不同的要点，对于安全生产进行描述。俗称"无危为安 无缺为全"；"安全"应该不伤害他人、不伤害自己，不被他人（物或事）所伤。《辞海》（第七版）将"安全生产"解释为：为预防生产过程中发生人身、设备事故，形成良好劳动环境和工作秩序而采取的一系列措施和活动。

通常认为，安全生产指在社会生产活动中，通过人、机、物料和环境的和谐运作，使生产过程中潜在的各种事故风险和伤害因素始终处于有效控制状态，切实保护劳动者的生命安全和身体健康。而且，安全生产具有复杂性、多变性、综合性等特点。

2. 建设工程安全生产的内涵

建设工程安全生产，是指工程施工生产及相关活动在保证劳动者健康、财产不受损失、人民生命安全的前提下，顺利进行的状态。由于建筑产品及其生产的技术经济特点，导致工程施工具有露天分散作业，以及多方参与建设、人料机系统集成和风险因素较多等特点，并成为事故高发的行业之一。

在工程实践中，由于均表现为财产（工程）损失或人员伤亡，工程质量与安全生产时常产生混淆。本书认为，在工程建设阶段发生的事故，可能源于作业的行为、方法、意识等，属于安全生产（事故）；在使用期间发生的事故，主要原因在于工程实体质量欠佳，则属工程质量（事故）。同时认为，在高质量发展阶段，广义的安全生产应该是建设单位与参建各

方的生产经营活动及其目标，始终处于可控、安全的状态之下。例如，在保证建设阶段施工安全的前提下，建设单位还能够实现预定的工程质量、进度和造价的"三控"目标。

（二）建设工程安全生产管理的概念

1. 安全生产管理的内涵

安全生产管理是指依靠各种制度和措施，防止和减少事故发生，尽量避免生产过程中造成的人身伤亡和财产损失、环境污染及其他损失，完成安全生产的目标。

简单地说，安全生产管理是指对安全生产工作进行的管理和控制。

2. 建设工程安全生产管理的内涵

建设工程安全生产管理，以下简称安全生产管理，是指依靠现行法律法规，健全管理制度体系，规范工程参与各方的生产建设行为，从而保证人员、设备和工程的安全。据此，建设工程安全生产管理的目标，就是减少、控制危害和事故的发生，尽量避免建设工程生产过程中因事故造成的人身伤害、财产损失、环境污染以及其他损失。

施工承包单位是建设工程安全生产的第一责任主体，必须坚持以人为本的原则，安全第一、预防为主的方针。安全生产管理工作的内容或手段丰富，包括安全生产管理机构、安全生产管理人员、安全生产责任制、安全生产管理规章制度、安全生产策划、安全生产培训、安全生产档案等。

3. 建设工程安全生产管理过程。

（1）按工程项目形成时间划分的管理过程。工程建设的不同参与方（五方责任主体），应在包括勘察设计、招标采购、工程施工、竣工验收在内的各个阶段，实行安全生产的全过程管理。其中，施工单位及施工阶段的安全生产管理，可以分为以下两个环节。

① 施工准备阶段安全生产管理。指在正式施工活动开始前，对各项准备工作及影响安全施工生产的各因素进行管理。它是确保建设工程安全施工的先决条件。

② 施工过程安全生产管理。指在施工过程中，对实际投入的生产要素及作业、管理活动的实施状态和结果进行的管理和控制。它包括作业者发挥技术能力过程的自身管理和来自有关管理者的监督管理，以及施工现场文明施工管理、劳动保护管理、职业健康管理、现场消防安全管理和季节性施工安全管理等。

（2）按工程项目结构层次划分的管理过程。大中型工程项目由大到小，通常依次划分为单项工程、单位工程、分部工程、分项工程等不同的组成或结构层次，而且各组成部分之间具有一定的逻辑关系，应当符合合理的施工顺序。其中，作为分部分项工程构成要素的施工工序、作业技术活动，是安全生产管理的最基本单元，理当成为建设工程安全生产管理的基石。

（三）我国建设工程安全生产管理的现状分析

随着政策法规的完善、市场主体的重视、资金投入的加大、执法力度的加强，近年来我国建设工程安全生产管理水平稳步提高，安全事故频发的态势得到有效遏制。

1. 政策法规日臻完善

通过健全相关法律法规、积极开展"安全生产年"各项工作，推进建筑施工安全质量标准化工作，加大建筑生产安全事故处理力度，加强建筑安全生产长效机制建设等，近年我国建设工程安全生产管理取得了积极进展。

以国家层面的法律法规为例，近年《危险性较大的分部分项工程安全管理规定》（2018）和《生产安全事故应急条例》（2019）等颁布，2021年《中华人民共和国安全生产法》

《建设工程安全生产管理条例》修订，2022年《企业安全生产费用提取和使用管理办法》《房屋市政工程生产安全重大事故隐患判定标准（2022版）》等陆续施行，社会各界越发重视安全生产，安全生产的法制化基础逐步筑牢。

2. 安全生产事故时有发生

2020年，全国共发生房屋市政工程生产安全事故689起、死亡794人，比2019年事故数量减少84起，死亡人数减少110人，分别下降10.87%和12.17%。

2020年，全国共发生房屋市政工程生产安全较大事故23起、死亡93人，与2019年事故起数持平，死亡人数减少14人，死亡人数下降13.08%；未发生重大及以上事故。具体见图5-1、图5-2。

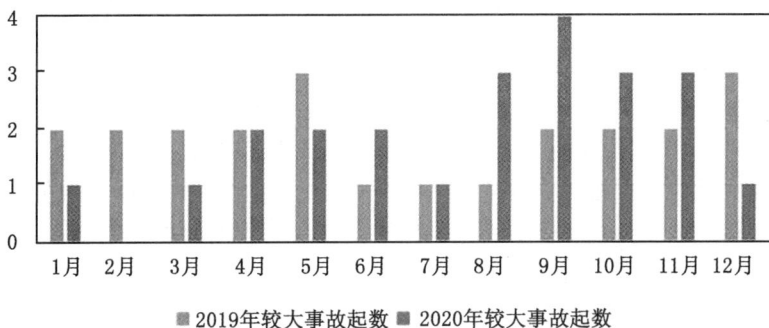

图5-1　2019、2020年全国房屋市政工程生产安全较大事故起数对比图

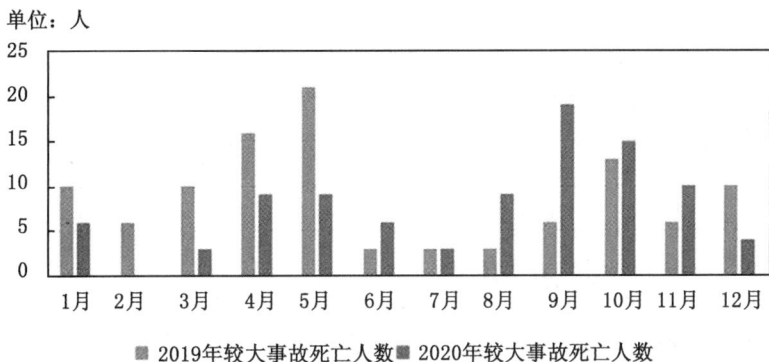

图5-2　2019、2020年全国房屋市政工程生产安全较大事故死亡人数对比图

2020年，全国房屋市政工程生产安全事故按照类型划分，高处坠落事故407起，占总数的59.07%；物体打击事故83起，占总数的12.05%；起重机械伤害事故45起，占总数的6.53%；土方、基坑坍塌事故42起，占总数的6.10%；施工机具伤害事故26起，占总数的3.77%；触电事故22起，占总数的3.19%；其他类型事故64起，占总数的9.29%。具体见图5-3。

综上，近年全国建设工程安全生产事故稳中有降，总体向好。但是，重大事故偶有发生，生产安全形势依然严峻。而且，由于建设体量较大、区域发展不平衡等，安全生产的基础不很牢固，安全生产管理的现状不容盲目乐观。

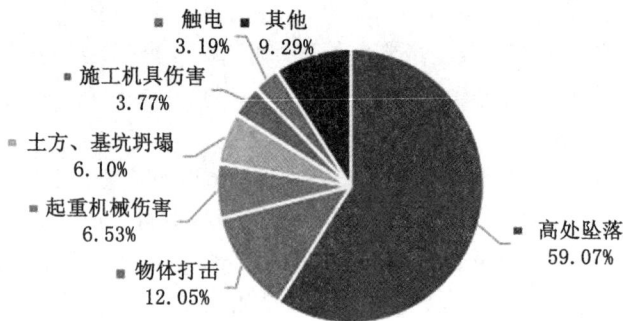

图 5-3　2020 年全国房屋市政工程生产安全事故类型情况

二、建设工程安全生产管理制度体系

（一）安全生产管理制度体系概述

建设工程安全生产管理影响大、涉及面宽，并需要技术、经济、社会、管理等诸多支撑。因此，在建设社会主义法治国家的进程中，需要在健全国家法律法规的基础上，完善部门地方规章，落实企业制度措施，加快构建安全生产管理的制度体系。

1. 建立安全生产管理制度体系的重要性

建立安全生产管理制度体系可以使相关工作有法可依、有规可循，有利于提高安全生产管理水平、防止和减少生产安全事故，保障人民群众生命财产安全，促进经济社会的协调发展。建立建设工程安全生产管理制度体系（简称"制度体系"）的重要性，体现在以下几个方面。

（1）优化制度的顶层设计。《中华人民共和国安全生产法》《生产安全事故报告和调查处理条例》等作为上位法，不仅可以指引行业管理部门、地方政府的规章规定，还有利于加强安全生产监督管理，健全制度体系、实现综合治理，体现社会经济发展和文明进步。

（2）规范市场主体的相关行为。制度体系可以促使工程建设的参与者、"五方责任主体"尤其是建筑施工承包企业，厘清责任边界、健全管理制度，改进管理方法、优化管理措施，稳步提高建设工程安全生产管理水平。

（3）保障生命财产安全。贯彻落实制度体系既有利于保障工程实体、设备物资的安全，更可以规范从业人员的作业行为，改善安全、卫生及环境条件，增强劳动者的安全感、幸福感和获得感。

（4）增强企业的国际竞争能力。推行制度体系建设，可以增强企业综合实力、完善企业形象，并在国际化的背景下，更加积极主动地参与国际工程市场的竞争。

《建筑与市政施工现场安全卫生与职业健康通用规范》（GB 55034—2022）于 2023 年 6 月 1 日起实施。该规范要求工程项目应根据工程特点制定各项安全生产管理制度，建立健全安全生产管理体系。

2. 建立安全生产管理制度体系的原则

安全生产管理工作，需要坚持安全发展的指导原则，贯彻安全第一、预防为主、综合治理的基本方针。市场主体尤其是施工单位建立制度体系应当遵循的主要原则如下。

（1）依法依规，遵章守法。制度体系必须遵守上位法的规定，贯彻"安全第一，预防为主"的方针。例如，制度体系必须符合《中华人民共和国建筑法》《安全生产许可证条例》

《生产安全事故报告和调查处理条例》以及国际劳工组织(ILO)相关公约的要求。

(2)适应建设工程及安全管理需要。制度体系应聚焦包括土木工程、建筑工程、线路管道、设备安装工程及装修工程在内的建设工程,并约束其新建、扩建、改建和拆除等有关活动,规范安全生产管理,确保劳动者的人身和财产安全。

(3)系统完整,综合治理。制度体系须涵盖工程建设全过程,以及建设、勘察设计、工程施工等单位安全生产管理的需要,符合行业现状、指导行业进步,各方协调、目标协同、形成合力,促进经济社会持续健康发展。

(4)符合实际,持续改进。建设、施工等单位建立制度体系,必须结合本行业、本地区和本企业的实际,制度完备、措施可行,要求全员参与、认真贯彻执行、鼓励技术创新。而且,根据综合环境变化、工程项目的实际情况调整充实、动态优化、持续改进,确保工程项目及建设活动的安全性。

3. 安全生产管理制度体系的主要内容

目前,普遍执行的安全生产管理制度较多,制度体系较为丰富。例如,安全生产责任制度,安全生产许可证制度,安全生产教育培训制度,安全检查制度,生产安全事故报告和调查处理制度,"三同时"制度,安全预评价制度,工伤保险制度,政府安全生产监督检查制度,以及安全措施计划制度,安全专项施工方案专家论证制度,严重危及施工安全工艺、设备、材料淘汰制度,施工起重机械使用登记制度,房屋市政工程生产安全重大事故隐患判定标准,特种设备使用单位落实使用安全主体责任监督管理规定等。如果进行分类整理,按照不同依据进行划分,势必得到不同的分类结果。

从某种意义上讲,可以将建设工程安全生产管理制度体系划分为管理制度和操作规程两大类。前者是各种安全管理制度、章程、规定的总称,后者是各类安全操作规程、标准、规范的集成。为避免过于庞大臃肿,本书将按管理制度、操作规程两个板块,分别阐述各自的内容和要点。

(二)建设工程安全生产的管理制度

在建设工程安全生产管理制度体系中,通过制度、章程、规定等约束工程参与各方尤其是施工承包单位安全生产行为,作为基础平台性质的"管理制度"主要有以下几个。

1. 安全生产责任制度

安全生产责任制是建设工程安全生产最基本、最核心的制度。其主要内容如下:

① 企业和项目负责人及相关人员的安全职责;

② 对各级、各部门安全生产责任制的执行情况制定检查和考核办法,并按照规定期限进行考核,对考核结果及兑现情况应有记录;

③ 明确总包、分包的安全生产责任;

④ 项目的主要工种应有相应的安全技术操作规程;

⑤ 施工现场应按照工程项目规模大小配备专(兼)职安全人员等。

企业主要负责人对本单位安全生产工作负有下列职责:建立、健全本单位安全生产责任制;组织制定本单位安全生产规章制度和操作规程;保证本单位安全生产投入的有效实施;督促、检查本单位的安全生产工作,及时消除生产安全事故隐患;组织制定并实施本单位的生产安全事故应急救援预案;及时、如实报告生产安全事故;组织制定并实施本单位安全生产教育和培训计划。

2. 安全生产许可证制度

为了规范安全生产条件，加强安全生产监督管理，防止和减少生产安全事故，《安全生产许可证条例》规定，国家对建筑施工企业实施安全生产许可证制度。企业未取得安全生产许可证的，不得从事生产活动。

建筑施工企业向工程项目所在地建设行政主管部门申请安全生产许可证。需要提交的申报资料，可以归纳为具有安全三类人员，并满足十三项条件。其中，"安全三类人员"是指企业主要负责人、项目负责人、专职安全生产管理人员，同时具有相应等级的安全生产考核合格证书。"十三项条件"依次包括：建立、健全安全生产责任制，制定完备的安全生产规章制度和操作规程；安全投入符合安全生产要求；设置安全生产管理机构，配备专职安全生产管理人员；主要负责人和安全生产管理人员经考核合格；特种作业人员经有关业务主管部门考核合格，取得特种作业操作资格证书；从业人员经安全生产教育和培训合格；依法参加工伤保险，为从业人员缴纳保险费；厂房、作业场所和安全设施、设备、工艺符合有关安全生产法律、法规、标准和规程的要求；有职业危害防治措施，并为从业人员配备符合国家标准或者行业标准的劳动防护用品；依法进行安全评价；有重大危险源检测、评估、监控措施和应急预案；有生产安全事故应急救援预案、应急救援组织或者应急救援人员，配备必要的应急救援器材、设备；法律、法规规定的其他条件。

通过审查后，由建设行政主管部门颁发"安全生产许可证"。该证的有效期为3年，期满前3个月办理延期手续。

3. 安全生产教育培训制度。

（1）管理人员的安全教育培训。管理人员的安全教育培训，主要或强制针对建筑施工企业的主要负责人、项目负责人、专职安全生产管理人员（安全三类人员）。企业法定代表人或主要负责人安全教育培训的主要内容包括：① 国家有关安全生产的方针、政策、法律、法规及有关规章制度；② 安全生产管理职责、企业安全生产管理知识及安全文化；③ 有关事故案例及事故应急处理措施等。

项目负责人的安全教育培训内容更加贴近工程项目，主要包括：① 安全生产方针、政策和法律、法规；② 项目经理部安全生产责任；③ 典型事故案例剖析；④ 本系统安全及其相应的安全技术知识等。除此之外，企业及项目经理部的管理人员、班组长和安全员等，也应接受安全教育培训。

（2）特种作业人员的安全教育培训。《特种作业人员安全技术培训考核管理规定》要求，特种作业人员须接受与其所从事的特种作业相应的安全技术理论和实际操作培训，考核合格并取得《中华人民共和国特种作业操作证》后，方可持证上岗作业。离开特种作业岗位6个月以上的特种作业人员，应当重新进行实际操作考试，经确认合格后方可上岗作业。

（3）施工作业人员的安全教育培训。建筑施工企业新员工上岗前必须通过企业（公司）、项目（或工区、工程处、施工队）、班组的三级安全教育和实际操作训练，经考核合格后方可上岗。

建筑施工企业（或工程项目）在实施新工艺、新技术或使用新设备、新材料时，必须对有关人员进行相应级别的安全教育，要按新的安全操作规程，教育和培训参加操作的岗位员工和有关人员。当调换岗位或重新上岗时，企业或项目部必须进行相应的安全技术培训和教育，以使其掌握现岗位安全生产特点和要求。

建筑施工企业还应当采取多种多样的形式,以安全思想、安全态度教育为重点,开展经常性的安全教育培训活动,促使员工高度重视和真正实现安全生产。

4."三同时"制度

"三同时"是指凡是我国境内新建、改建、扩建的工程项目,技术改建项目和引进的建设项目,其安全生产设施必须符合国家规定的标准,必须与主体工程同时设计、同时施工、同时投入生产和使用。安全生产设施主要是指安全技术、职业卫生、生产辅助性设施。

《中华人民共和国劳动法》第五十三条规定:"新建、改建、扩建工程的劳动安全卫生设施必须与主体工程同时设计、同时施工、同时投入生产和使用。"《中华人民共和国安全生产法》第三十一条规定:"生产经营单位新建、改建、扩建工程项目的安全设施,必须与主体工程同时设计、同时施工、同时投入生产和使用。安全设施投资应当纳入建设项目概算。"

5. 安全预评价制度

安全预评价是根据建设项目可行性研究报告内容,分析和预测该建设项目可能存在的危险、有害因素的种类和程度,提出合理可行的安全对策措施及建议。

开展安全预评价工作,可以对于工程项目的危险性、危害性进行预测性评价,有利于系统、有针对性地加强对不安全状况的治理、改造,最大限度地降低安全生产风险。进而贯彻落实"安全第一,预防为主"方针,实施建设工程科学化、规范化安全生产管理。

6. 工伤保险制度

2010 年修订的《工伤保险条例》规定,工伤保险属于法定的强制性保险。新《中华人民共和国建筑法》规定:"建筑施工企业应当依法为职工参加工伤保险缴纳工伤保险费。鼓励企业为从事危险作业的职工办理意外伤害保险,支付保险费。"此法律与《中华人民共和国社会保险法》和《工伤保险条例》等法律法规的规定保持一致,明确了建筑施工企业作为用人单位,为职工参加工伤保险并缴纳工伤保险费是其应尽的法定义务。

至于为从事危险作业的职工投保意外伤害险,并非强制性规定,是否投保意外伤害险由建筑施工企业自主决定。

7. 政府部门的安全生产监督管理制度

政府安全监督管理制度是指国家法律、法规授权的相关行政部门,代表政府对企业的安全生产过程实施监督管理。企业是安全生产的责任主体,县级以上地方人民政府建设行政主管部门对本行政区域内的建设工程安全生产实施监督管理。

例如,《建设工程安全生产管理条例》第五章"监督管理"规定,建设行政主管部门在审核发放施工许可证时,应当对建设工程是否有安全施工措施进行审查,对没有安全施工措施的,不得颁发施工许可证;建设行政主管部门或者其他有关部门可以将施工现场的监督检查委托给建设工程安全监督机构具体实施等。

至于安全生产检查制度、生产安全事故报告和调查处理制度,将在后文专述。

(三)建设工程安全生产的操作规程

在建设工程安全生产管理制度体系中,通过遵循操作规程、标准、规范,可以优化施工队组及有关人员作业行为。作为方法手段性质的"操作规程",主要包括如下几个。

1. 安全技术措施计划制度

安全技术措施计划制度要求,施工企业或项目经理部必须在开工前,与施工组织设计一同编制安全技术措施计划,经过上级部门审批,应有充分的时间做准备,并保证各种安全技术措施具有全面性、针对性和可操作性。

安全技术措施应根据不同工程的施工特点、危险因素，按照有关技术规程的规定，结合以往的施工经验与教训编制。其通常包括：① 进入施工现场的安全规定；② 地面及深槽作业的防护；③ 高处及立体交叉作业的防护；④ 施工用电安全；⑤ 施工机械设备的安全使用；⑥ 在采取"四新"技术时，有针对性的专门安全技术措施；⑦ 针对自然灾害预防的安全措施；⑧ 预防有毒、有害、易燃、易爆等作业造成危害的安全技术措施；⑨ 现场消防措施等。

有关安全技术交底，参见本书第九章（工程项目资源管理）第四节（技术管理）。

为了进一步强化安全生产责任落实、坚决防范遏制重特大事故发生，国务院安委会2022年梳理出安全生产工作"十五条硬措施"。主要包括：严格落实地方党委安全生产责任；严格落实各级政府安全生产责任；严格落实部门安全监管责任；严肃追究领导责任和监管责任；企业主要负责人必须严格履行第一责任人责任；深入扎实开展全国安全生产大检查；牢牢守住项目审批安全红线；严厉查处违法分包转包和挂靠资质行为；切实加强劳务派遣和灵活用工人员安全管理；重拳出击开展"打非治违"；坚决整治执法检查宽松软问题；着力加强安全监管执法队伍建设；重奖激励安全生产隐患举报；严肃查处瞒报谎报迟报漏报事故行为等。

2. 安全专项施工方案专家论证制度

《建设工程安全生产管理条例》规定："施工单位应当在施工组织设计中编制安全技术措施和施工现场临时用电方案，对达到一定规模的危险性较大的分部分项工程编制专项施工方案，并附具安全验算结果，经施工单位技术负责人、总监理工程师签字后实施，由专职安全生产管理人员进行现场监督。"

《危险性较大工程安全专项施工方案编制及专家论证审查办法》指出"危大工程"包括：基坑支护与降水工程，土方开挖工程，模板工程，起重吊装工程，脚手架工程，拆除、爆破工程等，应当在施工前单独编制安全专项施工方案。上述"危大工程"中，开挖深度超过5m的基坑支护与降水工程、土方开挖工程、模板工程，30m及以上高空作业的工程等安全专项施工方案，施工单位还应组织专家进行论证审查。

安全专项施工方案专家组必须提出书面论证审查报告，施工企业应根据论证审查报告进行完善，施工企业技术负责人、总监理工程师签字后，方可实施。

3. 施工起重机械使用登记制度

《建设工程安全生产管理条例》第三十五条规定："施工单位应当自施工起重机械和整体提升脚手架、模板等自升式架设设施验收合格之日起30日内，向建设行政主管部门或者其他有关部门登记。登记标志应当置于或者附着于该设备的显著位置。"

监管部门应当对登记的施工起重机械建立相关档案，及时更新，加强监管，减少生产安全事故的发生。施工单位应当将标志置于显著位置，便于使用者监督，保证施工起重机械的安全使用。

这既能有效防止不合格机械和设施投入使用，还有利于监管部门及时掌握施工起重机械和整体提升脚手架、模板等自升式架设设施的使用情况，强化监督管理。

三、建设工程安全生产检查的类型和内容

安全生产检查泛指参建各方在工程建设活动中，自行对于贯彻安全生产法律法规、规章制度的情况，以及安全生产状况、劳动条件、事故隐患等所进行的各种检查。作为清除

隐患、防止事故、改善劳动条件的重要保障，安全生产检查是企业安全生产管理工作的重要内容。通过检查，可以发现工程建设过程中的危险因素，采取措施、控制风险、降低危害，保证建设工程的安全生产。本书侧重于施工单位，主要阐述其安全生产检查的类型和内容。

（一）安全生产检查的主要类型

安全生产检查可以是企业组织的定期检查，也可以是项目经理部及管理人员的日常巡回检查，还可以是班组的自检、交接检查等。

1. 全面检查

全面检查通常由企业或项目经理部定期组织实施，应包括职业健康安全管理方针、制度，管理组织机构与职责、安全教育，以及安全设施、运输管理、危险品管理、火灾预防等全面的内容。对于全面检查的结果，必须及时汇总分析，明确出现的问题及相应改进对策。

2. 经常性检查

经常性检查通常由项目经理部、管理人员和班组开展，主要针对生产过程中物的不安全状态和人的不安全行为，并通过检查加以控制和整改，以防止事故发生。例如，作业人员必须在工作前，仔细检查所用的机械设备和工具，发现问题立即上报；工作结束之前，必须进行班后检查，做好设备的维修保养和清整场地等工作，保证交接安全。

3. 专业性检查

专业或专职安全管理人员应当根据工程项目、施工方案及机械设备等特点，对易发生事故的设备、场所环境或施工工序，例如施工电梯、压力容器、防火、防爆等，进行专业检查。专业或专职安全管理人员在进行专业性检查时，要不徇私情，按章检查，发现违章操作立即纠正，发现隐患及时指出并提出相应防护措施后，及时上报检查结果。

4. 季节性检查

季节性检查由企业安技部门或项目经理部、安技人员根据季节特点及其对于安全生产工作的影响，适时组织进行，同时根据不同季节自然灾害的发生规律，及时采取相应的防护措施。例如，雨期施工的防雷、防静电、防触电、防洪、防建筑物倒塌，夏季的防暑降温，冬季施工的防冻保暖等。

5. 节假日检查

在节假日期间，上岗作业人员相对较少，容易放松思想警惕、发生意外，而且一旦发生意外事故，难以进行有效的救援和控制。因此，节假日期间必须安排专业安全管理人员进行安全检查，并对重点部位进行巡视。同时，配备一定数量的安保人员，搞好安全保卫工作，绝不能麻痹大意。

6. 要害部门和重要设备重点检查

由于企业要害部门和重要设备的重要性和特殊性，一旦发生意外，会造成重大伤害，给企业、工程项目的经济效益和社会效益带来较大影响。故此，对于企业要害部门和重要设备必须进行重点检查。为了确保安全，对设备的运转和零件的状况要进行定期检查，发现损伤立刻更换，发现超出有效年限即使没有故障的设备，也应予以更新。

（二）安全生产检查的主要内容

通常认为，安全生产的"五要素"包括安全文化、安全法制、安全责任、安全科技和安全投入。安全生产检查的内容可以分为较为通用的"软件系统"和较为专业的硬件系统两个方面。其中，通用的"软件系统"的检查主要包括以下几个方面。

1. 查思想

检查企业、项目经理部领导和员工对于安全生产方针政策的认识程度，对于建立健全安全生产管理规章制度的重视程度，对于检查中发现的安全问题或安全隐患的处理态度等。

2. 查制度、查管理

企业及项目经理部必须结合自身及工程实际，建立一整套适用的安全生产规章制度，并落实到工程项目施工的具体过程中。在进行安全检查时，应对安全生产管理规章制度的建立、执行情况进行检查。主要检查安全生产管理是否有效，安全生产管理和规章制度是否真正得到落实。

3. 查安全设施、查隐患

此项检查主要检查施工作业现场是否符合安全生产管理要求，检查工人的劳动条件、卫生设施、安全通道，零部件的存放，防护设施状况，电气设备、压力容器、化学用品的储存，粉尘及有毒有害作业部位点的达标情况，作业空间的通风照明设施等。对于诸如锅炉房、变电所，各种剧毒、易燃、易爆场所等要害部位和设备，要加强检查，发现隐患及时指出。

4. 查整改

此项检查主要检查对于过去提出的安全问题和发生安全生产事故及安全隐患后是否采取了安全技术措施和安全管理措施，以及整改的效果如何。

5. 查事故处理

检查对伤亡事故是否及时报告，对责任人是否已经做出相应处理；是否采取有效措施，防止类似事故重复发生。在安全检查中，应成立适应安全检查工作需要的检查组，配备适当的人力物力。检查结束后，应编写安全检查报告，说明已达标项目、未达标项目、存在问题、原因分析，并给出纠正和预防措施的建议。

应当承认，安全生产检查的主要类型与内容之间具有一定的联系，并应在工程建设或施工的具体实践中予以深化、落实。

四、建设工程生产安全事故隐患的处理与防范

在工程建设过程中，安全隐患在所难免、此起彼伏，但要尽可能消除安全隐患、预防安全事故。因此，需要项目参建各方加强安全意识，健全安全生产管理制度，落实安全生产责任制。同时，根据工程的特点，确保各项安全技术措施落实到位，加强安全生产检查监督。最后，对于发现的安全事故隐患及时进行处理并查找原因，避免扩大，警示未来。

（一）安全隐患与重大安全隐患

建设工程生产安全事故隐患，简称安全隐患，是指施工生产作业人员的活动场所、设备及设施的不安全状态；或者说，由于作业人员的不安全行为、管理的缺陷而可能导致人身伤害或者经济损失的潜在危险。

根据《房屋市政工程生产安全重大事故隐患判定标准（2022版）》，重大事故隐患，是指在房屋建筑和市政基础设施工程施工过程中，存在的危害程度较大、可能导致群死群伤或造成重大经济损失的生产安全事故隐患。

施工安全管理有下列情形之一的，应判定为重大事故隐患：

① 建筑施工企业未取得安全生产许可证擅自从事建筑施工活动；

② 施工单位的主要负责人、项目负责人、专职安全生产管理人员未取得安全生产考核

合格证书从事相关工作;

③ 建筑施工特种作业人员未取得特种作业人员操作资格证书上岗作业;

④ 危险性较大的分部分项工程未编制、未审核专项施工方案,或未按规定组织专家对"超过一定规模的危险性较大的分部分项工程范围"的专项施工方案进行论证。

(二)安全隐患处理原则

在排查、处理生产安全施工隐患的过程中,应当遵循以下原则。

1. 冗余安全度治理原则

为确保安全,在处理安全隐患时,应考虑设置多道防线,即使发现有一或两道防线失效,还有冗余的防线可以控制事故发生。

2. 单项隐患综合治理原则

人工、材料、机械、技术、环境"五要素"中的任何一项出现安全隐患,都要从"五要素"安全匹配的角度,考虑调整匹配的方法,提高匹配的可靠性。一件单项隐患问题的整改需多角度治理。如果现场发生触电事故,既要进行人的安全用电操作教育,又要现场设置漏电开关,对配电箱、用电线路进行防护改造,还要严禁非专业电工乱接乱拉电线。

3. 事故直接隐患与间接隐患并治原则

对人、机、环境系统进行安全治理的同时,还须完善安全管理措施、加强制度建设。

4. 预防与减灾并重治理原则

治理安全隐患时,尽可能减少发生事故的可能性,设法降低事故等级、减少损失。鉴于难以完全杜绝安全事故发生,须对事故减灾做好充分准备,研究应急技术操作规范;定期组织训练和演习,使该生产环境中每名管理人员及工人都真正掌握减灾技术。

5. 重点治理原则

利用安全检查表打分,对隐患危险程度分级;按照安全隐患的分析评价结果,实行危险点分级治理和重点治理。

6. 动态治理原则

对生产过程进行动态随机安全化治理。生产过程中,发现问题及时治理,既可以及时消除隐患,又可以避免微小隐患发展成重大隐患。

(三)安全事故隐患处理方法

在建设工程中,事故隐患可能源自参建各方。《建设工程安全生产管理条例》及相关规定,对于参建各方安全隐患处理的义务和责任、相关程序等,已有界定。本章侧重于施工单位角度作以相关阐述。

1. 当场指出,限期纠正,预防隐患发生

对于违章指挥和违章作业行为,检查人员应当场指出,并限期纠正,预防事故的发生。

2. 做好记录,及时整改,消除安全隐患

对检查中发现的各类安全事故隐患,应做好记录,分析安全隐患产生的原因,制定消除隐患的纠正措施;报相关方审查批准后,及时进行整改,及时消除隐患。对重大安全事故隐患排除前或者排除过程中无法保证生产安全的,责令从危险区域内撤出作业人员或者暂时停止施工,待隐患消除再行施工。

3. 分析统计,查找原因,制定预防措施

对于反复出现的安全隐患或反复发生的安全事故,应通过分析统计,属于多个部位存在的同类型隐患即"通病",属于重复出现的隐患即"顽症",查找产生"通病"和"顽症"

的原因，修订和完善安全管理措施，制定预防措施，从源头上消除安全事故隐患的发生。

4. 跟踪验证

施工企业或项目经理部的有关部门，应对受检单位安全隐患的纠正和预防措施的实施过程和实施效果，进行跟踪验证，并保存验证记录。

（四）安全事故隐患的防范

1. 安全事故隐患防范的主要内容

安全事故隐患防范的对象主要包括基坑支护和降水工程、土方开挖工程、人工挖扩孔桩工程、地下暗挖、顶管及水下作业工程、模板工程和支撑体系、起重吊装和安装拆卸工程、脚手架工程、拆除及爆破工程、现浇混凝土工程、钢结构、网架和索膜结构安装工程、预应力工程、建筑幕墙安装工程，以及采用新技术、新工艺、新材料、新设备及尚无相关技术标准的危险性较大的分部分项工程等。

安全事故隐患防范的主要内容，包括掌握各类工程的安全技术规范，归纳总结安全事故隐患的主要表现形式，及时发现可能造成安全事故的迹象，抓住安全控制要点，制定相应的安全控制措施等。

2. 安全事故隐患防范的一般方法

根据安全事故隐患的内容不同，防范的方法也会有所区别。一般的方法包括：

① 对施工人员进行安全意识的培训；

② 对施工机具进行有序监管，投入必要的资源进行保养维护；

③ 建立施工现场的安全监督检查机制等。

第二节 生产安全事故应急预案与事故调查处理

工程建设必须加强安全生产管理，但是其危险源确实客观存在，在所难免。主动识别、科学评估危险源，控制安全生产风险，有利于减少安全事故、维护生产安全。明确生产安全事故分类，建立生产安全事故应急管理，逐步实现事故应急管理工作的科学化、规范化和法治化。同时，需要健全生产安全事故应急预案，规范事故报告和调查处理等，从而形成建设工程生产安全事故动态循环的管理系统，稳步提高安全生产管理水平。

一、危险源的识别和风险控制

（一）危险源及分类

1. 危险源的界定

危险源常指可能导致人员伤害或疾病、物质财产损失、工作环境破坏或这些情况组合的根源或状态因素。"危险源"在《职业健康安全管理体系 要求及使用指南》（GB/T 45001—2020）中的定义为：可能导致对人的生理、心理或认知状况的不利影响的来源。

在工程建设中，危险源包括建设生产的不安全状态、不安全行为和安全管理的缺陷。危险源通常由潜在危险性、存在条件和触发因素三个要素共同构成。而且，在工程建设行业，上述三个要素的表现同时比较活跃，更需科学管理。

2. 危险源的分类

危险源的分类有多种方法。如果按照其在事故发生、发展过程中所起的作用，可以划分成以下两大类别。

（1）第一类危险源。是指生产过程中存在的，可能发生意外释放的能量，包括生产过程中各种能量、能量载体或危险物质。其决定了事故后果的严重程度，具有的能量越多，发生事故的后果越严重。

（2）第二类危险源。是指导致能量或危险物质约束或限制措施破坏或失效的因素，广义上包括物的故障、人的失误、环境不良以及管理缺陷等因素。其决定了事故发生的可能性，它出现得越频繁，发生事故的可能性越大。

事故的发生就是两类危险源共同作用的结果，第一类危险源是事故发生的前提，第二类危险源是第一类危险源导致事故的必要条件。在事故的发生和发展过程中，两类危险源相互依存、相辅相成。

（二）危险源识别

1. 危险源的识别要点

危险源的识别应全面、系统、多角度、不漏项，重点放在能量主体、危险物及其控制、影响因素等方面。危险源可以分为以下四类。

（1）人的因素。包括心理、生理性危险和行为性危险。

（2）物的因素。包括物理性危险、化学性危险和生物性危险。

（3）环境因素。主要包括室内作业场所环境不良、室外作业场地环境不良、地下（含水下）作业环境不良、其他作业环境不良等方面的因素。

（4）管理因素。包括职业安全卫生组织机构不健全、职业安全卫生责任制未落实、职业安全卫生管理规章制度不完善、职业安全卫生投入不足、职业健康管理不完善和其他管理因素缺陷。

2. 危险源的识别方法

危险源识别的方法很多，例如询问交谈、现场观察、查阅有关记录、获取外部信息、工作任务分析、危险与操作性研究、事故树分析、故障树分析，以及安全检查表（SCL）、专家调查（头脑风暴、德尔菲法）等。

这些方法各有特点和适用性。实际工作中，应当根据工程特点、管理需要，优选两种或两种以上的方法综合识别危险源。

（三）危险源的评估

包括危险源在内的风险评价是一个持续不断的渐进过程，应持续评审控制措施的充分性。当条件发生变化时，应对风险重新评估。其风险等级评估表，如表5-1所列。

表5-1　风险等级评估表

可能性	后果		
	轻度损失	中度损失	重大损失
很大	III	IV	V
中等	II	III	IV
极小	I	II	III

表中：I——可忽略风险；II——可容许风险；III——中度风险；IV——重大风险；V——不容许风险。

对应于不同级别的风险，其控制措施也有很大差异，参见表5-2。

表 5-2　风险控制措施(示例)

序号	风险	措施
1	不容许风险	只有当风险已降低时,才能开始或持续工作;即使以无限的资源投入,也不能降低风险,则禁止工作
2	重大风险	直至风险降低后才能开始工作,为降低风险,有时必须配置大量资源;当风险涉及正在进行的工作时,必须采取应急措施,制定管理方案,降低风险
3	中度风险	应努力采取措施降低风险,在有效时间内控制风险;如果条件不具备,可考虑采用较方便、有效的控制措施,制定需要改进的措施,并予以具体实施
4	可容许风险	现有的控制措施能够控制风险
5	可忽略风险	不需要采取措施,且不必保留记录

项目经理部应根据"重大危险源"的风险,围绕工程项目管理的目标,制定职业健康安全管理方案,根据评估的结果,编制"重大危险源清单"。

(四)风险的控制

在表 5-2 中,已经列举了风险控制的措施(示例)。因此,本部分主要介绍风险(危险源)控制措施的实施原则、主要目的和风险控制的方法。

1. 风险控制措施的实施原则

危险源的控制可以从技术控制、人员行为控制和管理控制三方面入手:

① 如果可能,则完全消除危害或消灭风险来源;

② 如果不能消除,则努力降低风险;

③ 使运转设备与人员隔离;

④ 在可能的情况下,使工作作业适合于人;

⑤ 利用技术进步改进控制,并将技术控制与程序控制相互结合;

⑥ 措施用于保护每一个人;

⑦ 个人防护设备的使用,只有在所有其他可选择的控制措施均被考虑之后,才可以作为最终手段予以考虑。

2. 风险控制措施的主要目的

① 预防事件措施(减少事件发生的可能性);

② 控制事件措施(限制事件的范围和时间);

③ 降低事件长期和短期影响的措施(减少其后果)。

3. 风险控制方法

针对前述两类危险源,其控制的方法也有所不同。

(1)第一类危险源控制方法。可以采取消除危险源、限制能量和隔离危险物质、个体防护、应急救援等方法。

(2)第二类危险源控制方法。提高各类设施的可靠性以消除或减少故障、增加安全系数、设置安全监控系统、改善作业环境等。最重要的是加强员工的安全意识培训和教育,克服不良的操作习惯,严格按照规章制度办事,并在生产过程中保持良好的生理和心理状态。

二、生产安全事故的分类

建设工程生产安全事故,简称生产安全事故、安全事故,是指工程建设过程中发生的一个或一系列意外的,可导致人员伤亡、建筑物或设备损毁及财产损失,或者导致原工程建设活动暂时中止或永远终止的事件。

（一）按照安全事故的成因及性质分类

按照安全事故的成因及性质，生产安全事故可以分为四类。

（1）生产事故。是指在建筑产品的生产、维修、拆除过程中，操作人员违反有关施工操作规程等而直接导致的安全事故。这类事故一般是在施工作业过程中出现的，事故发生的次数比较频繁，是安全事故的最常见类型。

（2）质量事故。是指由于设计不符合规范或施工达不到要求等原因而导致建筑结构实体或使用功能存在瑕疵，进而导致安全事故的发生。质量事故是生产安全事故的主要类型之一。

（3）技术事故。是指由于工程技术原因而导致的生产安全事故，例如设计人员水平有限、盲目自信，新技术、新工艺不够成熟等。技术是安全的保证，技术事故的发生，可能发生在施工生产阶段，也可能发生在未来的使用阶段。技术事故的结果通常是毁灭性的。

（4）环境事故。是指建设工程在施工过程中，由于使用环境或周边环境原因而导致的生产安全事故。例如，环境污染造成职业危害，自然灾害、山体滑坡等。

（二）按照安全事故伤害程度分类

根据《企业职工伤亡事故分类标准》，按事故严重程度，生产安全事故可以分为轻伤事故、重伤事故和死亡事故三类：

（1）轻伤事故，指损失工作日为1个工作日以上（含1个工作日）、105个工作日以下的失能伤害；

（2）重伤事故，指损失工作日为105个工作日以上（含105个工作日）、6000个工作日以下的失能伤害；

（3）死亡事故，指损失工作日为6000个工作日以上（含6000工作日）的失能伤害。

（三）按照安全事故类别分类

根据《企业职工伤亡事故分类标准》，按照事故类别生产安全事故可以分为物体打击、车辆伤害、机械伤害、起重伤害、触电、灼烫、火灾、高处坠落、坍塌、爆炸、中毒和窒息、其他伤害等12类。

以上12类伤害事故中，在建设工程领域中最常见的是高处坠落、物体打击、机械伤害、触电、坍塌、中毒、火灾等7类。

（四）按照生产安全事故造成的人员伤亡或直接经济损失分类

根据《生产安全事故报告和调查处理条例》的规定，按照生产安全事故造成的人员伤亡或者直接经济损失，事故一般分为以下四个等级：

（1）特别重大事故。是指造成30人以上死亡，或者100人以上重伤（包括急性工业中毒，下同），或者1亿元以上直接经济损失的事故。

（2）重大事故。是指造成10人以上30人以下死亡，或者50人以上100人以下重伤，或者5000万元以上1亿元以下直接经济损失的事故。

（3）较大事故。是指造成3人以上10人以下死亡，或者10人以上50人以下重伤，或者1000万元以上5000万元以下直接经济损失的事故。

（4）一般事故。是指造成3人以下死亡，或者10人以下重伤，或者1000万元以下直接经济损失的事故。

上述等级划分所称的"以上"包括本数，所称的"以下"不包括本数。

三、生产安全事故应急预案及编制

为了解决生产安全事故应急工作中存在的突出问题，提高生产安全事故应急工作的科学化、规范化和法治化水平，《生产安全事故应急条例》于2019年施行。该条例以《中华人民共和国安全生产法》《中华人民共和国突发事件应对法》为依据，针对安全生产和生产安全事故，明确应急工作体制、强化应急准备工作、规范现场应急救援工作。本部分主要根据《生产安全事故应急预案管理办法》，着重阐述建设工程生产安全事故应急中的应急预案。

（一）应急预案的概念

根据《生产经营单位生产安全事故应急预案编制导则》（GB/T 29639—2020），应急预案是指为有效预防和控制可能发生的事故，最大程度减少事故及其造成损害而预先制定的工作方案。同时指出，应急准备是指针对可能发生的事故，为迅速、科学、有序地开展应急行动而预先进行的思想准备、组织准备和物资准备；应急响应是针对发生的事故，有关组织或人员采取的应急行动；应急救援则是在应急响应过程中，为最大限度地降低事故造成的损失或危害，防止事故扩大，而采取的紧急措施或行动；应急演练为针对可能发生的事故情景，依据应急预案而模拟开展的应急活动。

因此，生产安全事故应急预案，简称应急预案，是指事先制定的关于生产安全事故发生时进行紧急救援的组织、程序、措施、责任及协调等方面的方案和计划。它是企业或项目针对特定的潜在事件和紧急情况发生时所采取措施的计划安排，是应急响应的行动指南。

编制应急预案的目的在于生产安全事故发生后，能够迅速有效地控制和处理事故，尽力减少事故造成的影响。在工程项目建设过程中，各主要参与者（市场主体）均应编制相应的生产安全事故应急预案。

（二）应急预案体系的构成

应急预案应该形成体系，针对各级各类可能发生的事故和所有危险源制定专项应急预案和现场应急处置方案，并明确事前、事中、事后的各个过程中相关部门和有关人员的职责。该体系包括综合应急预案、专项应急预案和现场处置方案。

1. 综合应急预案

综合应急预案是生产经营单位应急预案体系的总纲，主要从总体上阐述事故的应急工作原则，包括生产经营单位的应急组织机构及职责、应急预案体系、事故风险描述、预警及信息报告、应急响应、保障措施、应急预案管理等内容。

2. 专项应急预案

专项应急预案是生产经营单位为应对某一类型或某几种类型事故，或者针对重要生产设施、重大危险源、重大活动等内容而制定的应急预案。专项应急预案主要包括事故风险分析、应急指挥机构及职责、处置程序和措施等内容。

3. 现场处置方案

现场处置方案是生产经营单位根据不同事故类型，针对具体的场所、装置或设施所制定的应急处置措施，主要包括事故风险分析、应急工作职责、应急处置和注意事项等内容。生产经营单位应根据风险评估、岗位操作规程以及危险性控制措施，组织本单位现场作业人员及安全管理等专业人员共同编制现场处置方案。

事故风险单一、危险性小的生产经营单位，可以只编制现场处置方案。

(三)应急预案编制原则和内容

应急预案的编制应符合相关法律法规要求,内容完整,操作性、适用性强;预案中的应急指挥体系应结构清晰、职责明确、响应分级、风险监测和预警、信息报告、响应启动与应急处置救援、后期处置、应急保障等内容,应符合编制者安全生产事故应对工作的实际。

1. 编制原则

应急预案的编制应当遵循以人为本、依法依规、符合实际、注重实效的原则,以应急处置为核心,明确应急职责,规范应急程序,细化保障措施。

制定安全生产事故应急预案时,应当遵循以下原则。

(1)重点突出、针对性强。编制时应结合本单位安全方面的实际情况,分析可能导致发生事故的原因,有针对性地制定预案。

(2)统一指挥、责任明确。应当明确预案实施的负责人以及施工承包单位各有关部门和人员的分工、配合、协调等。

(3)程序简明、步骤清晰。应急预案程序要简明,步骤要清晰,具有高度的可操作性,保证发生事故时能及时启动、有序实施。

2. 主要内容

(1)制定应急预案的目的和适用范围。

(2)组织机构及其职责。明确应急预案救援组织机构、参加部门、负责人和人员及其职责、作用和联系方式。

(3)危害辨识与风险评价。确定可能发生的事故类型、地点、影响范围及可能影响的人数。

(4)通告程序和报警系统。包括确定报警系统及程序、报警方式、通信联络方式,向公众报警的标准、方式、信号等。

(5)应急设备与设施。明确可用于应急救援的设施和维护保养制度,明确有关部门可利用的应急设备和危险监测设备。

(6)求援程序。明确应急反应人员向外求救的方式,包括与消防机构、医院、急救中心的联络方式。

(7)保护措施程序。保护事故现场的方式方法,明确可授权发布疏散作业人员及施工现场周边居民指令的机构及负责人,明确疏散人员的接收中心或避难场所。

(8)事故后的恢复程序。明确决定终止应急、恢复正常秩序的负责人,宣布应急取消和恢复正常状态的程序。

(9)培训与演练。包括定期培训、演练计划及定期检查制度,对应急人员进行培训,并确保合格者上岗。

(10)应急预案的维护。更新和修订应急预案的方法,根据演练、检测结果完善应急预案等。

(四)应急预案编制的程序和要求

1. 编制程序

(1)成立应急预案编制工作组。

生产经营单位应结合本单位部门职能和分工,成立以单位主要负责人(或分管负责人)为组长,单位相关部门人员参加的应急预案编制工作组,明确编制工作职责和任务分工,制订工作计划,组织开展应急预案编制工作。

（2）资料收集。

应急预案编制工作组应收集与预案编制工作相关的法律法规、技术标准、应急预案、国内外同行业企业事故资料，同时收集本单位、本项目安全生产相关技术资料、周边环境影响、应急资源等有关资料。

（3）风险评估。

风险评估的主要内容，包括分析生产经营单位存在的危险因素，确定事故危险源；分析可能发生的事故类型及后果，并指出可能产生的次生、衍生事故；评估事故的危害程度和影响范围，提出风险防控措施。

（4）应急能力评估。

在全面调查和客观分析生产经营单位应急队伍、装备、物资等应急资源状况的基础上，开展应急能力评估，并依据评估结果，完善应急保障措施。

（5）编制应急预案。

依据生产经营单位风险评估以及应急能力评估结果，组织编制应急预案。应急预案编制应注重系统性和可操作性，做到与相关部门和单位的应急预案相衔接。

（6）应急预案评审。

参见本节的"四、生产安全事故应急预案的管理"。

2. 编制要求

应急预案的编制应当符合下列基本要求：

① 有关法律、法规、规章和标准的规定；

② 本地区、本部门、本单位的安全生产实际情况；

③ 本地区、本部门、本单位的危险性分析情况；

④ 应急组织和人员的职责分工明确，并有具体的落实措施；

⑤ 有明确、具体的应急程序和处置措施，并与其应急能力相适应；

⑥ 有明确的应急保障措施，满足本地区、本部门、本单位的应急工作需要；

⑦ 应急预案基本要素齐全、完整，应急预案附件提供的信息准确；

⑧ 应急预案内容与相关应急预案相互衔接。

四、生产安全事故应急预案的管理

根据《生产安全事故应急预案管理办法》，应急预案的管理实行属地为主、分级负责、分类指导、综合协调、动态管理的原则。县级以上地方各级人民政府应急管理部门负责本行政区域内应急预案的综合协调管理工作；县级以上地方各级人民政府其他负有安全生产监督管理职责的部门按照各自的职责负责有关行业、领域应急预案的管理工作。应急预案的管理包括应急预案的评审、公布、备案、实施和监督管理工作。

（一）应急预案的评审

应急预案编制完成后，生产经营单位应组织评审。评审分为内部评审和外部评审：内部评审由生产经营单位主要负责人组织有关部门和人员进行；外部评审由生产经营单位组织外部有关专家和人员进行评审。参加应急预案评审的人员应当包括有关安全生产及应急管理方面的专家。评审人员与所评审应急预案的生产经营单位有利害关系的，应当回避。

生产经营单位的应急预案经评审或者论证后，由本单位主要负责人签署，向本单位从业人员公布，并及时发放到本单位有关部门、岗位和相关应急救援队伍。事故风险可能影响周边其他单位、人员的，生产经营单位应当将有关事故风险的性质、影响范围和应急防范措施告知周边的其他单位和人员。应急预案评审合格后，由生产经营单位主要负责人（或分管负责人）签发实施，并进行备案管理。

（二）应急预案的公布和备案

建筑施工单位应当在应急预案公布之日起 20 个工作日内，按照分级属地原则，向县级以上人民政府应急管理部门和其他负有安全生产监督管理职责的部门进行备案，并依法向社会公布。

生产经营单位申报应急预案备案，应当提交下列材料：

① 应急预案备案申报表；

② 应急预案电子文档；

③ 对于需要评审的，应当提供应急预案评审意见；

④ 风险评估结果和应急资源调查清单。

（三）应急预案的实施

生产经营单位应当组织开展本单位的应急预案、应急知识、自救互救和避险逃生技能的培训活动，使有关人员了解应急预案内容，熟悉应急职责、应急处置程序和措施。

生产经营单位应当制定本单位的应急预案演练计划，根据本单位的事故风险特点，每年至少组织一次综合应急预案演练或者专项应急预案演练，每半年至少组织一次现场处置方案演练。施工单位应当至少每半年组织一次生产安全事故应急预案演练，并将演练情况报送所在地县级以上地方人民政府负有安全生产监督管理职责的部门。

生产经营单位发生事故时，应当第一时间启动应急响应，组织有关力量进行救援，并按照规定将事故信息及应急响应启动情况报告事故发生地县级以上人民政府应急管理部门和其他负有安全生产监督管理职责的部门。生产安全事故应急处置和应急救援结束后，事故发生单位应当对应急预案实施情况进行总结评估。

（四）应急预案有关奖惩

对于在应急预案管理工作中做出显著成绩的单位和人员，各级人民政府应急管理部门、生产经营单位可以给予表彰和奖励。

对于生产经营单位未按照规定编制应急预案、定期组织应急预案演练，未按照规定开展应急预案评审、备案及修订，未落实应急预案规定的应急物资及装备等情形，由县级以上人民政府应急管理等部门予以责令限期改正、责令停产停业整顿、罚款等处罚。

五、生产安全事故报告和调查处理

根据《建设工程安全生产管理条例》《生产安全事故报告和调查处理条例》等，我国工程建设的各参与单位必须严格执行生产安全事故报告和调查处理制度。进而规范生产安全事故的报告和调查处理过程，落实生产安全事故责任追究制度，防止和减少生产安全事故的发生。

（一）生产安全事故报告和调查处理的原则

生产安全事故报告和调查处理，必须坚持"四不放过"的原则。

（1）事故原因未查清不放过。

要求在调查处理伤亡事故时，首先要把事故原因分析清楚，找出导致事故发生的真正原因，未找到真正原因的决不轻易放过。直至找到真正原因并搞清各因素之间的因果关系，才算达到事故原因分析的目的。

（2）事故责任人未受到处理不放过。

作为安全事故责任追究制的具体体现，对事故责任人要严格按照安全事故责任追究相关法律法规的规定进行严肃处理。不仅要追究事故直接责任人的责任，同时要追究有关负责人的领导责任。当然，处理事故责任者必须谨慎，避免事故责任追究的扩大化。

（3）事故责任人和周围群众没有受到教育不放过。

使事故责任人和广大群众了解事故发生的原因及所造成的危害，并深刻认识到搞好安全生产的重要性，从事故中吸取教训，增强安全意识，改进安全管理工作。

（4）事故没有制定切实可行的整改措施不放过。

必须针对事故发生的原因，提出防止相同或类似事故发生的切实可行的预防措施，并督促事故发生单位加以实施。

（二）生产安全事故报告的要求

1. 生产安全事故报告的要求

事故发生后，事故现场有关人员应当立即向本单位负责人报告；单位负责人接到报告后，应当于1小时内向事故发生地县级以上人民政府安全生产监督管理部门和负有安全生产监督管理职责的有关部门报告。情况紧急时，事故现场有关人员可以直接向事故发生地县级以上人民政府安全生产监督管理部门和负有安全生产监督管理职责的有关部门报告。

安全生产监督管理部门和负有安全生产监督管理职责的有关部门接到事故报告后，应当依照下列规定上报事故情况，并通知公安机关、劳动保障行政部门、工会和人民检察院：

① 特别重大事故、重大事故逐级上报至国务院安全生产监督管理部门和负有安全生产监督管理职责的有关部门；

② 较大事故逐级上报至省、自治区、直辖市人民政府安全生产监督管理部门和负有安全生产监督管理职责的有关部门；

③ 一般事故上报至设区的市级人民政府安全生产监督管理部门和负有安全生产监督管理职责的有关部门。

安全生产监督管理部门和负有安全生产监督管理职责的有关部门依照前款规定上报事故情况，应当同时报告本级人民政府。国务院安全生产监督管理部门和负有安全生产监督管理职责的有关部门以及省级人民政府接到发生特别重大事故、重大事故的报告后，应当立即报告国务院。安全生产监督管理部门和负有安全生产监督管理职责的有关部门逐级上报事故情况，每级上报的时间不得超过2小时。

2. 生产安全事故报告的内容

生产安全事故报告应当包括下列内容：① 事故发生单位概况；② 事故发生的时间、地点以及事故现场情况；③ 事故的简要经过；④ 事故已经造成或者可能造成的伤亡人数（包括下落不明的人数）和初步估计的直接经济损失；⑤ 已经采取的措施；⑥ 其他应当报告的情况。

（三）生产安全事故调查

生产安全事故调查应当坚持实事求是、尊重科学的原则，及时、准确地查清事故经过、事故原因和事故损失，查明事故性质，认定事故责任，总结事故教训，提出整改措施，并对事故责任者依法追究责任。

1. 生产安全事故调查的组织

特别重大事故由国务院或者国务院授权有关部门组织事故调查组进行调查。

重大事故、较大事故、一般事故分别由事故发生地省级人民政府、设区的市级人民政府、县级人民政府负责调查。省级人民政府、设区的市级人民政府、县级人民政府可以直接组织事故调查组进行调查，也可以授权或者委托有关部门组织事故调查组进行调查。

未造成人员伤亡的一般事故，县级人民政府也可以委托事故发生单位组织事故调查组进行调查。

2. 生产安全事故调查组

生产安全事故调查组的组成应当遵循精简、效能的原则。根据事故的具体情况，事故调查组由有关人民政府、安全生产监督管理部门、负有安全生产监督管理职责的有关部门、监察机关、公安机关以及工会等派人组成，并应当邀请人民检察院派人参加。事故调查组还可以聘请有关专家参与调查。

生产安全事故调查组应当自事故发生之日起 60 日内提交事故调查报告；特殊情况下，经负责事故调查的人民政府批准，提交事故调查报告的期限可以适当延长，但延长的期限最长不得超过 60 日。

3. 生产安全事故调查报告内容

生产安全事故调查报告应当包括下列内容：① 事故发生单位概况；② 事故发生经过和事故救援情况；③ 事故造成的人员伤亡和直接经济损失；④ 事故发生的原因和事故性质；⑤ 事故责任的认定以及对事故责任者的处理建议；⑥ 事故防范和整改措施。

生产安全事故调查报告应当附具有关证据材料。事故调查组成员应当在事故调查报告上签名。

(四)生产安全事故处理

1. 政府有关部门的事故处理

重大事故、较大事故、一般事故，负责事故调查的人民政府应当自收到事故调查报告之日起 15 日内做出批复；特别重大事故，30 日内做出批复，特殊情况下，批复时间可以适当延长，但延长的时间最长不超过 30 日。

有关机关应当按照人民政府的批复，依照法律、行政法规规定的权限和程序，对事故发生单位和有关人员进行行政处罚，对负有事故责任的国家工作人员进行处分。事故发生单位应当按照负责事故调查的人民政府的批复，对本单位负有事故责任的人员进行处理。负有事故责任的人员涉嫌犯罪的，依法追究刑事责任。

事故发生单位应当认真吸取事故教训，落实防范和整改措施，防止事故再次发生。防范和整改措施的落实情况应当接受工会和职工的监督。安全生产监督管理部门和负有安全生产监督管理职责的有关部门应当对事故发生单位落实防范和整改措施的情况进行监督检查。

事故处理的情况由负责事故调查的人民政府或者其授权的有关部门、机构向社会公布，依法应当保密的除外。

2. 施工单位的事故处理

(1)事故现场处理。当事故发生后，事故发生单位应当严格保护事故现场，做好标识，排除险情，采取有效措施抢救伤员和财产，防止事故蔓延扩大。

(2)事故登记。施工现场要建立安全事故登记表，作为安全事故档案，对发生事故人员的姓名、性别、年龄、工种等级、负伤时间、伤害程度、负伤部位及情况、简要经过及原因记录归档。

(3)事故分析记录。对发生轻伤、重伤、死亡、重大设备事故及未遂事故必须按"四不放过"的原则组织分析，查出主要原因，分清责任。提出防范措施，应吸取的教训要记录清楚。

（4）要坚持安全事故月报制度（若当月无事故要报空表）。

（五）法律责任

对于施工单位或有关人员违反上述规定，可视其情形予以罚款、依法暂扣或者吊销其有关证照、暂停或者撤销其与安全生产有关的执业资格或岗位证书等处罚。属于国家工作人员的，并依法给予处分；构成犯罪的，依法追究其刑事责任。

第三节　施工现场文明施工和环境管理

工程项目规模的不断增大，综合要求的不断提高，对施工现场提出了新的、更高的要求。良好的施工现场管理，可以有效地保证工程质量、维持施工节奏、稳定工程造价，还有利于保障施工安全。故此，在工程施工现场及安全生产管理中，文明施工、卫生管理和环境保护是实现工程项目管理目标的密切相关、直接有效的综合手段。作为强制性工程建设标准的《建筑与市政施工现场安全卫生与职业健康通用规范》要求，建筑与市政工程施工现场安全、环境、卫生与职业健康管理必须执行此规范。

一、施工现场文明施工的内涵与要求

（一）施工现场文明施工的内涵

施工现场文明施工，简称文明施工，是指保持施工场地整洁、卫生，施工组织科学，施工程序合理的一种施工活动或状态。因此，实现文明施工，既要做好施工现场的场容管理，还要做好现场材料、设备、安全、技术、保卫、消防和生活卫生等方面的管理工作。

文明施工管理的内容主要包括：规范施工现场的场容，保持作业环境的整洁卫生；科学组织施工，使生产有序进行；减少施工对周围居民和环境的影响；遵守施工现场文明施工的规定和要求，保证员工的安全和身体健康；进行现场文化建设等。

实现文明施工，需要保持现场良好的作业环境、卫生环境和工作秩序。因此，文明施工也属于施工环境管理或者工程项目环境管理的最重要组成部分。

（二）施工现场文明施工的要求

文明施工水平是该施工项目（工地）及其所属企业各项管理工作水平的综合体现。文明施工可以适应高质量发展和管理现代化趋势，有利于员工的身心健康、培养和提高施工队伍的整体素质，提升企业综合管理水平，提高企业的知名度和市场竞争力。

文明施工通常会对现场围挡、封闭管理、施工场地、材料堆放、现场住宿、现场防火、治安综合治理、施工现场标牌、生活设施、保健急救、社区服务等做出约束。因此，文明施工应满足的要求较多。例如：

（1）有整套的施工组织设计或施工方案，施工总平面布置紧凑，施工场地规划合理，符合环保、市容、卫生的要求。

（2）有健全的施工组织管理机构和指挥系统，岗位分工明确，工序交叉合理，交接责任明确。

（3）有严格的成品保护措施和制度，各种临时设施和材料构件、半成品按平面布置堆放整齐。

（4）施工场地平整，道路畅通，排水设施得当，水电线路整齐，机具设备状况良好，使用合理,施工作业符合消防和安全要求。

(5)搞好环境卫生管理,包括施工区、生活区环境卫生和食堂卫生管理。

(6)根据工程性质和所在地区的不同情况,采取必要的围护和遮挡措施,并保持外观整洁。

(7)文明施工应从施工准备阶段开始,贯穿施工结束后的清场。

二、施工现场环境管理

(一)施工现场环境管理的内涵

施工现场环境管理,也称施工现场环境保护,简称环境管理,是指工程项目按照法律法规和企业的要求,保护和改善作业现场的环境,控制施工现场的各种粉尘、废水、废气、固体废弃物、噪声、振动等对环境的污染和危害的系列活动。因此,环境保护或环境管理也是文明施工、工程项目综合环境管理的重要内容之一。

环境管理涉及的工作内容较多,通常包括:施工现场建立环保制度,对作业人员进行环保知识培训、考核;在开工 15 日前向县级以上环保管理部门申报登记,噪声排放应符合标准;现场污水排放申领"临时排水许可证";固体废弃物应申报登记;现场主要通道、进出道路、材料加工场及办公生活区地面应全部进行硬化处理,土方应集中堆放;拆除建筑物时,应采用隔离、洒水等措施;水泥等易飞扬的材料应密闭存放或覆盖;施工现场严禁熔融沥青及焚烧各类废弃物;爆破、打桩按规定申请,向居民和单位通报说明;地下管线标出位置,加以保护;发现文物、古迹等,应停止施工,保护好现场并报告有关部门;停水、停电、封路,必须经有关部门批准等。

工程建设必须加强环境管理,在施工过程中注意环境保护,不仅可以满足有关环境保护法律法规的要求,而且对于企业发展、员工健康和社会文明有重要意义。

(二)施工现场环境管理的目标

不同工程、不同企业环境管理工作的目标可能有所区别。但可简单地概括为"四达标""一杜绝""一强化"。

(1)"四达标"。① 污水排放达标,城市施工执行《建筑施工现场环境与卫生标准》,野外施工执行《污水综合排放标准》;② 施工噪声达标,敏感区域执行《建筑施工场界环境噪声排放标准》;③ 施工扬尘达标,按照国家及工程所在地的规定达标排放;④ 固体废弃物处理达标,按照国家及工程所在地的规定分类达标处理,施工弃渣按设计要求堆放、处理,有害废弃物处理合法化。

(2)"一杜绝"。杜绝爆炸、火灾等事故发生造成的环境污染事件。

(3)"一强化"。强化环保意识,节能降耗减排,改善施工文明环境。

对于某施工项目而言,其环境管理的具体目标可能包括:① 控制和杜绝因公负伤、死亡事故的发生(负伤频率在6‰以下,死亡率为零);② 一般事故频率控制目标(通常在6‰以内);③ 无重大设备、火灾、中毒事故及扰民事件;④ 环境污染物控制目标;⑤ 能源资源节约目标;⑥ 及时消除重大事故隐患,一般隐患整改率达到的目标不应低于95%;⑦ 扬尘、噪声、职业危害作业点合格率应为100%;⑧ 施工现场创建安全文明工地目标;⑨ 其他需要满足的总体目标。

根据《建筑与市政施工现场安全卫生与职业健康通用规范》,施工环境管理必须满足的要求包括以下几方面。

(1)主要道路、进出道路、材料加工区及办公区地面应全面进行硬化处理;施工现场内裸露的场地和集中堆放的土方应采取覆盖、固化或绿化等防尘措施。易产生扬尘的物料应全部篷盖。

（2）施工现场出口应设冲洗池和沉淀池，运输车辆底盘和车轮全部冲洗干净后方可驶离施工现场。施工场地、道路应采取定期洒水抑尘措施。

（3）建筑垃圾应分类存放、按时处置。收集、储存、运输或装卸建筑垃圾时应采取封闭措施或其他防护措施。

（4）施工现场严禁熔融沥青及焚烧各类废弃物。

（5）严禁将有毒物质、易燃易爆物品、油类、酸碱类物质向城市排水管道或地表水体排放。

（6）施工现场应设置排水沟及沉淀池，施工污水应经沉淀处理后，方可排入市政污水管网。

（7）严禁将危险废物埋入建筑垃圾回填点、建筑垃圾填埋场，或送入建筑垃圾资源化处理厂处理。

（8）施工现场应编制噪声污染防治工作方案并积极落实，并应采用有效的隔声降噪设备、设施或施工工艺等，减少噪声排放，降低噪声影响。

（9）施工现场应在安全位置设置临时休息点。施工区域禁止吸烟。

三、施工现场卫生与职业健康管理

施工现场安全、环境、卫生与职业健康管理通常密切关联，共同构成工程项目综合环境管理（系统）。本部分较为机械地加以区分，并着重阐述施工现场的卫生和职业健康管理。

（一）施工现场卫生管理

1. 施工现场卫生管理的内涵

施工现场卫生管理，简称卫生管理，是指为创造良好的生产、生活环境，养成文明的施工作风，增强职工身体健康，在施工现场展开的系列管理活动。其管理工作应严格执行国家有关法律法规、企业相关制度规定，管理成果可以纳入工程质量安全管理体系，促进文明施工、保障职工身心健康。

卫生管理的范围可以包括环境卫生、办公场所、食堂卫生、厕所卫生、宿舍卫生、卫生防疫等。进行卫生管理的过程中，首先将施工现场的区域划分出作业区、生活区，再将作业区、生活区分别划分成若干片区，分片包干、明确责任。对于各卫生包干区，应设置标识牌，注明负责人和管理范围；食堂、宿舍、场地需有专人负责。

2. 施工现场卫生管理的要求

由于卫生管理的范围不同，相应的管理要点、要求等也会有所不同。根据《建筑与市政施工现场安全卫生与职业健康通用规范》，卫生管理必须满足的要求包括：

① 施工现场应根据工人数量设置临时饮水点，生活饮用水应符合卫生标准；

② 饮用水与非饮用水系统之间不得存在直接或间接连接；

③ 施工现场食堂应设置独立的操作间、储藏间，配备必要的排风和冷藏设施，应制定食品留样制度并严格执行；

④ 食堂应有餐饮服务许可证和卫生许可证，炊事人员应持有身体健康证；

⑤ 施工现场应选择满足安全卫生标准的食品，且食品加工、准备、处理、清洗和储存过程应无污染、无毒害；

⑥ 施工现场应根据施工人员数量设置厕所，厕所应定期清扫、消毒，厕所粪便严禁直接排入雨水管网、河道或水沟内；

⑦ 施工现场和生活区应设置保障施工人员个人卫生需要的设施；

⑧ 施工现场生活区宿舍、休息室应根据人数合理确定使用面积、布置空间格局，且应设置足够的通风、采光、照明设施；

⑨ 办公区和生活区应采取灭鼠、灭蚊蝇、灭蟑螂及灭其他害虫的措施；

⑩ 办公区和生活区应定期消毒，当遇突发疫情时，应及时上报，并应按卫生防疫部门相关规定进行处理；

⑪ 办公区和生活区应设置封闭的生活垃圾箱，生活垃圾应分类投放，收集的垃圾应及时清运；

⑫ 施工现场应配备充足有效的医疗和急救用品，且应保障在需要时方便取用。

（二）施工现场职业健康管理

1. 施工现场职业健康管理的内涵

施工现场职业健康管理，简称职业健康管理，是指在施工过程中，通过改善劳动条件、克服不安全因素、防止人身伤亡和财产毁损事件的发生，使施工作业活动在保障劳动者安全健康和财产不受损失的条件下顺利进行的一系列管理活动。其管理的对象常指影响现场作业场所内的员工、临时工作人员、合同方人员、来访人员和其他人员健康安全的工作条件和相关因素。

职业健康管理的目的是防止和尽可能减少生产安全事故、保护产品生产者的健康与安全、保障人民群众的生命和财产免受损失，控制影响和可能影响作业场所各类人员健康的因素和条件，避免因管理不当对在组织控制下工作的人员健康和安全造成危害。

2. 施工现场职业健康管理的要求

根据《建筑与市政施工现场安全卫生与职业健康通用规范》，职业健康管理必须满足的要求如下。

（1）应为从事放射性、高毒、高危粉尘等方面工作的作业人员，建立、健全职业卫生档案和健康监护档案，定期提供医疗咨询服务。

（2）架子工、起重吊装工、信号指挥工配备劳动防护用品应符合下列规定：① 架子工、塔式起重机操作人员、起重吊装工应配备灵便紧口的工作服、系带防滑鞋和工作手套；② 信号指挥工应配备专用标识服装，在强光环境条件作业时，应配备有色防护眼镜。

（3）电工配备劳动防护用品应符合下列规定：① 维修电工应配备绝缘鞋、绝缘手套和灵便紧口的工作服；② 安装电工应配备手套和防护眼镜；③ 高压电气作业时，应配备相应等级的绝缘鞋、绝缘手套和有色防护眼镜。

（4）电焊工、气割工配备劳动防护用品应符合下列规定：① 电焊工、气割工应配备阻燃防护服、绝缘鞋、鞋盖、电焊手套和焊接防护面罩，高处作业时，应配备安全帽与面罩连接式焊接防护面罩和阻燃安全带；② 进行清除焊渣作业时，应配备防护眼镜；③ 进行磨削钨极作业时，应配备手套、防尘口罩和防护眼镜；④ 进行酸碱等腐蚀性作业时，应配备防腐蚀性工作服、耐酸碱胶鞋、耐酸碱手套、防护口罩和防护眼镜；⑤ 在密闭环境或通风不良的情况下，应配备送风式防护面罩。

（5）锅炉、压力容器及管道安装工配备劳动防护用品应符合下列规定：① 锅炉、压力容器安装工及管道安装工应配备紧口工作服和保护足趾安全鞋，在强光环境条件作业时，应配备有色防护眼镜；② 在地下或潮湿场所作业时，应配备紧口工作服、绝缘鞋和绝缘手套。

（6）油漆工在进行涂刷、喷漆作业时，应配备防静电工作服、防静电鞋、防静电手套、防毒口罩和防护眼镜，进行砂纸打磨作业时，应配备防尘口罩和密闭式防护眼镜。

（7）普通工进行淋灰、筛灰作业时，应配备高腰工作鞋、鞋盖、手套和防尘口罩，并应配备防护眼镜；进行抬、扛物料作业时，应配备垫肩；进行人工挖扩桩孔井下作业时，应配备雨靴、手套和安全绳；进行拆除工程作业时，应配备保护足趾安全鞋和手套。

（8）磨石工应配备紧口工作服、绝缘胶靴、绝缘手套和防尘口罩。

（9）防水工配备劳动防护用品应符合下列规定：① 进行涂刷作业时，应配备防静电工作服、防静电鞋和鞋盖、防护手套、防毒口罩和防护眼镜；② 进行沥青熔化、运送作业时，应配备防烫工作服、高腰布面胶底防滑鞋和鞋盖、工作帽、耐高温长手套、防毒口罩和防护眼镜。

（10）钳工、铆工、通风工配备劳动防护用品应符合下列规定：① 使用锉刀、刮刀、錾子、扁铲等工具进行作业时，应配备紧口工作服和防护眼镜；② 进行剔凿作业时，应配备手套和防护眼镜，进行搬抬作业时，应配备保护足趾安全鞋和手套；③ 进行石棉、玻璃棉等含尘毒材料作业时，应配备防异物工作服、防尘口罩、风帽、风镜和薄膜手套。

（11）电梯、起重机械安装拆卸工进行安装、拆卸和维修作业时，应配备紧口工作服、保护足趾安全鞋和手套。

（12）进行电钻、砂轮等手持电动工具作业时，应配备绝缘鞋、绝缘手套和防护眼镜；进行可能飞溅渣屑的机械设备作业时，应配备防护眼镜。

（13）其他特殊环境作业的人员配备劳动防护用品应符合下列规定：① 在噪声环境下工作的人员应配备耳塞、耳罩或防噪声帽等；② 进行地下管道、井、池等检查、检修作业时，应配备防毒面具、防滑鞋和手套；③ 在有毒、有害环境中工作的人员应配备防毒面罩或面具；④ 冬季施工期间或作业环境温度较低时，应为作业人员配备防寒类防护用品；⑤ 雨季施工期间，应为室外作业人员配备雨衣、雨鞋等个人防护用品。

因此，职业健康管理与安全生产、文明施工管理，尤其是现场卫生管理，目的协调、内容交融，可以共同构成工程项目综合环境管理(系统)。

四、工程项目综合环境管理

工程项目综合环境管理(系统)的有效运行，不仅需要融合安全生产、文明施工、环境保护、现场卫生和职业健康管理等目的和要点，而且需要组织完备、责任明确、制度健全、措施得力。本书主要阐述施工承包单位及项目经理部的综合环境管理。

（一）建立环境管理组织机构

在企业总体方针、体系的指导下，项目经理部应建立施工环境管理体系，明确岗位的职责和分工，完善管理制度、规范工作程序，并对所有参与人员进行相应的培训。

在该体系中，项目经理为运行的总负责人；生产或执行经理为体系管理的具体实施领导者；项目总工程师或技术负责人确定环境管理要素、环境管理方案，从技术层面推进安全生产、文明施工、卫生管理等相关事宜；项目经理部所属部门参与体系运行，并由项目行政部(组)负责牵头。为确保施工环境管理体系的有效运行，可成立运转工作领导小组，并由项目经理担任组长，小组成员及分工，如表5-3所列。

表 5-3　施工环境管理体系领导小组（人员组成及分工）

序号	职务	分管内容
1	项目经理	组织策划、对外联系、社区关系
2	执行经理	对外联系、社区关系、施工现场综合治理
3	安全工程师	施工现场规范化管理、场容场貌、材料堆放
4	项目技术负责人	施工现场安全达标、安全责任制、组织安全教育、交底、检查、验收
5	资料员	施工组织设计、工程质量责任制、原材料质量等资料整编
6	施工员	办公室文明职工教育、宣传娱乐活动
7	施工员	办公、生活后勤、治安管理
8	施工员	工程项目创卫管理

施工环境管理措施的监督执行单位为项目经理部各有关部门，具体执行者是各专业施工单位，并由该单位的负责人落实相应的监督与管理工作。

（二）设计管理人员的岗位职责

为使施工环境管理体系有效运转，结合表 5-3 的施工环境管理体系领导小组人员组成及分工，应当根据施工实际，进一步设计、优化管理人员的岗位职责，通过责权利相结合，求得工作实效。例如，某施工项目部分管理人员的岗位职责设计（主要结果）如下。

1. 项目经理

① 负责贯彻执行国家环境方面的法律法规、方针政策和企业的规章制度；

② 负责本项目施工环境管理体系的建立、实施和改进；

③ 负责本项目安全生产、文明施工、环境保护、现场卫生和职业健康管理中重大事项的组织调度；

④ 保障施工环境管理体系运行所需的资源。

2. 安全工程师（专职安全员）

① 受项目经理委托，负责贯彻本项目施工环境管理体系的方针和目标，协助建立、实施、完善环境管理体系，确保其有效运行；

② 负责对有关安全环境方面的法律、法规及其他要求等的识别与传递；

③ 负责制定安全环境管理方案；

④ 负责运行程序和对有关安全环境方面的人员的培训及对其意识和能力的评价；

⑤ 负责收集整理有关记录，以备查阅；

⑥ 负责制定纠正和预防措施，并验证结果。

3. 其他成员

① 识别施工安全环境因素，并协助制定安全环境管理方案；

② 负责对本专业人员及相关方进行专业知识及意识培训，并施加直接影响；

③ 保存有关活动记录以备查阅；

④ 及时反馈该专业涉及的有关安全环保方面的信息，以便做出响应。

（三）明确相关的制度和措施

在施工环境管理体系中，安全生产、文明施工、卫生管理、环境保护与职业健康管理是一个相互交融的系统，内容相当庞大。而且，明确的规章制度、得力的措施手段，是其有效运行的推力和保障。由于篇幅所限，在此仅针对施工单位及施工现场举例说明。

1. 现场文明施工和环境保护的管理制度

施工现场文明施工和环境保护的管理制度要根据现行法律法规、企业要求，结合施工实际科学制定。

其主要制度包括：建立各级文明施工和环境保护岗位责任制、将相关工作考核列入经济责任制；建立定期的检查制度，实行自检、互检、交接检制度；建立奖惩制度，开展文明施工立功竞赛；加强文明施工、环境保护的教育培训等。

2. 加强现场文明施工的管理措施

确立项目经理为现场文明施工的第一责任人，并由各专业工程师，以及施工质量、安全、材料、保卫等项目经理部的内设部门及人员，组织施工现场文明工作，共同负责本工程现场文明施工管理。针对现场文明施工的各项要求，可能采取的管理措施如下。

(1)施工平面布置。施工总平面图应对施工机械设备、材料和构配件的堆场、现场加工场地，以及现场临时运输道路、临时供水供电线路和其他临时设施进行合理布置，并随工程实施的不同阶段进行场地布置和调整。

(2)现场围挡设计。工地四周设置连续、密闭的砖砌或其他围墙。市区主要路段和其他涉及市容景观路段的工地设置围挡的高度不低于 2.5m，其他工地的围挡高度不低于1.8m。围挡材料要求坚固、稳定、统一、整洁、美观。

结构外墙脚手架设置安全网，防止杂物、灰尘外散，也防止人与物的坠落。安全网的使用不得超出其合理使用期限，重复使用的应进行检验，检验不合格的不得使用。

(3)现场工程标志牌设计。根据文明工地标准，严格按照相关文件规定的尺寸和规格制作各类工程标志牌。明确"五牌一图"，即工程概况牌、管理人员名单及监督电话牌、消防保卫(防火责任)牌、安全生产牌、文明施工牌和施工现场平面图。

(4)临设布置。现场生产临时设施及施工便道总体布置时，必须同时考虑工程基地范围内的永久道路，避免冲突，影响管线的施工。

(5)成品、半成品、原材料堆放。仓库做到账物相符。进出仓库有手续，凭单收发，堆放整齐。保持仓库整洁，专人负责管理。

严格按施工组织设计中的平面布置图划定的位置堆放成品、半成品和原材料，所有材料应堆放整齐。

(6)现场场地和道路。场内道路要平整、坚实、畅通。主要场地应硬化，并设置相应的安全防护设施和安全标志。施工现场内要有完善的排水设施，不允许有积水存在。

(7)现场卫生管理。分割施工区和生活区，并针对两个区域再分成若干片区，建立责任区，各卫生分包区指派专人负责，使文明施工管理日常化。

(8)文明施工教育。企业要定期轮训本单位各级领导和安全管理人员，项目经理部要定期对基层管理人员进行培训学习，工地内设置足够的横幅与文明施工安全标语，并且通过定期更换宣传栏、读报栏、黑板报等形式对工人进行安全文明教育。

必须说明，我国大力推行的绿色建筑、绿色施工、智能建造以及智慧工地等行动，必将对工程项目综合环境管理及其水平的提升，发挥良好、巨大的推动作用。

第四节　职业健康安全管理体系与环境管理体系标准

随着人类社会进步和科学技术发展，职业健康安全与环境的问题越来越受到各界普遍关注。职业健康安全管理体系是 20 世纪 80 年代后期在国际上兴起的现代安全生产管理模式，它与 ISO9000 和 ISO14000 等标准体系一并被称为"后工业化时代的管理方法"。职业健康安全与环境管理体系不仅是建筑企业现代化管理的重要组成部分，而且几乎可以回答建设工程安全生产、文明施工、卫生管理、环境保护与职业健康管理的所有问题。因此，我国包括施工承包单位在内的工程建设的参与者应当拓宽国际化视野，更加重视职业健康安全与环境管理体系的建设。

一、标准的概述

(一)职业健康安全管理体系标准的构成与特点

1.《职业健康安全管理体系 要求及使用指南》(GB/T 45001—2020) 标准体系构成

作为我国推荐性标准的职业健康安全管理体系标准，已经被许多企业普遍采用，用以制定相应的管理体系。2020 年 3 月 6 日，国家市场监督管理总局、国家标准化管理委员会(SAC)批准《职业健康安全管理体系 要求及使用指南》(GB/T 45001—2020)，该标准等同采用 ISO 45001：2018《Occupational health and safety management systems—Requirements with guidance for use》，代替了原《职业健康安全管理体系要求》(GB/T 28001—2011)、《职业健康安全管理体系实施指南》(GB/T 28002—2011)。

根据《职业健康安全管理体系 要求及使用指南》(以下用"标准"代称)规定，该体系的目的是防止对工作人员造成与工作相关的伤害和健康损害，并提供健康安全的工作场所。

"标准"由范围、规范性引用文件、术语和定义、组织所处的环境、领导作用和工作人员参与、策划、支持、运行、绩效评价和改进共 10 个部分组成。

2. 职业健康安全管理体系标准实施的特点

职业健康安全管理体系是企业和各类组织总体管理体系的一部分。"标准"作为推荐性标准，适用于各行各业、任何类型和规模的组织建立职业健康安全管理体系，并作为其认证的依据。其建立和运行过程的特点，体现在以下几个方面。

(1)"标准"的结构系统采用 PDCA 循环管理模式，即标准由"领导作用-策划-支持和运行-绩效评价-改进"五大要素构成，采用了第三章(工程项目进度控制)的 PDCA 动态循环、不断上升的螺旋式运行模式，体现了持续改进的动态管理思想。其运行模式如图 5-4所示。

(2)"标准"规定了职业健康安全(OHS)管理体系的要求，并给出了其使用指南，以使组织能够通过防止与工作相关的伤害和健康损害以及主动改进其职业健康安全绩效来提供安全和健康的工作场所。

(3)"标准"有助于企业实现其职业健康安全管理体系的预期结果。依照企业的职业健康安全方针，其职业健康安全管理体系的预期结果包括：持续改进职业健康安全绩效；满足法律法规要求和其他要求；实现职业健康安全目标。

(4)"标准"适用于任何规模、类型和活动的企业或组织。它适用于组织控制下的职业健康安全风险，这些风险必须考虑到诸如组织运行环境、组织工作人员和其他相关方的需求和期望等因素。

(5)实施符合本标准的职业健康安全管理体系，能使企业或组织管理其职业健康安全风险并提升其职业健康安全绩效。而且，"标准"有助于企业或组织满足法律法规要求和其他要求。

(6)"标准"的内容全面、充实、可操作性强，为组织提供了一套科学、有效的职业健康安全管理手段。其不仅要求企业或组织强化安全管理，完善组织安全生产的自我约束机

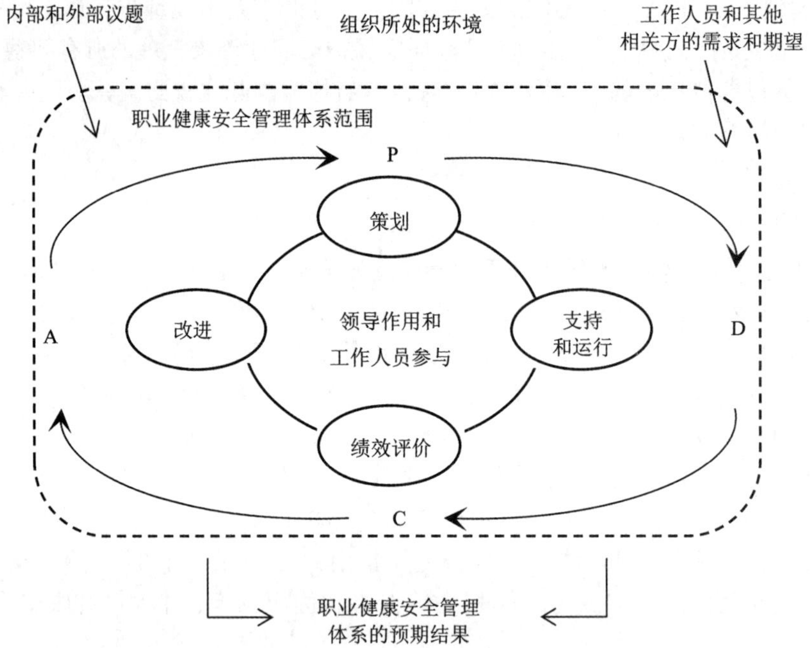

图 5-4　职业健康安全管理体系运行模式

制，而且要求企业或组织提升社会责任感和对社会的关注度，形成组织良好的社会形象。

（7）实施职业健康安全管理体系标准，企业或组织必须对全体员工进行系统的安全培训，强化其全体成员的安全意识，可以增强劳动者身心健康，提高劳动者的劳动效率，从而为企业或组织创造更大的经济效益。

（8）"标准"等同于国际上通行的《职业健康安全管理体系使用指南要求》（ISO 45001：2018）。很多国家和国际组织把职业健康安全与贸易挂钩，形成贸易壁垒。贯彻执行职业健康安全管理标准有助于消除贸易壁垒，从而为更广泛地参与国际市场竞争创造必备的条件。

（二）环境管理体系标准的构成与特点

1. 环境管理体系标准的构成

随着全球经济的发展，人类赖以生存的环境也遭到严重破坏。20 世纪 80 年代，联合国组建了世界环境与发展委员会，提出了"可持续发展"的观点。国际标准化制定的 ISO 14000 体系标准，被我国等同采用，即：

《环境管理体系 要求及使用指南》（GB/T 24001—2016）；

《环境管理体系 通用实施指南》（GB/T 24004—2017）。

《环境管理体系 要求及使用指南》指出，环境是指"组织运行活动的外部存在，包括空气、水、土地、自然资源、植物、动物、人，以及它（他）们之间的相互关系。"这个定义是以组织运行活动为主体，其外部存在主要是指人类认识到的、直接或间接影响人类生存的各种自然因素及其相互关系。该指南由范围、规范性引用文件、术语和定义、组织所处的环境、领导作用、策划、支持、运行、绩效评价和改进共 10 个部分组成。

《环境管理体系 通用实施指南》的主要技术内容是：范围、规范性引用文件、术语和定义、组织所处的环境、领导作用、策划、支持、运行、绩效评价、改进。

2. 环境管理体系标准的特点

(1)标准作为推荐性标准被各类组织普遍采用，适用于各行各业，任何类型和规模的组织用于建立组织的环境管理体系，并作为其认证的依据。

(2)标准在市场经济驱动的前提下，促进各类组织提高环境管理水平，达到实现环境目标的目的。

(3)环境管理体系的结构系统，采用的是 PDCA 动态循环、不断上升的螺旋式管理运行模式，在"策划-支持和运行-绩效评价-改进"四大要素构成的动态循环过程基础上，结合环境管理特点，考虑组织所处环境、内外部问题、相关方需求及期望等因素，形成完整的持续改进动态管理体系。该模式为环境管理体系提供了一套系统化的方法，指导组织合理有效地推行其环境管理工作。

(4)标准着重强调与环境污染预防、环境保护等法律法规的符合性。

(5)标准着重强调体系的科学性、完整性和灵活性。

(6)标准具有与其他管理体系的兼容性。标准的制定是为了满足环境管理体系评价和认证的需要。为了满足组织整合质量、环境和职业健康安全管理体系的需要，GB/T 24000 系列标准考虑了与《质量管理体系 要求》(GB/T 19001—2016)、《职业健康安全管理体系 要求》(GB/T 28001—2011)标准的兼容性。此外，GB/T 24000 系列标准还考虑了与国际 ISO 14000 体系标准的兼容性。

二、职业健康安全与环境管理的特点和要求

(一)建设工程职业健康安全与环境管理的特点

由于建设产品及其生产的技术经济特点，建设工程职业健康安全与环境管理有以下特点。

1. 复杂性

建设项目的职业健康安全与环境管理涉及大量的露天作业，受到气候条件、工程地质和水文地质、地理条件和地域资源等不可控因素的影响较大。

2. 多变性

一方面是项目建设现场材料、设备和工具的流动性大；另一方面由于技术进步，项目不断引入新材料、新设备和新工艺，这都加大了相应的管理难度。

3. 协调性

工程建设涉及的工种甚多，包括大量的高空作业、地下作业、用电作业、爆破作业、施工机械、起重作业等较危险的工程或工序，并且各工种经常需要交叉或平行作业。

4. 持续性

工程建设一般具有建设周期长的特点，从设计、实施直至投产阶段，诸多工序与过程环环相扣。前一道工序的隐患，可能在后续的工序中暴露，进而酿成安全事故。

5. 经济性

产品的时代性、社会性与多样性决定了环境管理的经济性。

6. 多样性

产品的时代性和社会性也决定了环境管理的多样性。

(二)建设工程职业健康安全与环境管理的要求

建设工程职业健康安全与环境管理的目的是防止和减少生产安全事故、保护产品生产者的健康与安全、保障人民群众的生命和财产免受损失。因此，在工程建设的不同阶段，

对于不同市场主体的要求也有所不同。

1. 工程项目决策阶段

建设单位应按照有关建设工程法律法规的规定和强制性标准的要求，办理各种有关安全与环境保护方面的审批手续。对需要进行环境影响评价或安全预评价的建设工程项目，应组织或委托有相应资质的单位进行建设工程项目环境影响评价和安全预评价。

2. 工程项目设计阶段

设计单位应按照有关建设工程法律法规的规定和强制性标准的要求，进行环境保护设施和安全设施的设计，防止因设计考虑不周而导致生产安全事故的发生或对环境造成不良影响。

在进行工程设计时，设计单位应当考虑施工安全和防护需要，对涉及施工安全的重点部分和环节在设计文件中应进行注明，并对防范生产安全事故提出指导意见。

对于采用新结构、新材料、新工艺和特殊结构的工程项目，设计单位应在设计中提出保障施工作业人员安全和防止生产安全事故发生的措施建议。

在工程总概算中，应明确工程安全环保设施费用、安全施工和环境保护措施费等。

设计单位和注册建筑师等执业人员应当对其设计负责。

3. 工程施工阶段

建设单位在申请领取施工许可证时，应当提供工程建设有关安全施工措施的资料。

对于依法批准开工的建设工程，建设单位应当自开工报告批准之日起15日内，将保证安全施工的措施报送建设工程所在地的县级以上人民政府建设行政主管部门或者其他有关部门备案。

对于应当拆除的工程，建设单位应当在拆除工程施工15日前，将拆除施工单位资质等级证明，拟拆除建筑物、构筑物及可能涉及毗邻建筑的说明，拆除施工组织设计方案，堆放、清除废弃物的措施的资料等，报送建设工程所在地的县级以上人民政府主管部门或者其他有关部门备案。

施工企业在其经营生产的活动中，必须对本企业的安全生产负全面责任。企业的法定代表人或主要负责人是安全生产的第一责任人，项目负责人是施工项目生产的主要负责人。施工企业应当具备安全生产的资质条件，取得安全生产许可证的施工企业应设立安全生产管理机构，配备合格的安全生产管理人员，提供必要的资源；要建立健全职业健康安全体系以及有关的安全生产责任制和各项安全生产规章制度。对工程项目要编制切合实际的安全生产计划，制定职业健康安全保障措施；实施安全教育培训制度，不断增强员工的安全意识和安全生产素质。

建设工程实行总承包的，由总承包单位对施工现场的安全生产负总责并自行完成工程主体结构的施工。分包单位应当接受总承包单位的安全生产管理，分包合同中应当明确各自的安全生产方面的权利、义务。分包单位不服从管理导致生产安全事故的，由分包单位承担主要责任，总承包单位和分包单位对分包工程的安全生产承担连带责任。

4. 工程项目验收试运行阶段

工程项目竣工后，建设单位应向审批建设工程项目环境报告书、环境影响报告的环境保护行政主管部门申请，对环保设施进行竣工验收。环保行政主管部门应在收到申请环保设施竣工验收之日起30日内完成验收。验收合格后，才能投入生产和使用。

对于需要试生产的工程项目，建设单位应当在项目投入试生产之日起3个月内向环保行政主管部门申请对其项目配套的环保设施进行竣工验收。

三、职业健康安全管理体系与环境管理体系的建立和运行

（一）职业健康安全管理体系与环境管理体系的建立

1. 领导决策

企业或项目的最高管理者亲自决策，以便获得各方面的支持，有助于获得体系建立过程中所需的资源。

2. 成立工作组

最高管理者或授权管理者代表组建工作小组并负责建立体系。工作小组的成员要覆盖组织的主要职能部门，组长负责协调各职能部门间人力、资金、信息获取等工作。

3. 人员培训

通过培训使有关人员具有完成对职业健康与环境有影响的任务的相应能力，了解建立体系的重要性，熟悉标准体系的主要思想和内容。

4. 初始状态评审

初始状态评审是对组织过去和现在的职业健康安全与环境的信息、状态进行收集、调查分析、识别，获取现行法律法规和其他要求，进行危险源辨识和风险评价、环境因素识别和重要环境因素评价。评审结果将作为确定职业健康安全与环境方针、制定管理方案、编制体系文件的基础。

5. 制定方针、目标、指标和管理方案

方针是组织对其职业健康安全与环境行为的原则和意图的声明，也是组织自觉承担其责任和义务的承诺。因此，方针确定的总指导方向和行动准则，也是评价一切后续活动的依据，并为制定更加具体的目标和指标提供一个框架。

职业健康安全及环境目标、指标的制定是组织为了实现其在职业健康安全及环境方针中所体现出的管理理念及其对整体绩效的期许与原则。其应与企业的总目标相一致。

管理方案是实现目标、指标的行动方案。为保证职业健康安全和环境管理体系目标的实现，需结合年度管理目标和企业客观实际情况，策划制定职业健康安全和环境管理方案，并在方案中明确旨在实现目标指标的相关部门的职责、方法、时间表以及对于资源的要求。

6. 管理体系策划与设计

体系策划与设计是依据制定的方针、目标和指标、管理方案，确定组织机构职责和筹划各种运行程序。

7. 体系文件编写

（1）体系文件编写的原则。作为管理制度和管理办法，管理体系文件编写和实施应遵循以下原则：标准要求的要写到；文件写到的要做到；做到的要有效记录。

（2）管理手册的编写。管理手册是对组织整个管理体系的整体性描述，为体系的进一步展开以及后续程序文件的制定提供框架要求和原则规定，是管理体系的纲领性文件。管理手册可使组织的各级管理者明确体系概况，了解各部门的职责权限和相互关系，以便统一分工和协调管理。

管理手册的主要内容包括：① 方针、目标、指标、管理方案；② 管理、运行、审核和评审工作人员的主要职责、权限和相互关系；③ 关于程序文件的说明和查询途径；④ 关于管理手册的管理、评审和修订工作的规定。

（3）程序文件的编写。程序文件的编写应符合以下要求。

① 程序文件要针对需要编制程序文件体系的管理要素。

② 程序文件的内容可按"4W1H"的顺序和内容来编写，即明确程序中的管理要素由谁做(who)，什么时间做(when)，在什么地点做(where)，做什么(what)，怎么做(how)。

③ 程序文件的一般格式可按照目的和适用范围、引用的标准及文件、术语和定义、职责、工作程序、报告和记录的格式以及相关文件等的顺序来编写。

④ 作业文件的编制。作业文件是指管理手册、程序文件之外的文件，一般包括作业指导书(操作规程)、管理规定、监测活动准则及程序文件引用的表格。其编写的内容和格式与程序文件的要求基本相同。在编写之前，应对原有的作业文件进行清理，摘其有用，删除无关。

8. 文件的审查、审批和发布

文件编写完成后，应进行审查，经审查、修改、汇总后进行审批，进而发布。

(二)职业健康安全管理体系与环境管理体系的运行

1. 管理体系的运行

管理体系的运行是指按照已建立的体系的要求进行实施。其实施的重点包括以下几方面。

(1)培训意识和能力。组织应确定与职业健康安全管理风险、环境风险及体系相关的培训需求，应提供培训或采取其他措施来满足这些需求，评价培训或采取的措施的有效性，并保存相关记录。

(2)信息交流。确保各要素构成一个完整的、动态的、持续改进的体系和基础，应关注信息交流的内容和方式。

(3)文件管理。对现有有效文件进行整理编号，方便查询索引。对适用的规范、规程等行业标准应及时购买补充，对适用的表格要及时发放。对在内容上有抵触的文件和过期的文件，要及时作废并妥善处理。

(4)执行控制程序文件的规定。体系的运行离不开程序文件的指导，程序文件及其相关的作业文件在组织内部具有法定效力，必须严格执行，保证体系正确运行。

(5)监测。为保证体系正确有效的运行，必须严格监测体系的运行情况。监测中，应明确监测的对象和监测的方法。

(6)不符合、纠正和预防措施。体系在运行过程中，不符合的出现是不可避免的，包括事故也难免时有发生，关键是相应的纠正与预防措施是否及时有效。组织应建立、实施并保持程序，以处理实际和潜在的不符合，并采取纠正措施和预防措施。

(7)记录。在体系运行过程中，及时按文件要求进行记录，如实反映体系运行情况。

2. 管理体系的维持

(1)内部审核。内部审核是组织对其自身的管理体系进行的审核，是对体系是否正常运行以及是否达到了规定的目标所做的独立的检查和评价。它是管理体系自我保证和自我监督的一种机制。

内部审核前，要明确审核的方式方法和步骤，形成审核计划，并发至相关部门。

(2)管理评审。管理评审是由组织的最高管理者对管理体系的系统评价，判断组织的管理体系面对内部情况和外部环境的变化是否充分适应有效。进而决定是否对管理体系做出调整，包括方针、目标、机构和程序等。

(3)合规性评价。该评价分为项目组级和公司级评价两个层次进行，进而履行遵守法律法规要求的承诺。

项目组级评价，由项目经理组织有关人员对施工中应遵守的法律法规和其他要求的执行情况进行一次合规性评价。阶段施工过程中，每半年评价不少于一次；工程结束时，应针对整个项目进行系统的合规性评价。

公司级评价每年进行一次，制订计划后由管理者代表组织企业相关部门和项目组，对公司应遵守的法律法规和其他要求的执行情况进行合规性评价。各级合规性评价后，对不能充分满足要求的相关活动或行为，通过管理方案或纠正措施等方式进行持续改进。上述评价和改进的结果，应形成必要的记录和证据，作为管理评审的依据。

管理评审时，最高管理者应结合上述合规性评价的结果、企业的客观管理实际、相关法律法规和其他要求，系统评价体系运行过程中对适用法律法规和其他要求的遵守及执行情况，并由相关部门或最高管理者提出改进要求。

复习思考题

1. 在建设工程安全生产管理制度体系中，如何理解管理制度和操作规程？举例说明各自的主要内容。

2. 安全生产检查的主要类型和内容有哪些？两者的关系怎样？

3. 如何界定安全隐患、重大安全隐患？处理安全隐患的原则和方法分别有哪些？

4. 危险源有哪两类？危险源识别、评估与控制的关系如何？

5. 生产安全事故有哪些类型？应急预案编制和管理的主要工作如何？

6. 安全事故报告和调查处理的原则怎样？涉及施工承包单位的主要工作有哪些？

7. 分别举例说明施工现场文明施工、卫生管理、职业健康管理的主要要求。

8. 工程项目综合环境管理包括的主要内容有哪些？

9. 职业健康安全管理体系标准、环境管理体系标准的构成与特点分别是怎样的？

第六章　工程项目合同管理

工程项目具有多样性、单件性、周期长和不确定性等特征，其建设实施过程的相关参与者众多，彼此相互关联且利益目标并不完全相同，势必引发工程勘察设计、施工（承包）、物资采购、监理以及工程总承包、分包等诸多合同。因此，为保证工程项目管理的连续性、科学性、经济性，工程管理人员需要在合同筹划、招标投标的基础上，对于合同的签订、履行、终止等进行全过程管理。本章立足建设工程合同体系，主要阐述施工承包单位的工程施工合同。

第一节　工程招标与投标

一、工程招标投标的概述

招标投标是市场经济和竞争机制发展到一定程度的必然产物。它始于 18 世纪末、19 世纪初的西方国家，初期主要用于建筑工程、物资或大型设备等采购，并通过竞争从众多的投标人中选定满意的承包商或供应商。改革开放以来，随着经济快速增长，我国招标投标制度经历起步推广、深化完善、法制化运行阶段，在众多领域得到了广泛应用，已经转入高质量发展。工程建设实践中，通常涉及勘察设计、工程施工、工程监理、物资采购以及工程总承包等的招标投标，其中以工程施工的招标投标最具代表性。

（一）工程招标投标的概念及原则

1. 工程招标投标的概念

（1）工程招标投标的制度建设。工程招标投标是工程建设市场主体，针对工程项目和货物、服务等标的物而开展的招标、投标、评标、定标等一系列管理活动。

我国实行招标投标制以来，法律法规与相关实践逐步完善。例如，继 1999 年颁布《中华人民共和国招标投标法》（以下简称《招标投标法》）之后，2017 年进行了《招标投标法》的修订；根据《招标投标法》制定的《中华人民共和国招标投标法实施条例》（以下简称《招标投标法实施条例》）于 2011 年颁布后，先后于 2017 年、2018 年、2019 年进行三次修订。在此进程中，《工程建设项目招标范围和规模标准规定》《评标委员会和评标方法暂行规定》，以及《标准施工招标资格预审文件》（2007 年版）、《标准施工招标文件》（2007 版）等陆续颁布实施。

《中华人民共和国民法典》自 2021 年 1 月 1 日起生效，《中华人民共和国合同法》同时废除。《中华人民共和国民法典》的"总则"及"合同"篇章，均提到了与招标投标活动相关的规定。

（2）工程招标与投标的基本界定。工程招标是指招标人依据特定的程序，标明自己的目的，招请潜在的投标人依据招标文件参与竞争，从中择优选定中标人，并与之达成合同协议的经济法律活动。

工程投标是指经过资格审查合格（如果需要）并取得招标文件的投标人，按照招标文件规定的时间和要求，将投标文件送达招标人并参与竞争的行为。

纵观我国的工程招标投标发展及其相关制度，可将其运作的架构概括为：法人招标，建设单位或招标人作为企业法人，依法开展招标活动；企业投标，即施工承包单位或其他投标人，自愿、自主参与投标竞争活动；专家评标，按规定组建评标委员会，并由专家评标；政府监督，政府有关部门依法依规对于招标投标活动进行监督管理。

随着经济新常态下经济高质量发展以及简政放权，我国招标投标的相关法律法规陆续更新。2022年9月，国家发展改革委、工业和信息化部等13部门联合发布《关于严格执行招标投标法规制度进一步规范招标投标主体行为的若干意见》（以下简称"若干意见"），对于强化招标人主体责任、坚决打击遏制违法投标和不诚信履约行为、加强评标专家管理规范招标代理服务行为、进一步落实监督管理职责，提出了依法落实招标自主权、规范招标文件编制和发布、严格规范投标和履约行为、提高评标质量、健全监管机制等20条意见。

2．工程招标投标的原则

在市场经济条件下，竞争机制、价值规律和供求关系应当同时发挥作用，并为开展招标投标活动奠定了重要基础。因此，招标投标活动通常具有竞争性、合理性、规范性、法制性、公正性等特点。

目前，我国招标投标的制度设计，主要遵循"三公、诚信"原则。

（1）公开原则。要求招标投标的程序透明化，招标信息、评标方法与标准、中标结果等都应公开。

（2）公平原则。招标人与投标人的法律地位平等，权利与义务相对应，且交易过程和交易结果公平。

（3）公正原则。采用统一的规定标准、符合法律规定的评标和定标方法，不偏袒任何一方。

（4）诚实信用原则。在招标投标活动中，招标人和投标人应以守法、诚实、守信的意识和态度来行使权利和义务，不能故意隐瞒真相或弄虚作假，在追求自己合法利益的同时不能损害他人以及社会的合法利益，依法维持双方利益的平衡，维持自身利益与社会利益的平衡。

相信我国未来的招标投标管理，将在当前"三公、诚信"原则的基础上，更加讲求工程招标投标及后续活动的经济效益或效率。例如，在某些情况下，通过评标与定标的"评定分离"，赋予招标人更大的自主权。

（二）工程招标的范围与条件

1．工程招标的范围

从理论上讲，在市场经济条件下，工程项目是否采用招标方式、采用何种方式选定承包人，发包人有着完全的决定权。但是为了保证公共利益，各国的法律普遍规定政府资金投资的公共项目（包括部分或全部投资的项目），涉及公共利益的其他资金投资项目，投资达到一定额度之上时，要采用招标的方式进行采购。

《招标投标法》指出，凡在中华人民共和国境内进行的下列工程建设项目，包括项目的勘察、设计、施工、监理以及与工程建设有关的重要设备、材料等的采购，必须进行招标：

① 大型基础设施、公用事业等关系社会公共利益、公众安全的项目；

② 全部或部分使用国有资金投资或者国家融资的项目；

③ 使用国际组织或者外国政府贷款、援助资金的项目。

法律或者国务院对必须进行招标的其他项目的范围有规定的，依照其规定。

2. 必须招标的工程项目

2000年（原）国家发展计划委报经国务院批准发布《工程建设项目招标范围和规模标准规定》（国家发展计划委第3号令），明确了必须招标工程项目的具体范围和规模标准。根据市场的发展变化，国家发展改革委会同国务院有关部门对"3号令"进行修订，形成了《必须招标的工程项目规定》（国家发展和改革委第16号令），并于2018年6月1日起正式实施。根据《必须招标的工程项目规定》，必须招标的工程项目，具体如下。

（1）全部或者部分使用国有资金投资或者国家融资的项目，具体包括以下两方面：

① 使用预算资金200万元人民币以上，并且该资金占投资额10%以上的项目；

② 使用国有企业事业单位资金，并且该资金占控股或者主导地位的项目。

（2）使用国际组织或者外国政府贷款、援助资金的项目，具体包括以下两方面：

① 使用世界银行、亚洲开发银行等国际组织贷款、援助资金的项目；

② 使用外国政府及其机构贷款、援助资金的项目。

（3）法律或国务院要求必须进行招标的其他项目。不属于上述"（1）（2）"规定情形的项目，必须招标的具体范围由国务院发展改革部门会同国务院有关部门按照确有必要、严格限定的原则制订，报国务院批准。

（4）上述"（1）（2）（3）"规定范围内的项目，其勘察、设计、施工、监理以及与工程建设有关的重要设备、材料等的采购达到下列标准之一的，必须招标：

① 施工单项合同估算价在400万元人民币以上；

② 重要设备、材料等货物的采购，单项合同估算价在200万元人民币以上；

③ 勘察、设计、监理等服务的采购，单项合同估算价在100万元人民币以上。

同一项目中可以合并进行的勘察、设计、施工、监理以及与工程建设有关的重要设备、材料等的采购，合同估算价合计达到前款规定标准的，必须招标。

应当看到，现行的招标规模标准较此前放宽（翻倍），应当有利于激发市场主体的活力。

3. 可以不招标的工程项目

《招标投标法》第六十六条规定："涉及国家安全、国家秘密、抢险救灾或者属于利用扶贫资金实行以工代赈、需要使用农民工等特殊情况，不适宜进行招标的项目，按照国家有关规定可以不进行招标。"国务院有关部委在规定必须招标项目的范围和规模的同时，对于不进行招标的项目范围作出了相应的规定。

（1）《招标投标法实施条例》的规定。《招标投标法实施条例》第九条规定："除招标投标法第六十六条规定的可以不进行招标的特殊情况外，有下列情形之一的，可不进行招标。"

① 需采用不可替代的专利或者专有技术；

② 采购人依法能够自行建设、生产或者提供；

③ 已通过招标方式选定的特许经营项目投资人能够自行建设、生产或者提供；

④ 需要向原中标人采购工程、货物或者服务，否则将影响施工或者功能配套要求；

⑤ 国家规定的其他特殊情形。

（2）《房屋建筑和市政基础设施工程施工招标投标管理办法》的规定。《房屋建筑和市政基础设施工程施工招标投标管理办法》自2018年9月28日起施行，1992年12月30日（原）建设部颁布的《工程建设施工招标投标管理办法》（建设部令第23号）同时废止。

其第九条规定,工程有下列情形之一的,经县级以上地方人民政府建设行政主管部门批准,可以不进行施工招标:

① 停建或者缓建后恢复建设的单位工程,且承包人未发生变更的;

② 施工企业自建自用的工程,且该施工企业资质等级符合工程要求的;

③ 在建工程追加的附属小型工程或者主体加层工程,且承包人未发生变更的;

④ 法律、法规、规章规定的其他情形。

4. 工程招标条件

为规范招标行为,确保招标工作有条不紊地进行,《房屋建筑和市政基础设施工程施工招标投标管理办法》对于依法必须进行施工招标的工程,工程施工招标及招标人自行办理施工招标应当具备的条件作出了规定。

(1)工程施工招标应当具备的条件。

① 按照国家有关规定需要履行项目审批手续的,已经履行审批手续;

② 工程资金或者资金来源已经落实;

③ 有满足施工招标需要的设计文件及其他技术资料;

④ 法律、法规、规章规定的其他条件。

(2)招标人自行办理施工招标应当具备的条件。

① 有专门的施工招标组织机构;

② 有与工程规模、复杂程度相适应并具有同类工程施工招标经验、熟悉有关工程施工招标法律法规的工程技术、概预算及工程管理的专业人员。

如果招标人不具备上述自行办理施工招标的条件,但是工程施工招标的条件基本具备,招标人应当委托工程招标代理机构代理施工招标。当然,勘察、设计、工程监理与工程施工等不同招标类型,对于工程项目条件要求的侧重点也会有所不同。

(三)招标方式

我国《招标投标法》规定,招标方式有公开招标和邀请招标两种。国际工程招标方式除了以上两种,还有议标、两阶段招标等方式。本书针对我国的招标方式进行阐述。

1. 公开招标

(1)公开招标的界定。公开招标也称无限竞争性招标,是指招标人以招标公告的方式,招请不特定的法人或其他组织参加投标,并按有关规定,择优选定中标人的方式。

在公开招标方式之下,编制并公开发布招标公告是其有别于邀请招标的最明显标志,而且标段的划分、投标人资格审查、招标文件编制等的技术含量较高。

(2)公开招标的特点。公开招标为所有投标人提供一个公平竞争的机会,广泛吸引投标人,招投标程序的透明度高,容易赢得投标人的信任,较大程度上避免了招投标活动中的"围标""串标""贿标"等行为。因此,招标人可以在较广的范围内从容地选择投标人(工程承包或技术服务供应单位),竞争激烈,择优率高,有利于降低工程造价,提高工程质量和缩短工期。

该方式之下,由于参与竞争的投标人可能较多,准备招标事宜、对投标人进行资格预审和评标的工作量大,招标时间长,费用高。而且,参加竞争的投标人越多,每个参加者中标的机率越小,风险越大。在投标过程中,可能出现不诚实、信誉差的投标人为了中标,恶意低价中标,甚至"劣币驱逐良币"。

(3)公开招标的适用范围。公开招标方式的适用范围是全部使用国有资金投资,或国有资金占控股或主导地位的项目。一般情况下，投资额度大、工艺或结构复杂的较大型工程建设项目，实行公开招标较为合适。

2. 邀请招标

(1)邀请招标的界定。邀请招标也称有限竞争性招标，或选择性招标，是指招标人以投标邀请书的方式，邀请特定的法人或其他组织参加投标，并按有关规定，择优选定中标人的方式。

招标人根据自己的经验和信息资料，选择并邀请有实力的投标人参加投标。而且，其数量通常是有限制的，故称"有限竞争性招标"或"选择性招标"。招标人采用邀请招标方式时，邀请的投标人不应少于3家，通常以5~7家为宜。

(2)邀请招标的特点。相对公开招标，采用邀请招标方式邀请的投标人数量较少、招标工作量较小，可以节约招标、评标的时间和费用，也可以提高每个投标人中标的机会，降低了投标的风险。

但是投标人的数量少，会使竞争不很充分。招标人有可能漏掉更好的潜在投标人。该方式要求招标人对于工程项目特点、市场行情，尤其是投标人及其专业能力较为了解。

(3)邀请招标的适用范围。对于私人投资建设的工程项目，专业性较强、有资格的潜在投标人数量有限，以及中小型的工程项目，可以采用邀请招标方式。

根据《招标投标法实施条例》规定，国有资金占控股或者主导地位的依法必须进行招标的项目，应当公开招标；但有下列情形之一的，可以邀请招标：① 技术复杂、有特殊要求或者受自然环境限制，只有少量潜在投标人可供选择；② 采用公开招标方式的费用占项目合同金额的比例过大。

因此，进行两种招标方式的选择，除法律法规的相关规定外，还应考虑招标周期、项目规模、招标与投标的成本，以及潜在投标人的数量与分布等因素后，再加以科学取定。决定采用邀请招标方式时，应当事先经过批准。

(四)工程招标代理

招标人可自行办理工程招标事宜，也可以委托招标代理机构代为办理招标事宜。其中，招标人不具备自行招标能力的，或者不愿自行招标的，应当委托具备相应资质或能力的招标代理机构代为办理招标事宜。

1. 招标代理机构及其特征

招标代理机构是接受被代理人的委托，为其办理工程的勘察设计、施工、监理以及与工程建设有关的重要设备、材料采购等招标或投标事宜的企业或社会组织。

《招标投标法实施条例》第十三条规定：招标代理机构在招标人委托的范围内开展招标代理业务，任何单位和个人不得非法干涉。招标代理机构代理招标业务，应当遵守《招标投标法》和本条例关于招标人的规定。招标代理机构不得在所代理的招标项目中投标或者代理投标，也不得为所代理的招标项目的投标人提供咨询。招标代理机构不得涂改、出租、出借、转让资格证书。

《招标投标法实施条例》第十四条规定：招标人应当与被委托的招标代理机构签订书面委托合同，合同约定的收费标准应当符合国家有关规定。

因此，作为委托代理并主要为建设单位(招标人)服务的招标代理机构，通常具有如下特征：① 工程招标代理机构必须具有独立进行意识表示的能力，并以招标人或投标人的名义办理招标或投标事务；② 招标代理人的行为必须符合委托授权范围；③ 工程招标代理行为的法律后果由被代理人(作为委托人的发包人或承包人)承担。

2. 招标代理机构的资格

根据 2007 年的《工程建设项目招标代理机构资格认定办法》(建设部令第 154 号),工程招标代理机构资格分为甲级、乙级和暂定级,并对申请机构的组织机构和规章制度、营业场所及办公条件、建立专家库等作出了规定。甲级工程招标代理机构可以承担各类工程的招标代理业务;乙级工程招标代理机构只能承担工程总投资 1 亿元人民币以下的工程招标代理业务;暂定级工程招标代理机构,只能承担工程总投资 6000 万元人民币以下的工程招标代理业务。工程招标代理机构可以跨省、自治区、直辖市承担工程招标代理业务。任何单位和个人不得限制或者排斥工程招标代理机构依法开展工程招标代理业务。

2011 年 3 月,国家发展改革委发布《关于降低部分建设项目收费标准规范收费行为等有关问题的通知》(发改价格〔2011〕534 号),要求降低中标金额在 5 亿元以上的招标代理服务收费标准,并设置收费上限。其中,货物、服务、工程招标代理服务收费差额费率包括:中标金额在 5~10 亿元的为 0.035%;10 亿~50 亿元的为 0.008%;50 亿~100 亿元为 0.006%;100 亿元以上为 0.004%。货物、服务、工程一次招标(完成一次招标投标全流程)代理服务费最高限额分别 350 万元、300 万元和 450 万元。

根据 2018 年 3 月 8 日住房和城乡建设部第 38 号令,原《工程建设项目招标代理机构资格认定办法》自发布之日起废止。在"放管服"背景下,为规范工程招标代理行为,维护建筑市场秩序,应加强工程建设项目招标代理机构的事中事后监管,通过市场竞争、信用约束、行业自律等,弱化机构资格,强化信用管理。

2022 年国家发展改革委等部门的"若干意见",明确提出规范招标代理服务行为。其中,在切实规范招标代理行为方面,要求招标代理机构及从业人员应当依法依规、诚信自律经营,严禁采取行贿、提供回扣或者输送不正当利益等非法手段承揽业务;对于招标人、投标人、评标专家等提出的违法要求应当坚决抵制、及时劝阻,不得背离职业道德无原则附和等。在加强招标代理机构及从业人员管理方面,指出行政监督部门应当加强对在本地区执业的招标代理机构及从业人员的动态监管,将招标代理行为作为"双随机、一公开"监管的重点内容,纳入跨部门联合抽查范围,对参与围标、串标等扰乱市场秩序的行为严格依法实施行政处罚,并按照规定纳入信用记录;加强招标代理行业自律建设,鼓励行业协会完善招标代理服务标准规范,开展招标代理机构信用评价和从业人员专业技术能力评价,为招标人选择招标代理机构提供参考,推动提升招标代理服务能力。

二、工程招标与招标文件

(一)工程招标的程序

工程招标是一项系统、复杂的活动,其主要工作依次包括招标与受理投标、开标、评标和定标,直至签订合同等步骤。根据现行法规,结合工程实际,可将其中的阶段划分、主要工作程序,绘制于图 6-1。

从图 6-1 可见,由招标人主导的工程招标程序,可以划分为招标准备、招标实施和评标定标三个阶段,需要完成确定招标组织形式、选定招标方式,直至签订合同等一系列工作。

(二)工程招标的部分工作简析

在建设工程招标的过程中,涉及的相关工作较多,现就部分主要工作进行简析(编制招标文件,本节后文专述)。

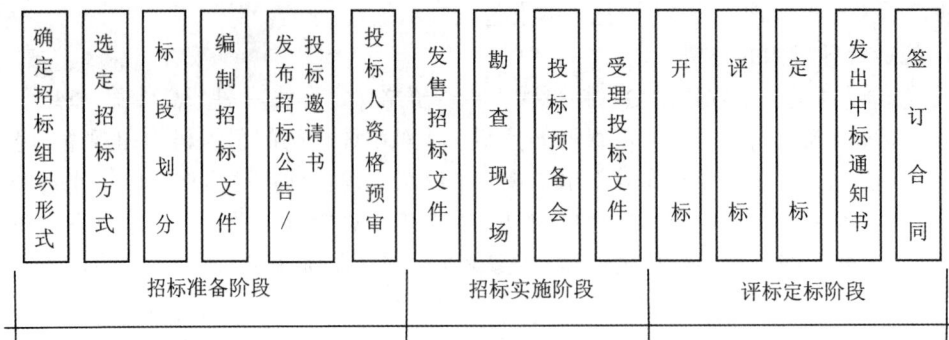

图 6-1　工程招标的主要程序

1. 进行标段划分

（1）标段的含义及划分原则。标段也称合同包，是指招标人针对标的物划分出的若干子项，并分别独立招标、签订合同的单元。标段的大小，对于投标人资格、合同签订与履行等具有重要的影响。

标段划分原则为：可将一个工程项目分解为单位工程及特殊专业工程分别招标，但不允许将单位工程肢解为分部分项工程招标。

（2）标段划分的影响因素。根据工程特点、现场条件划分标段时，主要应考虑以下因素：

① 招标项目的资质、专业要求，例如，土建工程与安装工程是否分别招标；

② 施工现场条件，应尽可能避免平面或不同高度作业的干扰，以利于协调管理；

③ 对于工程造价的影响，标段划分过细、过多，通常会导致工程总造价上升；

④ 其他因素的影响，例如国外设备供应商与国内安装承包人的配合与管理、土建与安装的配合与管理等。

2. 发布招标公告

招标公告是采用公开招标方式的招标人或招标代理机构向所有潜在的投标人发出的一种广泛、公开的通告。

招标公告应当载明以下内容：招标项目名称、内容、范围、规模、资金来源；投标资格能力要求，以及是否接受联合体投标；获取资格预审文件或招标文件的时间、方式；递交资格预审文件或投标文件的截止时间、方式；招标人及其招标代理机构的名称、地址、联系人及联系方式；采用电子招标投标方式的，潜在投标人访问电子招标投标交易平台的网址和方法等。

有关部门曾经规定，依法必须进行公开招标项目的招标公告，发布在指定的媒介，即"三报一网"（《中国日报》、《中国经济导报》、《中国建设报》，中国采购与招标网）。根据2017年11月，国家发展改革委发布的《招标公告和公示信息发布管理办法》，依法必须招标项目的招标公告和公示信息，应当在"中国招标投标公共服务平台"或者项目所在地省级电子招标投标公共服务平台发布。

在工程建设实践中，除政府类的招标投标网站以外，通过事业单位性质网站、企业自身网站等，也能获得相应的招标信息。

3. 完成资格预审

（1）资格审查的含义。招标人可以根据招标项目本身的特点，要求投标人提供有关资质、业绩和能力等的证明，并对其承担本工程项目的资格进行审查。

根据对投标人资格审查的时间，可以将资格审查分为资格预审和资格后审。资格预审是指招标人在招标开始之前或者开始初期，对潜在投标人进行资质条件、业绩、信誉、技术、资金等多方面的情况进行审查，经认定合格的潜在投标人，才可以参加投标；资格后审是指在开标后，按照招标文件规定的标准和方法对投标人的资格进行审查。除招标文件另有规定外，进行资格预审的，一般不再进行资格后审。而且，资格预审比较常用。

（2）资格预审的程序和方法。资格预审的程序主要包括：① 编制资格预审文件；② 发出资格预审通知，邀请潜在的投标人；③ 发送（发售）资格预审文件，并宜截止至接受资格预审申请的最后时限；④ 资格预审文件答疑，并对投标人提出的疑问以书面形式通知所有领取购买资格预审文件的投标人；⑤ 接收投标人报送的资格预审文件，但不接收任何迟到的资格预审文件；⑥ 评审资格预审文件，并在必要时由投标人就其中的疑问做出澄清；⑦ 公布资格预审结果。

资格预审通常由招标人或招标代理机构组织评审委员会进行。评审应以具备履行合同的能力为标准，并与未来的评标、定标标准各有侧重；不得存在限制、排斥或歧视任何投标人的现象。

评审通常采用评分法，将投标人的组织计划、人员、装备、经验、财务状况等因素赋予不同的权重，再按照一定的标准逐项打分，最后将加权得分值对照最低合格分数线，确定通过资格预审者。

（3）资格预审文件。

为了规范施工招标资格预审工作，提高资格预审文件质量，促进招标投标活动的公开、公平和公正，国家发展和改革委员会、（原）建设部等部门联合编制了《标准施工招标资格预审文件》（2007 年版）。该资格预审文件共有五章内容。

第一章　资格预审公告。

第二章　申请人须知，包括前附表和正文两部分。

第三章　资格审查办法（合格制、有限数量制），包括前附表和正文两部分。

第四章　资格预审申请文件格式。包括资格预审申请函、法定代表人身份证明、授权委托书、联合体协议书、申请人基本情况表、近年财务状况表、近年完成的类似项目情况表、正在施工的和新承接的项目情况表、近年发生的诉讼及仲裁情况及其他材料。

第五章　项目建设概况。

（三）工程招标文件

工程招标文件是指导整个招标投标工作过程的纲领性文件。工程招标文件应当列明招标项目的技术要求、对投标人资格审查的标准、投标报价要求和评标标准等所有实质性要求和条件以及拟签订合同的主要条款。

1. 招标文件的编制

招标文件应当由招标人或受其邀请的具有相应资质等级或能力的工程造价咨询人编制。招标文件通常为纸质文本，也可在指定的网络媒体上发布电子文本，并应确保两者内容一致、法律效力相同。

（1）招标文件编制的原则。通常包括：① 确认招标单位及招标项目具备招标条件；② 遵守国家的法律、法规、规范；③ 不得要求或者标明特定的生产供应者以及含有倾向或者排斥潜在投标人的其他内容；④ 科学、公正地处理招标人、投标人的利益关系；⑤ 正确、详尽地反映招标项目的所有实质性要求和条件以及客观情况；⑥ 内容统一、避免矛盾。

招标人可以适时对已发出的招标文件进行必要的澄清或修改。

（2）招标文件编制的要求。招标文件的编制，通常应当符合以下要求：① 内容全面；② 条件合理，包括通用条件、专用条件；③ 标准明确；④ 文字规范、简练；⑤ 适时备案；⑥ 接受核查。

2. 标准招标文件体系

（1）标准招标文件（体系）的构成。2017 年 9 月，国家发展改革委会同工业和信息化部等编印了《中华人民共和国标准设备采购招标文件》《中华人民共和国标准材料采购招标文件》《中华人民共和国标准勘察招标文件》《中华人民共和国标准设计招标文件》《中华人民共和国标准监理招标文件》。上述五个招标文件，外加 2007 版的《中华人民共和国标准施工招标文件》（以下简称《标准施工招标文件》），建立起涵盖工程建设主要活动、主要采购对象，以及多种合同类型、不同项目规模的招标文件（标准文件）体系。

上述招标文件的颁布实施，可以进一步完善标准文件编制规则，提高招标文件编制质量，促进招标投标活动的公开、公平和公正，营造良好的市场竞争环境。而且，必将有助于我国招标投标的标准化、电子化，更加适应全面施行工程总承包（EPC）、工程项目管理的国际化等需要。

（2）标准文件的内容结构。两大板块：第一板块，货物类，包括设备、材料采购；第二板块，服务类，包括勘察、设计、监理采购。

三种结构：第一种结构，应当不加修改地引用的内容，有"投标人须知"（前附表和其他附表除外）、"评标办法"（前附表除外）和"通用合同条款"；第二种结构，行业主管部门可以作出的补充规定，如"专用合同条款""供货要求"或"委托人要求"；第三种结构，招标人可以补充、细化和修改的内容，为"投标人须知前附表""评标办法前附表"和"专用合同条款"。

（3）标准文件的主要特点。补充完善后的标准招标文件（体系），呈现出以下主要特点。

① 合法性。标准文件严格遵守法律法规，并通过标准文件的相关条款响应国家"五证合一、一照一码"登记制度改革、"营改增"政策改革等国家综合改革措施。

② 合理性。为使标准文件对招标活动进行规范，尽量使用标准招标文件，以防止招标过程中的违法和错误，对于法律有明确规定的程序性问题，标准文件尽量以条款的形式明确规定。

③ 适用性。能够配套依法必须招标的工程建设项目货物和服务的主要类别，也可作为自愿招标项目的参考，从而做到内容编排合理，针对性和适用性更强。

④ 一致性。标准文件与既有施工、设计施工总承包等标准文件在文本框架、招投标程序、用词用语等方面尽量保持一致。

⑤ 前瞻性。例如，标准文件可以适应 2022 年 9 月印发的《国务院办公厅关于进一步优化营商环境降低市场主体制度性交易成本的意见》中，推动工程建设领域招标、投标、开标等业务全流程在线办理和招投标领域数字证书跨地区、跨平台互认；与 2022 年 9 月国家发展改革委"若干意见"中的健全信用体系等，实现合理衔接。

3. 标准施工招标文件的主要内容

《标准施工招标文件》（2007 年版）适用于一定规模以上，且设计和施工不是由同一承包人承担的工程施工招标。《标准施工招标文件》包括四卷八章，其主要内容归纳后列于

表 6-1。

表 6-1 标准施工招标文件(汇总)

卷	章	主要内容
第一卷	第一章 招标公告(未进行资格预审)	招标条件、项目概况与招标范围、投标人资格要求、招标文件的获取、投标文件的递交、发布公告的媒介、联系方式
	第一章 投标邀请书(适用于邀请招标)	招标条件、项目概况与招标范围、投标人资格要求、招标文件的获取、投标文件的递交、确认、联系方式
	第一章 投标邀请书(代资格预审通过通知书)	投标邀请书(代资格预审通过通知书)
	第二章 投标人须知	总则、招标文件、投标文件、投标、开标、评标、合同授予、重新招标和不再招标、纪律和监督、需要补充的其他内容
	第三章 评标办法(经评审的最低投标价法)	评标方法、评审标准、评标程序
	第三章 评标办法(综合评估法)	评标方法、评审标准、评标程序
	第四章 合同条款及格式	通用合同条款、专用合同条款、合同附件格式
	第五章 工程量清单	工程量清单说明、投标报价说明、其他说明、工程量清单
第二卷	第六章 图纸	图纸目录、图纸
第三卷	第七章 技术标准和要求	技术标准和要求
第四卷	第八章 投标文件格式	投标函及投标函附录、法定代表人身份证明、授权委托书、联合体协议书、投标保证金、已标价工程量清单、施工组织设计、项目管理机构、拟分包项目情况表、资格审查资料、其他材料

4. 招标文件的发放、澄清和修改

(1)招标文件的发放。招标人应当按招标公告或者投标邀请书规定的时间、地点,向合格的投标申请人发放招标文件。自招标文件出售之日起至停止出售之日止,最短不得少于 5 个工作日。对招标文件的收费应当合理,不得以营利为目的。对于所附的设计文件,招标人可以向投标人酌收押金;对于开标后投标人退还设计文件的,招标人应当向投标人退还押金。

招标人应当确定投标人编制投标文件所需要的合理时间,依法必须进行招标的项目,自招标文件开始发出之日起至投标人提交投标文件截止之日止,最短不得少于 20 日。

(2)招标文件的澄清和修改。招标人可以对已发出的资格预审文件或者招标文件进行必要的澄清或者修改。

澄清或者修改的内容可能影响资格预审申请文件或者投标文件编制的,招标人应当在提交资格预审申请文件截止时间至少 3 日前,或者投标截止时间至少 15 日前,以书面形式通知所有获取资格预审文件或者招标文件的潜在投标人。

三、工程投标与投标文件

工程投标是政策性、实践性很强的工作,也是投标人(承包人)取得工程合同的主要途径,必须依照规定的程序、按照约定的内容,完成特定的工作。

(一)工程投标的程序

工程投标程序需要与招标程序环环相扣、紧密呼应,并与实际工作相结合。其中,工程投标的主要阶段和工作,如图 6-2 所示。

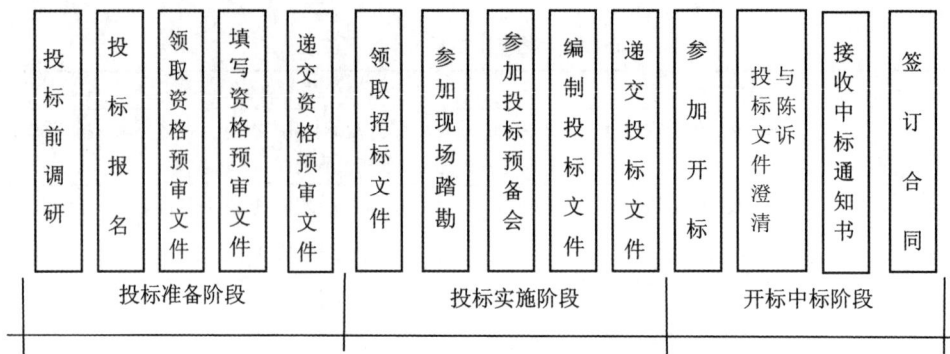

图 6-2　工程投标的主要程序

（二）工程投标文件的内容

投标人应当按照招标文件的要求，结合工程实际编制投标文件。投标文件应当从技术标、商务标等方面进行编制，施工投标文件通常包括下列内容：① 投标函及投标函附录；② 法定代表人身份证明或附有法定代表人身份证明的授权委托书；③ 联合体协议书（如工程允许采用联合体投标）；④ 投标保证金；⑤ 已标价工程量清单；⑥ 施工组织设计；⑦ 项目管理机构；⑧ 拟分包项目情况表；⑨ 资格审查资料；⑩ 规定的其他材料等。

（三）工程投标文件的编制

投标人应按照招标文件的要求编制投标文件，必须对招标文件提出的实质性要求和条件作出响应，一般不能带任何附加条件，否则将导致投标无效。

投标文件的编制，主要包括以下工作。

1. 研究招标文件

投标人取得投标资格，获得招标文件之后的首要工作就是认真仔细地研究招标文件，充分了解其内容和要求，以便有针对性地安排投标工作。研究招标文件的重点，通常是投标人须知、合同条款、设计图纸、工程范围及工程量表，而且研究技术规范要求时，应注意查看是否有特殊的要求等。

2. 进行各项调查研究

投标人需开展详细的调查研究，进而明确工程施工的制约因素，测算工程成本，确定投标报价。例如，市场宏观经济环境调查、工程现场考察和工程所在地区的环境考察、建设单位和竞争对手公司的调查等。

3. 复核工程量

投标人通过复核工程质量，为科学投标报价，应对潜在的变更、索赔等提供依据。例如，若发现单价合同的清单工程量出现较大的差异（包括但不限于计量单位、工作内容），投标人应要求招标人澄清或更正。

4. 选择施工方案

施工方案应由投标单位的项目负责人主持制定，主要考虑施工方法、主要施工机具的配置、各工种劳动力的安排及现场施工人员的平衡、施工进度及分批竣工的安排、安全措施等。施工方案的制定，应在技术、工期和质量保证等方面，对招标人具有吸引力，同时有利于降低自身的施工成本。

5. 计算投标价

在计算投标价时，首先确定施工方案和施工进度；然后根据招标文件，复核或计算工程量，计算招标工程施工所要发生的各种费用；最后投标价的计算，必须与采用的合同计价方式相协调。例如，分部分项工程清单项目多采用综合单价。

（四）投标文件的递交

投标人应当在招标文件规定的提交投标文件的截止时间前，将投标文件密封送达投标地点。否则，为无效的投标文件，招标人不予受理。有关投标文件的递交，还应注意以下问题。

1. 投标文件的完备性

投标文件不完备或没有达到招标人的要求，以及在招标范围以外提出新的要求，均被视为对于招标文件的否定，不会被招标人所接受。投标人必须为自己所投出的标书负责，如果中标，必须按照投标文件中所阐述的方案来完成工程，其中包括质量标准、工期与进度计划、报价限额等基本指标以及招标人所提出的其他要求。

2. 投标保证金

投标人在递交投标文件的同时，应按规定的金额、担保形式和投标保证金格式递交投标保证金，作为其投标文件的组成部分。联合体投标时，其投标保证金由牵头人递交，并应符合规定。投标保证金除现金外，可以是银行出具的银行保函、保兑支票、银行汇票或现金支票。《工程建设项目施工招标投标办法》第三十七条规定，投标保证金不得超过项目估算价的 2%，但最高不得超过 80 万元人民币。投标保证金有效期应当与投标有效期一致。投标人不按要求提交投标保证金的，其投标文件应被否决。

出现下列情况的，投标保证金将不予返还：投标人在规定的投标有效期内撤销或修改其投标文件；中标人在收到中标通知书后，无正当理由拒签合同协议书或未按招标文件规定提交履约担保。

3. 投标的截止日期

招标人所规定的投标截止日就是提交标书最后的期限。投标人在投标截止日之前所提交的投标文件是有效的，超过该日期之后就会被视为无效投标。

4. 投标文件的密封和标识

投标文件的正本与副本应分开包装，加贴封条，并在封套上清楚标记"正本"或"副本"字样，还需要按照要求在封口处签章，投标书需要盖有投标企业公章以及企业法定代表人的名章（或签字）；否则，投标无效。如果项目所在地与企业距离较远，由当地项目经理部组织投标，需要提交企业法人对于投标项目经理的授权委托书。

5. 投标文件的修改与撤回

在规定的投标截止时间前，投标人可以修改或撤回已递交的投标文件，但应以书面形式通知招标人。在招标文件规定的投标截止时间后，投标人不得要求修改或撤回其投标文件。

6. 费用承担与保密责任

投标人准备和参加投标活动发生的费用自理。参与招标投标活动的各方应对招标文件和投标文件中的商业和技术等资料保密，违者应对由此造成的后果承担法律责任。

四、开标、评标与定标

开启投标书、评价投标人，从而确定中标人、进行谈判签约，是环环相扣、梯次进行的重要工作。而且，在遵循原则规定的前提下，未来将会赋予市场主体以更大的自主权。

（一）开标

开标也称揭标，是指投标人提交投标文件截止日期后，招标人依据招标文件所规定的时间、地点，在投标人出席的情况下，当众开启各份有效投标书（即在规定的时间内送达且手续符合规定的投标书），宣布并记录各投标人名称、投标价格、工期及其他主要内容的活动。

招标人应当邀请所有投标人参加开标，如参加的投标人少于3个，不得开标；招标人应当重新招标。开标时，由投标人或者其推选的代表检查投标文件的密封情况，也可以由招标人委托的公证机构检查并公证。经确认无误后，由工作人员当众拆封，宣读投标书的主要内容（唱标）。开标过程应当记录，并存档备查。如投标人对开标有异议，应当在开标现场提出，招标人应当场做出答复，并制作记录。

（二）评标

评标是指招标人或评标委员会，按照法律规定和招标文件约定的评标方法和具体评标标准，对开标的标书内容进行分析比较，作出评价，以便最终确定中标人的活动。为了规范评标行为，《评标委员会和评标方法暂行规定》《招标投标法实施条例》等，对于评标过程的主要工作做出了明确的规定。

1. 评标委员会

国家实行统一的评标专家专业分类标准和管理办法。省级人民政府和国务院有关部门应当组建综合评标专家库。依法必须进行招标的项目，其评标委员会的专家成员应当从评标专家库内相关专业的专家名单中，以随机抽取的方式确定。

评标委员会由招标人的代表和有关技术、经济等方面的专家组成，成员人数为五人以上单数；其中技术、经济等方面的专家不得少于成员总数的三分之二。行政监督部门的工作人员不得担任本部门负责监督项目的评标委员会成员。

任何单位和个人不得以明示、暗示等任何方式，指定或者变相指定参加评标委员会的专家成员。依法必须进行招标的项目，不得随意更换依法确定的评标委员会成员。评标委员会成员与投标人有利害关系的，应当主动回避。

招标人应向评标委员会提供必要的工程项目信息。

2. 评标的时间和标准

评标委员会成员应当按照招标文件规定的评标标准和方法，客观、公正地对投标文件提出评审意见。

（1）评标的时间。招标人应当根据招标项目的规模和技术复杂程度、投标人和有效投标的数量、评标方法等因素，合理确定评标时间。如果超过三分之一的评标委员会成员认为评标时间不够，招标人应适当延长评标时间。

（2）评标的标准。评标的标准应准确地反映招标文件的实质性要求，符合招标项目的特点、招标类型等要点。工程施工的评标标准通常包括：① 施工方案（施工组织设计）与工期；② 投标价格和评标价格；③ 施工项目经理及技术负责人的简历；④ 组织机构及主要管理人员；⑤ 主要施工设备；⑥ 质量标准、质量和安全管理措施；⑦ 投标人的业绩、类似工程经历和资信；⑧ 财务状况等。

招标文件中没有规定的标准和方法，不得作为评标的依据。

3. 初步评审

初步评审阶段，侧重于投标文件的符合性、技术性及商务性等内容。其具体包括：①

形式评审，关注投标文件组成内容的形式、格式等；② 资格评审，深化资格预审或未进行资格预审时替代资格预审；③ 响应性评审，要求投标文件实质上响应招标文件的所有内容，无显著差异或保留；④ 施工组织设计和项目管理机构评审；⑤ 投标文件的澄清和说明，评标委员会可以以书面方式要求投标人对投标文件中含义不明确的内容作必要的澄清、说明或补正，但其不得超出投标文件的范围或者改变投标文件的实质性内容；⑥ 报价有算术错误的修正，修正的价格经投标人书面确认后具有约束力。

评标委员会应当审查每一份投标文件是否对招标文件提出的所有实质性要求和条件作出响应。未能在实质上响应的投标文件，评标委员会应当否决其投标。

4. 详细评审

经初步评审合格的投标文件，评标委员会应当根据招标文件确定的评标标准和方法对其技术部分和商务部分做进一步评审、比较。

(1)经评审的最低投标价法。经评审的最低投标价法是指评标委员会对满足招标文件实质性要求的投标文件，根据详细评审标准规定的量化因素及量化标准进行价格折算，按照经评审的投标价由低到高的顺序推荐中标候选人，或根据招标人授权直接确定中标人，但投标报价低于其成本的除外。经评审的投标价相等时，投标报价低的优先；投标报价也相等的，由招标人自行确定。

完成详细评审后，评标委员会应当拟定一份"价格比较(一览)表"，并应当载明投标人的投标报价、对商务偏差的价格调整和说明以及已评审的最终投标价等，连同书面评标报告提交招标人。

经评审的最低投标价法一般适用于具有通用技术、性能标准，或者招标人对其技术、性能没有特殊要求的简单、常规招标项目。

(2)综合评估法。综合评估法是指评标委员会对满足招标文件实质性要求的投标文件，按照规定的评分标准进行打分，并按得分由高到低顺序推荐中标候选人，或根据招标人授权直接确定中标人，但投标报价低于其成本的除外。综合评分相等时，以投标报价低的优先；投标报价也相等的，由招标人自行确定。

综合评估法的评标分值可以由施工组织设计、项目管理机构、投标报价、其他因素等四个方面构成，分值总计为 100 分。各方面因素所占比例和具体分值由招标人自行确定，并在招标文件中明确载明。上述四个方面标准及具体评分因素，如表 6-2 所列。

表 6-2　综合评价法的评分因素(示例)

分值构成	评分因素
施工组织设计评分标准	内容完整性和编制水平
	施工方案与技术措施
	质量管理体系与措施
	安全管理体系与措施
	环境保护管理体系与措施
	工程进度计划与措施
	资源配备计划
项目管理机构评分标准	项目经理任职资格与业绩
	技术责任人任职资格与业绩
	其他主要人员

表6-2（续）

分值构成	评分因素
投标报价评分标准	偏差率
	……
其他因素评分标准	……

评标基准价的计算方法应在投标人须知前附表中予以明确。招标人可依据招标项目的特点、行业管理规定给出评标基准价的计算方法，确定时也可适当考虑投标人的投标报价。

评标委员会按分值构成与评分标准规定的量化因素和分值进行打分。完成评标后，评标委员会应当拟定一份"综合评估比较表"，连同书面评标报告提交招标人。该"综合评估比较表"应当载明投标人的投标报价、所做的任何修正、对商务偏差的调整、对技术偏差的调整、对各评审因素的评估以及对每一份投标文件的最终评审结果。

综合评估法是一种定量的评标方法，在评审因素较多而且繁杂的情况下，可以综合地评定出各投标人的素质情况和综合能力。因此，它主要适用于技术复杂、施工难度较大、涉及结构安全的建设工程招标项目。

5. 评标报告

完成评标后，评标委员会应当向招标人提交书面评标报告和中标候选人名单（通常不超过3个，并标明排序）。

评标报告应当如实记载以下内容：① 基本情况和数据表；② 评标委员会成员名单；③ 开标记录；④ 符合要求的投标一览表；⑤ 废标情况说明；⑥ 评标标准、评标方法或者评标因素一览表；⑦ 经评审的价格或者评分比较一览表；⑧ 经评审的投标人排序；⑨ 推荐的中标候选人名单与签订合同前要处理的事宜；⑩ 澄清、说明、补正事项纪要。

评标报告应当由评标委员会全体成员签字。评标委员会成员拒绝在评标报告上签字又不书面说明其不同意见和理由的，视为同意评标结果。

（三）定标

定标也称为决标，是指在招标投标过程中，根据评标结果确定、产生中标人或中标候选人的活动。

1. 定标的方式

可以选择以下方式之一，确定中标人，进而完成定标：

① "专家制"，即委托评标委员会直接确定中标人；

② "第一名制"，即确定评标委员会推荐排名第一的中标候选人为中标人；

③ "审查制"，即根据评标委员会的书面评标报告，组织审查评标委员会推荐的中标候选方案后，确定中标人。

2. 公示中标候选人

《招标投标法实施条例》规定，依法必须进行招标的项目，招标人需对中标候选人进行公示，对中标候选人的公示需明确以下几个方面：

① 公示范围。公示的项目范围是依法必须进行招标的项目，其他招标项目是否公示由招标人自主决定。公示的对象应当是全部中标候选人。

② 公示媒体。招标人在确定中标人之前，应当将中标候选人在交易场所和指定媒体上公示。

③ 公示时间（公示期）。招标人应当自收到评标报告之日起3日内公示中标候选人，公

示期不得少于 3 日。

④ 公示内容。对中标候选人全部名单及排名(如果有)进行公示,并对有业绩信誉条件或要求的项目,在投标报名或开标时提供的作为资格条件或业绩信誉情况,应一并进行公示,但不含投标人的各评分要素的得分情况。

⑤ 异议处置。投标人或者其他利害关系人对依法必须进行招标的项目的评标结果有异议的,应当在中标候选人公示期间提出。招标人应当自收到异议之日起 3 日内作出答复;作出答复前,应当暂停招标投标活动。经核查后发现在招标投标过程中确有违反相关法律法规且影响评标结果公正性的,招标人应当重新组织评标或招标。招标人拒绝自行纠正或无法自行纠正的,则向行政监督部门提出投诉。

3. 确定中标人

除招标文件中规定授权评标委员会直接确定中标人外,招标人应依据评标委员会推荐的中标候选人确定中标人。中标人的投标应当符合下列条件之一:

(1)能够最大限度满足招标文件中规定的各项综合评价标准;

(2)能够满足招标文件的实质性要求,并且经评审的投标价格最低;但是投标价格低于成本的除外。

根据《招标投标法实施条例》规定,国有资金占控股或者主导地位的依法必须进行招标的项目,招标人应当确定排名第一的中标候选人为中标人。排名第一的中标候选人放弃中标、因不可抗力不能履行合同等情形,不符合中标条件的,招标人可以按照评标委员会提出的中标候选人名单排序依次确定其他中标候选人为中标人,也可以重新招标。

为激发市场主体活力,落实法人招标、评定分离,在某些情况下允许评标委员会无排序地推荐中标候选人(合格制),并由招标人从中自主选定中标人。

4. 中标通知及签约准备

(1)发出中标通知书。依法必须进行招标的项目,招标人应自确定中标人之日起 15 日内,向有关行政监督部门提交招标情况的书面报告。

提交招标情况的书面报告后的 5 日内未被通知有违法行为的,招标人应当向中标人发出中标通知书,并同时将中标结果通知所有未中标的投标人。

中标通知书对招标人和中标人具有法律约束力。招标人改变中标结果或者中标人放弃中标的,应当承担法律责任。

(2)履约担保。签订合同前,中标人应按招标文件规定的金额、担保形式和提交时间等,向招标人提交履约担保。履约担保有现金、支票、汇票、履约担保书和银行保函等(可以选择其一);履约保证金不得超过中标合同金额的 10%。

中标人不能按要求提交履约保证金的,视为放弃中标,其投标保证金不予退还,给招标人造成的损失超过投标保证金数额的,中标人还应当对超过部分予以赔偿。招标人要求中标人提供履约保证金的,应当同时向中标人提供工程款支付担保。

当然,在维护建筑市场秩序的前提下,社会鼓励以担保、保函以及企业信用评价与增强等形式,降低企业的保证金和企业负担。

5. 合同的谈判与签约

合同的谈判与签约,既是招标投标工作的结束,也是合同管理的正式开始。本书将在本章的第三节(工程合同谈判签约与计价方式)进行专门阐述。

第二节　工程合同体系与内容

工程建设的市场主体众多、管理目标复杂,更加需要健全的合同体系来明确责任义务,且需各方密切配合,顺利完成任务。例如,协同建设工程的勘察设计、施工(承包)、物资采购、工程监理(或工程项目管理、咨询)以及工程总承包、专业及劳务分包等合同。而且,由于工程项目特点、建设环境条件以及签约标的物、双方管理目标等不同,合同的内容及履行势必有所区别。本节立足建设工程合同体系,重点阐述工程施工合同。

一、建设工程的合同体系

（一）建设工程合同体系的组成

建设工程合同体系,也称工程项目合同体系,简称工程合同体系,是指工程建设的不同市场主体,通过签订工程建设相关的系列合同而构建起来的合同系统。

由于参建方立场、合同标的物及管理目标等区别,通常形成不同层次、不同类型的工程合同体系。其中,建设单位所面临的工程合同体系最为复杂,如图6-3所示。

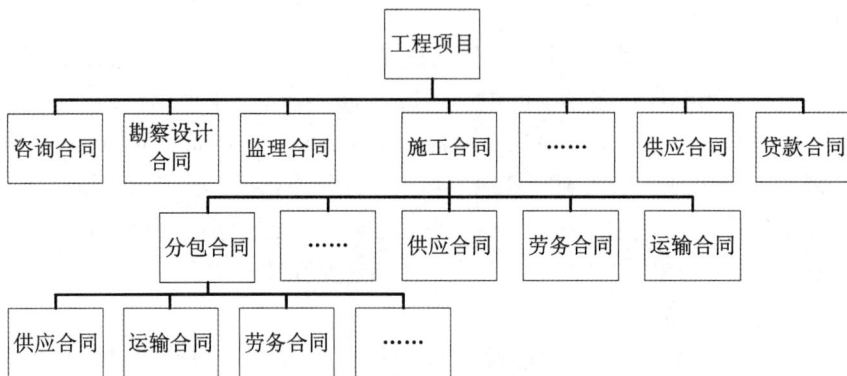

图6-3　建设单位工程合同体系(示意)

在图6-3中,工程施工合同属于建设单位工程合同体系当中的一部分。而且,在施工合同的基础上,其也将面临财务物资供应(采购)合同、分包合同等。

（二）建设工程合同的类型

工程合同体系组成庞大、复杂,按照不同的分类依据,可以得到不同的分类结果。

1. 按照工作性质划分

（1）工程勘察合同。根据建设工程的要求,查明、分析、评价建设场地的地质地理环境特征和岩土工程条件,对于编制建设工程勘察文件活动的约束。

（2）工程设计合同。根据建设工程的要求,对建设工程所需的技术、经济、资源、环境等条件进行综合分析、论证,对于编制建设工程设计文件活动的约束。

（3）工程施工合同。根据建设工程设计文件的要求,对工程项目进行新建、扩建、改建及施工活动作出的约束。

（4）物资采购合同。采购方(发包人或承包人)与供货方为进行建筑材料、设备采购而签订的双务、有偿合同。

（5）工程监理合同。建设单位(委托人)聘请监理单位(受托人)代其对工程项目进行管理,明确双方权利、义务的协议。

（6）其他合同。例如工程总承包合同、施工专业分包合同、施工劳务分包合同、融资（贷款）合同、工程项目管理合同、全过程咨询合同等。

2. 按照合同主体划分

（1）国内工程合同。合同双方都属于同一国家或地区的建设工程合同。

（2）国际工程合同。工程建设涉及两个或以上的国家或地区，并按国际惯例进行相关管理的建设工程合同。

3. 按照确定的合同价格能否调整划分

（1）固定价合同。确定的合同价格在履约期间内，不得调整。

（2）可调价合同。确定的合同价格在履约期间内，遇到商定的事项，可以进行调整。

当然，按照计价方式的不同，施工承包合同可划分为总价合同、单价合同和成本加酬金合同。相关内容详见本章的第三节（工程合同谈判签约与计价方式）。

二、施工承包合同的内容

建设工程施工承包合同，简称施工承包合同、施工合同，是承包、发包双方为完成双方商定的施工工程，明确双方权利、义务关系的协议。它可以分为施工总承包合同和施工分包合同，但各界及本书更加关注前者。建设工程施工合同具有"标的物"特殊、履行周期长、条款内容多、涉及面广等特点，也是开展工程质量、进度、投资控制以及安全生产管理等的主要依据。

（一）施工承包合同（示范文本）

为了指导工程施工合同当事人的签约行为，维护合同当事人的合法权益，住房和城乡建设部、（原）国家工商行政管理总局对《建设工程施工合同（示范文本）》（GF—2013—0201）进行修订，制定了《建设工程施工合同（示范文本）》（GF—2017—0201）（以下简称"示范文本"）。

1.《示范文本》的组成

《示范文本》由合同协议书、通用合同条款和专用合同条款三部分组成，并附有11个附件。

（1）合同协议书。合同协议书是《示范文本》的总纲性文件，共计13条，分别为：工程概况、合同工期、质量标准、签约合同价和合同价格形式、项目经理、合同文件构成、承诺、词语含义、签订时间、签订地点、补充协议、合同生效条件、合同份数。

合同协议书集中约定了合同当事人基本的合同权利义务，规定了组成合同的文件及合同当事人对履行合同义务的承诺，合同当事人要在此签字盖章，因此具有很强的法律效力。

（2）通用合同条款。通用合同条款是合同当事人根据法律法规的规定，就工程建设的实施及相关事项，对合同当事人的权利义务作出的原则性约定。

通用合同条款共计20条，分别为：一般约定、发包人、承包人、监理人、工程质量、安全文明施工与环境保护、工期和进度、材料与设备、试验与检验、变更、价格调整、合同价格、计量与支付、验收和工程试车、竣工结算、缺陷责任与保修、违约、不可抗力、保险、索赔和争议解决。

（3）专用合同条款。专用合同条款是对通用合同条款原则性约定的细化、完善、补充、修改或另行约定的条款。合同当事人可以根据不同建设工程的特点及具体情况，通过双方的谈判、协商对相应的专用合同条款进行修改补充。

2.《示范文本》的性质和适用范围

《示范文本》为非强制性使用文本。《示范文本》适用于房屋建筑工程、土木工程、线路管道和设备安装工程、装修工程等建设工程的施工承发包活动，合同当事人可结合建设工程具体情况，根据《示范文本》订立合同，并按照法律法规规定和合同约定承担相应的法律责任及合同权利义务。

3.《示范文本》通用条款优先顺序

组成合同的各项文件应互相解释，互为说明。除专用合同条款另有约定外，《示范文本》解释合同文件通常的优先顺序如下：

① 合同协议书；

② 中标通知书（如果有）；

③ 投标函及其附录（如果有）；

④ 专用合同条款及其附件；

⑤ 通用合同条款；

⑥ 技术标准和要求；

⑦ 图纸；

⑧ 已标价工程量清单或预算书；

⑨ 其他合同文件。

上述各项合同文件包括合同当事人就该项合同文件所作出的补充和修改，属于同一类内容的文件，应以最新签署的为准。在合同订立及履行过程中形成的与合同有关的文件均构成合同文件组成部分，并根据其性质确定优先解释顺序。

（二）施工承包合同文件

1. 施工承包合同的内容

施工承包合同也称施工合同，内容由以下9个部分组成：① 词语定义与解释；② 合同双方的一般权利和义务，包括代表发包人利益进行监督管理的监理人员的权力和职责；③ 工程施工的进度控制；④ 工程施工的质量控制；⑤ 工程施工的费用控制；⑥ 施工合同的监督与管理；⑦ 工程施工的信息管理；⑧ 工程施工的组织与协调；⑨ 施工安全管理与风险管理等。

2. 主要的词语定义与解释

（1）"工程和设备"的定义。

① 工程：与合同协议书中工程承包范围对应的永久工程和（或）临时工程。

② 永久工程：按合同约定建造并移交给发包人的工程，包括工程设备。

③ 临时工程：为完成合同约定的永久工程所修建的各类临时性工程，不包括施工设备。

④ 单位工程：在合同协议书中指明的，具备独立施工条件并能形成独立使用功能的永久工程。

⑤ 工程设备：构成永久工程的机电设备、金属结构设备、仪器及其他类似的设备和装置。

⑥ 施工设备：为完成各项工作所需的设备、器具等，但不包括工程设备、临时工程和材料。

（2）"日期和期限"的定义。

① 开工日期：包括计划开工日期和实际开工日期。

② 竣工日期：包括计划竣工日期和实际竣工日期。

③ 工期：在合同协议书中约定的承包人完成工程所需的期限，包括按照合同约定所作的期限变更。

④ 缺陷责任期：承包人按照合同约定承担缺陷修复义务，且发包人预留质量保证金（已缴纳履约保证金的除外）的期限，自工程实际竣工日期起计算。

⑤ 保修期：承包人按合同约定对工程承担保修责任的期限，从工程竣工验收合格之日起计算。

⑥ 基准日期：招标发包的工程以投标截止日前 28 天的日期为基准日期，直接发包的工程以合同签订日前 28 天的日期为基准日期。

⑦ 天：除特别指明外，均指日历天。

（3）对"合同价格和费用"的定义如下。

① 签约合同价：发包人和承包人在合同协议书中确定的总金额。

② 合同价格：发包人用于支付承包人按照合同约定完成承包范围内全部工作的金额，包括合同履行过程中按合同约定发生的价格变化。

③ 费用：为履行合同所发生的或将要发生的所有必需的开支，包括管理费和应分摊的其他费用，但不包括利润。

④ 暂估价：发包人在工程量清单或预算书中提供的用于支付必然发生但暂时不能确定价格的材料、工程设备的单价、专业工程以及服务工作的金额。

⑤ 暂列金额：发包人在工程量清单或预算书中暂定并包括在合同价格中的一笔款项，用于工程合同签订时尚未确定或者不可预见的所需材料、工程设备、服务的采购，施工中可能发生的工程变更、合同约定调整因素出现时的合同价格调整以及发生的索赔、现场签证确认等的费用。

⑥ 计日工：合同履行过程中，承包人完成发包人提出的零星工作或需要采用计日工计价的变更工作时，按合同中约定的单价计价的一种方式。

⑦ 质量保证金：承包人用于保证其在缺陷责任期内履行缺陷修补义务的担保金。

⑧ 总价项目：在现行国家、行业以及地方的计量规则中没有工程量计算规则，在已标价工程量清单或预算书中以总价或以费率形式计算的项目。

3. 发包人的主要责任与义务

发包人在履行合同过程中，应遵守法律法规和工程建设标准规范，并主要承担以下责任、履行以下义务：① 图纸的提供和交底；② 对化石、文物的保护；③ 出入现场的权利；④ 场外交通；⑤ 场内交通；⑥ 许可或批准；⑦ 提供施工现场；⑧ 提供施工条件；⑨ 提供基础资料；⑩ 资金来源证明及支付担保；⑪ 支付合同价款；⑫ 组织竣工验收；⑬ 现场统一管理协议。

4. 承包人的一般义务

承包人在履行合同过程中，应遵守法律和工程建设标准规范，并履行以下义务：① 办理法律规定应由承包人办理的许可和批准，并将办理结果书面报送给发包人留存；② 按法律规定和合同约定完成工程，并在保修期内承担保修义务；③ 按法律规定和合同约定采取施工安全和环境保护措施，办理工伤保险，确保工程及其人员、材料、设备和设施的安全；④ 按合同约定的工作内容和施工进度要求，编制施工组织设计和施工措施计划，并对所有施工作业和施工方法的完备性和安全可靠性负责；⑤ 在进行合同约定的各项工作时，不得侵害发包人与他人使用公用道路、水源、市政管网等公共设施的权利，避免对邻近的公共设施产生干扰，承包人占用或使用他人的施工场地，影响他人作业或生活的，应承担相应责任；⑥ 按照环境保护约定负责施工场地及其周边环境与生态的保护工作；⑦ 按照安全文明施工约定采取施工安全措施，确保工程及其人员、材料、设备和设施的安全，防止因工程施工造成的人身伤害和财产损失；⑧ 将发包人按合同约定支付的各项价款专用于合同工程，且应及时支付其雇用人员工资，并及时向分包人支付合同价款；⑨ 按照法律规定和合同约定编制竣工资料，完成竣工资料立卷及归档，并按专用合同条款约定的竣工资料的套数、内容、时间等要求移交发包人；⑩ 应履行的其他义务。

5. 进度控制的主要条款内容

（1）施工进度计划。承包人应按施工组织设计提交详细的施工进度计划，其编制应符合国家法律规定和一般工程实践惯例，施工进度计划经发包人批准后实施。施工进度计划不符合合同要求或与工程实际进度不一致的，承包人应向监理人提交修订的施工进度计划，并附上有关措施和相关资料，由监理人报送发包人。

发包人应按照法律规定获得工程施工所需的许可。经发包人同意后，监理人发出开工通知且开工通知应符合法律规定。监理人应在计划开工日期 7 天前向承包人发出开工通知，工期自开工通知中载明的开工日期起算。

（2）工期延误。因发包人原因导致工期延误，此种情况下导致工期延误和（或）费用增加的，由发包人承担由此延误的工期和（或）增加的费用，且发包人应支付承包人合理的利润；因承包人原因导致工期延误，可在专用合同条款中约定逾期竣工违约金的计算方法和逾期竣工违约金的上限。承包人支付逾期竣工违约金后，不免除承包人继续完成工程及修补缺陷的义务。

（3）暂停施工。

① 因发包人原因导致施工暂停的，监理人经发包人同意后，应及时下达暂停施工指示，同时，发包人应承担由此增加的费用和（或）延误的工期，并支付承包人合理的利润。

② 因承包人原因导致施工暂停的，承包人应承担由此增加的费用和（或）延误的工期，且承包人在收到监理人复工指示后 84 天内仍未复工的，视为承包人无法继续履行合同的情形。

③ 监理人认为有必要时，并经发包人批准后，可向承包人作出暂停施工的指示，承包人应按监理人指示暂停施工。

④ 因紧急情况需暂停施工，且监理人未及时下达暂停施工指示的，承包人可先暂停施工，并及时通知监理人。

（4）提前竣工。发包人要求承包人提前竣工的，发包人应通过监理人向承包人下达提前竣工指示，承包人应向发包人和监理人提交提前竣工建议书，提前竣工建议书应包括实施的方案、缩短的时间、增加的合同价格等内容。

（5）竣工日期。工程经竣工验收合格的，以承包人提交竣工验收申请报告之日为实际竣工日期，并在工程接收证书中载明；工程未经竣工验收，发包人擅自使用的，以转移占有工程之日为实际竣工日期。

6. 质量控制的主要条款内容

（1）承包人的质量管理。

① 承包人按照施工组织设计约定向发包人和监理人提交工程质量保证体系及措施文件，建立完善的质量检查制度，并提交相应的工程质量文件。对于发包人和监理人违反法律规定和合同约定的错误指示，承包人有权拒绝实施。

② 承包人应对施工人员进行质量教育和技术培训，定期考核施工人员的劳动技能，严格执行施工规范和操作规程。

③ 承包人应按照法律规定和发包人的要求，对材料、工程设备以及工程的所有部位及其施工工艺进行全过程的质量检查和检验，并作详细记录，编制工程质量报表，报送监理人审查。此外，承包人还应按照法律规定和发包人的要求，进行施工现场取样试验、工程复核测量和设备性能检测，提供试验样品、提交试验报告和测量成果以及其他工作。

（2）监理人的质量检查和检验。监理人按照法律规定和发包人授权对工程的所有部位及其施工工艺、材料和工程设备进行检查和检验。承包人应为监理人的检查和检验提供方便，监理人的检查和检验不应影响施工正常进行。

（3）隐蔽工程检查。承包人应当对工程隐蔽部位进行自检，并经自检确认是否具备覆盖条件。工程隐蔽部位经承包人自检确认具备覆盖条件的，承包人应在共同检查前48小时书面通知监理人检查，通知中应载明隐蔽检查的内容、时间和地点，并应附有自检记录和必要的检查资料。监理人应按时到场并对隐蔽工程及其施工工艺、材料和工程设备进行检查。经监理人检查确认质量符合隐蔽要求，并在验收记录上签字后，承包人才能进行覆盖。经监理人检查质量不合格的，承包人应在监理人指示的时间内完成修复，并由监理人重新检查，由此增加的费用和（或）延误的工期由承包人承担。承包人未通知监理人到场检查，私自将工程隐蔽部位覆盖的，监理人有权指示承包人钻孔探测或揭开检查，无论工程隐蔽部位质量是否合格，由此增加的费用和（或）延误的工期均由承包人承担。

承包人覆盖工程隐蔽部位后，发包人或监理人对质量有疑问的，可要求承包人对已覆盖的部位进行钻孔探测或揭开重新检查，承包人应遵照执行，并在检查后重新覆盖恢复原状。经检查证明工程质量符合合同要求的，由发包人承担由此增加的费用和（或）延误的工期，并支付承包人合理的利润；经检查证明工程质量不符合合同要求的，由此增加的费用和（或）延误的工期由承包人承担。

（4）不合格工程的处理。因承包人原因造成工程不合格的，发包人有权随时要求承包人采取补救措施，直至达到合同要求的质量标准，由此增加的费用和（或）延误的工期由承包人承担。因发包人原因造成工程不合格的，由此增加的费用和（或）延误的工期由发包人承担，并支付承包人合理的利润。

（5）分部分项工程验收。分部分项工程经承包人自检合格并具备验收条件的，承包人应提前48小时通知监理人进行验收。分部分项工程未经验收的，不得进入下一道工序施工。

（6）缺陷责任与保修。在工程移交发包人后，因承包人原因产生的质量缺陷，承包人应承担质量缺陷责任和保修义务。缺陷责任期届满，承包人仍应按合同约定的工程各部位保修年限承担保修义务。

缺陷责任期从工程通过竣工验收之日起计算，合同当事人应在专用合同条款中约定缺陷责任期的具体期限，但该期限最长不超过24个月。发包人未经竣工验收擅自使用工程的，缺陷责任期自工程转移占有之日起开始计算。

工程保修期从工程竣工验收合格之日起算，具体分部分项工程的保修期由合同当事人在专用合同条款中约定，但不得少于法定最低保修年限。

7. 费用控制的主要条款内容

（1）预付款。预付款的支付按照专用合同条款约定执行，但最迟应在开工通知载明的开工日期7天前支付。预付款应当用于材料、工程设备、施工设备的采购及修建临时工程、组织施工队伍进场等。除专用合同条款另有约定外，预付款在进度付款中同比例扣回。

（2）计量。计量周期除专用合同条款另有约定外，工程量的计量按月进行。

除专用合同条款另有约定外，单价合同的计量按照以下程序执行：承包人应每月向监理人报送上月已完成的工程量报告，并附具进度付款申请单、已完成工程量报表和有关资料；监理人应在收到承包人提交的工程量报告后对承包人提交的工程量报表进行审核并报送发包人，以确定当月实际完成的工程量。总价合同和单价合同的计量过程非常相似。

（3）工程进度款支付。除专用合同条款另有约定外，付款周期应与计量周期保持一致。

（4）进度款审核和支付。除专用合同条款另有约定外，监理人应在收到承包人进度付款申请单以及相关资料后完成审查并报送发包人，发包人完成审批并签发进度款支付证书。发包人逾期支付进度款的，应按照中国人民银行发布的同期同类贷款基准利率支付违约金。

（5）支付分解表。支付分解表及其内容，如表6-3所列。

表6-3 支付分解表

工程名称：　　　　标段：　　　　　　　　　　　　　　第　页 共　页

序号	项目名称	总价金额	首次支付	二次支付	三次支付	四次支付	……
1							
2							

编制人（造价人员）：　　　　　　　　　复核人（造价工程师）：

承包人应根据施工进度计划、签约合同价和工程量等因素，对于合同价款按月进行分解，可参照表6-3格式，编制相应的支付分解表。

三、其他工程合同的内容

如前所述，建设工程合同体系组成庞大、内容复杂，本书仅对其中除施工承包合同以外，较为常用的部分作以简述。

（一）工程设计合同

工程设计是指设计人受发包人的委托，根据工程项目和设计任务书的要求，在可行性研究报告的基础上，深入分析工程建设涉及的技术经济、资源环境等条件，编制工程设计文件、绘制施工图的工作。国内的大中型工程项目的工程设计，通常分为初步设计、扩大初步设计和施工图设计三个阶段。

1. 工程设计单位的资质

原建设部于2007年3月重新修订了《工程设计资质标准》，首次设立工程设计综合甲级资质。目前我国的工程设计资质包括四个层次：工程设计综合资质，只设甲级；工程设计行业资质，设甲、乙两个级别；工程设计专业资质，设甲、乙两个级别[根据行业需要，建筑、市政公用、水利、电力（限送变电）、农林和公路行业可设立工程设计丙级资质，建筑工程设计专业资质设丁级，建筑行业根据需要设立建筑工程设计事务所资质]；工程设计专项资质，根据行业需要设置等级。进而，承担资质证书许可范围内的工程设计业务，承担与资质证书许可范围相应的建设工程总承包、工程项目管理和相关的技术、咨询与管理服务业务。根据 2020 年 11 月住房和城乡建设部的《建设工程企业资质管理制度改革方案》，工程设计资质的等级、类别正在合并、简化之中。

2. 工程设计合同的主要内容

根据住房和城乡建设部与(原)国家工商行政管理总局 2015 年颁布执行的《建设工程设计合同(示范文本)》(GF—2015—0210)，在专业建设工程中，工程设计合同由协议书、通用合同条款、专用合同条款三个部分组成。

工程设计合同(通用条款)的内容主要包括委托人的义务、设计人的义务、工程设计资料、工程设计要求、工程设计进度与周期、工程设计文件交付、工程设计文件审查、施工现场配合服务、合同价款与支付、工程设计变更与索赔、专业责任与保险、知识产权、违约责任、不可抗力、合同解除、争议解决等。合同签订后，实施过程中双方依法签订的补充协议也是合同文件的组成部分。

（二）物资采购合同

工程建设过程中的物资包括建筑材料(含构配件)和设备等。物资采购、供应需要经过订货、生产(加工)、运输、储存、使用(安装)等环节，是一个复杂的过程。

物资采购合同分建筑材料采购合同和设备采购合同，其合同当事人为供货方和采购方。供货方一般为物资供应单位或建筑材料和设备的生产厂家，采购方为建设单位、工程总承包人或施工承包人。供货方应对其生产或供应的产品质量负责，而采购方则应根据合同的规定进行验收。

1. 建筑材料采购合同的主要内容

建筑材料采购合同包括建筑材料的标的、数量、包装、交付及运输方式、验收、交货期限、价格、结算、违约责任等方面。

2. 设备采购合同的主要内容

成套设备供应合同的一般条款可参照建筑材料供应合同的内容，包括产品(设备)的名称、品种、型号、规格、等级、技术标准或技术性能指标；数量和计量单位；包装标准及包装物的供应与回收；交货单位、交货方式、运输方式、交货地点、提货单位、交(提)货期限；验收方式；产品价格；结算方式；违约责任等。

（三）工程监理合同

工程监理是指监理人受发包人的委托，依照法律法规、工程建设标准、勘察设计文件及合同，在施工阶段对建设工程质量、进度、造价进行控制，对合同、信息进行管理，对工程建设相关方的关系进行协调，并履行建设工程安全生产管理法定职责的咨询服务活动。

1. 工程监理单位的资质

(原)建设部 2007 年 6 月 26 日发布的《工程监理企业资质管理规定》(建设部令第 158 号)，规定了工程监理企业资质分为综合资质、专业资质和事务所资质。其中，专业资质按照工程性质和技术特点划分为若干工程类别。综合资质、事务所资质不分级别。专业资质分为甲级、乙级；其中，房屋建筑、水利水电、公路和市政公用专业资质可设立丙级。

2022 年 2 月 23 日，住房和城乡建设部办公厅关于《工程监理企业资质标准(征求意见稿)》，提出了工程监理企业资质分为综合资质、专业资质 2 个序列。其中综合资质不分类别、不分等级；专业资质设有 10 个类别，分为 2 个等级(甲级、乙级)。进而，承担资质证书许可范围内的工程监理、工程项目管理和相关的技术、咨询与管理服务业务。

2. 工程监理合同的主要内容

在住房和城乡建设部与（原）国家工商行政管理总局 2012 年颁布的《建设工程监理合同（示范文本）》（GF—2012—0202）中，工程监理合同由协议书、通用合同条款、专用合同条款三个部分和附录（附录 A：相关服务的范围和内容，附录 B：委托人派遣的人员和提供的房屋、资料、设备）组成。

工程监理合同（通用条款）主要包括监理人的义务、委托人的义务、违约责任、支付、合同生效、变更、暂停、解除与终止、争议解决等内容。合同签订后，实施过程中双方依法签订的补充协议也是合同文件的组成部分。

（四）施工专业分包合同

施工专业分包是指施工总承包人将其所承包工程中的专业工程发包给具有相应资质的其他建筑业企业完成的活动。针对各种工程中普遍存在专业工程分包的实际情况，为了规范管理，减少或避免纠纷，（原）建设部和（原）国家工商行政管理总局于 2003 年发布了《建设工程施工专业分包合同（示范文本）》（GF—2003—0213）。

1. 专业工程承包人的资质

2015 年 3 月 1 日起施行的由住房和城乡建设部颁布的《建筑业企业资质管理规定》（建设部令第 22 号），规定了专业承包资质按照工程性质和技术特点分别划分为若干资质类别，各资质类别按照规定的条件划分为若干资质等级。

2022 年 2 月 23 日，住房和城乡建设部办公厅关于《建筑业企业资质标准（征求意见稿）》，提出了专业承包资质设有 18 个类别，一般分为 2 个等级（甲级、乙级，部分专业不分等级）。

2. 专业工程分包合同的主要内容

专业工程分包合同示范文本的结构、主要条款和内容与施工承包合同相似。其主要包括：词语定义与解释，双方的一般权利和义务，分包工程的施工进度控制、质量控制、费用控制，分包合同的监督与管理，信息管理，组织与协调，施工安全管理与风险管理等。

分包合同的内容既要与主合同条件中相关分包工程部分的规定保持一致，又要区分负责实施分包工程的当事人变更后的两个合同之间的差异。分包合同所采用的语言文字和适用的法律、行政法规及工程建设标准等，一般应与主合同相同。

（五）施工劳务分包合同

劳务作业分包是指施工承包人或者专业分包单位（均可作为劳务作业的发包人）将其承包工程中的劳务作业发包给劳务分包单位（即劳务作业承包人）完成的活动。

1. 劳务分包单位的资质

2015 年 3 月 1 日起施行的由住房和城乡建设部颁布的《建筑业企业资质管理规定》中规定了施工劳务资质不分类别与等级。2017 年 2 月，国务院办公厅印发《关于促进建筑业持续健康发展的意见》（国办发〔2017〕19 号），明确提出要推动建筑业劳务企业转型，大力发展木工、电工、砌筑、钢筋制作等以作业为主的专业企业，以专业作业企业为建筑工人的主要载体，逐步实现建筑工人公司化、专业化管理。

2022 年 2 月 23 日，住房和城乡建设部办公厅关于《建筑业企业资质标准（征求意见稿）》，提出了专业作业资质不分类别和等级。

2. 劳务分包合同的重要条款

劳务分包合同不同于专业分包合同，《建设工程施工劳务分包合同（示范文本）》（GF—

2003—0214)中的重要条款有：劳务分包人资质情况；劳务分包工作对象及提供劳务内容；分包工作期限；质量标准；工程承包人义务；劳务分包人义务；材料、设备供应；保险；劳务报酬及支付；工时及工程量的确认；施工配合；禁止转包或再分包等。

（六）工程总承包合同

如前所述，工程总承包（EPC）是指承包人按照与建设单位签订的合同，对工程设计、采购、施工或者设计、施工等不同阶段实行总承包，并对工程的质量、安全、工期和造价等全面负责的工程建设组织实施方式。因此，其合同的范围更加宽泛。

1. 合同示范文本

为促进建设项目工程总承包健康发展，维护工程总承包合同当事人的合法权益，住房和城乡建设部、市场监管总局制定了《建设项目工程总承包合同（示范文本）》（GF—2020—0216），自2021年1月1日起执行。原《建设项目工程总承包合同示范文本（试行）》（GF—2011—0216）同时废止。

2. 合同主要内容

工程总承包与施工总承包的最大区别，在于总承包人要负责全部或部分的设计，并负责物资设备的采购。因此，其更加关注工程总承包的任务范围和工作要求。

2020版《建设项目工程总承包合同（示范文本）》的主要内容包括：合同协议书、通用合同条件和专用合同条件三部分。其中，通用合同条件共计20条，具体包括：一般约定，发包人，发包人的管理，承包人，设计，材料、工程设备，施工，工期和进度，竣工试验，验收和工程接收，缺陷责任与保修，竣工后试验，变更与调整，合同价格与支付，违约，合同解除，不可抗力，保险，索赔，争议解决。

因此，新版工程总承包合同"示范文本"与其他工程合同（示范文本）协调互动，将有效促进建设工程市场发展，完善建设工程组织模式，推动我国建设产业的现代化、法治化。

应当承认，伴随着经济实力增强、用户要求提升，为了提升我国工程总承包管理水平，促进建设项目工程总承包管理的规范化、国际化，修编形成了《建设项目工程总承包管理规范》（GB/T 50358—2017），并与新版"示范文本"形成呼应，同频共振。

第三节　工程合同谈判签约与计价方式

工程合同的谈判签约，既是招标投标工作的基本结束，也是合同管理的正式开始。而且，在此过程中，需要关注对于施工合同具有重要影响的计价方式，并考虑未来的履行合同以及工程变更、施工索赔等相关事宜。根据《中华人民共和国民法典》及有关规定，建设工程合同应当采用书面形式订立，进而夯实后续合同管理的基础。

一、工程合同的谈判与签约

工程合同的类型较多，本节主要针对施工承包合同的订立作以阐述。

（一）施工承包合同订立的程序

1. 合同订立

合同订立是指缔约当事人通过协商而建立合同关系的行为。合同的订立由"订"和"立"两个环节组成，前者强调缔约的行为和过程，包括各方接触、洽商以及工程的招标投标；后者突出缔约的结果，缔约当事人就合同条款达成一致意见，明确各自的权利和义务。因此，工程合同的订立是合同双方动态行为和静态协议的统一，也是合同成立的重要表现。

施工承包合同订立的程序与其他工程合同相类似，需要经过要约和承诺两个阶段。要约是希望与他人订立合同的意思表示；承诺是受要约人接受要约的意思表示。

在工程施工招标投标的过程中，招标的实质是要约，投标属于承诺，中标后将会进入合同的订立程序。

2. 合同订立的时间与要点

（1）合同订立的时间。根据《招标投标法》及有关规定，招标人和中标人应当自中标通知书发出之日起的30日内，按照招标文件和中标人的投标文件，谈判并订立书面合同。

若招标文件与投标文件出现不一致的地方，应以中标人的投标文件为准。

（2）合同订立的要点。根据《招标投标法实施条例》规定，招标人和中标人应当依照《招标投标法》和本条例的规定签订书面合同，合同的标的、价款、质量、履行期限等主要条款应当与招标文件和中标人的投标文件的内容一致。招标人和中标人不得再行订立背离合同实质性内容的其他协议。

招标人最迟应当在书面合同签订后5日内，向中标人和未中标的投标人退还投标保证金及同期银行存款利息。招标文件要求中标人提交履约保证金时，中标人应当提交。

（3）分包管理。根据《招标投标法实施条例》规定，中标人应当按照合同约定履行义务，完成中标项目。中标人不得向他人转让中标项目，也不得将中标项目肢解后分别向他人转让。

中标人按照合同约定或者经招标人同意，可将中标项目的部分非主体、非关键性工作分包给他人完成。接受分包的人应当具备相应的资格条件，并不得再次分包。

中标人应当就分包项目向招标人负责，接受分包的人就分包项目承担连带责任。

（二）施工承包合同谈判的主要内容

1. 确认工程的内容和范围

招标人和中标人可就招标文件中的某些具体工作内容进行讨论、修改、明确或细化，从而确定工程承包的具体内容和范围。在谈判中双方达成一致的内容，包括在谈判讨论中经双方确定的工程内容和范围方面的修改或调整，应以文字方式确定下来，并以"合同补遗"或"会议纪要"方式作为合同附件，进而构成合同的一部分。

2. 技术要求、技术规范和施工技术方案

双方可进行技术要求、技术规范和施工技术方案等的进一步讨论和确认，必要的情况下甚至可以变更技术要求和施工方案。当然，在合同订立（签订）前变更施工方案，其影响应由中标人（承包人）承担；合同订立（签订）后发生变更的，则由招标人（发包人）承担。

3. 合同价格条款

依据计价方式的不同，施工承包合同可以分为总价合同、单价合同和成本加酬金合同。一般在招标文件中已经明确规定合同将采用的计价方式，在合同谈判阶段没有讨论的余地。但在可能的情况下，中标人在谈判过程中仍然可以提出降低风险的改进方案。

4. 价格调整条款

对于建设工期较长的工程项目，容易遭受货币贬值或通货膨胀、资源要素价格上涨等因素的影响，可能给中标人造成较大损失。双方商定合同价格调整条款，合理选定价格指数（价格调值公式）或造价信息，未来据实确定施工承包合同的实际价格，可以较为公正地控制价格波动的风险损失。因此，中标人在投标过程，尤其是在合同谈判阶段，务必对合同价格调整条款予以充分的重视。

5. 合同款支付方式的条款

施工承包合同的工程价款支付，通常分为预付款、工程进度款、最终付款和退还保留金四个阶段进行。关于工程支付的时间、方式、审批程序和条件等，即使在招标文件、施工合同示范文本中会有涉及、规定，但是合同谈判通常会有很多种可能的细节选择，并将对中标人(承包人)施工的成本、进度等产生较大影响，必须予以重视。

6. 工期和缺陷责任期

中标人与招标人可根据招标文件中要求的工期，或者根据投标人在投标文件中承诺的工期，并考虑工程范围和工程量的变动而产生的影响等，共同商定一个确定的工期。同时，明确工程项目及重要施工组成部分(工序)的开工日期、竣工日期等。双方还可根据各自的准备情况、季节和施工环境因素等，洽商适当、具体的开工时间。

施工合同谈判过程中，应当对工程的范围、缺陷责任期的开始和结束时间、维修责任以及质量保证金的扣留、退还等作出明确的约定。中标人只应承担在此期间由于其自身原因导致材料和施工方法及操作工艺等不符合合同规定而产生的缺陷及修复责任。

7. 其他特殊条款

合同条件中的其他特殊条款，可能包括：合同图纸，违约罚金和工期提前奖金，工程量验收以及衔接工序和隐蔽工程施工的验收程序，施工占地，向中标人移交施工现场和基础资料，工程交付，预付款保函的自动减额条款，合同纠纷的处理方式，等等。

(三)施工承包合同的签约工作

1. 合同风险评估

在签订施工承包合同之前，中标人应对合同主要条款的合法性、完备性、合同双方的责任、权益，以及合同风险进行评审、认定和评价。只有通过评审，认为其综合风险可控，才能进入施工合同的签订程序。

2. 合同文件内容

施工承包合同文件的组成内容，在《示范文本》中已有介绍。在工程实践及合同签约工作中，双方根据工程实际、共同选定合同文件组成内容，并确定其中的优先顺序。在施工合同文件组成内容中，通常会将合同协议书排位居首，并考虑双方代表共同签署的合同补遗、合同谈判会议纪要，以及其他双方认为应该作为合同组成部分的文件，例如投标或评标阶段招标人要求投标人澄清问题的函件和承包人所做的书面答复等。

对所有在招标投标及谈判前后各方发出的文件、文字说明、解释性资料进行清理。对凡是与上述合同组成内容有矛盾的文件，应宣布作废。可以在双方签署的"合同补遗"中，对此作出排除性质的声明。

3. 关于合同协议的补遗

在合同谈判阶段，双方谈判的结果通常以"合同补遗"的形式，有时也可以"合同谈判纪要"形式形成书面文件。

4. 签订合同

双方在合同谈判结束后，应按上述内容和形式形成一个完整的合同文本草案，经双方代表认可后形成正式文件。双方核对无误后，由双方代表草签。中标人应及时准备和递交履约保证金或履约保函，并正式签署施工承包合同，进而成为承包人。

二、施工承包合同的计价方式

按订立后的合同价款是否允许调整或变化，施工承包合同可分为固定价合同和可调价合同。依计价方式的不同，施工合同又可分为确定工程总价款的总价合同、确定分部分项工程单价的单价合同和基于施工实际成本的成本加酬金合同。而且，施工合同价格的不同形式，将会导致双方不同的合同风险分担，进而影响合同价格以及最后的结算。

（一）影响施工承包合同计价方式选择的因素

在工程实践中，采用哪种合同计价方式，应根据工程项目特点、建设实际，招标人（发包人）有关筹建工作的设想，对于工程费用、质量和工期的要求等，综合考虑后进行确定。

因此，影响施工承包合同价格及计价方式选择的因素很多，其中的主要因素通常包括以下几点。

1. 项目的复杂程度

若施工项目的规模大且技术复杂，则承包风险较大，各项费用不易准确估算，投标人势必加大其风险费用，并导致合同总价提高。因此，对于规模较大、技术复杂的施工项目，不宜采用固定总价合同。

2. 项目的设计工作深度

工程招标时所依据的设计文件的深度，即工程范围的明确程度、预计完成工程量的准确程度，对于计价方式选择、合同价款计算等具有重要影响。例如，施工图设计已经完成，单位工程的范围和主要工程量明确，可选用总价合同；仅扩大初步设计完成，单位工程的范围和主要分部分项工程明确，但预计与实际的工程数量可能出入较大，应选用单价合同。

3. 工程施工的难易程度

如果施工中有较大、较多的部分需要采用新技术、新工艺，各方缺少类似经验，且有关标准、规范、定额中没有可供参考的依据，为了避免投标人盲目提高报价或者由于对施工难度估计不足导致亏损，不宜采用总价合同，选用成本加酬金合同较为合理、稳妥。

4. 工程进度的紧迫程度

首先，工程项目招标投标工作的准备时间是否充裕，对于各方的工程费用、成果精度具有直接影响，例如固定总价合同价格的精度较高，通常要求准备较为充分。其次，对于一些非常紧急、必须尽快开工的项目，例如抢险救灾项目，给予招标人和投标人的准备时间都会很短，投标人难以报出合理的价格。因此，只能采用成本加酬金的合同形式。最后，对于建设工期较长的工程，例如一年以上，为尽量降低价格波动造成的冲击，通常采用可调价合同。

5. 项目的外部环境

外部环境因素包括项目所在地的政治经济局势、劳动力数量及素质、生活交通条件，以及潜在投标人的数量、预计的竞争激励程度等。若外部环境恶劣，意味着项目的风险较大、施工成本较高、不确定性因素较多，尤其是可能参与投标的投标人数量较少的时候，投标人很难接受总价合同方式。

在选择合同类型时，作为工程项目发起人的招标人占有相对的主动权，但招标人不能单纯考虑己方利益，应综合考虑项目的各种因素、投标人的承受能力，进而选定合理分担风险、双方都能认可的合同类型。合同当事人对于不同计价方式的合同类型选择的优先顺序，如图6-4所示。

通常认为，实行工程量清单计价的工程，应当采用单价合同；建设规模较小、技术难度

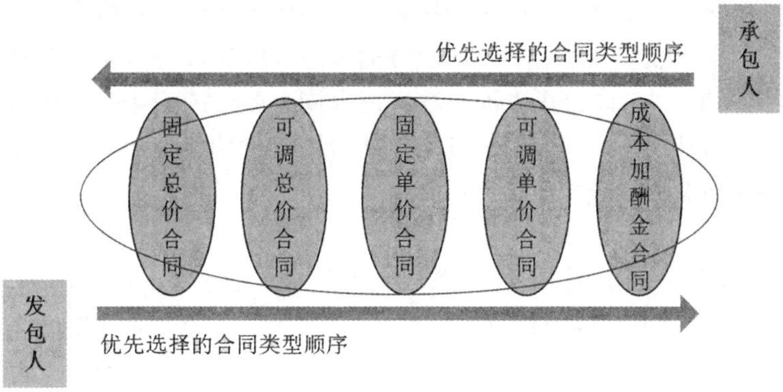

图6-4 合同当事人对于合同(计价方式)的选择倾向

较低、工期较短且施工图设计已经完成的工程，适宜采用总价合同；紧急抢险、救灾以及施工技术特别复杂的工程，可以采用成本加酬金合同。而且，单价合同或固定单价合同对于合同当事人总体而言比较公平。

（二）总价合同

总价合同也称总价包干合同，指合同当事人约定以施工图纸、已标价工程量清单或预算书及有关条款，进行合同价格(总价)的计算、调整和确认的建设工程施工合同。由于在约定范围内的合同总价不做调整，合同当事人应在专用合同条款中约定总价所包含的风险范围和风险费用的计算方法，并约定风险范围以外的合同价格的调整方法，其中因市场价格波动、法律变化引起的调整按合同约定执行。总价合同可以分为固定总价合同和可调总价合同。

1. 固定总价合同

以设计图纸、工程量清单及现行规范等为依据，合同当事人就承包工程协商一个固定的总价，由承包人(投标人)一笔包死，除设计和工程范围变更外，不能变化。因此，承包人在投标时需要估计、包含所有费用上升的因素，在履行合同过程中需要承担实物工程量、单价变化等主要风险。而且，可能因为承包人需要估计一切费用上升的因素，导致其投标总价偏高。

固定总价合同适用于工程范围清楚、工程图纸完整、报价依据准确，工程量较小、工期较短，技术简单、报价估算方便以及投标期限宽裕、合同条件完备等情况。例如，施工图设计已经完成、工期短于一年的常见工程。

2. 可调总价合同

在招标报价、签订合同时，合同当事人按照招标文件要求和当时的物价计算合同总价。同时在合同专用条款中设有特定的调价条款，约定如果合同执行中由于通货膨胀引起工程成本增加并达到某一限度时，合同总价进行相应的调整。因此，其与固定总价合同的区别在于，双方对于合同履行中的风险进行了分摊，发包人承担通货膨胀风险，承包人承担实物工程量、成本、工期等其他风险。

可调总价合同适用于工程内容和技术经济指标规定比较明确，且工期较长的情况。例如，施工图设计已经完成、工期长于一年的工程项目。

（三）单价合同

单价合同也称计量估价合同，指合同当事人约定以工程量清单及其综合单价进行合同价格计算、调整和确认的建设工程施工合同。在合同中，承包人承担报价（单价）风险，实物工程量变化的风险由发包人承担，签约双方的风险分担比较合理。由于在约定的范围内合同单价通常不做调整，合同当事人通常在专用合同条款中约定综合单价包含的风险范围和风险费用的计算方法，并约定风险范围以外的合同单价调整方法。单价合同可分为固定单价合同和可调单价合同。

1. 固定单价合同

招标人（发包方）在招标文件中给出工程量清单、分部分项工程数量等，投标人（承包人）结合设计图纸、施方案等填报相应的单价、算出合价，双方定期按承包人实际完成并经计量的工程数量、填报的单价进行结算，在工程全部完成时以竣工的工程量最终结算工程总价款。在此过程中，法律法规、承包人实际完成的工程量与原估计工程量等，不能出现实质性的变化（变更），否则应当进行单价的调整。

固定单价合同适用于施工工期较短、技术复杂，建设条件不很明确、不可预见因素较多的工程；或者发包方希望缩短项目建设周期，在初步设计或扩大初步设计之后进行施工招标的工程。

2. 可调单价合同

与可调总价合同类似，可调单价合同专用条款中设有特定的调价条款，约定如果合同执行中由于物价变化等引起工程成本增加并达到某一限度时，合同单价进行相应的调整。例如，实际完成工程量与清单工程量相差超过约定幅度（±10 或 15%）时，调整合同单价；材料价格变动较大时（±5%），调整合同单价；签约时暂定的分部分项工程单价，结算时根据实际情况和合同约定对单价进行调整等。

相对固定单价合同而言，可调单价合同由发包人承担通货膨胀风险，适用于技术复杂、建设条件不很明确、不可预见因素较多而且施工工期较长的工程。

（四）成本加酬金合同

成本加酬金合同也称成本补偿合同，或成本加成合同，是指双方将承包人的工程实际费用划分为直接成本费和完成工作后应得酬金两个部分，承包人在工程实施过程中发生的直接成本费由发包人实报实销，并按合同约定另外支付给承包人相应的酬金。由于实际工程费用尤其是酬金计算方式的不同，成本加酬金合同可以细分为以下类型。

1. 成本加固定百分比酬金合同

即承包人在工程实施过程中发生的直接成本费开支由发包人实报实销，并以约定的百分比向承包人支付酬金。其最不利于承包人降低成本，很少被发包人采用。

2. 成本加固定金额酬金合同

即承包方在工程实施过程中发生的直接成本费开支由发包人实报实销，并按约定的金额（F）向承包方支付酬金。其特点仍是不利于承包人降低成本，但稍好于成本加固定百分比酬金合同。

3. 成本加奖罚合同

双方商定该工程的预期成本（C_0）、固定酬金（F）后，通过实际成本（C_d）的对比，进行奖惩（ΔF）。承包人得到的合同金额（C）可能出现以下情形：

① $C_d = C_0$，$C = C_d + F$；

② $C_d < C_0$，$C = C_d + F + \Delta F$；

③ $C_d > C_0$，$C = C_d + F - \Delta F$。

其特点是可鼓励承包方降低成本，应用相对多些。例如，仅有投资估算指标，其他情况不明，急于开工的施工项目。

4. 最高限额成本加固定最大酬金合同

确定了工程的最高限额成本（C）、报价成本（A）和预期成本（C_0）后，发包人根据承包人的实际成本计算、支付工程价款。承包人得到的合同金额可能出现以下情形：

① 实际成本<C_0，承包人得到实际发生的工程成本，获得酬金，并根据节约额的多少，得到预先约定的奖金；

② C_0<实际成本<A，承包人得到实际发生的工程成本，获得酬金；

③ A<实际成本<C，承包人得到实际发生的工程成本；

④ 实际成本>C，承包人得到最高限额成本，即超过部分最高限额成本由承包人承担，发包人不予支付。

对发包人而言，其成本费用的控制效果相对较好。而且在风险型 CM 模式的合同中，也时有采用。

总体而言，成本加酬金合同中，承包方无意降低成本，发包方不能有效控制工程总价，对于发包人相对不利。其主要适用范围包括：工程范围无法界定，缺少工程详细说明，无法准确估价；工程特别复杂，有关方案不能事先确定；时间特别紧张，要求尽快开工；发包方与承包方之间具有高度的信任，承包方在某些方面具有独特的技术、特长或经验。当然，其他工程合同还有各自的计价方式，值得注意。例如，工程总承包合同的费率下浮、每平方米建筑面积单价，工程设计、监理合同的费率比例等。

第四节　工程合同实施与控制

工程项目通常规模较大、周期较长，参与者和不确定性因素较多，而且履行合同是一个漫长、复杂的系统过程。因此，工程施工合同签订后，需要通过全面的合同分析、认真的合同交底，确保有效地实施、科学地控制，进而完成施工项目管理的预期目标。

一、合同分析

（一）合同分析的含义

工程合同分析，也称施工合同分析，简称合同分析，是从合同履行的角度去分析、补充和解释合同的具体内容和要求，将合同目标和规定落实到施工合同实施的具体问题和具体事件上，用以指导具体施工工作或作业，使合同能够符合日常工程管理需要。实施阶段的合同分析，不同于合同谈判阶段，其目的是使工程按合同要求指导组织实施，为合同的履行、控制等提供依据。

施工合同分析通常由企业的合同管理部门或项目经理部的合同管理人员负责。其分析的必要性或要求主要包括：明晰合同事件和工程活动的具体要求、合同各方的责任关系以及事件和活动之间的逻辑关系；发现在合同中存在的问题和风险；预防在合同实施过程中双方可能出现的分歧、争执等。

（二）合同分析的目的和作用

1. 分析漏洞，解释争议

在合同起草、谈判和签订的过程中，即使双方都力争完善，仍然难免有所疏漏。通过合同分析，可以找出漏洞，丰富履行合同的依据。在合同履行过程中，合同双方对合同条款的理解不一致，有时可能会发生争议。通过分析，使双方对合同条款的理解达成一致，解决争议。而且，合同分析也可以为未来可能的工程变更、索赔等，提供理由和根据。

2. 合同任务分解、落实

在实际施工过程中，需要将合同任务分解到具体的作业班组或部门、人员，明确合同中与各部分任务相对应的具体要求，进而便于实施与检查、控制与处理。

3. 分析合同风险，制定风险对策

不同的工程合同，其风险的来源和风险量的大小都不同，要根据合同进行分析，识别风险并拟制相应的应对策略。

（三）合同分析的内容

在工程施工的不同时期以及实现不同的目的，合同分析的内容也不尽相同。其分析的主要内容通常包括以下几个方面。

1. 合同的法律基础

合同的法律基础，即分析合同签订和实施的法律背景，重点分析合同中明示的法律。通过分析，使得施工单位及其项目经理部了解适用于合同的法律范围、特点等基本情况，用以指导整个合同实施以及变更、索赔等工作。

2. 承包人的主要任务

（1）承包人的总任务（合同标的）。

工程总承包的承包人负责工程的勘察设计、采购、制作、试验、运输、施工、安装、验收、试生产、缺陷责任期维修以及施工现场的管理工作，并为建设单位的管理人员提供工作条件等。

（2）工作范围。

履行合同中的工程量清单、图纸、工程说明、技术规范等，应界限清楚。合同实施中，如果工程变更超过约定的风险范围，则应提出工程变更的补偿要求。

（3）关于工程变更的规定。

在合同实施过程中，通常需要明确工程变更工作规定或流程图，并告知相关管理人员。工程变更的补偿范围，通常以合同金额一定的百分比表示，该百分比越高则承包人的风险也就越大。发出工程变更、索赔通知的有效期，应执行合同相关规定（14天或28天以内），该时间越短则对承包人管理水平的要求越高。

3. 发包人的责任

针对建设单位作为发包人的合同责任，通常包括以下几个主要方面：

① 雇用（监理）工程师，并委托其在授权范围内履行建设单位的部分合同责任；

② 发包人和工程师有责任划分各平行作业的承包人、供应商之间的责任界限，裁决争执、协调工作，并承担管理和协调失误造成的损失；

③ 及时发布承包人履行合同所必需的决策或指令，例如下达指令、履行各种批准手续、作出认可、答复请示，完成各种检查和验收手续等；

④ 提供施工作业条件，例如及时提供设计资料、图纸，办理相关报建手续，提供施工场地以及"三通一平"等；

⑤ 按合同规定，及时审核、支付工程款，及时接收已完工程等。

4. 合同价格

① 合同所采用的计价方式、合同价格所包括的范围等;

② 工程计量方法和程序,工程款价款结算(包括进度付款、竣工结算、最终结算)方式和程序等;

③ 合同价格的调整,例如索赔费用的组成和计算方法、价格调整方法,计价依据,索赔有效期规定;

④ 拖欠工程款的合同责任。

5. 施工工期

在合同实施过程中,管控常见的工期拖延,进而控制合同实施、变更和索赔等。

6. 违约责任

如果合同一方未遵守合同规定,造成对方损失,应承担相应的合同责任。通常分析:

① 承包人未能按合同规定工期完成工程的违约金或承担建设单位损失的条款;

② 由于管理上的疏忽,造成对方人员和财产损失的赔偿条款;

③ 由于预谋或故意行为,造成对方损失的处罚和赔偿条款等;

④ 由于承包人不履行或不能正确地履行合同责任,或出现严重违约时的处理规定;

⑤ 由于建设单位不履行或不能正确地履行合同责任,或出现严重违约时的处理规定,特别是对建设单位不及时支付工程款的处理规定。

7. 验收、移交和保修

验收包括材料和机械设备的现场验收、隐蔽工程验收、单项工程验收等,竣工验收、移交既是工程施工的结束,也是缺陷责任期和工程保修的开始。在合同分析中,应对验收的要求、时间、程序以及验收所带来的法律后果等,作出明确的说明。

竣工验收合格即可办理移交。移交是一个重要的合同事件,又是一个重要的法律概念。它表示:建设单位认可并接收工程,承包人工程施工任务完结;工程所有权转移;承包人工程照管责任结束和建设单位工程照管责任开始;缺陷责任期、质量保修责任的开始;合同规定的工程款支付条款有效。

8. 索赔程序和争执的解决

① 索赔的程序以及依据、索赔成立的条件等;

② 争议的解决方式和程序,对于争议评审的认定,仲裁或诉讼的选择等;

③ 仲裁条款,包括仲裁所依据的法律,仲裁的地点、方式和程序等。

二、合同交底

(一)合同交底的含义

通俗地说,合同交底就是将合同交到底下执行。具体地讲,合同交底就是上层合同管理人员将合同的内容贯彻下去,使合同实施的相关人员清楚相关的合同条款,并遵照执行,防止因对合同不熟悉、不理解,出现违反合同的行为,带来无谓的损失。因此,合同交底需要在明确合同内容、开展合同分析的基础上,由企业或项目经理部参与合同谈判签订、精通合同管理的人员,向项目经理部管理人员和施工作业人员陈述合同意图、聚焦合同要点,最终实现合同的目标。

在工程建设实践中,"合同交底"由合同管理人员在对施工合同的主要内容进行分析、解释和说明的基础上,通过组织项目管理人员、主要作业人员,学习合同条文和合同总体分析结果,使大家熟悉合同中的主要内容、规定、管理程序,了解合同双方的合同责任和工作范围、各种行为的法律后果等的工作过程。通过施工合同交底，促使大家树立全局观念、追求各项工作协调一致，避免施工过程中出现违约行为。

（二）合同交底的任务

通常认为，合同交底应立足施工合同的主要内容，把握合同交底的双方、合同意图、合同要点、合同执行计划和合同相关资料整理等要点，完成合同交底工作。因此，项目经理或合同（合约）管理人员应通过合同交底，将各种任务和事件的责任分解，落实到具体的工作小组、人员或分包单位。

施工合同交底的目的和任务包括：

① 对合同的主要内容达成一致理解；

② 将各种合同事件的责任分解落实到各作业班组或分包单位；

③ 将工程项目和任务分解，明确其质量和技术要求以及实施的注意要点等；

④ 明确各项工作或各个工程的工期要求；

⑤ 明确各项工作或各个工程的成本目标和消耗标准；

⑥ 明确相关事件之间的逻辑关系；

⑦ 明确各个作业班组（分包单位）之间的责任界限；

⑧ 明确不能完成任务的影响和法律后果；

⑨ 明确合同有关各方（如建设单位、监理单位）的责任和义务等。

合同交底的其他内容，可以参见本书第九章（工程项目资源管理）第四节（技术管理）"技术管理的经常性工作"的技术交底。

三、工程变更和施工索赔管理

在工程施工过程中，由于相关工作准备不充分、客观条件变化、不可预见事件发生等原因，通常会发生工作增减、工程量波动、施工进度变化等情况，引发工程变更、施工索赔和现场签证等事件，进而影响施工合同的履行、管理目标的实现。对此，必须予以相应的重视，实施有效的管理。

（一）工程变更及管理

工程变更，简称变更，是指施工承包合同成立后，在施工过程中双方依法协商对合同内容进行修订或调整所达成的协议或过程。工程变更的结果对于工期、费用以及施工合同的履行具有直接、重要的影响。工程变更包括工程量变更、工程项目的变更（如发包人提出增加或者删减原项目内容）、进度计划的变更、施工条件的变更等。通常需要签约双方通过监理人，协商一致达成共识，再做相应的工作或改变。

1. 工程变更的范围

除专用合同条款另有约定外，工程变更的范围（内容）通常包括：

① 增加或减少合同中任何工作，或为完成工程需要追加的额外工作；

② 取消合同中任何工作，但转由他人实施的工作除外；

③ 改变合同中任何工作的质量或其他特性；

④ 改变工程的基线、标高、位置和尺寸；

⑤ 改变工程的时间安排或实施顺序。

2. 工程变更的程序

在施工过程中，承包人提出工程变更的程序主要包括：

① 提交工程变更申请报告；

② 填报变更原因、相关图纸以及变更工程量和费用等；

③ 承包人按照监理工程师发出的变更通知及有关要求进行变更。

施工中发包人提出变更的，应通过监理人向承包人发出变更指示，变更指示应说明计划变更的工程范围和变更内容。因工程变更导致合同价款的增减及造成的承包人损失，由发包人承担，延误的工期相应顺延。

监理人提出变更建议的，需要以书面形式向发包人提出变更计划，说明计划变更的工程范围和变更的内容、理由，以及实施该变更对合同价格和工期的影响。发包人同意变更的，由监理人向承包人发出变更指示。发包人不同意变更的，监理人无权擅自发出变更指示。

3. 变更权与变更指示

变更指示均通过监理人发出，监理人发出变更指示前应征得发包人同意。承包人收到经发包人签认的变更指示后，方可实施变更。未经许可，承包人不得擅自对工程的任何部分进行变更。

承包人收到监理人下达的变更指示后，认为不能执行的，应立即提出不能执行该变更指示的理由。承包人认为可以执行变更的，应当书面说明实施改变指示对合同价格和工期的影响，且合同当事人应当按照约定确定变更估价等。

4. 工程变更的估价

工程变更可能引发工期、费用的变化，并根据变更的责任，给予相应的补偿。仅就费用补偿而言，承包人应在收到变更指示后14天内，向监理人提出变更估价申请。

根据《建设工程施工合同（示范文本）》（GF—2017—0201），除专用合同条款另有约定外，变更估价按照以下约定处理：

① 已标价工程量清单或预算书有相同项目的，按照相同项目的单价认定；

② 已标价工程量清单或预算书无相同项目，但有类似项目的，参照类似项目的单价认定；

③ 变更导致实际完成的变更工程量与工程量清单列明的该项目工程量的变化幅度超过15%的，或已标价工程量清单或预算书无相同及类似项目单价的，按照合理的成本与利润构成原则，由合同当事人协商确定工程变更的单价。

（二）施工索赔及管理

索赔是指工程承包合同履行中，当事人一方因为对方不履行或不完全履行既定的义务，或者由于对方的行为使权利人受到损失时，要求对方补偿损失的权利或行为。按照发起索赔的主体，可以分为承包人索赔、发包人索赔；按照索赔的目的，可以分为工期索赔、费用索赔。施工索赔主要是指承包人向发包人的索赔，并且最为常见。

1. 索赔的成立条件

由于建设周期较长、主客观原因交错，索赔有其必然性。允许索赔有利于维护合同双方的正当利益，弥补造成的损失。

索赔成立，通常要求同时具备三个条件或要素：

① 正当的索赔理由，例如非自身原因；

② 有效的索赔证据，例如造成额外损失；

③ 在合同约定的时限内提出。

2. 索赔的程序

根据《建设工程施工合同（示范文本）》（GF—2017—0201），承包人提出索赔的程序如下。

（1）承包人应在知道或应当知道索赔事件发生后 28 天内，向监理人递交索赔意向通知书并说明发生索赔的事由；承包人未在前述 28 天内发出索赔意向通知书的，丧失追加付款和（或）延长工期的权利。

（2）承包人应在发出索赔意向通知书后 28 天内，向监理人正式递交索赔报告；索赔报告应详细说明索赔理由以及要求追加的付款金额和（或）延长的工期，并附必要的记录和证明材料。

（3）索赔事件具有持续影响的，承包人应按合理的时间间隔继续递交延续索赔通知，说明持续影响的实际情况和记录，列出累计的追加付款金额和（或）工期延长的天数。

（4）在索赔事件影响结束后 28 天内，承包人应向监理人递交最终索赔报告，说明最终要求索赔的追加付款金额和（或）延长的工期，并附必要的记录和证明材料。

3. 索赔费用的组成

在施工索赔中，承包人针对非自身原因造成的索赔事件，可能提出工期、费用等方面的补偿或赔偿要求。这里主要介绍其中的费用索赔。

与建筑安装工程费用构成相对应，索赔费用的组成内容主要包括以下几个部分。

（1）分部分项工程费用。

① 人工费，包括增加工作内容的人工费、停工损失费和工作效率降低的损失费等；

② 材料费，包括索赔事件引起的材料用量增加、材料价格大幅上涨、非承包人原因造成工期延误而引起的价格上涨和材料超期存储费用；

③ 施工机具使用费，包括工作内容增加、窝工损失引起的设备费等，后者需区分承包人的自有设备和租赁设备；

④ 管理费，包括现场管理费、企业管理费；

⑤ 利润，只有纯属发包人原因造成的工程范围、工作内容变更，发包人未能及时提供现场等，承包人才可以索赔利润；

⑥ 延迟付款利息，执行约定的利率。

（2）措施项目费。因分部分项工程量清单漏项或非承包人原因的工程变更，引起措施项目发生变化，造成施工组织设计或施工方案变更，导致措施费发生变化时，已有的措施项目，按原有措施费的组价方法调整；原措施费中没有的措施项目，由承包人根据措施项目变更情况，提出适当的措施费变更，经发包人确认后调整。

（3）其他项目费。由于发包人原因造成其他项目费的人工费、材料费等变化，按合同约定计算。

（4）规费与税金。除工程内容的变更或增加，承包人可以列入相应增加的规费与税金外，其他情况一般不能索赔。索赔规费与税金的款额计算通常是与原报价单中的百分率保持一致的。

4. 索赔费用的计算

针对施工索赔的具体情况，可以采用的费用计算方法也不相同。

（1）实际费用法。也称额外成本法，是以承包人为某项索赔工作所支付的实际开支为根据，向发包人要求对超支部分的费用补偿。其适合于单项索赔，且结果较为准确。

（2）总费用法。又称总成本法，是当发生多次索赔事件后，按该工程的实际总费用减去投标报价时的合同价，计算索赔的金额。即：

$$索赔金额＝实际总费用－报价费用 \tag{6-1}$$

如果承包人采用低报价、高索赔策略，该方法计算出的索赔金额偏高。

（3）修正的总费用法。在总费用法的基础上，去掉某些不合理因素，以降低索赔金额。通常从索赔事件的发生时间、影响损失和投标报价的重新核算等进行修正。即：

$$索赔金额＝某项工作调整后的实际总费用－该项工作经核算的报价费用 \tag{6-2}$$

修正的总费用法比总费用法的计算（结果）有了实质性的改进，它的准确程度已接近于实际费用法。

（三）现场签证

现场签证是指发包人现场代表（或其委托人）与承包人现场代表就施工过程中涉及的责任事件所作的签认证明。由于前期准备工作不充分、客观条件变化等各种原因，时常需要改变施工方案等，并通过现场签证构成工程合同成本及费用的一部分。

1. 现场签证的范围

现场签证主要包括或适用于：① 施工合同范围以外的零星工程的确认；② 在施工过程中发生变更后需要现场确认的工程量；③ 非承包人原因导致的人员、设备窝工及有关损失；④ 符合施工合同规定的非承包人原因引起的工程量或费用增减；⑤ 确认修改施工方案引起的工程量或费用增减；⑥ 工程变更导致的工程施工措施费增减等。

2. 现场签证的程序

除合同约定外，现场签证的程序如下：

① 承包人应在接受发包人要求的7天内向发包人提出签证报告，发包人签证后施工；

② 发包人在收到承包人的签证报告48小时内予以确认或提出修改意见，否则视为该签证报告已经认可；

③ 双方确认的现场签证费用与工程进度款同期付款。

3. 现场签证的费用计算

完成合同之外的零星工作，按合同中约定的计日工单价计算；完成其他非承包人责任引起的事件，按合同中的相关约定计算。

四、合同跟踪与诊断

合同跟踪与诊断是在工程实施的过程中，全面收集并分析工程合同实施的信息，加强工程变更和索赔管理，将合同实施情况与实施计划进行对比分析，找出其中的偏差。为定期诊断合同履行情况，诊断内容应包括合同执行差异的原因分析、责任分析以及实施趋向预测。进而及时通报合同实施情况及存在问题，提出有关意见和建议，并采取相应措施，保证施工合同的顺利履行。

（一）合同实施的跟踪

施工合同跟踪，通常有两个方面的含义：一是施工承包企业的合同管理部门，对于合同执行者（项目经理部或项目经理）的合同履行情况进行的跟踪、监督和检查；二是合同执行者自身，对于合同计划的执行情况进行的跟踪、检查与对比。在合同实施过程中，二者缺一不可。

1. 合同跟踪的依据

开展施工合同跟踪，除签订的施工合同以外，其重要的依据还包括：合同编制依据的各种计划文件；各种实际工程文件，例如原始记录、报表、验收报告等；管理人员对现场情况的直观了解，例如现场巡视、交谈、会议、质量检查等及其他相关资料。

2. 合同跟踪的对象

从某种意义上讲，合同跟踪的整体对象就是承包人为完成全部合同条款而需要履行合同规定的各项工作内容的总和。其主要包含以下三项工作。

(1)工程施工的工作。工程施工的工作主要包括：工程施工的质量，包括材料、构件、制品和设备，以及施工或安装等质量，是否符合合同要求；工程进度，是否在预定期限内施工，工期的延长及其原因等；工程数量，是否按合同要求完成全部施工任务，有无合同规定以外的施工任务等；施工成本费用的增加、减少及其原因等。

(2)作业班组或分包单位的工作。工程施工任务分解后通常交由不同的作业班组或专业分包单位完成，承包人必须对他们所负责的工程或工作进行跟踪检查、协调关系，提出意见、建议或警告，以保证工程总体质量和进度。

(3)建设单位和其委托工程师的工作。主要包括：建设单位是否及时、完整地提供了工程施工的实施条件，例如场地、图纸、资料等；建设单位和工程师是否及时给予了指令、答复和确认等；建设单位是否及时、足额地支付了应付的工程款项等。

(二)合同实施的诊断

通过合同跟踪，发现合同实施中可能存在的偏差。如果工程实施实际情况偏离了计划和目标，应该及时诊断原因，采取措施，纠正偏差，减少损失。合同实施诊断的内容如下。

1. 原因诊断

通过对合同执行实际情况与实施计划的对比分析，发现合同实施的偏差，探究引起差异的原因。其中的原因诊断，可以选用因果关系分析图(表)或者成本的量差、价差、效率差分析等方法定性或定量地进行。

2. 责任诊断

基于产生合同偏差的原因，应该由相应的责任者承担责任。责任分析、诊断必须以合同为依据，按合同规定，诊断、落实各方的责任。

3. 趋势分析

针对偏差情况及责任，分析在不同调整或组合措施之下，合同执行可能的结果与趋势。例如，总工期的延误、总成本的超支、质量标准、所能达到的生产能力、最终工程经济效益水平、承包人将承担的后果(被罚款)及其资信受到影响等。

4. 偏差处理

根据合同实施诊断结果和趋势分析，施工单位或项目经理部应该采取相应的调整措施。常用的调整措施可以分为如下几个方面。

(1)组织措施。例如增加人员投入，调整人员安排，调整工作流程和工作计划等。

(2)技术措施。例如变更技术方案，采用新的高效率的施工方案等。

(3)经济措施。例如加大费用投入，采取经济激励措施等。

(4)合同措施。例如进行合同变更，签订附加协议，采取索赔手段等。

五、分包合同的管理

在工程建设实践中，施工单位或总承包企业通过签订分包合同，将相应的专业工程、劳务作业等转移给分包单位实施、完成。而且，总承包单位对于分包单位的工作及成果，负有协调和管理责任，并承担由此造成的损失。因此，总承包单位应将分包合同管理纳入其全面合同管理范畴，防止因分包单位的工作或管理失误而影响全局。

（一）分包合同管理的责任主体

无论是建设单位指定，还是施工总承包（或施工总承包管理）单位选定的分包单位，其分包合同都应与施工总承包单位签订。因此，作为合同签订单位的施工总承包企业，必须承担对于分包单位的管理责任，而且是第一责任主体。

在施工过程中，将由施工总承包单位向建设单位，承担分包单位负责施工的工程质量、工程进度、安全生产等的责任。

（二）分包合同管理的内容

1. 成本控制

通过竞争方式，降低分包工程的合同价格，从而降低承包工程的施工总成本。在对分包工程款的支付审核方面，通过严格审核实际完成工程量，建立工程款支付与工程质量、实际进度挂钩的联动审核方式，防止超付和早付。对于建设单位指定的分包单位，除非建设单位直接支付，否则需要施工总承包单位把握分包工程款的支付时间、节奏等。例如，在收到建设单位的工程款后才能支付，并应扣除分包单位的必要款项。

2. 进度控制

根据施工总进度计划，向分包单位提出、明确分包工程的进度计划和目标。要求分包单位据此编制详细的分包工程施工进度计划，通过审核后，在工程进展过程中严格控制其执行。

在施工分包合同中，应确定进度计划拖延的责任，并在施工过程中进行严格考核。承包人积极为分包工程的施工创造条件，及时审核和签署有关文件，保证材料供应，协调好各分包单位之间的关系等。

3. 质量控制和安全管理

分包合同中，应明确分包单位的施工质量要求和目标，并要求施工分包单位建立质量保证体系，制定质量保证和安全管理措施。合同履行过程中，严格检查施工分包单位的质量保证与安全管理体系及措施的落实情况，并根据总承包人自身的质量保证体系，控制分包工程的施工质量，确保施工安全。

4. 人员管理

工程开工前，应针对工程的特点，由项目经理或质量、安全负责人组织进行质量、安全意识教育，以提高各类管理人员和施工人员的意识和能力。着重对分包单位的操作人员和管理人员进行技术培训和质量教育，帮助他们提高管理水平。要对分包工程的班组长及施工人员按不同专业进行技术、工艺、质量等方面的综合培训，未经培训或培训不合格的分包队伍及人员不允许进场施工。

应当看到，鼓励施工企业健全自有的施工作业队伍、加强劳务管理，有利于改善工程项目管理、保证施工作业的综合质量，并符合我国大力培养高素质新产业工人的发展趋势。

第五节　工程合同终止与评价

工程合同履行结束即合同终止，其中可能涉及合同纠纷处理，甚至遭遇合同解除等。合同终止后，工程参建或合同签约各方，应及时进行合同评价，总结合同签订和执行过程中的经验教训，形成总结报告。

一、工程合同的终止

（一）合同的终止及条件

1. 合同终止的概念

工程合同终止，简称合同终止，是指合同当事人依法使相互间的权利义务关系终止，即合同关系消灭。其中，债权人免除债务人部分或者全部债务的，合同的权利义务部分或者全部终止；债权和债务同归于一人的，合同的权利义务终止，但涉及第三人利益的除外。

2. 合同终止的条件

工程合同终止的条件（情形）包括：① 清偿，按照合同的约定履行自己的义务，并实现合同的最终目标；② 解除，合同当事人一方或者双方依照法律规定或者当事人的约定，依法解除合同效力；③ 抵销，双方互负债务时，使其债务与对方的债务在对等额内相互消灭；④ 混同，债权债务同归于一人；⑤ 提存，债务人依法将标的物提存；⑥ 免除，在合同有效成立后，当解除的条件具备时，因当事人一方或双方的意思表示，使合同自始或仅向将来消灭。

合同权利义务的终止，不影响合同结算和清理条款的效力以及通知、协助、保密等义务的履行。

（二）合同的解除

合同解除是指当事人一方在合同规定的期限内未履行、未完全履行或者不能履行合同时，另一方当事人或者发生不能履行情况的当事人，可以根据法律规定或者合同约定的条件，通知对方解除双方合同关系的法律行为。

1. 合同解除的条件。

（1）约定解除条件。包括：当事人协商一致，可以解除合同；当事人可以约定一方解除合同的条件。解除合同的条件成立时，解除权人可以解除合同。

（2）法定解除条件。包括：因不可抗力致使不能实现合同目标；在履行期限届满之前，当事人一方明确表示或者以自己的行为表明不履行主要债务；当事人一方延迟履行主要债务，经催告后在合理期限内仍未履行；当事人一方迟延履行债务或者有其他违约行为，致使不能实现合同目标；法律规定的其他情形。

2. 合同解除权的行使

合同解除权应在法律规定或者当事人约定的解除权期限内行使，期限届满当事人不行使的，该权利消灭。如法律没有规定或者当事人没有约定期限应当在合理期限内行使，经对方催告后在合理期限内不行使的，该权利消灭。

当事人解除合同时，应当通知对方，并且自通知到达对方时合同解除。若对方对解除合同持有异议，可以请求人民法院或者仲裁机构确认解除合同的效力。法律、行政法规规定解除合同应当办理批准、登记等手续的，在解除时应依照其规定办理手续。

（三）合同债务抵销

合同债务抵消，简称抵销，是当事人互有债权债务，在到期后，各以其债权抵偿所付债务的民事法律行为，是合同权利义务终止的方法之一。

除依照法律规定或者按照合同性质不得抵销的之外，当事人应互负到期债务，该债务的标的物种类、品质相同的，任何一方可以将自己的债务与对方的债务抵销。当事人主张抵销的，应当通知对方；通知自到达对方时生效。当事人互负债务，标的物种类、品质不相同的，经双方协商一致，也可以抵销。

（四）标的物提存

提存是指由于债权人的原因致使债务人难以履行债务时，债务人可以将标的物交给有关机关保存，以此消灭合同的制度。

债务履行往往要有债权人的协助，如果由于债权人的原因导致债务人无法向其交付标的物，不能履行债务，致使债务人总是处于随时准备履行债务的局面，这对债务人并不公平。因此，法律规定了提存制度，并作为合同权利义务关系终止的情况之一。

有下列情形之一，难以履行债务的，债务人可以将标的物提存：① 债权人无正当理由拒绝受领；② 债权人下落不明；③ 债权人死亡未确定继承人或者丧失民事行为能力未确定监护人；④ 法律规定的其他情形。

如果标的物不适于提存或者提存费用过高，债务人可以依法拍卖或者变卖标的物，提存所得的价款。

二、合同纠纷的处理

合同纠纷是指合同当事人之间对合同履行状况和合同违约责任承担等问题所产生的意见分歧。合同纠纷的解决方式有和解、调解、仲裁或者诉讼。现行《建设工程施工合同（示范文本）》（GF—2017—0201）争议的解决方式中，引入了争议评审。

（一）工程合同的常见纠纷

合同纠纷主要表现在当事人双方对合同规定的义务和权利理解不一致，最终导致对合同履行或不履行的后果和责任分担产生争议。工程合同纠纷通常具有标的巨大、涉及法律关系复杂、较为依赖专业鉴定结论、服判息诉率较低等特点。产生工程合同纠纷的原因非常复杂，但常见的争议、纠纷，可能表现为以下几个方面。

① 施工合同的效力问题；

② 合同无效是否进行结算；

③ 黑白合同，即备案合同和"补充协议"不一致，在结算时应采纳哪一份合同作为结算的依据；

④ 对施工合同中涉及的发包方逾期不结算是否认可送审价的问题；

⑤ 工程结算采取何种标准的问题；

⑥ 诉讼中工程造价司法鉴定的范围；

⑦ 关于工程质量、工期、农民工利益问题等。

（二）工程合同纠纷的处理途径

1. 和解

和解是合同当事人之间发生争议后，在没有第三方介入的情况下，合同当事人在自愿、互谅的基础上，就已经发生的争议进行商谈并达成协议，自行解决争议的方式。

和解方式简便、易行、经济、及时，没有第三方的介入，有利于维护合同双方的友好合作关系。因此，在可能的情况下，当事人应优先考虑通过和解的方式解决纠纷。

2. 调解

调解是指合同当事人之间发生争议后，在第三方的主持下，根据事实、法律和合同，经过第三方的说服与劝解，使发生争议的合同当事人互谅、互让，自愿达成协议，从而公平、合理地解决争议的方式。因参与调解的第三方不同，调解可分为民间调解、仲裁机构调解和法庭调解三种。

调解具有方法灵活、程序简便、节省时间和费用、不伤害发生争议的合同当事人的感情等特征。而且，由于有较为客观、公正的第三方的介入，例如监理人，可缓解发生争议的当事人之间的对立情绪，便于双方冷静、理智地考虑问题。

3. 争议评审

工程合同或建设工程争议评审是指当事人在履行工程合同的过程中发生争议时，根据约定，将有关争议提交争议评审组进行评审，并由评审组作出评审意见的争议解决方式。工程争议评审制度以及争议/裁决委员会（DB/DAB）源自英国并被广泛应用于国际工程项目的争议解决。20世纪70年代，美国科罗拉多州高速公路管理局在建设艾森豪威尔隧道时，引入了争议评审并取得良好效果。中国国际贸易促进委员会和中国国际商会2010年1月通过了《建设工程争议评审规则（试行）》。2017年版的《建设工程施工合同（示范文本）》引入了争议评审制度，意在为建设工程施工合同履行争议解决提供一个友好、专业快捷的方式。

（1）争议评审组的确定。合同当事人可以共同选择一名或三名争议评审员（专家），组成争议评审小组。除专用合同条款另有约定外，合同当事人应当自合同签订后28天内，或者争议发生后14天内，选定争议评审员。

选择一名争议评审员的，由合同当事人共同确定；选择三名争议评审员的，双方当事人各自选定一名，第三名成员为首席争议评审员，由合同当事人共同确定或由合同当事人委托已选定的争议评审员共同确定，或由专用合同条款约定的评审机构指定第三名首席争议评审员。

除专用合同条款另有约定外，评审员的报酬由发包人和承包人各承担一半。

（2）争议评审组的决定。合同当事人可在任何时间将与合同有关的任何争议共同提请争议评审小组进行评审。争议评审小组应秉持客观、公正原则，充分听取合同当事人的意见，依据相关法律、规范、标准、案例经验及商业惯例等，自收到争议评审申请报告后14天内作出书面决定，并说明理由。合同当事人可以在专用合同条款中对本项事项另行约定。

（3）争议评审组决定的效力。争议评审组作出的书面决定经合同当事人签字确认后，对双方具有约束力，双方应遵照执行。

任何一方当事人不接受争议评审小组决定或不履行争议评审小组决定的，双方可选择采取仲裁或诉讼的解决方式。

争议评审员可以较早介入工程建设活动，比较了解工程项目管理及其存在的问题，并且具有公正性、中立性和专业性，可以较为及时地解决争议，且费用较低。而且，由于争议评审员是双方的选择，其裁决意见容易被接受。故此其应用前景较为广阔。

4. 仲裁或诉讼

因合同及合同有关事项产生的争议，合同当事人可以在专用合同条款中约定以下一种方式解决争议：向约定的仲裁委员会申请仲裁；向有管辖权的人民法院起诉。

（1）仲裁。仲裁是指发生争议的合同当事人根据合同中约定的仲裁条款或者争议发生后由其达成的书面仲裁协议，将合同争议提交给仲裁机构并由仲裁机构按照仲裁法律规范的规定居中裁决，从而解决合同争议的法律制度。

根据《中华人民共和国民法典》《中华人民共和国仲裁法》等规定，对于合同争议的解决，实行"或裁或审制"，即发生争议的合同当事人，只能在"仲裁"或者"诉讼"两种方式中，选择一种方式解决其合同争议。

仲裁裁决具有法律约束力，合同当事人应当自觉执行裁决。不执行的，另一方当事人可以申请有管辖权的人民法院强制执行。裁决作出后，当事人就同一争议再申请仲裁或者向人民法院起诉的，仲裁机构或者人民法院不予受理。但当事人对仲裁协议的效力有异议的，可以请求仲裁机构作出决定或者请求人民法院作出裁定。

（2）诉讼。诉讼是指合同当事人依法将合同争议提交有管辖权的人民法院受理，由人民法院依司法程序通过调查、作出判决、采取强制措施等来处理争议的法律制度。

有下列情形之一的，合同当事人可以选择诉讼方式解决合同争议：

① 合同争议的当事人不愿和解、调解的；

② 经过和解、调解未能解决合同争议的；

③ 当事人没有订立仲裁协议或者仲裁协议无效的；

④ 仲裁裁决被人民法院依法裁定撤销或者不予执行的。

合同当事人可以在签订合同时约定选择诉讼方式解决合同争议，并依法选择有管辖权的人民法院，但不得违反《中华人民共和国民法典》《中华人民共和国民事诉讼法》等关于级别管辖和专属管辖的规定。对于一般的合同争议，由被告住所地或者合同履行地人民法院管辖。建设工程施工合同以施工行为地作为合同履行地（被告就原告）。

三、工程合同的评价

（一）工程合同评价的内涵和目的

工程合同评价是指合同执行完成后，建设单位和（或）承包人共同（分别）对合同的战略、执行过程、效果、作用和影响等，进行系统、客观的分析和总结。

合同评价的目的包括：及时反馈信息，调整相关政策、计划，改进或完善在执行合同；增强项目管理人员的责任心，提高合同管理水平；改进未来项目和合同的管理水平，提高经济效益，促进下一步或以后更深入地合作。

为维护建筑市场秩序，推进工程建设领域的信用体系建设，加强施工合同管理，规范建设工程合同当事人的市场行为，当地建设行政主管部门可以通过检查合同资料等书面文件及现场问询的方式，开展建设工程施工合同履约评价工作。评价工作的重点是对专业工程分包、主要管理人员到岗履职、工程进度及工程款支付、工程变更和现场签证、工期管理、工程保证金、安全文明施工费支付及使用、施工合同管理等内部管理制度的执行情况进行检查。

（二）工程合同评价的内容

作为合同履行的总结报告，工程合同评价主要包括以下内容。

1. 合同签订情况评价

（1）预定的合同战略和策划是否正确，是否已经顺利实现。

（2）招标文件分析和合同风险分析的准确程度。

（3）该合同环境调查、实施方案、工程估价以及报价方面的问题及经验教训。

（4）合同谈判中的问题及经验教训，以后签订合同的注意事项。

（5）各个相关合同之间的协调问题等。

2. 合同执行情况评价

（1）合同执行战略是否正确，是否符合实际，是否达到预想的结果。

（2）在合同执行中出现哪些特殊情况，应采取什么措施防止、避免或减少损失。

（3）合同风险控制的利弊得失。

（4）各个相关合同在执行中的协调问题等。

3. 合同管理工作评价

（1）合同管理工作对工程项目的总体贡献或影响。

（2）合同分析的准确程度。

（3）在投标报价和工程实施中，合同管理子系统与其他职能协调中的问题，需要改进的地方。

（4）索赔处理和纠纷处理的经验教训等。

4. 合同条款评价

（1）合同的具体条款，特别是对工程有重大影响的合同条款的表达和执行的利弊得失。

（2）合同签订和执行过程中遇到的特殊问题的分析结果。

（3）对具体的合同条款如何表达更为有利。

（4）哪些条款可以进行增补和缩减等。

5. 建设单位对合同的建议

（1）合同中关于质量、工期、价格等具体事项的约定是否完全符合建设单位要求。

（2）建设单位对合同执行过程的满意程度和改进建议。

（3）建设单位对合同签订和执行过程中出现的特殊问题处理满意度。

（4）建设单位对未来合作的意向。

合同评价的内容是合同总结的内容之一。由于工程项目具有唯一性，合同的总结报告应根据实际情况编写。

（三）工程合同评价的方法

工程合同评价的常用方法是前后对比法，即根据合同执行的实际情况，对照合同策划时所确定的直接目标、间接目标以及合同条款，发现合同实施的利弊得失，分析原因，得出结论和经验教训。以合同执行情况为例，其分析（评价）表的格式，如表6-4所列。

表6-4 合同执行情况评价分析表（格式）

合同主要条款	实际执行结果	执行的主要差别	原因与责任

工程项目合同管理从招标投标、风险评估、谈判签约开始，经过履行合同、实施控制，直到终止与评价，可以实现工程合同的全过程管理，做到本工程项目合同的动态循环，进而为将来的持续改进奠定基础。

复习思考题

1. 我国招标投标的原则、制度设计的基本框架分别是什么？
2. 投标文件的编制程序、递交时的注意事项有哪些？
3. 《建设工程施工合同(示范文本)》的组成、条款的优先顺序分别是什么？
4. 施工承包合同谈判的主要内容、签约的主要工作分别有哪些？
5. 施工承包合同的计价方式有哪几类？各自的适用条件分别是什么？
6. 工程变更的估价方法、索赔费用的组成分别如何？
7. 工程合同纠纷处理的方式、工程合同评价的目的分别有哪些？

第七章 工程项目信息管理

工程建设的参与者众多、管理目标和利益诉求交错，既需要规范的工程文件指导建设活动，又依赖完备的档案资料服务运营维护。伴随着电子计算机技术的迅速发展，在电子化、信息化、数据化时代，面对高质量发展，应通过优化工程项目信息管理，便捷、高效地完成相关信息的整理与储存、检索与传递等系统化管理工作，进而实施项目管理、实现预期目标，并拓展寿命周期管理。而且，工程项目管理信息化、BIM 技术的应用等，将在工程项目信息管理中发挥重要、积极的作用。

第一节 工程项目信息管理概述

信息管理是实现工程项目管理或控制目标的重要措施手段。伴随着科学技术的不断进步、建设法规的日益完善、市场需求的普遍提高，"硬件"提档升级、"软件"配套提升，势必要求工程建设的市场主体，在建设过程的各个阶段，精选工程项目信息，明确信息管理目的和任务、要求与程序，努力实现工程项目信息管理的规范化、标准化。

一、工程项目信息管理的目的和任务

（一）信息及信息管理

1. 信息的概念

信息在各个领域被广泛使用，并且具有各不相同的定义。最早给出信息明确定义的是数学家克劳德·香农（C.E.Shannon），在题为《通讯的数学理论》的论文中指出："信息是用来消除随机不确定性的东西。"信息泛指人类社会传播的一切内容，常指音讯、消息、通信系统传输和处理的对象。

信息和数据二者经常同时出现。数据反馈客观实体的属性值，它可以用数字、文字、声音、图像或者图形等形式表示。数据本身并无特定的意义，只是记录事物的性质、形态、数量特征的抽象符号，是中性的概念。信息则是被赋予一定的含义的，经过加工处理以后的数据，例如报表、账本和图纸等。数据和信息是相对的概念，如果说数据是原材料，那么信息就是其加工产品。数据转化为信息的过程，如图 7-1 所示。

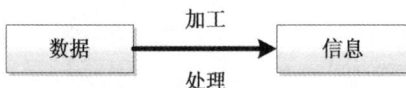

$$数据 \xrightarrow[\text{处理}]{\text{加工}} 信息$$

图 7-1 数据转化为信息的过程（示意图）

因此，信息是经过加工处理形成的特定数据，可以加深信息接收者对外在客观事物的认知程度，为信息接收者的有关决策以及将要采取的行为措施提供现实依据。信息可以采用口头、书面或电子的方式传输，声音、文字、数字和图像等是其常见的表达形式。

信息系统（information system），是由计算机硬件、网络和通信设备、计算机软件、信息资源、信息用户和规章制度组成的，以处理信息流为目的的人机一体化系统。其主要有信

息的输入、存储、处理、输出和控制等五个基本功能。

2. 信息管理的概念

信息管理(information management，IM)是人类为有效地开发和利用信息资源，以现代信息技术为手段，对信息资源进行计划、组织、领导和控制的社会活动。简言之，信息管理就是人对信息资源和信息活动的管理。

信息管理也可以理解为对信息传输进行合理的组织和控制。因此，信息管理的过程通常包括信息收集、信息传输、信息加工和信息储存。现代经济社会信息高度发达，信息渗透于人类社会的一切活动，信息是最基本的资源，信息管理是人类最基础的管理活动。

3. 信息管理的目的

信息管理的目的是通过有组织的信息流通，使决策者能及时、准确地获取相应的信息。为此，需要把握信息管理的各个环节，并且做到：

① 了解和掌握信息的来源，对信息进行分类；

② 掌握和正确运用信息管理的手段；

③ 掌握信息流程的不同环节，管理并完善信息管理系统。

(二)工程项目信息及管理

1. 工程项目信息的界定

工程项目信息泛指反映和控制工程项目管理活动的信息，包括各种报表，数字、文字和图像。如同第一章(工程项目管理概论)所言，工程建设项目属于广义项目中的一部分，其信息的范围自然小于广义的项目。

在工程建设实践中，工程项目信息多指为某工程项目及其建设管理活动具体描述项目策划、实施情况的特定形式的信息数据。例如，建设前期的可行性研究报告、策划与计划方案，工程项目的勘察设计、施工合同，承包人进行工程施工、发包人支付价款的记录等。

过程是信息的载体，信息是项目各阶段的外在表现。工程项目信息通常涉及相互依赖、相互影响的工作流、物流、资金流和信息流。通过相关信息的管理，可以帮助项目管理者为了作出决策和行动而了解相关情况，为项目管理者的过程管理提供信息(事实)依据。

2. 工程项目信息管理的内涵

工程项目信息管理，是指通过对各个系统、各项工作和各种数据的管理，使得管理者能够方便和有效地获取、存储、存档、处理和交流工程项目的主要信息。由于工程建设参与者众多、持续时间较长，管理目标复杂，故此对于工程项目信息管理提出了较高的要求。

工程项目信息管理系统是处理工程项目信息的人-机系统。它通过收集、存储及分析工程建设实施过程中的有关信息，辅助工程项目的决策者和管理人员实现对于工程项目的决策与规划、计划与实施、检查与控制。

工程项目信息管理系统与一般管理信息系统的差别在于，其明确针对工程建设中的投资、进度、质量目标的规划与控制。该管理系统的建设，既是工程技术、IT 技术的应用过程，也是现代项目管理的理念、组织、制度、指标和资源体系等的集成过程。

(三)工程项目信息管理的目的和原则

1. 工程项目信息管理的目的

工程项目信息管理是广义信息管理的一部分，但其有自身特点。工程建设周期长、参与单位多、单件性和专业性强，工程项目在决策和实施过程中，项目信息往往数量巨大、变化较多而且错综复杂。根据工程项目信息管理的内涵，可以将其目的概括为：通过有效的工程项目信息传输的组织和控制，为工程建设及管理提供增值服务。

信息管理是工程项目决策的基础、实施的依据，是组织要素之间联系的主要内容，也是明晰工作过程之间逻辑关系的桥梁。工程项目的生产建设活动，乃至未来的运营维护过程非常依赖信息，故此工程项目信息管理对项目成功实施和运营管理有着重要的基础和保障作用。

2. 工程项目信息管理的原则

工程建设产生的信息数量巨大、种类繁多，为方便信息的搜集、处理、存储、传递和利用，工程项目信息管理应遵从以下基本原则。

(1)标准化原则。要求在工程建设过程中，对有关信息进行统一分类，规范信息流程，力求相关报告、管理报表的格式化和标准化，通过建立健全信息管理制度，从组织上提高信息生产过程的效率。

(2)有效性原则。根据不同层次管理的要求进行适当的信息加工，针对不同管理层提供不同要求和不同程度的信息。例如，对于项目的高层管理者而言，提供的决策信息应力求精练、直观，尽量采用形象的图表形式来表达，以满足其战略决策的信息需要。

(3)定量化原则。对于工程项目及其建设实施所产生的信息，不能满足于数据的简单记录，应由信息处理人员采用定量工具对有关信息进行分析和比较。

(4)时效性原则。鉴于工程项目决策、管理、控制过程的时效性，其信息管理成果也须具有相应的时效性和及时性。例如，工程项目信息应当具有月度报表、季度报表和年度报表等周期性成果，保证信息产品能够及时地服务于决策、管理。

(5)高效处理原则。通过采用高性能的信息处理工具，尽量缩短信息在处理过程中的延迟，工程项目信息管理尤其需要重视处理结果的分析和控制措施的制定。

(6)可预见原则。工程项目产生的信息可以作为以后项目实施的历史参考，也可以用来预测未来的发展情况。工程项目信息管理应通过采用先进的方法和工具，为决策者制定未来目标和行动规划提供必要的信息。例如通过对以往投资执行情况的分析，预测未来可能发生的投资额，并作为拟制事前控制措施的依据。

当然，工程项目信息管理必须契合工程项目特点、工程建设实际，并注意相关信息的有效期、目的性、使用权限等。

(四)工程项目信息管理的任务

工程项目信息资源繁杂、管理任务重大。工程项目信息管理任务通常包括编制工程项目信息管理规划、明确信息管理部门的工作任务、规范信息管理工作流程、建立工程项目信息管理的处理平台、建立工程项目信息中心等。现就其中的主要工作加以阐述。

1. 编制工程项目信息管理规划(信息管理手册)

在工程建设过程中，工程项目参与各方拥有各自的信息资源、组织机构和管理任务。为充分利用和发挥信息资源的价值、提高信息管理的效率、实现科学有序的信息管理，各方都应编制各自的信息管理规划，以规范自身的信息管理工作。信息管理规划需要描述和定义工程项目信息管理做什么、谁来做、什么时候做及其工作的成果是什么等。

工程项目信息管理手册是工程项目管理规划的重要表现形式。其必须依据工程项目的特点、项目管理目标的要求，在深入分析工程建设过程中有关信息的种类、流程、各层次项目管理需要以及功能要求、信息的输入输出等情况的基础上，征询各方领导的意见，由各方项目管理负责人组织编制，用以指导工程项目信息管理工作。

工程项目信息管理手册的内容主要包括：① 信息管理的任务(信息管理任务目录)；② 信息管理的任务分工表和管理职能分工表；③ 信息的分类；④ 信息的编码体系和编码；⑤ 信息输入输出模型；⑥ 各项信息管理工作的流程图；⑦ 信息流程图；⑧ 信息处理的工作平台及其使用规定；⑨ 各种报表和报告的格式，以及报告周期；⑩ 项目进展的月度报告、季度报告、年度报告和工程总报告的内容及其编制；⑪ 工程档案管理制度；⑫ 信息管理的保密制度等。

工程项目信息管理手册在编制完成，并经项目经理审核同意后，应严格按此执行。但其编制完成后并非一成不变，伴随着项目的进展，应当根据实际情况做出适当调整、保持动态优化。

2. 明确信息管理部门的工作任务

项目经理部各工作部门的管理工作与信息处理密切相关，其信息管理工作的主要任务可能有：

① 负责编制工程项目信息管理手册，在项目实施过程中进行信息管理手册的必要修改和补充，并检查和督促信息管理手册的执行；

② 负责协调和组织项目经理部各个工作部门的信息处理工作；

③ 负责信息处理工作平台的建立和运行维护；

④ 与其他工作部门协同组织收集信息、处理信息和形成各种反应项目进展和项目目标控制的报表和报告；

⑤ 负责工程档案管理等。

在国际工程的建设及管理过程中，许多工程项目都专门设立信息管理部门(或称信息中心)，以确保信息管理工作的顺利进行；也有一些大型工程项目专门委托咨询公司从事项目信息动态跟踪和分析，以信息流指导物质流，从宏观上对项目的实施进行控制。

3. 规范信息管理工作流程

信息管理的工作流程对于整个项目管理及信息管理工作的顺利实施具有重要的意义，其内容包括：

① 编制和修订工程项目信息管理手册的工作流程；

② 为形成各类报表和报告，建立收集信息、录入信息、审核信息、加工信息、信息传输和发布的工作流程；

③ 健全工程档案管理的工作流程等。

4. 建立工程项目信息管理的处理平台

由于工程项目大量数据处理的需要，应当重视利用信息技术手段进行信息管理的趋势，而且信息管理核心的手段是建立基于网络的信息处理平台。

在传统工程建设管理模式中，普遍存在的信息交流和沟通障碍，加剧了建设过程中存在的问题，造成建设过程中的信息孤岛现象及孤立的生产状态，破坏了组织管理的有效性，降低了相应的工作效率。同时，信息障碍也是造成工程建设过程中的变更、返工、拖延、浪费、争议、索赔甚至诉讼等问题的重要原因，并可能导致建设成本增加、工期拖延、质量下降，甚至可能会造成整个工程项目建设管理目标的失控。因此，为解决信息交流和沟通障碍的问题，必须建立健全工程项目信息管理的处理平台。

二、工程项目信息管理的要求和程序

（一）工程项目信息管理的主要工作

工程项目信息管理工作，通常包括以下主要内容或要点：

① 建立项目信息编码体系；

② 健全项目信息管理制度；

③ 进行项目信息的收集、分类、存档和整理；

④ 提供不同控制目标的项目管理报表；

⑤ 完善会议制度，整理各类会议记录；

⑥ 督促相关单位及时整理工程的技术经济档案和资料。

（二）工程项目信息管理的基本要求

鉴于工程项目信息管理的主要工作（内容），其信息管理工作必须满足以下基本要求，进而保证信息及其管理工作质量。

1. 保证信息的准确性

在信息管理工作中，务必做到收集到真实可靠的信息，最大限度地做到能够把事物的特征或动态客观真实地反映出来。对于信息本身来说，准确性无异于其生命，是实现信息价值的决定性条件，并对信息管理工作影响重大。为了确保信息的准确性，需要加强信息收集的鉴别工作，而且要求信息的传送和储存等环节不能失真。

2. 保证信息的时效性

工程项目信息从信息源出来，需要经过接收、加工、传播、利用并占用相应的时间，其时间间隔越短、使用信息越及时、使用程度越高，信息的时效性越强。因此，在信息管理的过程中，为保证信息及时有效，要求信息实现快速传递。

3. 保证信息的共享性

信息管理的共享性要求，项目信息在不同单位、部门和个人得到一致性使用。例如，在施工承包企业，项目信息可以被其各部门使用，既保证各部门使用信息的统一，也保证决策的一致性。当然，信息的共享性，既有利于信息资源的充分利用，也可能造成信息的无谓扩散、贬值或失密。因此，在信息管理中，既需要利用先进的网络和通信设备实现信息的共享，又要具有良好的保密手段，防止保密信息的扩散。

4. 保证信息的可存储性

在信息管理中，收集的信息应当是可存储的。信息的多种形式必然产生多种存储方式，并影响其可存储性。信息的可存储性首先要求存储信息的内容真实不改变，同时能够在较小的空间存储更多的信息，存储信息安全不丢失，而且不同形式和内容的信息之间方便转换和连接，随时随地能够检索、提取已存储的信息等。

5. 保证信息的适用性

在信息管理中，要求收集处理的信息符合信息使用者的需求，具有时效性与针对性。信息只有得到有效的使用，才能实现自身的价值。如果收集大量的信息，其中存在大量的重复或无关紧要的信息，其不仅失去了信息管理的意义，且浪费大量的时间。

6. 保证信息的有序性

在信息管理中，要求所收集的信息顺序正确，即信息时间上是连贯的、相关的、动态的。人们可以利用有序的过去的信息，分析现在，并预测将来。为保证信息的有序性，需要连续收集信息、储存信息，并快速进行信息检索。

7. 保证信息的完整性

在信息管理中，要求提供信息的一切重要或相关情况，以便使用者能够通过完整、全面的信息作出决策。因此，信息的完整性是保证决策科学性的前提条件，保证信息的完整性是工程项目信息管理的基本要求。

（三）工程项目信息管理的工作程序

工程项目信息管理工作的程序主要包括信息的收集、加工整理、存储、使用和传递等。在工程项目的参建各方中，建设单位的信息管理更加全面、复杂（施工承包单位主要涉及其中的施工和竣工阶段），故对此作以阐述。

1. 信息的收集

在项目寿命周期，尤其是建设阶段和重要节点，经常产生大量原始信息，并对工程项目具有重要影响。按照工程建设的时间顺序，可将工程项目信息的收集划分为建设前期、招标与采购、准备与实施（施工）、验收与交付等阶段。

（1）建设前期信息的收集。建设单位的工程项目前期工作可以包括工程项目的决策与策划、设计与计划等阶段，时间跨度长、信息内容多，通常需要收集以下主要的项目信息。

① 项目相关市场信息。收集与项目有关产品（服务）及资源要素的供求、竞争、价格等信息资料，了解产品（服务）市场的过去、现在，收集项目所在地的自然、社会、经济、人文等信息资料，预测未来的市场及政策走势、潜在的竞品态势等。

② 项目建设计划相关信息。收集本工程项目的前期信息资料，例如项目建议书、可行性研究报告、项目建设上级单位和政府主管部门对工程项目的要求和批复；了解同类项目建设的经验数据，例如建设周期、工程造价、进度控制等信息资料。

③ 设计阶段相关信息。收集建设地区的自然条件资料，例如地形地貌、水文地质等资料，以及工程建设地区的原材料、燃料来源、水电供应和交通运输条件，劳动力来源、数量和工资标准等；了解工程项目建设的基本情况，例如应执行的规范、标准的情况以及总进度纲要、施工质量保证体系、合同执行与专业交接情况、设计概算等方面信息。

④ 施工图设计相关信息。基于初步设计或扩大初步设计文件，收集工程项目（施工）总平面图、建筑物施工平面图和剖面图、主要分部工程的建筑安装施工详图、各专业工程施工图以及主要设备材料明细表等。

（2）招标与采购阶段信息的收集。招标与采购过程中使用的资料很多（施工招标文件的主要内容，参见第六章工程项目合同管理中"工程招标文件"的表6-1），形成的文件丰富，并将成为工程合同文件的组成部分，必须确保信息资料收集的完整、准确、及时。

同时，收集建设单位、施工承包单位等约定或应当提供的条件信息。例如：建设单位应提供的征地及场地情况，材料与设备供应、水电供应情况，施工道路、临时房屋通信条件等；施工承包单位将投入的人力、施工机械设备情况，施工工期、工程质量、工程造价的管理与控制情况，施工和安全保证措施等；监理单位或项目管理公司的选择设想、潜在或常规监理单位的监理大纲、监理规划及相关信息等。

（3）施工阶段信息的收集。施工准备，尤其是施工阶段是工程项目信息来源最为丰富、产生最多的阶段，其中包括建设单位、施工承包单位与监理单位等不同参建方记录、提供的信息。

建设单位的工程项目信息，包括其在工程建设过程中发布的有关工程质量、进度、造价、合同等方面的各种意见和指令，以及建设单位的上级部门对于工程建设的各种意见和指令等。当建设单位负责一些材料的采购、供应时，还需收集其提供材料的品种、数量、质量、价格、提货地点、提货方式等信息。

施工承包单位的工程项目信息，包括其向上级部门（企业或集团公司）、设计单位、监理单位及其他单位发出某些文件、报告。例如向监理单位报送的施工组织设计、各种计划、单项工程施工措施、月支付申请单、各种工程项目质量检查报告、质量问题报告等。

监理单位的工程项目信息，包括其在施工监理过程中需要记录的监理日记、监理档案以及工程质量、工程计量和工程款记录、竣工记录等内容。

（4）竣工阶段信息的收集。竣工验收是工程项目交付使用的前提，其相关信息的大部分源自施工过程的长期积累形成，少部分是在竣工验收期间根据积累的资料、验收的实际整理分析而形成。竣工阶段信息的主要内容，详见本章的第三节（工程文件与档案资料）和本书第十章（工程项目收尾管理）的第一节（竣工验收准备与竣工验收）。

2. 信息的加工整理

收集到的工程项目原始信息量大面广，表达方式又不尽相同，须经过加工整理才能适应不同层次项目管理者的不同需求。按照深度不同，信息加工整理依次分为三个类别：第一类是对资料和数据进行简单的整理与过滤；第二类是对信息进行分析，综合概括并产生辅助项目管理决策的信息；第三类是通过应用数学模型统计推断，产生可供决策的信息。

在信息加工整理的过程中，首先应制定项目信息的分类与编码规则，进行编码，实现项目基本情况信息的具体化、系统化；然后根据信息需求者对于信息格式、内容、数据结构等方面的要求，进行信息加工。在工程建设过程中，为进行或辅助相关决策，需要针对以下几个主要方面的信息完成加工整理。

（1）依据进度控制信息，对于施工进度状况的意见和指示。每月、每季度应对工程进度进行分析对比并作出综合评价，包括当月项目各方面实际完成工程量，实际完成的工程量与计划数量进行比较。如果某一部分拖后，应分析其原因、存在的主要困难和问题，并提出解决的意见。

（2）依据质量控制信息，对于工程质量控制情况的意见和指示。应当系统地报告当前工程施工中的各种质量情况，包括现场检查中发现的各种问题，施工中出现的重大事故，对各种情况、问题、事故的处理等情况。这些信息除在工程月报、季报中进行阶段性的归纳总结外，必要时还应编制专门的质量情况报告。

（3）依据成本控制信息，对于工程价款结算和决算情况的意见和指示。工程价款结算通常按月进行，要在对投资完成情况进行统计、分析的基础上，作出必要的短期预测。同时，收集竣工结算、竣工决算的审核、支付等情况。

（4）依据可用管理信息，对于工程变更、索赔的处理意见。在工程施工中，工程变更比较普遍，由于建设单位的原因或客观条件使承包单位遭受损失，常由承包单位提出索赔要求。对此，应当收集相关资料，完善工程项目管理。

3. 信息的存储

许多信息作为工程项目的历史资料和事实证明，不仅在项目实施过程中经常使用，还要作为工程档案资料持续保存到建设项目结束，甚至更加漫长的工程使用或运营维护阶段。故此要求项目信息管理部门按不同的使用和存储要求，将数据和资料存储在一定的信息载体中，做到安全可靠、使用方便。此外，为了查找方便，信息在入库前要拟定一套科学的检索方法，做好编目分类工作。健全的检索系统应当做到报表、文件、资料和技术档案等查找方便、高效。否则，信息资料将会杂乱无章、难以使用。因此，对有价值的原始资料、数据以及经过加工整理的信息，要长期积累、安全存储，以备查阅。

4. 信息的使用和传递

信息传递要求借助一定的载体，实现信息资料在工程建设的各部门、各单位之间有效传递。通过传递，形成各种畅通的信息流，并利用报表、图表、文字、记录、电信、收发文、会议、审批及电子计算机（网络）等传递手段，不断地将工程项目信息传送到工程建设各参与方手中，供各参与方使用。

工程项目信息管理工作涉及的信息量巨大，为实现卓有成效的信息管理，更好地使用信息、服务决策，应当按照要求编印成各类报表和文件，借助电子计算机及互联网技术，广泛收集、科学整理，集中存储、有效传递，实现项目信息管理工作的流程规范化、记录标准化、报告系统化。

第二节　工程项目信息管理的计划与实施

工程项目信息管理计划的制订应以工程项目管理目标为依据，并在执行过程中定期检查实施效果，根据需要及时进行调整优化。工程项目信息管理计划需要立足信息需求分析，完成包括信息编码、信息流程、信息管理制度以及信息来源、内容标准、加工存储、检索传递等过程管理。同样鉴于建设单位的信息管理更加全面、复杂和统领性质，故此对其信息管理的主要工作进行相关阐述。

一、工程项目信息需求分析

（一）信息需求概述

工程项目的建设过程中，信息需求情况较为复杂，不同的参与方、实施阶段和管理目标，对于工程项目信息的需求也会有所不同，进而构成信息需求的"三维结构"。其中，建设单位的工程项目信息需求，如表 7-1 所列。

表 7-1　建设单位的工程项目信息需求表（示例）

	决策与策划	设计与计划	招标与采购	准备与实施	验收与交付	运营与维护
质量						
进度						
造价						
……						

（二）信息需求内容

结合表 7-1，仍然以建设单位为例，按照"三维结构"的不同实施阶段，阐述工程项目信息的主要需求。

1. 决策与策划阶段

决策与策划阶段的工作主要由建设单位或其委托的咨询机构承担、完成，应关注工程项目建设的技术先进性、经济合理性、效益综合性，并需要相关的信息支持。

（1）项目建设的必要性。建设单位需要掌握项目的环境信息，包括自然环境、宏观经济环境、政策环境、市场环境、建设环境等信息；选址、确定项目的定位、功能、总投资及开发周期等。

（2）项目建设的可能性。进一步对项目进行功能策划、经济策划、组织管理策划，形成项目策划方案；展开概念设计或方案设计，提出设计要求文件、工程招标采购方案等。

（3）工程项目的可行性研究。从技术、经济、财务、环境和社会影响、可持续发展等角度对项目进行可行性分析，形成项目建议书、可行性研究报告等。

2. 设计与计划阶段

设计与计划阶段的信息需求主要来自建设单位及其委托的设计、咨询机构。

（1）项目计划书。建设单位在明确工程项目设计的功能及使用要求后，需建立工程项目的信息编码体系、信息管理制度，收集整理和分类归档各种项目信息，建立项目管理信息报表和报告制度等，最终形成项目计划书。

项目计划书的编制通常需要以下信息：① 工程项目的用地情况和场地周围道路及建筑等环境情况；② 项目所在地区的气象、地理条件和建设场地的工程地质条件；③ 水、电、气和燃料等能源供应情况及其公共设施和交通运输条件；④ 用地、环保、卫生、消防、人防和抗震等方面的要求和所依据的资料；⑤ 材料供应及施工条件情况；⑥ 工程项目的规模和项目的组成；⑦ 项目使用要求；⑧ 项目的设计标准及总投资。

（2）设计依据和标准。根据 2017 年第二次修订的《建设工程勘察设计管理条例》规定，编制建设工程勘察、设计文件，应当以下列规定为依据：项目批准文件；城乡规划；工程建设强制性标准；国家规定的建设工程勘察、设计深度要求。

设计标准通常执行建筑技术标准、规范的规定，编制设计文件时应提出规范规定之外的特殊要求。进而通过建筑设计、结构设计和机电设计等标准和要求，体现工程项目的质量水平、独特个性和建设意图。

（3）项目建设计划。建设单位需要协调勘察设计、施工、供货、监理等相关单位，确定工程建设主要工作，编制项目建设计划，以便在有限的建设周期内，优质有序地开展各项建设活动。因此，需要收集编制工程项目总进度纲要、总进度规划直至形成施工组织总设计的资料，进一步了解建设环境条件、参建单位意图等。

3. 招标与采购阶段

尽管存在施工总承包单位招标采购材料设备、选择分包单位的情形，但是建设单位仍然是招标与采购工作的主体。而且，其工作的成果直接表现为选定哪些单位参与工程项目建设，并直接影响工程项目的质量、进度、造价控制以及安全生产管理水平等。

建设单位在招标与采购阶段需要根据工程项目特点、管理目标要求等，划定招标范围（勘察设计、工程施工、物资供应、工程监理的单项或组合），认定招标方式、评标方法与标准等，直至签订相关合同。因此，建设单位需要相关的信息支持。

具体参见本书第六章（工程项目合同管理）的第一节（工程招标与投标）和第三节（工程合同谈判签约与计价方式）的相关内容。

4. 准备与实施（施工）阶段

准备与实施（施工）阶段的相关活动通常以施工承包单位为主，该阶段的信息需求主要围绕施工单位的活动而展开。施工单位通过工程投标签订施工合同后，首先需要结合施工现场实际，依据施工图纸、施工质量验收标准等做好施工准备工作。在施工过程中，需要制定技术先进、经济合理的施工方案，展开科学的监督管理工作，包括翔实的施工记录、落实物料的一件一码等，组织人力、物力和财力进行工程的施工安装作业技术活动，以期在规定的工期内，全面完成质量符合发包方确定标准的施工任务。

5. 验收与交付阶段

验收与交付阶段是工程建设周期最后一个环节，也是工程项目建设管理重要的收尾工作。验收与交付阶段的信息需求主要包括竣工验收的依据、条件、标准等。同时应包括试运行的过程记录及资料等。

相关内容，详见本章的第三节（工程文件与档案资料）和本书第十章（工程项目收尾管理）的第一节（竣工验收准备与竣工验收）。

若按照生产要素划分，还需要收集劳动力、设备材料、施工机械设备、技术、资金等管理方面的信息需求。建设单位与施工承包单位等通过掌握以上信息，保证工程建设达到各项目标要求，做好收尾工作。通过工程移交、使用，取得预期效益，实现管理目标。而且，严格意义上讲，建设单位未来还需要收集项目运营与维护阶段（工程保修期）的相关信息。

二、工程项目信息编码

在通信理论中，编码是对于原始信息符号按一定的数学规则所进行的变换。信息编码（information coding）是为了方便信息的存储、检索和使用，在进行信息处理时赋予信息元素以唯一代码的过程。信息编码通过采用不同的代码，与各种信息的基本单位组成部分建立起一一对应的关系。工程项目信息编码通常由一系列符号（文字、字符）和数字组成，并通过标准化、系统化，设计项目编码系统，确保项目信息的准确描述、有效识别、顺畅沟通。

（一）工程项目信息编码的作用

在工程项目及信息管理工作中，在信息需求分析的基础上，工程项目信息编码具有重要的作用。

1. 编码是识别信息主体的有效手段

传递信息时，为了准确地定位到目标信息主体，通常要对信息主体的特征进行足够细致的描述。为了简化描述过程，提高信息传输及处理的速度和效率，可赋予信息主体具有一定规律性的，易于人或机器识别和处理的符号、图形、颜色、缩简的文字等，便于参与信息传递的各方对于信息主体的一致识别，这就是信息编码的过程。

2. 编码是实施信息管理的基础

为了应对"信息爆炸"的挑战，人们建立信息系统来管理和利用信息。信息编码可以设定某种符号体系，将具有某种共同特征的信息归并在一起，将不具有共性的信息区分开来，使得人或机器能够有效地进行信息的识别和处理。

3. 编码是信息互联、互通的基础

信息编码可以作为信息传递和资源共享的统一语言。编码的使用为信息系统之间的信息传递创造了必要的条件，并为不同信息系统间信息资源的开发、利用和共享创造了可能性。

4. 编码有利于实现信息的共享和系统之间的互操作

从信息管理的角度而言，工程项目寿命周期主要由信息过程、物质过程组成。项目建设前期的决策与策划、设计与计划、招标与采购等主要工作，就是建设信息产生、处理、传递和应用的过程。项目建设阶段的工作重点虽然是物质生产，但以前期阶段的信息为指导，伴随着工程建设过程的深入，信息资源（原材料、设备的明细资料等）也在不断地增加。项目运营及维护阶段实际上是信息资源的指导应用，并不断产生新信息的过程。

因此，信息编码在信息管理活动中占据重要的地位。它可以提高计算机进行信息处理的能力与速度，促进系统间的信息交换和数据共享及信息系统的自动化程度。各信息系统通过共同约定信息的名称、描述、分类和代码，实现传输和交换信息的一致性，进而达成信息共享和系统之间互操作。

（二）工程项目信息的分类和编码

工程项目信息分类就是把具有相同属性（特征）的信息归并在一起，并将不具有这种共同属性的信息区别开来的过程。信息分类的产物是各式各样的分类和分类表，并建立起一定的分类系统和排列顺序，以便管理和使用信息。

工程项目信息可以根据不同的标准进行划分，从而得到相应的编码。

（1）按照项目管理的目标划分，可分为质量控制信息、进度控制信息、成本控制信息、安全生产管理信息、合同管理信息等。

（2）按照项目管理的工作流程划分，可分为计划信息、执行信息、检查信息、反馈信息。

（3）按照信息的来源划分，可分为工程项目的内部信息、工程项目的外部信息。

（4）按照信息的稳定程度划分，可分为固定信息、流动信息。

（5）按照信息的性质划分，可分为管理信息、技术信息、经济信息、资源信息。

（6）按照信息的层次划分，可分为战略级信息、战术级信息、作业级信息。

工程建设参与各方可根据各自的项目管理需求，进行信息管理的分类。但是为了信息交流的方便和实现部分信息共享，应尽可能作出统一的分类规定，例如项目的分解结构应当统一。

（三）工程项目信息编码的方法

信息处理已经步入电子化和数字化时代。以计算机和通信技术为核心的现代信息管理科技的迅猛发展，为工程项目（特别是大型工程项目）信息管理系统的规划、设计和实施提供了全新的信息管理理念、技术支撑平台和全面解决方案。以建设单位为例，其工程项目信息编码的主要方法如下。

（1）工程项目的结构编码（PBS），依据项目结构图对工程项目结构的每一层次、每一个组成部分进行编码。其示例如表7-2所列。

表7-2　工程项目的结构编码（PBS）示例

编码	名称
10000000	××项目
11000000	一期工程
11100000	1#楼
11110000	土建工程
11111000	一区
11111100	地下二层（基础）
11111200	地下一层及一层（复式）
11111201	A户型
11111202	B户型
11111300	二层及以上（标准层）
11111301	A户型
11111302	B户型
11111400	17层，18层（复式）

表7-2(续)

编码	名称
11111401	L 户型
11111402	B 户型
11111500	19 层，20 层，M 户型(复式)
11111600	21 层屋顶花园

(2)工程项目管理组织结构编码，依据项目管理的组织结构图，对每一个工作部门进行编码。

(3)工程项目的各参与单位编码(组织编码)，其中包括：行业主管部门、建设单位、勘察设计单位、施工单位、物资供应单位、工程咨询单位、金融机构、物业管理单位等。

(4)工程项目实施的工作过程分解编码(WBS)，包括各个阶段及节点的工作项。其示意如图 7-2 所示。

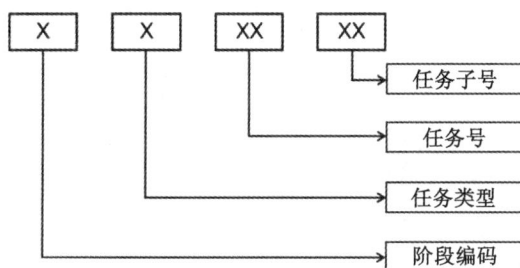

图 7-2　工程项目实施的工作过程分解编码(WBS)示意

(5)工程项目的投资项编码(建设单位)或成本项编码(施工单位)。它不是概算定额、预算定额确定的分部分项工程编码，应综合考虑概算、预算、招标控制价(发包人工程最高投标限价)、合同价和工程款的支付等因素，建立统一的编码，服务于项目投资目标的动态控制。

(6)工程项目的进度项(进度计划的工作项)编码。应综合考虑不同层次、不同深度和不同用途的进度计划工作项的需要，建立统一的编码，服务于项目进度目标的动态控制。

(7)工程项目进展报告和各类报表编码。包括项目管理形成的各种报告和报表编码。

(8)合同编码。参考项目的合同结构和合同的分类，应反映合同的类型、相应的项目结构和合同签订的时间等特征。

(9)函件编码。反映发函者、收函者、函件内容所涉及的分类和时间等，以便对函件进行查询和整理。

(10)工程档案编码。应根据有关工程档案的管理规定、项目的特点和项目实施单位的需求等建立。

以上这些编码是因不同的用途而编制的，例如建设单位的投资项编码、施工单位的成本项编码分别服务于各自的投资、成本控制工作；进度项编制服务于进度控制工作。但有些编码并非针对某一项管理工作而编制的，例如质量控制、进度控制、造价控制、合同管理、编制工程项目进展报告等均需使用工作过程分解编码(WBS)，未来应根据工作需要、结合工程项目特点，进行编码的组合。

三、工程项目信息流程

工程项目信息流程可以简单地划分为建设前期、建设(施工)和竣工三个阶段。各阶段原始信息的收集源自工程建设参建各方的信息需求，而且是未来信息过程管理的重要基础。仍以建设单位为例，其三个阶段的信息流程或收集，主要包括：

（一）工程项目建设前期的信息流程

工程项目在正式开工之前，需要进行大量且重要的筹备、决策与策划工作，并将产生丰富的文件、资料和信息。

1. 收集设计任务书及有关资料

设计任务书是确定工程项目建设方案（包括建设规模、建设布局和建设进度等原则问题）的重要文件，也是编制工程设计文件的重要依据。此阶段的工程项目信息收集还包括项目前期的项目建议书、可行性研究报告，以及建设用地的自然、社会、经济环境等有关信息资料。

2. 设计文件及有关资料的收集

设计任务书经建设单位审核批准后，需委托工程设计单位编制工程设计文件。在进行工程项目设计之前，工程设计单位通常要收集以下方面的资料信息：社会调查情况及自然灾害等调查情况；工程技术勘测调查情况；技术经济勘察调查情况等。

3. 招标投标合同文件及其有关资料的收集

作为建设单位的全部"要约"条件，工程项目招标文件是指导招标投标、评标定标的纲领性文件，并对签订相应的工程合同具有约束作用。作为承包（投标）单位的全部"承诺"条件，投标文件及其技术标、商务标表明了承包单位拟投入的人力、机械方面的情况、工期保证、质量保证、投资保证、施工措施和安全保证等。双方签订的工程合同，明确了工程建设的目标方案、管理措施等。招标投标合同文件及其有关资料的主要内容，通常包括投标邀请书、投标须知、合同双方签署的合同协议书、履约保函、合同条款、投标书及其附件、工程报价表及其附件、技术规范、招标图纸、建设单位在招标时随同招标书一起递送的资料与附图、建设单位发布的中标通知、在洽谈合同时双方共同签字的补充文件等。

（二）工程项目建设（施工）阶段的信息流程

在工程项目的施工阶段，经常会发生各种变化、对应各种信息，需要及时收集和处理。而且，施工阶段是大量信息的集中发生、传递和处理阶段。因此，除施工准备过程外，施工阶段还应收集以下资料。

1. 建设单位提供的信息

建设单位作为工程项目建设的组织者，在施工过程中要按照合同文件规定提供相应的条件，并及时下达指令，表达对工程各方面的意见和看法。

建设单位在施工过程中发布的有关质量、进度、成本、合同等方面的意见和指令，以及上级部门对工程建设的意见和指令，十分重要，必须及时收集。

例如，当建设单位负责某些材料的供应时，需收集所供应材料的品种、数量、质量、价格、提货地点等信息；建设单位对商品混凝土、钢材、水泥、沙石等主要材料在施工过程中以某一价格提供给承包单位使用，建设单位应及时将这些材料在各个阶段提供的数量、材质证明、检验资料、运输距离等情况告知相关单位。

2. 施工承包单位提供的信息

施工承包单位是工程建设施工的主体，也是施工作业、工程质量发起人，还是安全生产的第一责任主体。工程建设各参与单位根据自身管理工作的需要，必须收集和掌握施工过程、施工现场所发生的各种情况、相关信息。

在施工过程中，施工承包单位经常向建设单位、设计单位、监理单位及其他方面发出某些文件，传达一定的信息，对此应当全面、及时收集。例如，施工承包单位向监理单位报送施工组织设计、单项工程施工措施、月度工程支付申请、工程项目自检报告、质量问题报告、有关意见等。

3. 监理单位提供的信息

监理单位接受建设单位委托，在施工阶段对于建设工程质量、造价、进度进行控制，对于合同、信息进行管理以及工程建设相关方关系的协调，并履行建设工程安全生产管理的法定职责。而且由于其独立性、公正性，监理信息值得重视。

(1)现场工程监理人员的日报表。主要内容包括：当天的施工内容；当天参加施工的人员(工种、数量等)；当天施工用的机械(名称、数量等)；当天发现的施工质量问题；当天的施工进度与计划施工进度的比较(若发生施工进度拖延，应说明原因)；当天的综合评语；其他说明等。

(2)工地日记。主要内容包括：现场工程监理人员的日报表；现场每日的天气记录；工程监理工作纪要；其他有关情况与说明等。

(3)现场每日的天气记录。主要内容包括：当天的最高、最低气温；当天的降雨、降雪量；当天的风力及天气状况；因气候原因当天损失的工作时间等。

(4)现场工程监理负责人月报。现场工程监理工程师每月向总监理工程师及建设单位汇报下列情况：工程施工进度状况(含与合同规定的进度作比较)；工程价款支付情况；工程进度拖延及原因分析；工程质量情况与问题；工程进展中遇到的主要困难和问题，如施工中的重大差错、重大索赔事件，材料、设备供货中的困难，组织、协调方面的困难，异常天气情况等。

(5)现场工程监理负责人对施工单位的指示。主要内容为：正式函件(用于重大问题的指示可能由总监理工程师发布)；日常指示，如每日的工地协调会中发出的指示；在施工现场发出的指示等。

(6)工程质量记录。主要内容包括：试验结果记录、样本及见证、平行检验的记录等。

4. 工地会议信息

工地会议包含大量的工程信息，进而成为工程项目信息管理工作的一个重要内容和方法。工地现场管理应建立一套完善的会议制度，以便于会议信息的收集。工地会议应有专人记录，会议后应有正式会议纪要等，包括会议名称、主持人、参与人、举行时间、地点、会议商定的主要内容等。

当然，在工程施工过程中，根据需要和可能，还应当收集工程设计、物资供应单位，甚至重要分包单位的相关信息。

(三)工程项目竣工阶段的信息流程

工程项目竣工阶段的信息，与施工阶段相类似，同样包括建设单位、施工单位、监理单位、设计单位以及供应单位等各参与方提供的信息，主要为竣工验收涉及的相关资料。

相关内容，详见本章的第三节(工程文件与档案资料)和本书第十章(工程项目收尾管理)的第一节(竣工验收准备与竣工验收)。

将上述各方的信息汇集后，应及时移交给建设单位或试运营单位。

四、工程项目信息过程管理

（一）工程项目信息的加工整理与存储

信息加工整理主要是对参建各方收集到的数据和信息进行鉴别、选择、核对、合并、排序、更新、计算、汇总、转储，生成不同形式的数据和信息，提供给具有不同需求的各类管理人员使用。信息存储是将加工整理后的信息保留起来以备将来使用。对于有价值的原始资料、数据等信息，需要长期积累、存储。

信息的加工整理和存储通常合称信息处理，是工程项目信息管理的重要部分。依据处理后的信息，可以对工程项目的建设施工作出正确决策。

1. 依据进度控制信息，针对施工进度状况发布意见和指示

每月、季度要对工程进度进行对比分析、作出综合评价，包括当月工程项目各方面工作或分部分项工程实际完成的工程量，实际完成数量与计划数量之间的比较。如果某一部分拖后，应分析其原因、存在的主要困难和问题，提出解决意见或方案。

2. 依据质量控制信息，针对工程质量控制情况发布意见和指示

应当系统地报告当前工程施工中各种施工作业、主要分部分项工程的质量情况，包括现场检查中发现的各种问题，施工中出现的重大事故，对各种情况、问题、事故的处理。上述信息除在工程月报、季报中进行阶段性的归纳总结外，必要时还应有专门的质量情况报告。

3. 依据成本控制信息，针对工程结算情况发布意见和指示

工程价款结算多按月进行，需要记录当月实际完成并经监理工程师计量的工程量和相应的结算单价（综合单价）、合价；要对投资完成情况进行统计、分析，发现偏差，并作出短期的趋势预测等。

4. 依据合同管理信息，针对变更、索赔发布意见和指示

在工程施工中，由于建设单位、设计单位等原因，时常发生工程变更。由于建设单位的原因或客观条件使承包单位遭受损失，承包单位提出索赔要求；由于承包单位违约使工程遭受损失，建设单位提出索赔要求。收集、整理、存储上述信息资料，有利于管理人员及时、准确地发布相应的处理意见和指示。

（二）工程项目信息的检索与传递

1. 工程项目信息的检索

信息在入库前，需要拟定一套科学的查找方法和手段，做好编目分类的工作，便于以后信息检索。其中，涉及的对外信息，可以通过项目主管部门（政府信息公开）、专业（拟）在建项目平台和传统招标平台进行检索；工程项目内部信息，则按照设计的检索方式、方法，进行快速、准确地检索。同时，掌握搜索项目信息的途径和技巧，提高检索效率。

无论是存入档案库，还是存入计算机存储器的信息、资料，健全的检索系统可以使报表、文件、资料、人事和技术档案既保存完好，又便于查找。否则会使信息资料杂乱无章，难以利用。

2. 工程项目信息的传递

信息的传递是指信息借助一定的载体（如纸张、光盘、硬盘、网络、云盘等）在工程项目信息管理工作各部门、各单位之间的传递，以便形成各种信息流。畅通的信息流，将利用报表、图表、文字、记录、电信、收发文、会议、审批及计算机等传递手段，不断地将工程项目信息输送到项目建设各方及其不同管理人员手中，成为他们工作的依据。

工程项目信息管理工作中涉及的信息量大，要实现高效、快速的信息管理，需要利用电子计算机运算速度快、存储量大的特点，及时准确地加工处理各种数据，形成文字、图表、图像等信息，在工程项目管理过程中充分发挥信息资源的价值，实现信息管理工作对于工程项目管理目标控制的促进作用。工程建设的参与各方可能会分散在不同的地点，因此，其信息处理应充分考虑远程数据通信方式。主要有以下通信方式。

（1）通过电子邮件收集信息和发布信息。

（2）通过网络信息技术、BIM技术等搭建工程项目协同管理平台，实现建设单位内部、建设单位和参建各方之间的信息交流、协同工作和文档管理。工程项目协同管理平台还可以同时服务于多个项目，提高建设单位、承包单位的信息管理乃至企业管理的水平和效率。

（3）召开网络会议。

（4）基于互联网的远程教育与培训等。

随着科学技术的日新月异，电子计算机及互联网在工程项目信息管理工作中应用的范围和程度将越发宽广、深入，对信息处理的能力将越来越强大。因此，完善工程项目管理信息系统、实现信息管理工作的自动化、标准化、规范化和系统化，前景十分广阔。

第三节　工程文件与档案资料

工程文件与档案资料既是建设过程的记录，又是成果现状的写实，健全其管理工作还是相关政策法规的要求、工程项目管理的需要。而且，规范的工程文档不仅有利于监督、总结工程建设活动，也可以用于指导服务建设工程未来的运营维护以及更新。因此，必须明确工程档案的基本构成，强化编制质量、优化组卷方法，确保全面准确地验收、完整及时地移交。而且建设单位只有汇集各种工程文件和档案资料，向当地城建档案管理部门顺利移交城建档案，才能通过工程项目的竣工验收。

一、工程文件与档案资料的概念与特征

（一）工程文件与档案资料的概念

工程文件常指工程筹备、建设及验收等过程中所需要的，具有归档保存价值的文档资料。例如，设计图纸、招标投标文件、设备清单等纸质和电子文件。工程档案资料，简称工程档案，是指在工程项目竣工及之前阶段形成的具有归档保存价值的文件。例如，竣工验收报告、竣工图、工程质量保证书等。由于工程文件和工程档案具有许多相通或相同之处，通常合成"工程文档"。它们是工程建设全过程的原始真实记录，是工程项目及信息管理的宝贵资源。

从理论上讲，任何与工程建设有关的，直接的或间接的具有归档保存价值的文件、资料，不管其来源、形式、载体如何，均属于工程文档管理的范围。按照工程文档的内容，大致分为以下几种。

（1）工程建设过程中直接形成的文件、资料。主要指工程施工过程中形成的文件，例如建设单位与设计单位、施工单位、监理单位以及某参建单位内部各种形式来往的文件，会议记录、纪要、领导讲话、专家咨询意见等。

（2）对工程建设有直接或间接影响的法律法规、规范标准，以及有关政策、各级地方政府和政府有关部门颁布的有关规定或其他类似文件。

（3）国际、国内与工程项目及建设活动有关的各种社会、经济信息。

（4）各种媒体发表的与工程项目及建设活动有关的报道、评论和文章。

（5）与工程项目及建设活动有关的其他资料等。

（二）工程文件与档案资料的特征

由于工程项目建设周期较长、市场主体较多、管理目标复杂，以及工程文档的来源、形式、载体多样，内容丰富。工程文档通常具有综合性、广泛性等特点。

1. 技术的综合性

技术的综合性是工程文档的最突出特点。每个工程项目在城市建设的系统工程中，既与市政公用基础设施和毗邻工程项目紧密相关，同时工程项目及其建设过程也在融合多种建设技术和管理方法。工程文档则需对这两个方面形成的信息资料认真汇集，合理整编。因此，工程文档是多种建设技术和成果的综合，其收集和整理也是一项技术性很强的综合性工作。

2. 形成领域的广泛性

首先是专业领域的广泛性。工程文档涉及的规划、计划、经济、财政、环保、建设等专业领域非常广泛，土建、电气、给排水、供热、供气、智能建造等专业文件，以及对工程实施的监督、检查专项文件，均是工程文档的重要组成部分。

同时表现在形成文件部门的广泛性。工程文档的形成不仅源于直接参与工程的建设、勘察设计、施工、供货、监理等单位，还要受制于投资计划、土地、规划、建设、环保、人民防空、消防、环保等管理部门行使政府职能，并对工程项目的立项、建设方案、资金筹集等进行决策、审批，提出意见和建议。

3. 成果的成套性

工程项目建设虽有统筹策划，却是分阶段实施和完成的。工程项目的正式立项、勘察设计、招标采购，以及组织施工、竣工验收通常依次进行。每一建设阶段产生的工程文档都是工程建设活动的连续真实反映，进而导致工程文档的成套性。

（1）工程建设技术成果的成套性。工程文档是建设工程技术成果的汇集，只有完整的工程文档才能保证技术成果的成套性。例如，土地或建设用地是工程建设的必备基础，土地文档是建设工程技术成果的一部分。土地或国土空间规划是工程建设的重要内容和先决条件。工程建设通常需要取得相应的城市国有建设用地的土地使用权，办理土地使用权证；在工程项目符合土地或国土空间规划的前提下，办理建设用地规划许可证；实施工程项目的规划、设计后，若其符合城市规划，则可办理建设工程规划许可证。故此，上述土地证、用地许可、规划许可的"三证"是连续成套的，而且它们仅仅是工程文档成套成果的一部分。例如，后续还有施工许可证、安全生产许可证等。

（2）工程文件的不可分割性。工程文档中的请示批复、审查验收等文件，以及不同专业的设计图纸、施工记录都是建设工程技术成果的一部分，不能错误地进行文档分离。建设工程立项文件的审查和批示是工程建设成果的源头，规划审批、建设审批文件是工程设计和施工的依据。工程项目在建设活动中产生的全部工程文档是联系紧密、互为依存、不能割裂的系列文件。

4. 内容的专业性

（1）城建专业文件。工程文档主要由工程建设各专业文件构成。例如立项文件，是工程项目立项的依据；土地、勘察、测绘文件，是进行设计工作的基础；设计文件，是实现立项要求、开展工程施工的依据；施工、监理文件，是立项决策、设计意图的具体落实；竣工验收文件,是建设成果的认定。建筑安装工程可分为土建、电气、给排水、智能建造等专业文件。因此,建设过程中产生的各种工程文档具有城建专业性质,并按照专业特点和自身固有的规律,紧密地联系在一起。

(2)与本工程相关的非城建专业文件。工程项目产生的文档还涉及人文、地理、经济、政治、文化等多个领域,并与工程建设直接或间接相关,应归入建设过程各阶段各专业文件中。例如:文化内涵能够影响建筑风格,体现出建筑文化,应融于建筑设计中;地理环境因素应考虑到对建设工程地质、环保、环境等的影响,应融于工程结构、设施等专业设计和施工的专业文件中。

5. 记录形式的多样性

工程文档的记录形式主要表现在纸质载体和记录形式。纸质载体是构成工程文档的主要载体,包括文件、图纸两种。同时,感光材料、磁介质、光盘等,摄像、录音、录像材料等也是工程建设中广泛使用的形象记录,例如摄像的黑白或彩色胶片、相片和磁盘、光盘,录音或录像的磁带、磁盘、光盘等。最后,以胶片为记录介质的缩微品工程档案,以磁盘、光盘为记录介质的电子工程档案,尤其是数据化的存储介质已被广泛采用,并成为工程档案的重要储存形式。

6. 利用的时效性

工程文档利用的时效性,一方面表现在其形成后,随时为工程建设服务,工程竣工验收后便投入使用,并成为工程使用、维护的依据;另一方面则是工程文档的服务期限应与建(构)筑物同在或比建(构)筑物更长。

7. 管理的动态性

社会经济发展、城市建设实施是动态的,城市建设管理也将是动态的。因此,城建工程档案的形成和废除也应当是动态的,需要在工程项目存在期间工程档案保存完好的前提下,实现动态管理。

8. 建设周期长

尽管建设周期的长短与工程项目规模的大小、工程性质、技术复杂程度、资金到位和具备的建设条件等直接相关,但是建设周期长是工程项目普遍存在的现象,并给工程文档的收集、管理工作造成很大的困难。工程文档的收集整理、编制存储等工作,必须针对建设周期长的特点,采取相应的措施。

9. 文件材料数量多

工程项目及其建设形成的工程文档体系庞大、数量众多。工程项目产生的文件少则几百页、上千页,大型工程项目甚至有成千上万页。如此众多的工程文档材料如何进行收集、整理、组卷,如何合理地进行分类、编制案卷以及案卷题名等都是非常现实、具有难度的工作。

10. 竣工图编绘量大

编绘竣工图是管理工程档案的一项特殊要求,也是工程项目信息管理的一大特色。在工程施工过程中,由于建设、设计、施工单位等原因,可能以文字形式提出施工图修改,可能在技术交底时提出修改,或者在设计变更、工程洽商记录中提出修改,也有当时没有文字依据而施工过程中临时进行的修改。凡是对施工图的修改,均应在施工图上按实际施工结果进行改正,形成竣工图。竣工图在工程档案中占有较大的比重,数量多、编绘技术要求较高,相关的工作量很大。

（三）工程文档管理的基本要求

工程文档管理是指对于作为信息载体的工程文档资料进行有序地收集、加工、分解、编目、存档，并为项目参与者提供专用、有用信息的过程。

为提高管理水平，通常需要工程文档管理工作满足以下基本要求。

（1）系统性。进入工程文档系统的所有资料应具有项目的相关性且实现系统化。

（2）唯一性。各个工程文档具有单一的编码。

（3）管理责任明确。按照"谁形成、谁负责"的原则，建设单位对工程文档管理工作负总责，协调督促勘察、设计、施工、监理等单位的档案管理工作，定期检查工作进展情况。工程各参建单位对归档工作负主体责任，负责收集、整理各自形成的档案，并对档案的真实性和完整性负责。应建立健全档案工作制度，落实领导负责制和档案人员岗位责任制。

（4）内容正确、实用。定期组织查验档案完成情况，确保工程档案全面反映工程实际情况，工程竣工后，按规定及时移交档案。

二、工程档案的基本构成

工程档案资料的归档组卷工作，应按工程所在地的城建档案管理部门（以下简称"城建档案馆"）的有关要求进行。综合城建档案馆对于一般性工程建设过程档案资料的总体管理情况，工程档案可分为工程准备阶段文件、监理资料、施工资料、竣工图和工程竣工文件等。

（一）工程准备阶段文件

建设前期的工程档案资料可以按照工程建设活动的顺序排列，依次包括如下内容。

1. 决策立项文件

包括项目建议书，对项目建议书的批复文件；可行性研究报告，对可行性研究报告的批复文件；关于立项的会议纪要、领导批示；专家对项目的有关建议文件；项目评估研究资料；计划（发展改革）部门批准的立项文件；计划（发展改革）部门批准的计划任务。

2. 建设用地、征地、拆迁文件

例如：政府土地（自然资源）管理部门批准征用土地的计划任务；国有土地使用权证；政府部门批准占用农田的文件；使用国有土地时，房屋土地管理部门拆迁安置意见；选址意见通知书及附图；建设用地规划许可证、许可证附件及附图。

3. 勘察、测绘、设计文件

包括：工程地质勘察报告，水文地质勘察报告；建筑用地钉桩通知单，验线通知单；规划设计条件通知书及附图；审定设计方案通知书及附图；审定设计方案通知书要求征求有关人防、环保、消防、交通、园林、市政、文物、通信、保密、河湖、教育等部门的审查意见和要求取得的有关协议；初步设计图纸及说明；施工图设计及说明，设计计算书；消防设计审核意见；政府有关部门或相关机构对施工图设计文件的审批或审查意见。

4. 工程招标投标及承包合同文件

工程项目的招标投标文件包括：勘察招标投标文件、设计招标投标文件、施工招标投标文件、设备材料采购招标投标文件、工程监理招标投标文件等。

工程项目的合同文件包括：工程勘察合同、设计合同、施工合同、供货合同、工程监理合同等。

5. 工程开工文件

例如：年度施工任务批准文件，工程施工图纸修改通知书，建设工程规划许可证、附件及附图，施工许可证，工程质量监督手续等。

6. 商务文件

包括：工程项目投资估算、设计概算、施工图预算、建设工程概况及技术经济指标等。

（二）监理资料

1. 工程监理合同类文件

例如：委托工程监理合同、有关合同变更的协议文件。

2. 工程的监理管理资料

包括：监理大纲、工程监理规划、工程监理实施细则；工程监理月报；工程监理会议纪要；工程监理通知；工程监理工作总结。

3. 工程监理工作记录

包括：工程技术文件报审表；工程质量控制报验审批文件（工程物资进场报验表，施工测量放线报审文件，见证取样记录文件，分部、分项工程施工报验表，工程监理抽检文件，质量事故报告及处理资料）；工程进度控制报验审批文件（工程开工报审文件，施工进度计划报审文件，月度人工、材料、施工机械的动态文件，停工、复工、工程延期文件）；造价控制报验、审批文件等。

4. 工程监理验收资料

例如：竣工移交证书、工程质量评估报告等。

（三）施工资料

工程项目建设施工的持续时间长、影响重大，施工资料内容丰富。通常按照先综合、后实施、再专业的顺序进行归集。

1. 施工管理资料

包括：工程概况表、施工进度计划分析、项目大事记、施工日志、不合格项处置记录、工程质量事故报告（工程质量事故调查笔录、建设工程质量事故报告书）、施工总结等。

2. 施工技术资料

例如：工程技术文件报审表、技术管理资料（技术交底记录，施工组织设计，施工方案）、设计变更文件（图纸审查记录、设计交底记录、设计变更记录、洽商记录）。

3. 工程物资技术资料

包括：工程物资选样送审表；工程物资进场报验表；产品质量证明文件（钢筋出厂合格证、混凝土构件出厂合格证、钢构件出厂合格证）；材料、设备进场检验记录（设备开箱检查记录，材料、配件检验记录，设备及管道附件试验记录）；产品复试记录、报告（通用材料试验报告、水泥试验报告、钢筋原材试验报告、砌墙砖或砌块试验报告、砂试验报告、碎石或卵石试验报告、轻集料试验报告、防水卷材试验报告、防水涂料试验报告、混凝土掺和料试验报告、钢材机械性能试验报告、金相试验报告）。

4. 施工测量记录

例如：工程定位测量记录、基槽验线记录、楼层放线记录、沉降观测记录等。

5. 工程施工记录

（1）通用记录。包括：隐蔽工程检查记录表、预检工程检查记录表、施工通用记录表、中间检查交接记录等。

（2）土建专用施工记录。例如：地基处理记录；地基勘探记录；桩基施工记录；混凝土搅拌测温记录表；混凝土养护测温记录表；砂浆配合比申请单、通知单；混凝土配合比申请单、通知单；混凝土开盘鉴定；预应力钢筋张拉记录；有粘结预应力结构灌浆记录；建筑烟（风）道、垃圾道检查记录等。

（3）电梯专用施工记录。包括：电梯承重梁、起重吊环埋设隐蔽工程检查记录；电梯钢丝绳头灌注隐蔽工程检查记录；自动扶梯、自动人行道安装条件记录等。

6. 施工试验记录

（1）施工试验记录（通用）。

（2）设备试运转记录，包括设备单机试运转记录和调试报告等。

（3）土建专用施工试验记录。包括：钢筋连接试验报告；回填土干密度试验报告；土工击实试验报告；砌筑砂浆抗压强度试验报告；混凝土抗压强度试验报告；混凝土抗渗试验报告；超声波探伤报告；超声波探伤记录；钢构件射线探伤记录；砌筑砂浆试块强度统计、评定记录；混凝土试块强度统计、评定记录；防水工程试水检查记录等。

（4）电气专用施工试验记录。例如：电气接地电阻、电气绝缘电阻试验记录；电气器具通电安全检查记录；电气照明、动力试运行记录；综合布线测试记录；光纤损耗测试记录；视频系统末端测试记录等。

（5）管道专用施工试验记录。包括：管道灌水试验记录；管道强度严密性试验记录；管道通水试验记录；管道吹（冲）洗（脱脂）试验记录；室内排水管道通球试验记录；伸缩器安装记录表等。

（6）通风空调专用施工试验记录。例如：现场组装除尘器、空调机漏风检测记录；风管漏风检测记录；各房间室内风量测量记录；管网漏风平衡记录；通风系统试运行记录；制冷系统气密性试验记录等。

（7）电梯专用施工试验记录。包括：电梯主要功能检查试验记录表；电梯电气安全装置检查试验记录；电梯整机功能检验记录；电梯层门安全装置检查试验记录；电梯负荷运行试验记录；轿厢平层准确度测量记录表；电梯负荷运行试验曲线图表；电梯噪声测试记录表；自动扶梯、自动人行道运行试验记录等。

（四）竣工图

竣工图是在工程项目竣工后，由施工承包单位按照工程施工实际情况所绘制的图纸。竣工图对于施工图设计中的图纸和表格，按照工程实际进行修改和核对。因此，竣工图对于工程项目竣工后的使用、设备保养和维护等非常重要。

（1）新建、改建、扩建的建筑工程均应编制竣工图；竣工图应真实反映竣工工程的实际情况。

（2）竣工图的专业类别应与施工图对应。

（3）竣工图应依据施工图、图纸会审记录、设计变更通知单、工程洽商记录（包括技术核定单）等进行绘制。

（4）当施工图没有变更时，可直接在施工图上加盖竣工图章形成竣工图。

（5）竣工图的绘制应符合国家现行有关标准的规定。

（6）竣工图应有竣工图章及相关责任人签字。

（五）工程竣工文件

工程竣工文件指工程项目竣工时形成的反映施工（建筑、安装）过程和工程项目真实面貌的文件。其主要包括施工图竣工文件、竣工验收文件、竣工交档文件、竣工总结文件等。

1. 施工验收资料

包括：分部、分项工程施工报验表；分部工程验收记录（竣工验收通用记录，基础、主体工程验收记录，幕墙工程验收记录）；单位工程验收记录；工程竣工报告；质量评定资料等。

2. 工程资料、档案封面和目录

（1）工程资料总目录卷汇总表。包括：工程资料总目录卷。

（2）工程资料封面和目录。包括：工程资料案卷封面、工程资料卷内目录、工程资料卷内备考表。

（3）工程档案封面和目录。包括：城市建设档案封面、城建档案卷内目录、城建档案案卷审核备考表。

（4）移交资料。包括：城市建设档案移交书、城市建设档案缩微品移交书、城市建设档案移交目录。

相关内容，详见本书第十章（工程项目收尾管理）的第一节（竣工验收准备与竣工验收）。

三、工程档案的编制质量要求与组卷方法

由于地区差异、专业特点，我国对于工程项目档案资料的编制质量要求与组卷方案等，尚无统一规定或标准体系，各地区、各行业多在执行自己的要求。本书仅阐述我国地方城建档案馆的一般性要求。

（一）工程档案的编制质量要求

为落实"保管好、利用好、记录好、留存好"的目标任务，工程档案编制工作应当满足以下质量要求。

（1）工程档案资料必须真实地反映工程实际情况，具有永久和长期保存价值的文件材料必须完整、准确、系统，责任者的签章手续必须齐全。

（2）工程档案资料必须使用原件；如有特殊原因不能使用原件的，应在复印件或抄件上加盖公章并注明原件存放处。

（3）工程档案资料的签字必须使用档案规定用笔。工程资料宜采用打印的形式并应手工签字。

（4）工程档案资料的编制和填写应适应档案缩微管理和计算机输入的要求，凡采用施工蓝图改绘竣工图的，必须使用新蓝图并反差明显，修改后的竣工图必须图面整洁，文字材料字迹工整、清楚。

（5）工程档案资料的缩微制品，必须按国家缩微标准进行制作，主要技术指标（解像力、密度、海波残留量等）要符合国家标准。保证质量，以适应长期安全保留。

（6）工程档案资料的照片（含底片）及声像档案，要求图像清晰，声音清楚，文字说明或内容准确。

（二）组卷方案

工程档案的组卷，也称立卷。无论采用按照工程项目构成、参建单位、主要工序或阶段、技术专业中的一种或者几种方式组卷，必须分类清晰、有机联系，进而便于工程档案的保管和利用，提高工程项目信息管理水平。

1. 组卷的质量要求

组卷前要详细检查建设单位文件、勘察设计单位文件、工程施工文件、工程监理文件

和竣工图，按要求收集齐全、完整。达不到质量要求的文字材料和图纸一律重做。

2. 组卷的基本原则

（1）工程项目按单位工程组卷；

（2）工程档案资料应按建设单位文件、勘察设计单位文件、工程施工文件、工程监理文件和竣工图分别进行组卷，施工文件、竣工图还应按专业分别组卷，以便于保管和利用；

（3）工程档案资料应根据保存单位和专业工程分类进行组卷；

（4）卷内资料排列顺序要依据资料内容构成而定，一般顺序为：封面、目录、文件部分、备考表、封底，组成的案卷力求美观、整齐；

（5）卷内若有多种资料时，同类资料按日期顺序排序，不同资料之间的排列顺序应按资料分类排列。

3. 组卷的具体要求

工程建设各参与单位的档案资料文件可根据数量的多少组成一卷或多卷，例如建设单位的建设项目报批卷、地质勘探卷、工程竣工总结卷、工程照片卷、录音录像卷等。可以参照地方城建档案馆的城建档案目录、专业工程分类编码参考表的类别进行组卷。

竣工图一般按照专业进行组卷。可分综合图卷、建筑、结构、给水排水、燃气、电气、通风与空调、电梯、工艺等，每一专业根据图纸多少可组成一卷或多卷。原则上，文字材料和图纸材料不能混装在一个装具内；如文件材料较少，需装在一个装具内，文字材料和图纸材料必须装订。工程档案资料应按单项工程编制总目录卷和总目录卷汇总表。

4. 案卷页号的编写

编写页号以独立卷为单位。在案卷内文件材料排列顺序确定后，均以有书写内容的页面编写页号。用打号机或钢笔依次逐张标注页号，采用黑色、蓝色油墨或墨水。工程档案资料以及折叠后图纸页号的编写位置，应按城建档案馆的要求统一。

5. 案卷汇总

案卷封面、案卷脊背、工程档案卷内目录、卷内备考表的编制、填写方法应按照地方城建档案馆具体填写说明执行。

四、工程档案的验收与移交

工程档案的验收与移交是密切相关但并不相同的两项重要工作。只有验收合格的工程档案才能移交，认真移交可以保证工程档案的验收质量。而且在工程实践中，可以分为参建单位向建设单位进行的工程档案验收与移交、建设单位向当地城建档案馆进行的城建档案移交与接收两大部分工作。

（一）工程档案的验收与移交

工程档案的验收是工程竣工验收的重要内容，也是向城建档案馆进行城建档案移交的重要基础。建设单位是工程档案验收与移交的主体。

1. 工程档案的验收

在工程竣工验收时，工程档案资料由建设单位进行验收。列入城建档案馆档案接收范围的工程，建设单位在组织工程竣工验收前，应提请城建档案馆对工程档案进行预验收。建设单位未取得城建档案馆出具的认可文件，不得组织工程竣工验收。竣工验收时，建设单位必须提供一套工程竣工档案，报请有关部门进行审查、验收。

工程档案验收的内容及要求包括：① 工程档案齐全、系统、准确、规范；② 工程档案的内容真实、准确地反映工程建设活动和工程实际状况；③ 工程档案已整理立卷，并符合有关规范的规定；④ 竣工图绘制方法、图式及规格等符合专业技术要求，图面整洁，盖有竣工图章；⑤ 文件的形成、来源符合实际，要求单位或个人签章的文件，其签章手续完备；⑥ 文件材质、幅面、书写、绘图用墨、托裱等符合要求。

重点工程项目或特大型工程项目的预验收和验收会，应邀请地方城建档案馆参加。为确保工程档案资料的质量，各编制单位、工程监理单位、建设单位、地方城建档案馆等要严格进行检查、验收。编制单位、制图人、审核人、技术负责人必须进行签字或盖章。对不符合技术要求的，一律退回原编制单位进行改正、补齐，问题严重者可令其重做。工程档案不符合要求者，不能通过竣工验收。

2. 工程档案的移交

工程施工、设计、工程监理等有关单位应在工程竣工验收前，将合格的工程档案资料按合同或协议规定的时间、套数移交给建设单位，办理移交手续。

（二）城建档案的移交与接收

1. 城建档案的移交

工程项目通过竣工验收后 3 个月内，建设单位应向地方城建档案馆移交符合国家、地方相关标准的建设工程档案资料，并对档案的真实性、准确性和完整性负责。如遇特殊情况，需要推迟移交日期，必须在规定时间内申请延期移交并申明原因，经同意后办理延期移交手续。同时，宜向物业管理企业移交一套工程档案，便于其日后维护、管理利用；建设单位应自行保留一套工程档案。

下列城建档案，建设单位应当向当地城建档案馆移交：

（1）工业、民用建筑工程，市政基础设施工程，公用基础设施工程，交通基础设施工程，园林建设、风景名胜建设工程，市容环境卫生设施建设工程，城市防洪、抗震、人防工程，城市体检工程，除军事禁区和军事管理区以外的穿越市区的地下管线走向及有关隐蔽工程的位置图等各类城市建设工程档案；

（2）建设系统各专业部门形成的业务管理和业务技术档案；

（3）有关城市国土空间规划、建设及其管理的方针、政策、法规、计划方面的文件、科学研究成果和城市历史、自然、经济等方面的基础资料；

（4）城市地下建（构）筑物、供水、排水、燃气、热力、电力、电信、有线电视等各类管线工程档案，以及地下管网普查、补测、补绘成果档案，地下专业管线图和地下管线信息系统动态数据；

（5）其他具有保存价值的城市建设资料。

工程档案移交内容及要求包括纸质、电子、声像等载体的文件材料；对于加盖电子签章、具备法律效力、符合归档要求的电子文件，可不移交相应纸质档案；对于数字化扫描形成的电子文件，实行纸质、电子双套制移交。

城建档案馆的检查验收人员应对接收的档案负责。凡报送、移交的工程档案资料，如验收不合格需将其退回建设单位，由建设单位责成责任者重新进行编制，待达到要求后重新报送、移交。地方城建档案馆负责工程档案资料的最后验收，并对编制报送工程档案资料进行业务指导、督促和检查。

2. 城建档案的接收

地方城建档案馆应通过工程建设项目审批管理系统，接收工程竣工联合验收或建设工程档案验收申请，经核验，对符合归档要求的，出具工程档案验收合格意见；对不符合归档要求的，要一次性告知整改内容，整改完成后重新进行验收。暂未实施工程竣工联合验收的工程项目，在办理工程竣工验收备案时，建设主管部门应当查验工程档案验收合格意见。

城建档案馆按照国家、省相关标准接收城建档案后，应当出具接收证明，及时登记、编目所接收的城建档案，并确定保管期限。

双方办理移交手续，填写移交目录、签字盖章后完成交接。

城建档案馆应当加强工程档案接收、保管、利用等全过程信息化建设，加速推进建设工程档案管理数字化进程。要建立和完善建设工程档案管理系统，实行归档全过程指导服务、档案验收移交等全过程线上线下同步办理，并实现与工程建设项目审批管理系统、建设工程全过程图纸数字化管理系统、行政执法系统等相关业务系统的互联互通和数据共享。应积极探索开展省市县建设工程档案信息资源一体化建设，逐步实现档案信息的异地查询利用。

第四节　工程项目管理信息化与 BIM 技术

在信息化社会、数字化时代，如果说工程项目信息管理需要通过项目信息、工程文档的收集整理、传递应用等反映项目管理工作的进展与成果，那么工程项目管理信息化则是依靠现代计算机信息技术建立健全项目管理信息系统，从而指导高水平的工程建设及项目管理。在此进程中，以 BIM 技术为代表的信息化技术将会得到广泛的应用。

一、工程项目管理信息化

1. 工程项目管理信息化的内涵

传统的信息化是指通过将物理世界的信息和数据转换为"0-1"的二进制代码录入信息系统，将线下的流程和数据迁移到电脑上进行处理，以此提高有关工作的效率。因此，信息化常指项目信息资源和信息技术的开发和应用。工程项目管理信息化是利用现代信息技术，根据管理工作或目标需要，通过加工整理、分析计算、检索传输等方式，对于工程项目信息进行综合处理，从而为工程项目管理提供信息支持。

工程项目管理信息化的标志性成果就是建立项目管理信息系统（project management information system，PMIS）。项目管理信息系统的基本结构由系统的范围、外部基本结构与处理流程、内部基本结构与处理流程三部分组成，并主要包括项目投资控制、进度控制、质量控制、合同管理和系统维护等功能模块。通过健全工程项目管理信息化，利用计算机辅助项目管理，不仅有助于实现工程项目管理目标，还可以促进管理工作的科学化、系统化、便捷化，提高项目、企业的经济效益和核心竞争力。

在住房和城乡建设部关于做好《建筑业 10 项新技术（2017 版）》推广应用的通知中，第 10 项新技术就是信息化技术，具体包括基于 BIM 的现场施工管理信息技术、基于大数据的项目成本分析与控制信息技术、基于云计算的电子商务采购技术、基于互联网的项目多方协同管理技术等。

2. 工程项目管理信息化的应用

工程项目管理信息化的主要应用或数据化的表现，除 BIM 技术、智慧工地、智能建造、智慧城市外，通常包括如下内容。

（1）应用信息技术。例如，基于大数据的工程项目成本、进度等分析与控制信息技术，科学和有效地提升工程项目管理水平和目标管控能力。

（2）应用采购技术。包括通过云计算技术与电子商务模式的结合，搭建基于云服务的电子商务采购平台。进而通过平台应用，聚合项目采购需求，优化采购流程，提高采购效率，降低采购成本，实现阳光采购，提高经济和社会效益。

（3）应用监管技术。例如，利用信息化手段建立从工厂到现场的"仓到仓"全链条、一体化的物资、物流、物管体系，进而提升工程（总承包）项目物资全过程监管水平。

（4）应用管理信息技术。包括利用物联网技术，集成各类智能终端设备，对于工程施工现场劳务工人、施工技术、资源管理等，实现高效管理的综合信息化系统。

（5）城市信息模型。城市信息模型简称 CIM，是以城市信息数据为基础，建立起三维城市空间模型和城市信息的有机综合体。从数据类型上讲，是由大场景的 GIS 数据+BIM 数据构成，其大致包括以下内容：建筑模块、交通模块、都市公共设施模块、水体模块等。CIM 的构架与 BIM 基本一致，而且是在后者的基础上进行扩展而成的。

二、BIM 技术的简介

（一）BIM 技术的内涵

1. BIM 的定义

BIM 技术一词最早由美国记者 Laiserin 在 2002 年报道，其定义与理念正在不断发展。BIM 是 Building Information Modeling 的简称，从字面意思看就是"建筑信息模型"。截至目前，国际上很多专业化组织、企业和学者都对 BIM 的含义进行了诠释。例如，美国国家 IFC 标准对 BIM 的定义是：兼具物理特性与功能特性的数字化建筑信息模型，该模型所包含的信息数据是为项目的全寿命周期服务的，从项目的概念设计阶段开始到项目运营阶段都可实现信息的共享及集成。国际标准组织设施信息委员会对 BIM 进行的定义：BIM 是在开放的工业标准下，对设施的物理和功能特性及其相关的项目生命周期信息的可计算或可运算的形式表现，从而为决策提供支持，以便更好地实施项目的价值。美国佐治亚理工的专家在 2008 年出版的《BIM 手册》中对 BIM 的定义为：Building Information Model 是对建筑设施的数字化、智能化表示；Building Information Modeling 是应用这种模型进行建筑物性能模拟、规划、施工、运营的活动，建筑信息模型不是一个对象，而是一种活动。

因此，BIM 根据其应用背景不同可有不同的含义，当表达静态模型时，可以理解为 Building Information Model 的缩写，是一个静态的概念；当特指模型应用过程时，可以理解是 Building Information Modeling 的缩写，是一个动态的概念。后者（Building Information Modeling）是应用模型进行设计、建造、运营、管理的过程，伴随建造过程的推进，前者（Building Information Model）的信息不断地被补充和完善。

我国发布的国家 BIM 标准《建筑信息模型应用统一标准》（GB/T 51212—2016）将 BIM 定义为：在建设工程及设施全生命周期内，对其物理和功能特性进行数字化表达，并依此进行设计、施工、运营的过程和结果的总称。其通常是指以三维图形为主、物体导向、建筑学有关的电脑辅助设计。

2. BIM 的核心

BIM 发挥作用的基础是：项目各参与方在项目生命周期的不同阶段，在 BIM 建模中进行的信息输入、获取、修改和整合过程，进而实现 BIM 模型信息的共享与集成，以支持和体现项目各参与方的职责。

BIM 的核心是通过建立虚拟的建筑工程三维模型，利用数字化技术，提供完整的、与实际情况一致的建筑工程信息库。该信息库不仅包含描述建筑物构件的几何模型、专业属性及状态信息,还包含了非构件对象(如空间、运动行为)的状态信息。借助这个包含建筑工程信息的三维模型,大幅提高建筑工程的信息集成化程度,从而为工程项目的相关利益方提供一个工程信息交换和共享平台。

随着 BIM 应用范围的日益广泛和应用层次的逐渐深入,BIM 的内涵也在不断发展变化。

(二)BIM 技术的特征

1. 可视化

应用 BIM 技术的一切操作都是在可视化环境下完成的,有利于较好地解决项目或设施规模庞大、空间划分复杂、功能需求增多等问题。而且,对于诸如应力、温度、热舒适性等比较抽象的信息,施工技术交底等建设过程以及各种相互关系等,也可以以动态、可视化方式表现出来。在 BIM 建筑信息模型中,所有的构件、过程、结果都可以实现可视化,尤其是工程项目的设计、建造、运营全过程以及其中的沟通、讨论、决策等活动都可以在可视化的状态下进行。

2. 参数化

BIM 的核心技术是参数化建模。其操作对象不再是点、线、圆这些简单的几何对象,而是墙体、门、窗、梁、柱等建筑构件。BIM 将设计模型(集合形状与数据)与行为模型(变更管理)有效结合起来,在屏幕上建立和修改的不再是一堆没有建立相互关系的点和线,而是由若干建筑构件组成的建筑物整体。BIM 在数据关联的技术之上进行三维建模后,可随意生成各种平、立、剖面的二维图纸,并保持视图之间实时、一致的关联。如果修改了平面图,相关的修改随即可以在立面图、剖面图、效果图、明细统计表以及其他相关图纸上得以表达,杜绝了图纸之间不一致的情况,可以减少设计引起的错误,提高设计工作的效率,保证设计成果的质量。

3. 信息多元化

对比 CAD 设计软件,BIM 摆脱了传统平面模型的束缚,开始在三维模型中承载更多的非几何信息,例如材料的耐火等级、材料的传入系数、构件的价格及采购信息、质量、受力状况等一系列扩展信息。在建筑信息模型中,作为基本构件元素的"族",不仅包含构件的几何信息,还包括构件的物理信息和功能信息,并以数据库形式储存,可以贯穿整个项目寿命周期,随着建设过程的延伸,有关建筑产品的信息会不断被以结构化的形式保存,实现建设过程信息的连续流动。正是 BIM 构建信息的多元化特征,除一般的三维模型功能外,还可以实现模拟建筑设施的一些非几何属性,如能耗分析、照明分析、冲突检查等。

4. 信息协调性

一方面是信息的交换与共享。解决信息交换与共享的核心在于建立起统一的数据表达和交换标准,通过不同系统之间共同的语言,实现信息数据的交换和共享。故此,国际协同工作联盟(IAI)制定了建筑业国际工业标准 IFC(Industry Foundation Classes)。IFC 是计算机可以处理的建筑数据表示和交换标准,其目标是提供一个不依赖于任何具体系统的,适合于描述贯穿整个建筑项目生命周期内产品数据的中性机制,从而有效地支持建筑行业各应用系统之间的数据交换和建筑物全生命周期的数据管理。

另一方面是数据之间创建实施的、一致性的关联。对于数据库中数据的任何更改,都可以随即在其他关联的地方反映出来,实现实体之间关联显示、智能互动,有效解决诸如综合管线排布问题,从而运用 BIM 技术在前期能够对所建模型进行协调分析,得出协调数据。同时，还可以解决诸如电梯井布置与其他设计布置及净空要求之间的协调等。最后，工程建设过程中，保持各重要专业、工作的相互协调。

5. 模拟性

模拟性不仅是模拟出建筑信息模型，还可以针对施工现场、施工工艺等进行模拟。在设计阶段，BIM 可以对设计上进行诸如节能模拟、紧急疏散模拟、日期模拟等模拟试验。在招标投标和施工阶段，可以针对现场施工条件，进行场地优化等 4D 模拟，确定合理的场地布置方案，指导施工；可以进行 5D 模拟（基于 3D 模型的造价控制），实现成本控制。在后期运营阶段，可以进行日常紧急情况的处理方式模拟，例如洪水覆盖模拟、火灾消防人员疏散模拟等。

6. 优化性

工程项目及其建设活动本身就是一个不断优化的动态过程，尤其是在工程规模较大、技术复杂时，将会遭遇许多困难。BIM 平台基础上的模型通常具有多方面的即时信息，适合于相关优化工作。例如，设计方案优化时，针对方案设计，分解建设投资，研讨设计变化与投资波动的相互关系，数据说话、动态管理；异型设计、复杂桥梁、关键工程等复杂项目通常时间紧张、实施或施工困难，进行其施工方案优化时，可借助事先开展的施工（方案）模拟，分析并优化成本和工期关系，可以带来显著的工期和造价改进效应。

三、BIM 技术的应用

（一）BIM 技术的应用范围

建筑信息模型（BIM）涵盖了几何学、空间关系、地理资讯、各种建筑元件的性质及数量。因此，可以用来展示建设前期、建设施工、营运维护乃至整个项目寿命周期的全部情况。应用 BIM 有利于工程项目的建设、设计、施工、监理等各方主体能够较早地发现问题、采取相应措施，实现节约时间、降低造价、提高质量的管理目标。

1. BIM 应用于设计

BIM 在建筑业中的应用，最先就是工程设计。在传统的设计模式中，从初步设计到方案定型、扩大初步设计，最后到施工图设计，各个设计环节相互独立。虽然应用 BIM 模型的创建过程较为复杂，但模型创建完成后，就可以自动生成平立剖面及各类详图。在这种模式下，大量的智力型工作集中在优质模型的创建过程，未来 BIM 将会全程支持设计团队完成所有设计流程。

在团队结构上，BIM 的应用不但提高了设计质量，而且由于信息完备性和可视化的功能，BIM 和传统 3D 模型相比变得更为简单直观。在一个应用 BIM 技术的项目团队中，通常会由经验丰富的设计师带着年轻人一起工作、优势互补，由此 BIM 的强大功能可使团队专注于设计，并非以往的重复绘图工作。

BIM 使设计师拥有三维可视化的设计工具，而且通过工具的提升，使设计人员能运用三维的方式思考、完成相关设计，还能够方便、形象地向建设单位及最终用户进行成果展示。

2. BIM 应用于建筑系统分析

建筑系统分析是对照建设单位使用需求及设计规定来衡量建筑物性能的过程，包括机械系统如何操作和对建筑物能耗分析、内外部气流模拟、照明分析、人流分析等涉及建筑物性能的评估。

BIM 结合专业的建筑物系统分析软件，避免了重复建立模型和采集系统参数。通过

BIM 可以验证建筑物是否按照特定的设计规定和可持续标准建造，通过这些分析模拟，最终确定、修改系统参数甚至系统改造计划，以提高整个建筑的性能。

3. BIM 应用于施工管理

在施工阶段，施工单位可以将 BIM 模型和计划进度进行数据集成，实现 BIM 基于时间维度的 4D 应用。通过 BIM 的 4D 应用，可以对比施工作业的实际进度和进度计划，进行施工现场的执行状况实时调整。而且，BIM 可以进行施工模拟，特别是对于重点或难点部分，通过模拟可以帮助施工单位制定更好的施工方案，提高施工效率。

由于 BIM 模型包含全部建筑信息、模型的仿真度高又具有可视化功能，以 BIM 模型来代替传统的 2D 图纸指导现场施工，可以提高施工的准确性，避免现场人员由于图纸误读导致施工出错。而且，BIM 和射频识别技术（RFID）、互联网技术、地理信息系统（GIS）等的结合，还可以帮助其实现指导、记录、跟踪、分析作业现场各类活动的功能，从而为项目的现场管理提供了准确和实时的数据库，提高项目的施工质量并减少返工、失误。

4. BIM 应用于工程量统计

BIM 技术是富含工程信息的数据库，可以真实地提供造价及项目管理所需要的工程量信息。借助这些信息，计算机可以快速对各种构件进行相关分析，大大减少了烦琐的人工操作和潜在错误，便捷地实现工程量信息与设计方案的完全一致。

通过 BIM 获得的准确的工程量统计可以作用或反馈于前期设计过程的成本估算，在建设单位目标预算范围内，比较不同设计方案的建造成本或工程价款，以及施工前的工程量计划和施工后的工程量实际（偏差）等。

5. BIM 应用于管线综合

随着项目规模的增大、使用功能的复杂，建设单位、设计单位对于机电管线综合的要求更高，工程施工的难度更大。利用 BIM 技术，通过搭建各专业的 BIM 模型，设计人员能够在虚拟的三维环境下发现设计中的碰撞冲突，从而大大提高了管线综合的设计能力和工作效率。通过及时发现、排除工程施工过程中可能产生的碰撞冲突，显著减少由此产生的变更申请，而且提高施工现场的作业效率，降低了由于施工协调造成的成本增加和工期延误。

6. BIM 应用于数字化建造

通过 BIM 模型与数字化建造系统的结合，建筑行业可以采用类似机械制造业的方法实现建筑施工流程的自动化，提高建筑行业的生产效率。"像造汽车一样造房子。"BIM 模型直接应用于构件制造环节，可以在制造人员与设计人员之间形成一种自然的反馈循环，即在建筑设计流程中提前考虑尽可能多地实现数字化建造。同样，与参与竞标的制造单位共享构件模型，有助于缩短招标周期，便于其根据设计要求的构件用量编制更为统一的投标文件。

在装配式建筑中，诸如预制混凝土结构、钢结构等许多构件可以异地加工，运到施工现场进行装配安装。通过数字化建造，可以自动完成建筑物构件的预制，这些通过标准化工厂、精密机械技术制造出来的构件不仅降低了建造误差，而且大幅度提高构件制造的生产率，缩短制作周期并且容易掌控。

同时，提高标准化构件之间的协调性，有助于减少现场发生的问题或冲突。利用 BIM 模型指导现场施工安装作业，可以降低构件的安装成本，提高工作效率。

7. BIM 应用于竣工模型交付

完成工程建设过程、准备投入使用前，需要对建筑物进行必要的测试和调整，必须通过竣工验收，以确保其符合国家标准规范、满足当初的设计要求。在竣工验收完成后的交付环节，用户或物业管理企业不仅需要得到常规的设计图纸、竣工图纸，还需要能够正确反映真实的工程及设备状态、材料安装使用情况等与运营维护相关的文档和资料。

BIM 能将建筑物空间信息和设备参数信息有机地整合起来，从而为建设单位获取完整的建筑物全局信息提供途径。通过 BIM 与施工过程记录信息的关联，能够实现包括隐蔽工程资料在内的竣工信息集成，不仅为后续的用户使用、物业管理带来便利，还可以在未来可能进行的翻新、改造、扩建过程中为建设单位及项目团队提供有效的历史信息。

8. BIM 应用于灾难应急模拟

利用 BIM 技术及相应灾害分析模拟软件，可以在灾害发生前模拟灾害发生的过程，分析灾害发生的原因，制定避免灾害发生的措施以及发生灾害后人员疏散、救援支持的应急预案。

当灾害发生后，BIM 模型可以提供救援人员紧急状况点的完整信息，通过楼宇自动化系统及时获取建筑物及设备的状态信息，BIM 模型能清晰地呈现出建筑物内部紧急状况的位置，甚至找到到达紧急状况点最合适的路线，提高应急行动的成效。

9. BIM 应用于建筑维护

工程项目在设计基准期或使用寿命期内，建筑物的墙、楼板、屋顶等结构设施和设备、管道等设备设施都需要得到及时有效的维护，甚至更新。成功的维护方案将会有效地提高建筑物性能，降低能耗和修理费用，进而降低总体维护成本和寿命周期费用。

BIM 模型结合运营维护管理系统，可以充分发挥空间定位和数据记录的优势，合理制订维护计划，分配专人专项维护工作，以降低建筑物在使用过程中出现突发状况的概率。而且，对一些重要设备还可以跟踪其维护工作的历史记录，以便对设备的适用状态提前做出判断。

10. BIM 应用于绿色建筑

随着全球性能源问题的加剧，在我国"双碳"行动中，绿色建筑、绿色建造已经成为建筑行业、社会经济发展的必然趋势。促进绿色建筑的发展，工程建设的各阶段必须引入绿色理念，并需要得到相应的技术支撑。

BIM 技术因其强大的数据处理能力、与能源分析软件良好的兼容性，可以有效地帮助绿色建筑项目通过绿色设计、绿色施工、绿色发展等实现其可持续性指标，从而为建筑行业的绿色建筑行动提供助力。

（二）BIM 技术的应用价值

通常认为，BIM 技术在设计方案评估与优化、建设计划分析与调整、工程造价的测算与控制、施工计划与施工方案（含施工现场准备、业务场景优化）论证、灾害预警与防控、设施管理与维护等方面具有较为可观的应用价值。而且，由于工程项目、参建单位、场地环境、管理目标等区别，BIM 技术的应用价值也会不尽相同。

现仅以北京某建设集团承建的北京地铁 16 号线二期工程（土建施工 03 标段）项目为例，简述其 BIM 技术应用概况。

（1）项目的重难点。工程类别多；管理难度大；施工过程将面临"三多一少"（作业面多、危险源多、质量控制点多、施工场地少）；质量要求高。

（2）应用目标。技术目标，应用广联达 BIM5D 软件管理平台，对地铁施工过程进行精细化管理；管理目标，BIM 应用点的落地实践；人才（培养）目标。

（3）模型应用。

① 基于地铁施工的 BIM 模型建立。根据施工过程和结构特点，搭建满足应用需要的 BIM 模型，总结建模方法，形成符合地铁施工的精细化建模要求。

② 基于模型的图纸深化设计。

③ 基于 BIM 模型的方案论证和施工技术交底。将现场三维场地情况通过 BIM 模型形象地展示出来，经过场地漫游，细化现场场地布置的详细位置图，为现场场地布置提供改进方案。利用优化后的方案，形成的三维模型为现场工人交底，形象具体。

④ 基于 BIM 深化设计优化方案施工。

⑤ 基于 BIM 钢筋三维模型施工指导。

（4）现场应用。

① 基于广联达 BIM5D 的进度管理。

② 基于广联达 BIM5D 的质量安全追踪及统计分析管理。

③ 基于广联达 BIM5D 的通过分析材料的消耗来控制成本。

（5）应用效果。主要效果包括：缩短工期约 54 天，与传统作业方式比较，工期缩短比率约 6%；节省的建造费用总额为 455 万元，与传统作业方式比较，建造费用节约 3%；与建设单位、设计、监理等各方的沟通、协调时间节约 20%，汇报材料制作时间节省半小时，工作效率提高 10%。而且，该项目荣获中国建筑业协会"第三届中国工程建设 BIM 大赛"单项奖二等奖。

BIM 技术应用的范围及深度随着信息技术的发展不断延伸，相信其应用价值也将在工程项目的其他相关领域逐步拓展。

（三）BIM 技术的应用前景

BIM 技术自 2004 年前后传入我国，政府先后出台了许多政策予以支持，科研院校、软件公司及建筑相关企业分别对 BIM 开展不同程度的研究、开发及应用。

国际上很多发达国家已经充分意识到 BIM 技术应用的价值和挑战。住房和城乡建设部先后于 2011 年 5 月印发《2011—2015 年建筑业信息化发展纲要》，2016 年 8 月印发《2016—2020 年建筑业信息化发展纲要》，为建筑业的信息化发展指明了方向，提供了政策支持。

住房和城乡建设部为推进 BIM 技术的应用与国家统一标准的实施，先后编制并发布了《建筑信息模型应用统一标准》（GB/T 51212—2016）、《建筑信息模型分类和编码标准》（GB/T 51269—2017）、《建筑信息模型施工应用标准》（GB/T 51235—2017）、《建筑信息模型设计交付标准》（GB/T 51301—2018）、《建筑工程设计信息模型制图标准》（JGJ/T 448—2018）等一系列标准。与此相应，BIM 技术在我国很多地区、很多企业得到普遍的应用，并且效果良好。

展望未来，BIM 技术将有较大的发展空间。例如，在 BIM 以建筑物信息为主的信息系统中，补充合同管理、文档信息，或将勘察设计、工程监理的标准文档纳入 BIM 应用中；在建造全过程，加强 BIM 与互联网、物联网、大数据、云计算、移动通信、人工智能、区块链等新技术的集成与创新应用等。进而全方位、全过程地深化信息管理活动，更好地实现全面综合管理的目标。

复习思考题

1. 何谓工程项目信息管理？它的原则和任务分别是什么？
2. 工程项目信息管理的要求、信息需求的"三维结构"分别有哪些？
3. 工程项目信息编码的方法、信息流程的阶段分别怎样？
4. 工程项目信息过程管理包括哪些主要工作？
5. 工程文件与档案资料的特征和管理要求分别有哪些？
6. 工程档案、城建档案的验收与移交的关系怎样？
7. 如何理解工程项目管理信息化？BIM 的主要应用范围有哪些？

第八章　工程项目组织协调与沟通管理

作为名词的组织常指建立起来的组织形式、组织机构；动词的组织多指组织机构的活动、行为。工程项目参与单位众多、管理目标复杂、建设过程较长，彼此相互交错。协调通常作为动词，具有协商、调和之意；作为形容词，可以表示组织、目标与过程等处于协调一致的良好状态。凡此种种，需要管理人员通过有效的沟通管理，分享信息、交流情感和协调利益"上下沟通达共识，左右协调求进步"。因此，工程项目管理组织的协调与沟通管理是项目管理系统中不可或缺的重要板块。

第一节　工程项目管理组织及形式

组织通常包括组织机构和组织行为两层含义。前者是指按一定宗旨和目标建立起来的组织机构，即全体参与者经过分工与协作，设置不同的责任权力，确立的一种组织形式；后者是指组织机构围绕特定目标的活动与运行，即协调安排人、物、事之间的关系，并具有整体性、系统性的相关工作。本节着重阐述组织机构的建立。

一、项目管理组织机构的设置

工程项目管理组织，简称项目管理组织、项目管理机构、项目组织，是指某参建单位为完成某工程项目的特定任务，由不同部门及专业人员组成的特别工作团队或组织。由于建筑产品及其生产的技术经济特点，工程项目管理组织不受企业现有的职能组织构造束缚，通常具有一次性、类型繁多、变化较大、项目组织与企业组织关系复杂等特点。在工程建设的市场主体中，建设单位、施工单位相对重要、复杂，故此对于这两大主体的组织形式分别进行阐述。

（一）组织机构设置的程序

设置工程项目管理的组织机构时，一般应包括确立目标、工作划分、确定机构及职责、确定人员及职权、检查与反馈，以及未来的机构运行等环节。其主要流程，如图8-1所示。

针对图8-1，设置项目管理的组织机构时，需要明确工作目标、划分结构层次、稳定相互关系等。施工承包单位项目管理的组织机构常指项目经理部，即施工企业为完成某项工程施工任务而设立的现场组织。它由项目经理经企业授权组建，并领导运营、负责管理。

（二）组织机构设置的原则

在按照图8-1的基本程序设置项目管理的组织机构时，应当遵循以下原则。

（1）目的性原则。一切为了实现工程项目管理的最终目标，根据工程项目的规模、特点及要求，设置阶段目标，明确机构、人员等。

（2）精干高效原则。在履行必要职能的前提下，尽量简化机构，因事设人、以责定权。

（3）管理跨度适中原则。一个主管直接领导的下属人员的数量应当适中，一般可参照著名的邱格纳斯公式，$C=N(2^{N-1}+N-1)$。公式中，工作接触次数C与管理跨度N，呈现几何级数增长。如果直接领导的下属人员数量过多，可能会造成主管人员应接不暇、工作效率下降。

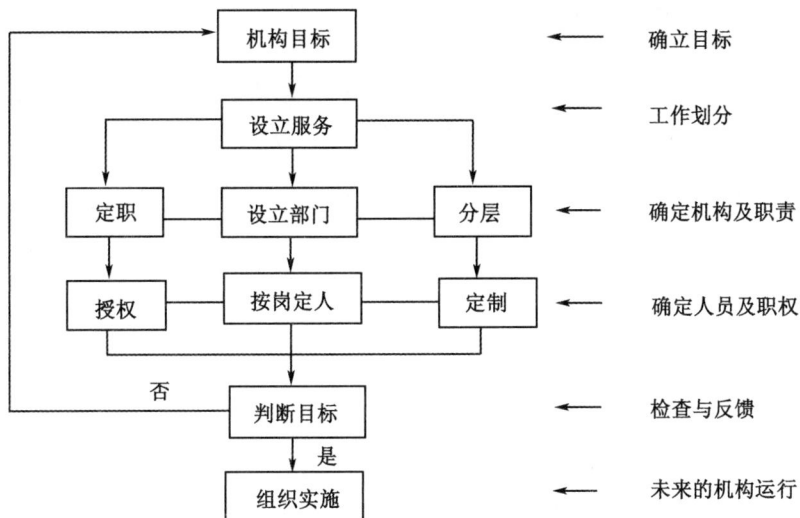

图 8-1　工程项目管理组织机构设置的程序

（4）分工协作原则。根据员工的素质及项目的特点，做到明确分工、合理协作。

（5）分层统一原则。链条连续，集权与分权相统一。

（6）责、权、利相结合原则。根据"责权利管理三角形"（定理），力求有职有责、责任明确，权力恰当、利益合理。

（7）相对稳定原则。既要注意组织机构的稳定性，又要根据工程项目内外部环境条件的变化，按照弹性、流动性的要求，适时调整、优化项目管理的组织机构。

（8）执行与监督分设原则。项目管理机构除接受企业（母公司）的监督外，还要执行系统化管理标准，其内部的质量、安全监督等应与施工、技术执行层分开设置，相互制衡。

二、建设单位项目管理组织的形式

从历史维度看，建设单位（业主方、发包人或甲方）在实施工程建设及管理过程中，曾经或可能采用的组织形式主要有以下几种。

（一）建设单位自管

建设单位自管即建设单位自行组建项目管理机构，自己负责建设资金使用、办理前期手续、组织勘察设计、材料设备采购、工程施工的招标与管理以及工程竣工验收等全部工作。在某些情况下，以前确有某些工程项目由建设单位自行组织工程设计、施工等。其组织形式（示意），如图 8-2 所示。

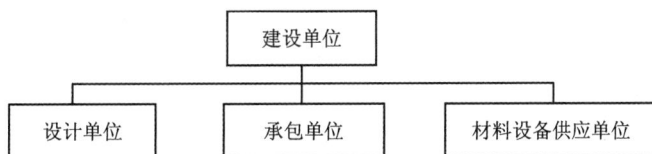

图 8-2　建设单位自管形式（示意）

在图 8-2 中，由于项目管理与建设单位是一套班子，可以统一领导、效率较高。但是，该组织机构通常是临时组建、规章制度不健全，机构成员一般为经验不足的非专职的项目管理人员，不利于实现项目管理的专业化、社会化。这种组织形式曾经适用于计划经济体制，小规模或者特殊情况下的工程项目。

（二）工程指挥部

工程指挥部是针对一个工程建设项目，由投资人（政府）主导，由参建各方代表共同组建项目管理的组织机构。其组织形式（示意），如图8-3所示。

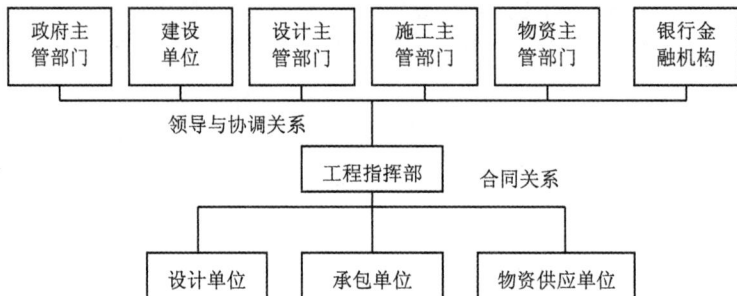

图8-3 工程指挥部形式（示意）

在图8-3中，工程指挥部虽然不是经济实体，通常可与政府主管部门或建设单位（用户），实行投资（预算）包干。工程指挥部的组织形式可以在行政干预之下，较好地协调、发挥参建各方的积极作用。但是，其行政色彩浓厚，机构松散、缺乏层次，责任不清、信息渠道不畅。目前，工程指挥部组织形成在某些重点工程或政府投资项目中，可以看到。

（三）工程监理

在施工总承包及承包合同的基础上，建设单位与工程监理（咨询）单位签订委托合同，并由监理单位代表建设单位对工程建设实施监督管理。其组织形式（示意），如图8-4所示。

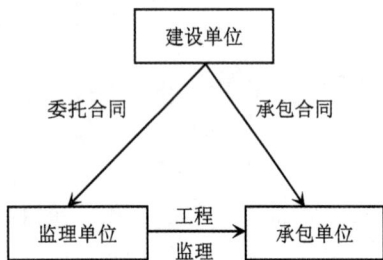

图8-4 工程监理形式（示意）

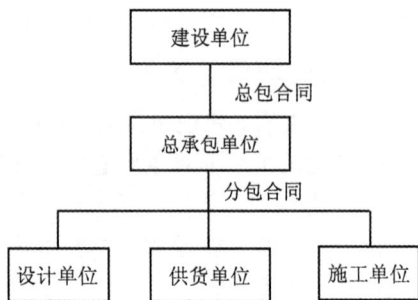

图8-5 工程总承包形式（示意）

在图8-4中，工程监理单位接受建设单位委托，作为工程施工承包合同之外独立的第三方，对工程项目建设施工过程实施监督、管理。在该组织形式之下，建设单位只需制定项目管理的目标，提出相关要求，并负责最后的验收，较好地实现了项目的所有权与管理权相分离。工程监理组织形式可以通过项目管理的社会化、专业化，提高工程项目管理成效。但是，其主要侧重于施工阶段的监理，技术咨询服务的实际效果与监理单位的能力、水平等密切相关。

在"强制监理"的推动下，工程监理组织形式属于我国目前最为常见的工程建设及管理模式。相信未来，我国的工程施工监理将逐步拓展为建设全过程的项目管理。

（四）工程总承包

建设单位将工程项目的勘察设计、设备采购、工程施工等全部或部分活动，委托给一

260

家具有相应资质、资信和能力的总承包单位负责组织实施,并按合同规定交付建设单位使用。其组织形式(示意),如图8-5所示。

在工程总承包(EPC)的组织形式之下,建设单位仅与总承包单位发生直接(合同)关系,双方职责明确,便于对工程项目实施有效的管理。因此,它是国内外工程项目中应用较为普遍的工程项目管理方式或组织形式。有关内容,参见第一章(工程项目管理概论)的第二节(工程项目采购模式)。

(五)工程项目管理

工程项目管理(PM或PMC)也称工程委托,建设单位将工程项目的全部(管理)工作委托给专门的项目的管理公司,并由其承担相应项目管理的责任。其组织形式(示意),如图8-6所示。

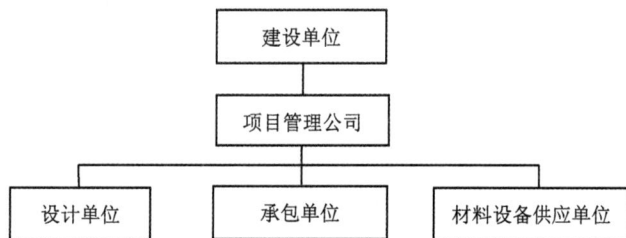

图8-6　工程项目管理形式(示意)

工程项目管理虽与工程监理、工程总承包有些相似或交叉,但其主要受建设单位委托,全面负责工程项目的管理。因此,该组织形式聚焦工程建设全过程,较好地发挥了专业机构及其人员的经验和作用,也是国际上通行的项目管理方式之一。而且,我国正在全力推行全过程工程咨询服务也属其延伸、拓展。有关内容,参见第一章(工程项目管理概论)的第二节(工程项目采购模式)。

三、施工单位项目管理组织的形式

施工承包单位承接工程施工任务后,在建设单位确定的管理组织形式之下,需要根据工程项目实际情况、目标任务等,选定适合于自身实施工程项目管理的组织形式。

(一)直线式组织形式

项目组织中的各种职能,均按直线形式排列,项目经理直接进行单线垂直领导,下级只接受唯一上级的指令。其组织形式(示意),如图8-7所示。

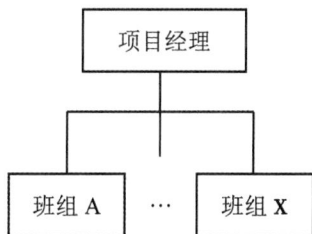

图8-7　直线式组织形式(示意)

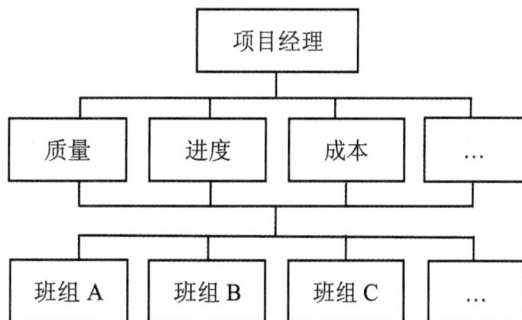

图8-8　职能式组织形式(示意)

在图8-7中,其组织机构简单、隶属关系明确,权力集中、命令统一,职责分明、决策迅速。但是,由于管理跨度大,直线式组织形式对于项目经理的综合素质要求较高、工作强度较大，而且效率较低，比较适合于中小型工程项目。

（二）职能式组织形式

在项目组织中设置若干职能部门，并且各个职能部门在其职能范围内，有权直接下达指令、指挥下级。其组织形式（示意），如图 8-8 所示。

职能式组织形式可以强化项目管理目标控制的职能分工，充分发挥职能机构及人员的专业管理作用。但是，该形式不利于精简机构和人员，容易产生相互矛盾的指令，并需要项目经理进行大量的协调。因此，职能式组织形式在工程建设实践，尤其是大中型工程项目中极少单独采用。

（三）直线职能式组织形式

项目组织呈直线状，设有职能部门或职能人员，但是只有项目经理有权发布相关指令。其组织形式（示意），如图 8-9 所示（图中的实线为领导关系，虚线为指导关系）。

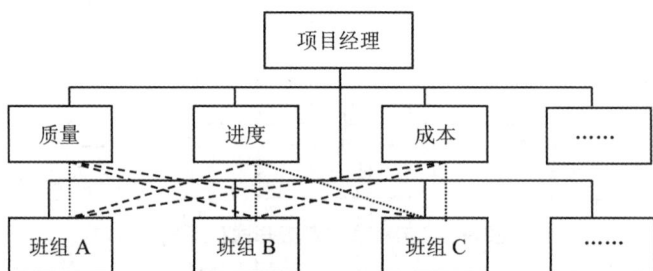

图 8-9　直线职能式组织形式（示意）

在图 8-9 中，直线职能式组织形式既保持了直线式的统一指挥、职责明确等特长，又融合了职能式组织形式的目标管理专业化等优点。但是，其信息传递的线路较长，职能部门可能与指挥部门产生矛盾。目前直线职能式组织形式的应用较为广泛，尤其是中小型工程项目。

（四）矩阵式组织形式

项目组织由企业职能部门、项目经理部两套体系组成，并呈现出矩阵式的形状。其组织形式（示意），如图 8-10 所示。

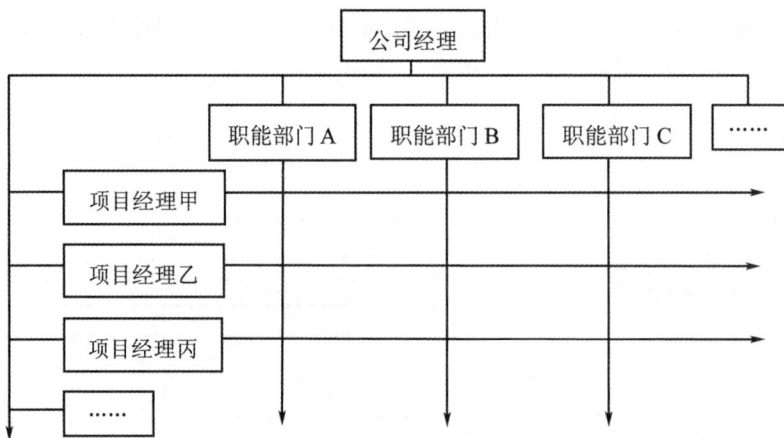

图 8-10　矩阵式组织形式（示意）

在图 8-10 中，项目的管理人员由企业有关职能部门派出并进行相关业务指导，而且接受项目经理直接领导。因此，矩阵式组织形式可以加强各职能部门的横向联系，较好地体现职能原则与对象原则的有机结合，而且组织具有弹性、应变能力较强。但是，该组织形式纵向、横向的协调工作量大，可能会产生相互矛盾的指令，对于管理人员的素质要求较高。目前，矩阵式组织形式主要用于大型复杂工程项目或施工单位多个同时进行施工作业的工程项目。

（五）事业部式组织形式

也称事业部制，在企业（集团）内部按地区或工程项目专业、类型等设立若干事业部，每个事业部对内是一个职能部门或机构，对外则是一个具有法人资格或准法人资格的项目管理组织。其组织形式（示意），如图 8-11 所示。

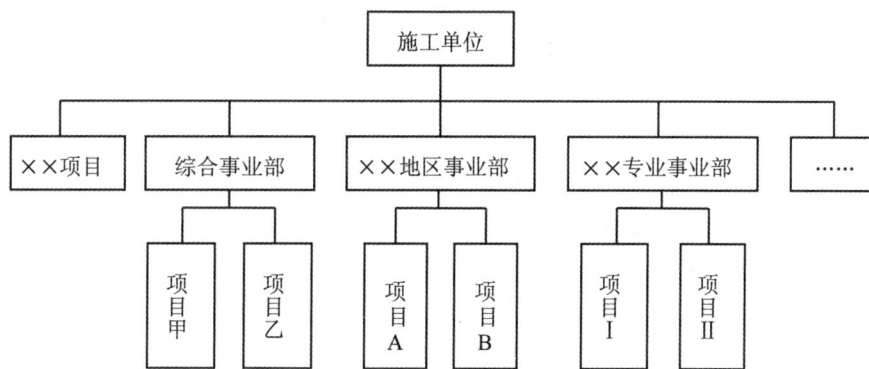

图 8-11　事业部式组织形式（示意）

在图 8-11 中，事业部式组织形式可以按照地区、工程项目的专业或类型，甚至业务板块等，针对企业（集团）内部的主要业务进行区分、合理设置。其有利于延伸企业的经营职能，提高企业应变能力，但要求企业具有较强的约束机制和综合管理能力。事业部式组织形式主要适用于大型施工企业（集团）在一个或若干地区拥有长期的市场和多种专业的综合施工能力。

四、项目管理组织形式的选择

一般来讲，工程项目管理组织的建立和运行，通常具有以下特点：一次性，工程项目竣工、组织机构解体；目标与责任的明确性；系统性，需要完成工程项目所有的工作；弹性和可变性，随着工程项目建设进展而适时调整组织；内外部关系的复杂性；组织形式的多样性等。

施工承包企业在选择项目管理组织形式时，不仅需要适应上述特点，还要考虑工程项目的规模、业务范围、复杂性等因素，分析建设单位对工程项目的要求、标准规范、合同条件等情况。而且，应当符合企业类型、员工素质、管理水平，以及企业任务、环境条件、工作基础等企业和项目经理部的实际。

具体而言，施工承包企业可以按照下列思路，选择合适的项目管理组织形式。

（1）人员情况。人员素质高、管理基础强，可以承担复杂项目的大型综合企业，宜采用矩阵式、事业部式的组织形式。

（2）工程项目情况。简单项目、小型项目、承包内容单一的项目，宜采用直线职能式或直线式组织形式。

（3）优化组合。在企业内部，可以根据具体情况将不同的组织形式结合使用，如事业部式与矩阵式、直线职能式与事业部式，但不能将职能式与矩阵式混用，以免造成企业内部组织形式的混乱。

第二节　工程项目的项目经理

工程项目管理的理论和实践同时证明，深入贯彻项目经理责任制、项目成本核算制，可以通过明确责任、遵循"责权利管理三角形"（定理），以项目经理为核心，稳步提高工程项目管理水平。从职业角度而言，项目经理（project manager）是企业根据工程项目实际，为切实做好工程质量、进度（工期）、造价（成本）和安全生产管理，以及全面提高项目管理水平而设立的重要管理岗位，并由具备相应资格、派驻工程现场的专人担任。作为"组织法定代表人在建设工程项目上的授权委托代理人"，项目经理负责处理工程项目所有的事务性工作，也称为"执行制作人"。本节兼顾建设单位，着重阐述施工单位立场的项目经理。

一、项目经理责任制

《建设工程项目管理规范》（GB/T 50326—2017）指出，项目管理责任制是组织制定的、以项目负责人（项目经理）为主体，确保项目管理目标实现的责任制度。项目管理责任制是建设工程项目的重要管理制度，其构成需包括项目管理机构在企业中的管理定位，项目负责人（项目经理）需具备的条件，项目管理机构的管理运作机制，项目负责人（项目经理）的责任、权力和利益及项目管理目标责任书的内容等。企业需在有关项目管理制度中，对以上内容予以明确。

从理论上讲，建设单位、勘察设计单位、监理单位等，均可针对其"项目"实行项目经理（项目总、总设计师、总监理工程师）责任制。本书主要针对施工单位的项目经理责任制进行阐述。

（一）施工单位项目经理责任制概述

1. 施工单位项目经理责任制的主体和重点

项目经理责任制的主体是施工（承包）单位的项目经理，其个人全面负责，项目管理部全员参与管理。

项目经理责任制具有对象的终一性（从一而终）、主体的直接性、内容的全面性和责任的风险性等特点。因此，施工单位项目经理责任制的性质类似于"个人负责，集体承包"。

项目经理责任制的重点在于施工（承包）工程项目管理，并承担总管理目标的全面责任。如果说施工企业的领导属于决策层、战略家，那么项目经理则为执行层、战术家。因此，施工单位的项目经理要注重现代化管理的内涵，并综合运用、实现目标。

2. 施工单位项目经理责任制的作用

项目经理责任制与项目成本核算制相结合，可以发挥以下作用：

① 有利于明确项目经理与企业、职工三者之间的职责、权力、利益、绩效（经济效益和社会效益）等关系；

② 有利于借助经济手段，强化项目的法制管理；

③ 有利于项目管理的规范化、科学化以及提高工程质量；

④ 实行项目经理责任制必然培养、造就出一个专家化、专业化的项目经理职业团队；

⑤ 有利于促进和提高企业及施工项目的经济效益和社会效益，彰显企业社会责任，不断提高社会生产力。

(二)施工单位项目管理目标责任书概述

1. 项目管理目标责任书的概念

项目管理目标责任书(responsibility document of project management)是施工企业的管理层与项目管理机构签订的,明确项目管理机构应达到的成本、质量、工期、安全和环境等管理目标及其承担的责任,并作为项目完成后考核评价依据的文件。对具体施工项目而言,其项目管理目标责任书是根据企业的项目管理制度、工程合同及项目管理目标要求制定的,由企业法定代表人与项目经理签署的文件,并作为施工项目完成后考核评价及奖罚的依据。

因此,项目管理目标责任书是施工项目管理目标的具体体现,也是约束企业和项目经理部各自行为的规范,还是企业考核项目经理及项目经理部业绩的标准和依据。

当然,项目管理目标责任书是明确施工企业与项目经理管理责任的内部文件,并非法律意义上的合同。双方之间是企业内部的上下级关系,不是平等的合同法律主体双方之间的关系。其核心是为了完成项目管理的各项目标。

2. 项目管理目标责任书的作用

项目管理目标责任书在施工项目管理中起着决定性和指导性的作用。主要体现在以下。

(1)明确企业和业务职能部门与项目经理部之间的工作关系,包括指令、信息、责任以及指导和协助等方面的关系。通过目标责任书使得各方在处理工作关系过程中有依有据,同时也是制定各自工作责任的标准。

(2)明确项目经理部的组织形式。在项目管理目标责任书中,应根据项目的性质、规模以及管理特点等确定项目经理部的机构设置、人员构成以及管理模式。

(3)明确施工项目的各项目标,为项目经理部提供工作标准。

(4)满足企业细部管理的需求,全面、具体地规定施工项目管理行为。

(5)为项目管理的效果评定以及奖罚兑现提供标准。进一步明确项目经理及项目经理部成员的责任、权力和利益,并对其离任和解体所要达到的目标要求作出明确的规定。

(三)施工项目管理目标责任书的依据与内容

1. 施工项目管理目标责任书的依据

项目管理目标责任书应在项目实施前,由施工企业法定代表人或其授权人与项目经理协商制定。主要编制依据包括:

① 施工项目的合同文件;

② 企业的项目管理制度;

③ 施工项目管理规划大纲;

④ 企业的经营方针和目标;

⑤ 项目特点和实施条件与环境等。

2. 施工项目管理目标责任书的内容

① 施工项目的质量、进度、成本、职业健康安全与环境目标;

② 企业与施工项目经理部之间的责任、权力和利益的分配;

③ 项目需用资源的供应方式;

④ 项目经理部应承担的风险;

⑤ 施工项目管理目标评价的原则、内容和方法;

⑥ 对施工项目经理部进行奖罚的依据、标准和办法；

⑦ 施工项目经理解职和施工项目经理部解体的条件和办法；

⑧ 企业法定代表人向施工项目经理委托的其他事项。

3. 施工项目管理目标责任书的签订和实施

（1）施工项目管理目标责任书的签订。首先，由企业管理部门根据施工项目特点和企业对项目的管理目标要求，按照施工项目管理目标责任书的内容体系起草制定；然后，会同项目经理，甚至项目经理部成员，进行协商；最后，达成一致意见，双方签字认可。

施工项目管理目标责任书的签订，需要内容具体，责任明确，各项目标的制定要详细、全面，尽量使用指标表达，具有可操作性。同时，项目管理目标责任书的各项目标，应综合考虑历史上完成类似项目的各项指标或其他相关企业的情况，水平的选定要高低适中。

（2）施工项目管理目标责任书的实施。施工项目管理目标责任书一经制定，就在施工项目管理中起强制性作用。项目经理应组织项目经理部的部门负责人及成员认真学习，明确分工，制定措施，及时监督。

在日常的施工项目管理工作中，各管理层应经常检查目标责任的兑现情况，及时发现问题，并找出解决办法。

施工项目完成之后，企业管理层应对项目管理目标责任书完成情况进行考核；根据考核结果和项目管理目标责任书的奖惩规定，提出考核意见，且应体现公平、公正的原则，确保施工项目管理目标责任书行为的约束性和管理的有效性。

（四）项目经理责任制的考核评价

项目经理责任制的考核评价是指施工企业或相关部门对于项目经理部，尤其是项目经理的管理水平及成果进行全面考核并做出评价的过程。其目的在于规范项目管理行为，鉴定项目管理水平，确认项目管理成果。

1. 考核评价的方式

（1）对于工期超过两年的大型施工项目，实行年度考核；

（2）使用网络计划时，实行阶段性考核，即按网络进度计划的关键节点进行考核；

（3）工程施工项目完工后，对其进行全面的终结性考核。

2. 考核评价的内容

阶段性考核内容，一般包括工程施工合同、经济效益、回收工程款、各种资料归档等的完成情况，以及"项目管理目标责任书"中要求的其他内容的完成情况。

终结性考核内容，一般包括确认阶段性考核的结果，确认项目管理的最终成果，确认项目经理部是否具备解体的条件。

二、项目经理的任务与素质

项目经理是企业法定代表人在建设工程项目上的授权委托代理人。为了解实际、有效沟通，建设单位、施工（承包）单位均应在工程项目现场派驻项目经理。

（一）项目经理的主要规定

《建设工程施工合同（示范文本）》（GF—2017—0201）对于施工项目经理具有相应的规定，涉及的主要内容如下。

（1）项目经理是承包人正式聘用的员工，承包人应向发包人提交项目经理与承包人之间的劳动合同，以及承包人为项目经理缴纳社会保险的有效证明。

（2）项目经理不得同时担任其他项目的项目经理，除非征得发包人同意。

（3）项目经理确实需要离开施工现场的，应事先通知监理人，并取得发包人的书面同意。

（4）项目经理应常驻施工现场，且每月在现场的时间不得少于相关法规规定、专用合同条款约定的天数。

（5）承包人需要更换项目经理的，需要提前14天书面通知发包人和监理人，并征得发包人书面同意。发包人有权书面通知承包人更换其认为不称职的项目经理，承包人在接到更换通知后14天内向发包人提出书面的改进报告，第二次收到通知的28天内更换。项目经理因特殊情况授权其下属人员履行某项工作职责的，该下属应具备履行相应职责的能力，并应提前7天书面通知监理人，并征得发包人的同意。

凡此种种，进一步确立了项目经理在施工现场管理工作中的核心地位。

（二）项目经理的任务和职责

项目经理接受委托，从事指定的工程项目管理工作，并负责实现项目管理的控制目标。作为管理岗位，尤其是施工单位的项目经理，需要具备相应的执业资格。不同市场主体的项目经理，因代表利益、工作范围的不同，其任务和职责也有差异，但他们应当具有统一的目标体系、同向的行为取向。因此，不同市场主体派出的项目经理，基本任务和职责需要具有共性。这里主要介绍建设单位和施工单位项目经理的任务及职责。

1. 建设单位项目经理的任务和职责。

（1）建设单位项目经理的任务。建设单位项目经理的任务是实现建设单位的意图，进行工程项目的组织协调、目标控制、合同管理、信息管理和安全生产管理，及时验收检查，实现工程项目管理的总目标。

（2）建设单位项目经理的职责。建设单位项目经理的职责主要包括：① 确定项目组织系统，明确各主要人员的职责分工；② 确定项目管理系统的目标、项目总进度计划并监督执行；③ 负责组织工程项目可行性研究报告、设计任务书等的编制；④ 控制工程项目投资额；⑤ 控制工程进度和工期；⑥ 控制工程质量；⑦ 进行合同管理，当合同有变动时，及时进行协调和调整；⑧ 制定工程项目技术文件管理制度，建立完善的工程技术档案；⑨ 审查批准与工程建设有关的物资采购活动；⑩ 组织协调与工程建设有关的各方面工作，实现工程项目管理的总目标。

2. 施工单位项目经理的任务和职责

（1）施工单位项目经理的任务。施工单位项目经理的任务是实现施工（承包）单位的意图，进行施工项目的组织协调、目标控制、合同管理、安全生产管理、信息管理等工作，最终实现施工项目管理的总目标。

（2）施工单位项目经理的职责。首先，认真履行项目管理目标责任书的总体内容与责任，在企业授权的范围内履行所在企业与建设单位签订的工程施工合同，并达到合同要求。

同时，《建设工程项目管理规范》（GB/T 50326—2017）指出，施工单位项目经理的项目管理职责包括：

① 需按照经审查合格的施工设计文件和施工技术标准进行工程项目施工，应对因施工导致的工程施工质量、安全事故或问题承担全面责任；

② 需负责建立质量安全管理体系，配备专职质量、安全等施工现场管理人员，落实质量安全责任制、质量安全管理规章制度和操作规程；

③ 需负责施工组织设计、质量安全技术措施、专项施工方案的编制工作，认真组织质

量、安全技术交底；

④ 需加强进入现场的建筑材料、构配件、设备、预拌混凝土等的检验、检测和验证工作，严格执行技术标准规范要求；

⑤ 需对进入现场的起重机械、模板、支架等的安装、拆卸及运行使用全过程监督，发现问题，及时整改；

⑥ 需加强安全文明施工费用的使用和管理，严格按规定配备安全防护和职业健康用具，按规定组织相关人员进行岗位教育，严格特种工作人员岗位管理工作。

（三）项目经理的素质

在不同的时期、不同的国家，面对不同的工程以及服务于不同的单位，对于项目经理的要求也有所不同。根据我国工程项目管理实践、项目经理的任务及要求，目前施工单位项目经理应当具备的基本素质，可概括为以下几个方面。

1. 品格素质

品格素质是指项目经理从行为作风中表现出来的思想、认识、品行等方面的特征。例如，对国家民族的忠诚，良好的社会道德品质、管理道德品质，诚实的态度，坦率的心境及言而有信、言行一致的品格等。

2. 能力素质

能力素质表现为项目经理把知识和经验有机结合并运用于项目管理的能力。对于现代项目经理来说，知识和经验十分重要，但是归根结底还是要落实到其综合及执行能力。

（1）决策能力。集中体现在项目经理的战略战术决策能力上，即能够做出各项决策并付诸实现。从决策程度来看，项目经理的决策能力可分解为收集与筛选信息的能力、制定多种可行方案的能力、选优抉择方案的能力。

（2）组织能力。是指选定组织形式、设计组织结构、配备组织成员及确定组织规范的能力。项目经理要能够运用现代组织理论，建立架构科学、职责清晰、分工合理、高效精干的组织机构，确定保证组织运转的规范有效，并能够合理配备组织成员，做到知人善任。

（3）创新能力。可以归纳为嗅觉敏锐、想象力丰富、思路开阔、设想多样和提法新颖等特征。由于施工及管理活动具有竞争性，项目经理必须具备相应的创新能力。

（4）协调与控制能力。项目经理作为项目的最高领导者必须具有良好的协调与控制能力，而且项目的规模越大，对这方面的能力要求也就越高。项目经理的协调与控制能力是正确处理项目内外各方面关系、解决各方面矛盾的基础。从项目内部来看，项目经理要有较强的能力协调项目中的各部门、所有成员的关系，控制项目资源配置，全面实现项目的总体目标。就项目与外部环境的关系而言，项目经理的协调能力还包括协调项目与政府、社会、各方面协作者之间的关系，尽可能地为项目创造有利的外部条件，减少或避免各种不利因素的影响。

（5）激励能力。可以理解为调动下属工作积极性、创造性的能力。从行为科学角度看，激励能力表现为项目经理所采用的激励手段与下属士气之间的关系状态。如果采取某种激励手段导致下属士气提高，则认为其激励能力较强；反之，则认为其激励能力较弱。

（6）社交能力。指项目经理与企业内外、上下、左右有关人员打交道做沟通的能力。待人技巧高的经理会赢得上级、下属的欢迎，因而有助于协调相应的关系。同时，项目经理必须善于同企业外部的各种机构和人员打交道，树立起良好形象，促进项目的生存和发展。

3. 知识素质

管理理论学家亨利·法约尔(Henri Fayol)曾经提出，构成企业领导人的专门能力有技术能力、商业能力、财务能力、管理能力、安全能力等，但是每一种能力都是以知识为基础的。因此，优秀的项目经理应当拥有解决问题所必需的基础知识、业务知识，并在实践中不断深化和主动完善自己的知识结构。

4. 身体素质

建筑施工露天作业、持续时间较长、场地狭小、空间利用充分，工作强度较大。繁重的管理任务、艰苦的工作与生活条件，要求项目经理必须具有健康的身体(身心)、充沛的精力、宽阔的心胸、坚强的意志。

5. 相应的执业资格

项目经理必须通过国家有关部门的执业资格考试，获得与所承担工程项目相应级别的建造师执业资格。这既是成为项目经理的"敲门砖"，也是其综合素质和能力的重要体现。

三、项目经理的责、权、利

根据均衡、对等的原则以及"责权利管理三角形"(定理)，统筹项目经理的责、权、利，明确职责，可以为其履行权力、获得利益创造必要的条件。责任与权力、利益相互匹配是市场经济的固有趋势，也是职业经理人的必然选择。

(一)项目经理的责任

项目经理作为施工项目及其管理的负责人，其基本责任就是通过一系列的领导及管理活动，使项目的管理目标成功实现，并使项目相关者都能够满意。

项目经理对于所属上级组织的责任是：保证项目的目标符合上级组织目标，充分利用和维护上级分配给项目的资源，及时与上级就项目的进展进行沟通。

项目经理对于所管的项目承担责任，就是项目经理的职责之所在。

(二)项目经理的权力

项目经理必须拥有一定的权力，才能组织开展相关的管理活动。这些权力(权限)应由企业法定代表人授予，并用制度和目标责任书的形式具体确定。项目经理在授权范围和企业规章制度范围内，应具有以下权力：

(1)组织项目管理班子；

(2)以企业法定代表人代表的身份处理与所承担的工程项目有关的外部关系，委托签署有关合同；

(3)指挥工程项目建设的生产经营活动，调配并管理进入工程项目的人力、资金、物质、机械设备等生产要素；

(4)选择施工作业队伍；

(5)进行合理的经济分配；

(6)企业法定代表人授予的其他管理权力。

(三)项目经理的利益

项目经理最终获得相应的利益或收益是项目经理行使权力和承担责任的结果，也是市场经济条件下责、权、利、效相互统一的具体体现。项目经理通常应获得以下利益。

(1)获得基本工资、岗位工资和绩效工资。

(2)获得物质奖励。在全面完成"项目管理目标责任书"确定的各项责任目标、交工验收并结算后，接受企业的考核和审计，按规定获得相应的物质奖励。

（3）获得精神奖励。除按上述规定获得的物质奖励外，综合业绩良好的项目经理还可获得表彰、记功、优秀项目经理等荣誉称号和其他精神奖励。

经考核和审计，未完成"项目管理目标责任书"确定的责任目标或造成亏损的项目经理，按有关条款承担责任，并接受经济或行政处罚。

四、项目经理的选聘

各国对于施工（承包）单位项目经理（建造师）的任职条件要求虽然有所不同，但普遍实行持证上岗、继续教育（注册）制度，并主要控制、动态更新其知识及经验。例如，英国皇家特许建造师学会（CIOB）围绕着建筑管理理论知识和工作实践培养从业人员，五个层次中的正式会员（MCIOB）、资深会员（FCIOB）被称为"皇家特许建造师"；美国通过综合考察学历及专业能力、项目管理经历及经验水平、领导艺术及能力，选拔项目经理人才。

我国《建筑施工企业项目经理资质管理办法》（建建〔1995〕1 号）曾经规定，项目经理的资质分为一、二、三、四级。其中，一级项目经理要求：担任过一个一级建筑施工企业资质标准要求的工程项目，或两个二级建筑施工企业资质标准要求的工程项目施工管理工作的主要负责人，并已取得国家认可的高级或中级专业技术职称者。项目经理实行持证上岗制度。项目经理经过培训、考试合格后，发给项目经理培训合格证；经过岗位工作实践、达到项目经理资质申请条件后，参加相应级别的项目经理资质考核；资质考核完成并合格后，发给相应等级的"建筑施工企业项目经理资质证书"。2003 年 2 月，我国取消了建筑施工企业项目经理资质核准，由注册建造师代替，并设 5 年过渡期。

（一）建造师的基本规定

根据（原）人事部、建设部《关于印发〈建造师执业资格制度暂行规定〉的通知》（人发〔2002〕111 号）和人力资源和社会保障部《关于降低或取消部分准入类职业资格考试工作年限要求有关事项的通知》（人社部发〔2022〕8 号）等有关规定，国家对工程总承包和施工管理关键岗位的专业技术人员实行执业资格制度，纳入全国专业技术人员执业资格制度统一规划。建造师分为一级建造师和二级建造师，并主要担任工程项目施工的项目经理或从事其他施工活动的管理工作。

1. 建造师的考试资格

按规定，凡遵守国家法律、法规，具备下列条件之一者，可以申请参加一级建造师执业资格考试：

（1）获得工程或者工程经济本科学历，从事建设工程项目施工管理工作满四年；

（2）获得工学类、管理科学、工程学学士学位，从事建设工程项目施工管理工作满三年；

（3）获得工学类、管理科学、工程学类学士学位或者以上学历，从事建设工程项目施工管理工作满两年；

（4）获得工学类、管理科学、工程学类硕士学位，从事建设工程项目施工管理工作满一年。

凡遵守国家法律、法规，具备工程类或工程经济类中等专业以上学历并从事建设工程项目施工管理工作满 2 年的人员，可报名参加二级建造师执业资格考试。

2. 申请注册

根据《注册建造师管理规定》（中华人民共和国建设部令第 153 号），注册建造师实行注册执业管理制度，分为一级注册建造师和二级注册建造师；取得资格证书的人员，经过注册方能以注册建造师的名义执业。注册分为初始注册、变更注册、延续注册等。

取得建造师资格的人员，必须同时具备以下条件，可以申请注册：

（1）经考核认定或考试合格取得建造师执业资格证书；

（2）受聘于一个相关单位，申请人应当受聘于一个具有建设工程施工或勘察、设计、监理、招标代理、造价咨询资质的企业，与聘用企业依法签订劳动合同；

（3）达到继续教育要求；

（4）没有《注册建造师管理规定》中规定不予注册的情形。

（二）建造师的专业能力

建造师的职业能力与社会发展、建设单位要求、工程项目特点等密切相关。通常认为，我国建造师的执业技术能力要求应当包括：

（1）具有一定的工程技术、工程管理理论和相关经济理论水平，并具有全面的施工管理专业知识；

（2）能够熟练掌握和运用与施工管理业务相关的法律、法规、工程建设强制性标准和行业管理的各项规定；

（3）具有丰富的施工管理实践经验和资历，有较强的施工组织能力，能保证工程质量和安全生产；

（4）具有一定的外语水平。

（三）建造师执业的工程规模标准

（原）建设部2007年印发了《注册建造师执业工程规模标准》，对于房屋建筑工程、公路工程、铁路工程、通信与广电工程、民航机场工程、港口与航道工程、水利水电工程、电力工程、矿山工程、冶炼工程、石油化工工程、市政公用工程、机电安装工程、装饰装修工程等14个专业工程，分别给出大中小型项目的划分标准。

以房屋建筑工程（工业、民用与公共建筑工程）为例，中型项目的规模标准包括：建筑物层数（层），5~25；建筑物高度（m），15~100；单跨跨度（m），15~30；单体建筑面积（m²），3000~30000；群体建筑面积（m²），3000~100000；等等。此区间以上、以下分别为大型、小型的工程项目。再以公路工程为例，中型项目的规模标准包括：桥梁工程（m），单跨13~50，桥长30~1000；隧道工程（m），长度0~1000；等等。在此区间范围以上，以及高速公路的各工程类别，均为大型工程项目。

同时要求，大中型工程项目负责人必须由本专业注册建造师担任；一级注册建造师可担任大中小型工程项目负责人，二级注册建造师可担任中小型工程项目负责人。

（四）项目经理的选配

建造师是一种专业人士的执业资格，项目经理是一个重要的工作岗位，更是施工企业法定代表人在本工程项目上的授权委托代理人。具有建造师执业资格的项目经理，根据其级别只宜担任一个工程规模相当的施工项目的管理工作。

因此，建筑施工企业必须拥有一支具备相应素质、成员数量比较充裕的项目经理队伍，进而对于项目经理进行科学的选拔和培训，以适应经济社会高质量发展的需要。目前，我国选配项目经理的方式主要有以下三种。

1. 竞争聘任制

本着先内后外的原则，面向社会进行招聘。其程序是：个人自推→组织审查→答辩讲演→择优选聘。这种方式既可择优，又可增强项目经理的竞争与责任意识。

2. 经理委任制

委任的范围一般限于企业内部的管理人员。其程序是：企业负责人提名→组织人事（人力资源）部门考察→总经理办公会议决定。这种方式对于企业负责人及相关部门具有较高的要求，并需要具有数量适宜的项目经理团队成员。

3. 基层推荐、内部协商制

施工承包单位各项目经理部、基层施工队或劳务作业队向公司推荐若干人选，由组织人事部门汇总各方意见进行严格考核后，提出拟聘用人选，报总经理办公会议决定。

项目经理一经任命产生，在工程项目从开工到竣工的整个施工期间，企业不得随意更换项目经理。当施工项目发生重大的安全、质量事故或项目经理违法违纪时，企业才可撤换项目经理，并应征得建设单位同意。

第三节　工程项目的项目经理部

项目经理部（construction project management team）是施工承包企业为了完成某项工程施工建设任务，授权、支持具有相应资格的项目经理组建、领导的现场项目管理组织机构。作为一次性设立的管理组织，项目经理部通常由技术、生产、材料、成本等管理人员组成，隶属项目经理的直接领导，接受企业及业务部门指导监督、检查考核，负责施工全过程的管理工作。因此，项目经理部是现场履行施工合同的主体机构。

从理论上讲，市场主体中的建设、施工承包、监理等单位，均应设置现场管理机构。本书主要阐述施工承包单位的项目经理部。

一、项目经理部的设立

施工现场设置项目经理部，有利于各项施工管理工作的高效、顺利推进。因此，大中型工程项目，施工承包企业必须在施工现场设立项目经理部，并根据管理和控制目标的需要设立专业职能部门；小型工程项目，一般也应设立项目经理部，但规模、管理人员等可适当简化。

（一）项目经理部设立的原则

由于地区、行业及工程项目等差异，致使情况比较复杂，国家对于施工承包企业如何设置项目经理部没有明确、统一的规定。施工承包企业通常需要根据工程的规模标准、复杂程度和专业特点，结合企业现状、项目管理需要，按照"精干高效，动态协作"等原则，设置项目经理部。

当承包项目达到一定施工规模时，企业应当设置不同等级的项目经理部。某施工承包企业设置的项目经理部划分为三个等级，标准如表8-1所列。

表8-1　施工项目经理部等级的划分标准（示例）

施工项目经理部等级	施工项目规模		
	群体工程 建筑面积/万平方米	单体工程 建筑面积/万平方米	各类工程 项目投资/万元
一级	15及以上	10及以上	8000及以上
二级	10~15	5~10	3000~8000
三级	2~10	1~5	500~3000

在表8-1中，该企业按照"精干高效，动态协作"的原则，对于建筑面积为15万平方

米及以上的群体工程、建筑面积为 10 万平方米及以上的单体工程、投资在 8000 万元及以上的各类工程项目设置规模较大的一级施工项目经理部。

（二）项目经理部的部门设置

项目经理部全部岗位职责应能覆盖项目施工及管理的全方位、全过程，应优化部门设置、人员配置，并要求有关人员素质高、有弹性、一专多能。

1. 小型施工项目的项目经理部

小型施工项目的项目经理部可以采用"一长、一师、四大员"模式，包括工长、工程师以及技术员、施工员、质检员、安全员，不设专业部门；也可以设置项目经理、专业工程师以及合同、成本、信息、库存、计划等管理人员。

2. 大中型施工项目的项目经理部

大中型施工项目的项目经理部可在小型施工项目配置的基础上，设置项目副经理、总工程师或技术负责人，设立"五部一室"（小组）、"八大员"等。

（1）工程技术部门，负责生产调度、技术管理、文明施工、施工组织设计以及测量、计量、试验等；

（2）计划合同部门，负责合同、预算、索赔、劳动力配置、计划统计等；

（3）物资设备部门，负责材料的采购、询价、管理、计划供应、工具管理、运输、机械设备的租赁配套使用等；

（4）安全质量部门，负责工作质量、消防保卫、安全管理、环境保护等；

（5）经营财务部门，负责资金收支、成本核算及劳动分配等。

综合办公室负责项目经理部的对外联络、内部运营等。

"八大员"常指项目经理部的技术员、施工员、预算员、安全员、材料员、测量员、试验员、资料员，或者进一步包括质量（质检）员、机械（设备）员、劳资（标准）员等。根据工程及管理实际，质量员与安全员可以互兼成为质安员，预算员与资料员整合称为内业员。

某大中型施工项目经理部的部门设置（示例），如图 8-12 所示。

二、项目经理部的管理制度

项目经理部的管理制度主要是指项目经理部内部运行及管理的规章制度。实行项目经理责任制，需要借助施工项目管理的基本制度，建立健全分级分层、全面覆盖的责任制度体系，完善主要规章制度。

（一）责任制度体系

项目经理部应当围绕着施工项目管理的质量、进度、成本和安全等目标，以及合同、信息、组织协调、沟通管理等措施，建立包括全体人员、涵盖全部过程的责任制度体系。

责任制度体系应当上自项目经理、下至操作工人，整理成书面形式，并告知、公布。例如，明确项目经理、项目总工（技术负责人）、工长、技术员的管理职责，生产作业人员的操作责任，强调创造性地完成各自任务。

因此，建立责任制度体系的基本要求是：一个独立的职责，必须由一人全权负责，并且做到人人有责可负。

（二）主要规章制度

项目经理部的规章制度是项目经理部及职能部门、管理人员的工作制度和指引，用以调整项目经理部的管理层与作业层的关系，规范项目经理部的日常事务，协调对外关系。因此，规章制度是项目经理部的法规，它强调约束精神，对全体成员一视同仁。

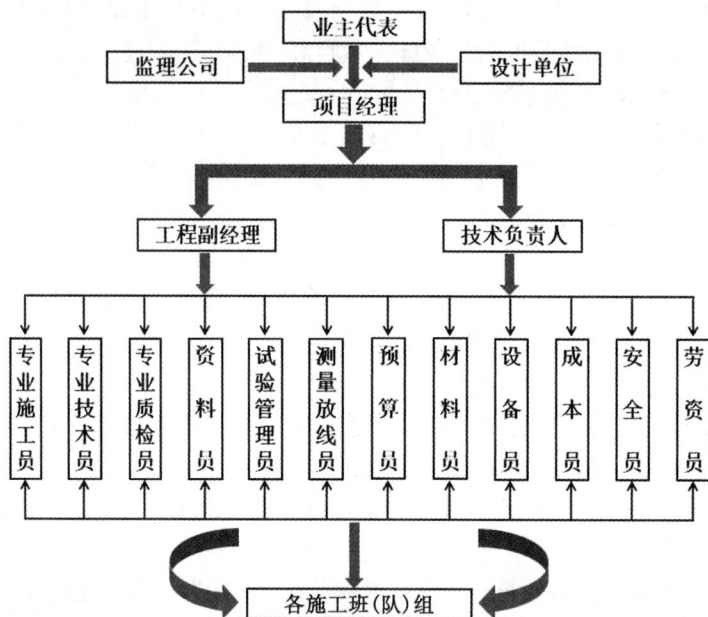

图 8-12　大中型施工项目经理部设置（示例）

以下是某施工企业所属的项目经理部规章制度（示例）：

（1）遵章守法。落实公司及项目经理部的各项规章制度，执行安全施工、文明施工、环境保护、现场卫生的规程，具有诚信意识、职业道德。

（2）服从指挥。在本岗位上服从领导、听从指挥，令行、禁止。根据自己的专长才能，适应自己的工作岗位，服从项目经理部的安排和调动，按施工计划和相关要求，积极主动完成自己的任务，对于自己的工作情况进行自查自纠。

（3）精心组织。工程师在工作施工中，必须按照技术规范、图纸设计规定要求组织施工，在保证工程质量、安全施工的前提下，精心策划，抓好施工进度，节约材料、多创效益，提高职业技能和管理水平。

（4）分工明确。现场管理工程师，对分项工程全面负责。编写各种施工工序的分项开工报告、分项施工计划、施工纪录，检查作业质量及人员、机械的施工安全，确保施工现场的外部安全和文明形象；提供计量资料、变更依据、质量检查的数据，协调监理工程师的签字工作，以及各种报告、汇报事务等工作。

（5）现场准备。现场岗位管理工程师要提前做好每一个施工队的施工现场准备工作，密切配合施工队的施工任务，协调监理和施工环境，尽快施工、保证进度，随时配合施工队的现场工作。

（6）技术交底。现场工程师应在每项施工作业之前，对技术员、班组长认真进行一次技术交底指导工作，记录的文字表格要签署交接方的姓名、时间、地点等。

（7）材料合格。各施工作业队伍在施工中所用的原材料要有检验合格的证明，不检验或不合格的原材料不得使用，施工现场所使用的所有原材料要分种类、分规格堆放整齐，并按规定适当保管或覆盖。

（8）严格检查。相关分项工程施工前，现场工程师要对轴线、桩位、高程、垂直度、墙身的平整、光洁、外观加以控制，施工过程中要对钢筋焊接绑扎、根数、位置、级别、直径、间距等方面进行细致检查，对于钢模尺寸、刚度、稳定、接缝、光洁度、高程轴线试压进行严格控制，对于混凝土的配比、搅拌、坍落度、运输时间、灌注、振捣、养生等严加管理。

(9)安全施工。现场管理工程师进入现场必须佩戴胸卡、安全帽，按照项目经理部的要求，监督检查各项安全文明施工规章制度的落实情况，保证施工安全。

(10)文明作业。全体员工按公司或项目经理部规定着装一致，注重自己的语言、形象，文明大方、言行一致、自重自爱，塑造良好的员工、项目经理部形象的同时，提高作业的效率和质量。

(11)过程控制。根据自己的专业技能、施工经验，在本项目的工作岗位及分工的工作中，精心策划、精心施工，认真负责、积极主动，力争施工工程达到"施工进度第一、工程质量第一、安全文明生产第一、施工现场外部形象第一"，通过精品作业努力打造精品工程。

(12)工序管理。各分项工程应按工序组织施工，施工过程中，现场管理工程师要跟踪检查指导工作，保证质量符合要求；每天记好施工日记，清楚记录施工所用材料、施工部位、施工细节、施工情况、施工人员和监理检验时间、位置等，每项工作都要密切配合、齐心协力，相互支持、共同成就。

(13)恪尽职守。各工程师或管理人员根据岗位分工、各尽其职，认真管理安全文明施工以及进度、质量、计量、资料、试验，完善变更资料及签字手续整理工作，保证计量的数据满足相关的验收需要，减少不必要的麻烦和经济损失。

(14)保守秘密。在自己的工作岗位及分工的工作中，做好相关的保密工作。严守公司及项目经理部的商业机密，不得随意向他人或外单位透露秘密，工作人员调换岗位或分工时，所有文件、软件、U盘(硬盘)等交付给接收人员，文件资料不能私存复制。

(15)职业操守。在自己的工作岗位及分工的工作中，强化职业道德。对于利用权力之便，行多计、多报、多签之事，工作不认真、损公肥私、营私舞弊、收受贿赂造成损失，或有盗窃行为等，项目经理部有权视情节、损失和影响，对责任人进行批评、处罚或开除，甚至追究责任人的刑事责任。

(16)克服懈怠。工程师和每位员工在本工作岗位劳作期间，应有足够的能力和方法去组织施工。在施工过程中如有失误，要积极主动去落实整改。对于在施工中对自己的岗位轻视、不负责任，有问题隐瞒不报、欺上瞒下，消极怠工等行为和施工造成不良影响者，项目经理部按情节轻重对责任人进行批评、处罚，降薪或开除。

(17)奖罚分明。现场工程师和每位员工，都对本职工作岗位负连带责任，项目经理部每个月对每位员工进行一次考评，并按工作业绩进行奖罚，力求分工明确、责任到人，各负其责、奖罚分明。

(18)沟通协调。各部门、员工及作业人员之间，及时沟通、相互谅解，做好协调工作，并与项目经理部的步调一致，更好地完成本项目施工作业任务。

(19)企业文化。每位员工加强法制纪律学习，爱岗敬业、工作务实，有事业心、有责任心，加强企业及项目经理部文化建设，不断提高人性化、科学化、技术化、安全文明化的思想管理水平。

三、项目经理部的解体

施工项目经理部是一次性、具有弹性的施工现场生产管理组织机构。随着工程建设进入不同的阶段，有关作业人员也会有所进出、动态调整；进入工程收尾阶段，专业管理人员乃至主要管理人员将会陆续撤离。

（一）项目经理部解体的条件

施工承包单位的项目经理部具备下列条件之后，可以宣告解体：

（1）工程已经通过竣工验收；

（2）施工现场清理完毕，并已协助本施工单位与建设单位签订了工程质量保修书；

（3）与各分包单位的工程款项已经结算完毕，并与企业管理层办理完有关手续；

（4）项目管理目标责任书已经履行完毕，经企业管理层审计合格。

（二）项目经理部解体的程序和工作内容

施工承包单位的工程管理部门是负责施工项目经理部组建、解体、善后处理工作的主管部门，而且应该负责施工项目效益审计评估和债权债务处理，甚至有关纠纷处理等。

当施工项目临近收尾时，项目经理部的解体工作即可列入后期工作的议事日程。其主要程序、工作内容，如表8-2所列。

表 8-2 项目经理部解体的程序及工作内容

程序	工作内容
成立善后工作小组	① 组长：项目经理 ② 小组人员：总工程师、技术、预算、财务、材料各 1 人
提交解体申请报告	① 在施工项目全部竣工验收合格签字之日起 15 日内，项目经理部上报解体申请报告，提交善后留用、解聘人员名单和时间 ② 经企业主管部门批准后立即执行
解聘人员	① 陆续解聘工作业务人员，原则上返还原单位 ② 可以预发两个月岗位效益工资
预留质量保证金和保修费用	① 缺陷责任期间一般为施工项目竣工验收、交付使用后的 12~24 个月，预留的质量保证金不得超过合同价格的 3% ② 质量保修期间，由经营和工程部门根据工程质量、结构特点、使用性质等因素，确定保修费预留比例，例如工程造价的 1.5% ③ 保修费用由企业工程部门专款专用、单独核算、包干使用
剩余物资处理	① 剩余材料原则上让售后处理给企业物资设备处，对外让售须经企业主管领导批准；让售价格，按质论价、双方协商 ② 自购的通讯、办公用小型固定资产要如实建立台账，按质论价，移交企业
债权债务处理	① 留守小组负责在解体后 3 个月内处理完工程结算、价款回收、加工订货等债权债务 ② 未能在限期内处理完，或未办理任何符合法规手续的，其差额部分计入项目经理部成本亏损
经济效益（成本）审计	① 由企业的审计部门牵头，预算、财务、工程部门参加，以合同结算为依据，检查收入、支出是否正确，财务、劳资是否违反财经纪律等 ② 解体后 4 个月内向企业（总）经理办公会提交经济效益审计评价报告
业绩审计奖惩处理	① 对项目经理和经理部成员进行业绩审计，作出效益审计评估 ② 对于盈余部分，可按比例提成作为项目经理部的管理奖 ③ 对于亏损部分，应由项目经理负责，按比例从其管理人员风险（责任）抵押金和工资中扣除 ④ 亏损数额巨大时，按规定给予项目经理行政和经济处分，乃至追究其刑事责任

表8-2(续)

程序	工作内容
有关纠纷裁决	① 所有仲裁的依据,原则上是双方签订的合同和有关的签证 ② 当项目经理部与企业有关职能部门发生矛盾时,由企业(总)经理办公会议裁决 ③ 与劳务、专业分公司、栋号作业队发生矛盾时,按业务分工,由企业劳动部门、经营部门、工程管理部门裁决

为总结本项目的经验教训、未来的持续改进,企业必须高度重视、妥善处理项目部的解体。例如在表8-2中,质量保修期与缺陷责任期的质量问题、质量责任及费用处理;经济效益的科学审计与奖惩的及时兑现等。项目管理的绩效评价、项目管理总结等,参见本书第十章(工程项目收尾管理)的第四节(工程项目管理绩效评价与总结)。

第四节　工程项目的组织协调

在工程项目的策划、建设以及项目管理机构(项目经理部)运行的过程中,势必触及各方利益、涉及很多关系。只有处理好这些关系,才能实现项目管理的预期目标,因此,需要协调的行动、求得协调(和谐)的状态。通常认为,项目管理组织进行协调的工作范围,由内到外可以分为系统内部、系统外层两类协调。就施工(承包)单位及其组织协调而言,其内部的协调包括项目经理部内部协调、项目经理部与企业的协调以及项目经理部与作业层的协调;其外层的协调又可以分为近外层、远外层协调。当然,在工程项目及其建设过程中,建设单位组织协调的关系最为庞大、复杂。

一、工程项目组织协调概述

(一)组织协调的内涵

协调(coordination),作为动词具有协商、调和之意,旨在解决各方矛盾,使整个组织和谐一致,每个部门、单位和成员的工作与既定的组织目标相一致。作为形容词,协调可以表示组织、目标与过程等处于协调一致的良好状态。前者注重过程或手段,后者强调结果或状态。两者相互关联,并不相同,本书主要分析项目管理组织的协调过程。

工程项目组织协调是针对项目管理组织,并以一定的形式、手段和方法,梳理项目实施中产生的不畅关系,排除产生干扰和障碍的活动,进而调和所有的活动及力量,各方协同一致,实现预定目标。

因此,工程项目组织协调管理就是在"人员/人员界面""系统/系统界面""系统/环境界面"之间,对所有的活动及力量进行协同、调和的工作。

由于工程项目的建设周期长、参与主体利益目标及影响因素多,其项目组织协调势在必行。而且,由于组织协调发起人及地位的不同,其具体分类也不相同。例如,领导协调是指领导者为实现领导目标,采取一定的措施和办法,使其所领导的组织与环境、组织内外成员等协同一致、相互配合,高效率地实现预期管理目标的行为过程。

(二)组织协调的范围

工程项目组织因负责协调主体的不同,协调的范围和层次也有所不同。其中,建设单位进行组织协调的范围和层次,如图8-13所示。

在图8-13中,建设单位作为项目的发起人处于核心地位,需要在项目的建设期、运营期内进行较为宽泛的组织协调。其中,建设实施阶段的协调(关系),如图8-14所示。

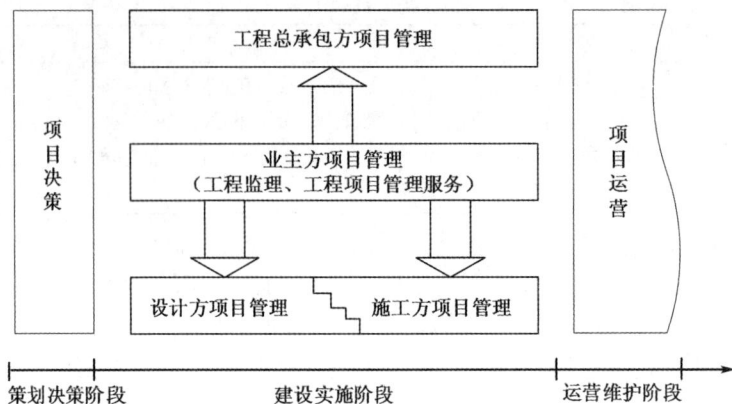

图 8-13　工程项目协调的范围和层次（建设单位）

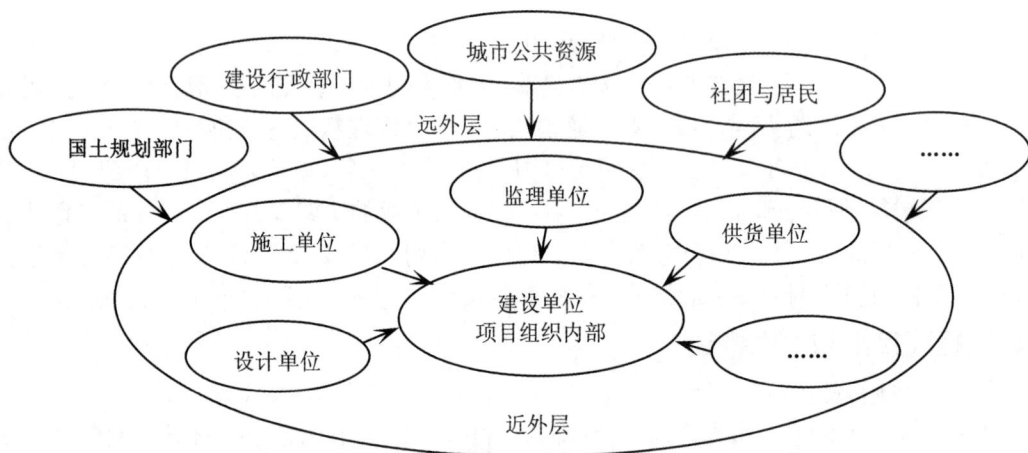

图 8-14　工程项目建设实施阶段的协调（示意）

在图 8-14 中，建设单位项目组织（系统）内部的各部门、各层级，基于共同的制度规则和管理目标，协调相对容易。比较复杂的系统外层，又可分为以下两种情况。

（1）近外层关联单位。协调者与系统近外层或项目外部的单位，一般存在合同关系，包括直接的或间接的合同关系。例如，建设单位与设计单位、施工承包单位、供货单位、监理单位、分包单位，以及可能的保险单位、贷款银行等。因此，基于交互交融的利益诉求，可借助合同进行相应的协调。

（2）远外层关联单位。协调者与系统远外层或项目外部的单位之间，没有合同关系，仅有法律法规和社会公德等约束关系。例如，建设单位与国土规划、建设行政、消防、交通、环保、环卫、园林绿化、文物保护等政府行业管理部门，煤、水、电等城市公共资源供应单位，以及项目周边的居民社区组织等。由于远外层关系涉及的法律法规错综复杂、利益诉求差别较大，又缺少较为有力的合同，其组织协调的工作难度最大。

（三）组织协调的工作要求

在工程建设过程中，通常需要项目管理人员按照以下要求，做好组织协调工作：

（1）充分掌握情况，抓住主要矛盾；

（2）从实际出发，用事实和数据说话；

（3）坚持原则，按合同和法规办事；

（4）以说服为主，耐心细致地处理矛盾；

（5）客观公正地处理合同争议，力求通过协商解决；

（6）注意组织协调的及时性和协调决定的可行性；

（7）跟踪落实情况，评估协调后果。

二、项目组织内部关系的组织协调

项目组织内部的关系不止一种，协调的内容自然不同。其主要包括项目组织内部的人际关系、组织关系和需求关系的协调等。

（一）内部人际关系的协调

人是项目管理组织中最重要、最活跃的要素，对于组织运行效率的影响直接、重大。而且，项目组织内部人际关系复杂、协调的内容多样，协调的方法或要点各有侧重。为了做好项目组织内部人际关系的协调工作，通常应当注意把握以下几个方面。

1. 正确对待员工

重视人的能力建设、正确对待员工是协调项目组织内部人际关系的基础。管理者要以现代管理理念，将物本管理的"经济人"上升到行为科学的"社会人"。通过培养能力、给予激励的双轮驱动，提升员工的工作业绩，大力塑造"能力人"。因此，在协调过程中，以能力为根、以人为本，大力开发人力资源，营造能够充分发挥人员创造能力的环境，充分调动人的创造力和能动性，更好地为实现项目管理目标服务。

2. 重视沟通工作

工程项目组织通常会由许多的人员、每天的活动和具体的工作构成。由于不同个体的地位、利益和能力等存在差异，他们对于项目目标的理解、所掌握的信息也不相同，使得部分个体的目标可能偏离项目目标，甚至完全背离。因此，需要通过相互沟通、交流意见，统一思想认识，协调个体工作，以保证工程项目管理目标的实现。

3. 做好激励工作

项目管理者应根据激励理论，针对员工的不同特点，采用不同的方法进行有效的激励。在项目管理中常用的激励方法主要有工作激励、成果激励、批评激励和教育培训激励。工作激励是通过分配恰当的工作任务来激发员工的内在工作热情；成果激励则是在正确评估工作成果的基础上，给员工以合理的奖惩，以保证员工行为的良性循环；批评激励指通过批评来激发员工改正错误行为的信心和决心；教育培训激励用思想教育、文化建设和能力培训等手段，通过提高员工的素质来激发其工作热情。

4. 及时处理各种冲突

冲突是指由于某种差异而引发的抵触、争执或争斗的对立状态。员工之间由于利益、观点、掌握的信息以及对事物的理解存在差异，可能由此引起冲突。项目管理者应该科学防范、及时发现、有效化解各种冲突，并减少因冲突造成的各种损失。

（二）内部组织关系的协调

项目管理组织通常由若干子系统组成。每个子系统会有自己的目标和任务，并按规定的和自定的方式运行。内部组织关系的协调的目的是使各个子系统都能从项目管理组织的整体目标出发，理解和履行自己的职责，相互协作和支持，使得整个组织系统处于协调有序的状态，以保证项目管理组织的运行效率。内部组织关系协调的工作很多，但主要还是解决项目管理组织内部的分工与协作问题，并可从以下几个方面入手。

1. 合理地设置组织机构和岗位

根据项目管理组织机构设计原则和组织目标，合理地设置组织机构和工作岗位，既要避免机构重叠、人浮于事，又要防止机构不全、缺人少物的情况出现。

2. 明确机构岗位职责授权

根据项目管理组织的目标和工作任务，确定机构和岗位的目标职责，并根据职责授之以权，建立执行、检查、考核和奖惩制度。

3. 建立规章制度

通过规章制度明确各个机构和人员的工作关系，规范工作程序和考核标准。

4. 建立信息沟通制度

信息沟通是消除不协调，达到相互配合的前提。项目管理组织应通过组织关系，建立正常的信息沟通制度，使项目的信息沟通得到基本保证。项目管理组织内部信息沟通的方式灵活多样，既要通过制度明确正式的信息沟通，又要注意各种非正式的信息沟通，倡导相互主动的沟通信息。

5. 建立良好的组织文化

组织文化是组织内全体成员共同接受的价值观念、行为准则、思维方式、工作作风、心理预期和团体归属感等群体意识。良好的组织文化，鼓励创新、鼓励竞争、鼓励开拓，要求企业与项目之间、员工与员工之间，创造一种合作、协调、沟通、互助的氛围。通过团队精神的开发和利用，充分发挥企业人、财、物的资源优势，达到"1+1>2"的目的。良好的组织文化还提倡严谨、守信、闭环的工作作风。

6. 及时消除工作中的不协调现象

工程项目系统比较复杂、影响因素多、各种利益关系及管理目标复杂，在实施过程中不可避免地存在各种不协调现象。如果不协调的现象随着项目的建设进程而进一步展开，容易诱发各种严重的矛盾或冲突，导致组织的无序。因此，管理人员应该及时发现、消除各种不协调现象，防止其产生严重的后果。

（三）内部需求关系的协调

为了完成工程建设及管理任务，项目管理组织内部的不同部门、在不同的阶段，通常需要拥有不同的资源，容易与项目有限资源的约束条件产生矛盾。尤其是需求关系复杂、协调工作量大的大型工程项目，更需要协调项目管理组织内部的需求关系，保证组织的运行效率。在实际工作中，需要注意以下重点环节。

1. 计划环节

内部需求关系协调的目的在于做好各种资源的供求平衡、均衡配置，而且其关键在于计划环节。为协调需求关系，首先应在项目的总体目标和资源约束条件下，认真编制、严格执行各种资源的供应计划。各种资源供应计划既是资源的供应依据，也是供求关系平衡与否的评价标准。同时把握计划环节，应当追求计划在期限上的及时性、规格上的明确性、数量上的准确性、质量上的规定性，以充分发挥计划的指导性作用。

2. 瓶颈环节

工程项目在实施过程中，项目的内部、外部环境千变万化，管理者需要及时发现可能造成人力、材料、设备、技术等资源的限制或人为影响，进而突破整个项目实施的瓶颈环节。协调好这些瓶颈，可以为整个项目的需求平衡创造条件。

3. 调度环节

工程项目的实施通常需要土建、机械化施工、机电安装、材料供应等各个专业工种的交替进行或配合进行。为了保证各工种、工序能够合理衔接、密切配合，就应做好调度工作。通过调度，使各种配合力量及时到位，打通"堵点"，保证项目建设工作的顺利实施。

三、近外层关系的协调

工程建设不同市场主体的项目管理，其项目管理组织与近外层关系协调的工作内容虽有不同，但协调的原理和方法相似。下面以施工承包单位的项目管理组织为例，说明其与近外层的关系协调。

(一)项目组织与本公司关系的协调

项目经理部是施工承包单位项目管理组织的典型代表，它由受公司委派的项目经理负责组建。就合同角度而言，项目组织通常与公司签订有内部承包合同，是平等的合同关系。公司与项目组织的关系，可概括为"公司监督、部门协助，授权管理、全面负责"。其中，"全面负责"是指项目组织或项目经理部根据公司的授权，全面履行合同的要求和承诺，对本工程一切施工活动全面负责并组织落实。项目组织与本公司关系协调的主要工作如下。

1. 经济核算关系协调

项目组织作为公司内部一个相对独立的核算单位，应根据公司的核算制度、方法、资金有偿使用制度，负责整个施工项目的财务收支和成本核算等工作。核算的结果应真实地反映项目组织的经营成果。

2. 材料供应关系协调

公司与项目组织的材料供应，常有以下三种方式：一是统一供应，工程项目所需的建筑材料、钢木门窗及构配件、机电设备等，由项目经理部按工程用料计划与公司材料供应部门签订供需合同，材料供应部门根据合同向项目经理部派出管理人员，提供采购、运输、加工、管理的一体化服务；二是项目组织单独供应，由项目经理部的材料采购部门根据项目材料的需用计划、采购计划与材料供应单位签订供货合同，并由材料供应单位直接供货；三是混合供应，项目所需要的材料部分由公司供应，部分由项目经理部直接向市场采购。无论何种供料方式，均应科学确定、有效协调材料供应计划，把握采购、供应、验收、结算等重要环节。

3. 机械设备、周转料具供应关系的协调

工程项目所需机械设备及周转性材料，主要由公司供应部门供应，部分机械设备及周转性材料由项目经理部采购或向物资租赁市场租赁使用。施工机械设备、周转料具进入施工现场后，应由项目经理部统一管理使用。

4. 预结算关系协调

工程项目的预算和结算工作，反映资源消耗、影响资金流动是项目管理工作的核心。因此，项目组织的预算人员应与公司的预算管理部门密切配合，分工合作，及时、准确地做好相关预算和结算工作。

5. 技术、质量、安全、测试等工作关系的协调

公司对项目经理部的管理方式不同，技术、质量、安全、测试等工作的协调关系也会不同。例如，可以由公司通过业务管理系统、供应链或委托"第三方"对项目实施的全过程进行监控、检查、考核、评比，以实现其严格的管理。

6. 计划统计关系的协调

项目组织的计划统计工作应该纳入公司的工作体系，并根据公司的规定，向公司报送项目的各种统计报表和计划，接受公司计划统计部门的指导、检查。

（二）项目组织与建设单位关系的协调

施工单位及其项目组织，与建设单位一起对承（发）包的工程负有共同履约的责任。项目组织与建设单位的关系协调，不仅影响到本工程项目的顺利实施，而且影响到未来潜在的长期合作。在项目实施过程中，项目组织和建设单位之间势必发生多种业务关系，而且在实施的不同阶段，业务关系以及协调工作的内容也会不同。

1. 施工准备阶段的协调

项目经理作为公司派在本项目的全权代表，宜参与工程承包合同的谈判与签订，熟悉各种洽谈记录和签订过程，并在承包合同中明确双方的权、责、利。在施工准备阶段，建设单位要落实资金，保证设计、材料、建设场地和外部水、电、路等施工条件；项目组织负责落实施工必需的劳动力、材料、机具、技术及场地准备等。项目组织负责编制施工组织设计，并参加建设单位的施工组织设计审核会；开工条件落实后，应及时提出开工报告。

2. 施工阶段的协调

施工阶段是形成工程实体的主要过程，持续时间长、涉及内容多。因此，其协调工作内容最为丰富。

（1）材料、设备的交验。项目组织根据合同规定、结合工程实际，负责提出应由建设单位提供的材料、设备的供应计划，并根据有关规定对建设单位提供的材料、设备进行交接验收。供应到现场的各类物资必须在项目组织的调配下，统一设库、统一保管、统一发料、统一加工，按规定结算。

（2）进度控制。项目组织和建设单位都希望工程项目能按进度计划顺利实施。双方应密切合作，创造条件保证项目的有序进行。项目组织应及时向建设单位提出施工进度计划表、月施工作业计划、月施工统计表等，并接受建设单位的检查、监督。

（3）质量控制。项目组织在进行质量控制时，应尊重建设单位对于质量的监督权，重要的隐蔽工程和关键工序，应请建设单位代表参加认证并签字，确认合格后方可进入下道工序。项目组织应及时向建设单位或建设单位代表提交材料报验单、进场设备报验单、施工放样报验单、隐蔽工程验收通知、工程质量事故报告等材料，以便建设单位据此进行分析、监督和控制。

（4）合同管理。施工单位和建设单位是平等的合同关系，双方都应真实、诚意地共同履约。项目经理作为施工单位派驻本项目的代表，应注意协调与建设单位的合同关系。对于发生的合同纠纷，力争协商解决，协商不成再行调解、争议评审。施工期间，一般的合同纠纷，切忌仲裁，尤其是诉讼，遇到非常棘手的合同问题，不妨暂时回避，等待时机，另谋良策。只有当对方严重违约并使自己的利益受到重大损失时，才能启用诉讼手段。

（5）索赔与签证问题。由于各种主客观原因，在工程项目施工过程中，经常出现工程变更和项目增减现象，时常发生索赔以及其他需要进行现场签证的事项。对于较大的设计变更和材料代用，应经原设计部门签证后，合同双方再办理工程增减，调整合同价款。发生索赔事件，应当执行合同约定的相关程序。遇到材料、设备价格的波动并超过合同约定的幅度，可按合同约定的调价方法进行相应的调整，并作为工程价款结算的依据。

（6）收付工程款。项目组织应根据合同约定，针对满足相应条件的工程或工作，向建设单位申请支付相应的工程价款。例如，针对当期已完成并经计量的分部分项工程数量及费用，利用已标价工程量清单的单价，计算已完工程价值、应付工程价款，编制并适时向监理人提交"进度付款申请单"。同时，密切关注后续监理人的审查，发包人的审批、签发支付证书、款项支付等事宜。

3. 交工验收阶段的协调

项目组织在工程进入收尾阶段后，首先加强自检，形成自检报告，并针对存在的问题认真整改。积极参加、主动配合监理单位组织的初步竣工验收（预验收）和建设单位组织的竣工验收，依据有关法规、规范和工程建设强制性标准，按照设计文件及施工合同等，认真编制竣工资料。全部工程项目完工后，按规定及时办理交工验收手续、竣工结算以及缺陷责任期、质量保证金等相关事宜。

（三）项目组织与近外层其他单位的关系协调

施工单位或项目经理部与设计单位、监理单位，甚至指定分包单位没有直接的合同关系。但是，由于建设单位与上述单位具有合同关系、建设单位与施工单位具有合同关系，因此，施工单位与设计单位、监理单位等具有间接的合同关系。

1. 与设计单位关系的协调

施工单位与设计单位都是具有承包、服务性质的企业，并且针对同一工程项目、为同一建设单位服务。设计单位是经建设单位认可的技术服务、工程图纸的供应方，施工单位是工程施工和工程实体的提供者，应当按图施工。而且，施工过程中可能发生的工程或设计变更，也需要设计单位高效工作。

因此，项目组织部应通过密切接触，相互信任，相互尊重，友好协商的方法，与设计单位密切配合。有时也可以利用建设单位或监理单位的中介作用，做好相应的协调工作。

2. 与监理单位关系的协调

施工单位与监理单位都属于企业性质，也是平等的民事主体。在工程建设中，监理单位受建设单位的授权、委托，在承包合同中事前予以确认，国家建设监理相关法规也赋予了监理单位的监督管理职责。虽然两者立场或出发点不同，但是施工单位与监理单位顺利完成工程建设的基本目标没有分歧。

因此，项目组织必须接受监理单位的监督管理，并为其开展工作提供方便，按照要求提供完整的原始记录、检测记录、技术及经济资料，确保各项施工活动顺利进行。

3. 与分包单位关系的协调

分包单位可能是总承包单位选择，也可能是建设单位指定。无论与分包单位之间是否具有合同关系，项目组织均宜注意做好以下工作：

（1）推荐、选择较好的分包单位；

（2）明确总承包单位与分包单位的责任；

（3）处理好总承包单位与分包单位的经济利益；

（4）及时解决总承包单位与分包单位之间的纠纷。

四、远外层关系的协调

相对于彼此具有直接或间接合同关系的近外层，项目管理组织远外层关系的主体更加众多。而且，由于没有合同或契约关系，彼此关系主要依靠法律法规和社会公德等约束，其协调也会更加复杂。

（一）协调的内容

我国工程建设的不同阶段，确实存在着诸多的远外层关系，并主要由建设单位负责协调。基于图8-14，以某城市的房屋建筑工程为例，可将建设单位在项目寿命周期（建设期为主）需要协调的主要角色，尤其远外层关系，绘制于表8-3。

表8-3　工程建设不同阶段的主要参与者（角色）

参与者	决策与策划	设计与计划	招标与采购	准备与实施	验收与交付	运营与维护
项目业主（用户）	◆	□			□	◆
建设单位	■	■	■	■	■	■
设计单位	○	◆	○	○	◆	◆
施工单位		○	◆	◆	◆	◆
供货单位		○	◆	◆	○	○
监理单位	○	○	○	◆	◆	◆
分包单位				◆	◆	○
政府管理部门	□	□	□	□	□	
公共资源单位		□	□	◆	◆	
社团与居民	□	□		□	□	□

注：◆主要参与者；■协调审核者；○参与者；□受邀参与者

在表8-3中，可将远外层关系大致分为以下三类：政府相关管理部门，包括国土规划、建设行政、消防、交通、环保、环卫、园林绿化、文物保护部门等；城市公共资源服务单位，包括检测机构、专业管线施工单位、城市公共资源提供单位、金融保险机构等；社团与居民，包括项目周边的居民、社会团体、新闻单位等。

由于工程建设是动态、开放的系统，相关单位的涉及范围广、动作链条长。某些处于远外层的单位，对于工程建设进程，具有一定的支持或制约作用，甚至是决定性的监控作用。因此，建设单位及其参建各方，必须根据分工，及时、妥善地协调各种关系。

项目管理组织协调与政府相关管理部门关系的内容很多。例如除工程项目质量控制、安全生产管理、信息管理（工程档案）中提到的施工许可证、安全生产许可证、建设工程质量监督等证照外，还可能包括以下内容：设计方案通过规划、消防、人防等审批；为进出场车辆到交通管理部门办理通行证；为临时占道，到当地城市管理部门办理街道临建审批手续；到市容监察部门审批运输不遗洒、污水不外流、垃圾清运、场容与场貌等的保证措施方案和通行路线图等。项目管理组织协调与"竞争不充分"的城市公共资源服务单位关系，内容不少、难度不小。例如，持建设项目批准文件、地形图、建筑总平面图、用电量资料等到城市供电管理部门办理施工用电报装手续；自来水供水方案经城市规划管理部门审查通过后，应在自来水管理部门办理报装手续，并委托其进行相关的施工图设计，直至后期的施工等。

（二）协调的方法

项目管理组织进行远外层关系协调的目的是工程项目相关方案或工作计划、设想，能够及时地获得批准或许可、支持或帮助。

远外层关系协调没有固定的内容、方法和模式，项目组织应当按照有关法规、公共关系准则、经济联系规定等展开相关工作。常见的协调方法主要包括请示、报告、汇报、送审、取证、宣传、沟通和说明等。例如，施工承包单位协助建设单位办理施工许可证，质量及安全监督、消防及环保部门的检查登记手续；施工承包单位在施工过程中，强化文明施工、环境保护，妥善处理与周边居民的关系。同时，接受检查监督，完善交接工作，做好工作交流等。

第五节　工程项目的沟通管理

沟通作为管理科学的一个常用术语，其富有多种解释，例如：沟通是人与人之间及人与群体之间思想与感情的传递和反馈的过程，以求思想一致、感情通畅；沟通是指在工作和生活中，人与人之间通过语言、文字、形态、眼神和手势等手段进行的信息交流。因此，沟通既是文化，也有艺术。充分理解沟通的程序，准确把握沟通的内容，熟练运用沟通的方式等对于促进项目组织的协调、实现项目管理的目标具有重要意义。

一、项目组织沟通的程序和内容

工程项目组织沟通管理，也称项目组织沟通，简称项目沟通，是项目管理组织与外部关系、内部机构及成员之间，分享信息、交流情感和协调利益的过程。完整的沟通过程，通常包括输出者、接受者、信息和渠道四个要素。

（一）项目沟通的程序

项目管理组织应当制定沟通的程序和内容，明确沟通的责任、方法和具体要求。在其他方需求识别和评估的基础上，应按照项目运行的时间节点和管理需要，细化沟通内容，界定沟通范围，明确沟通方式和途径，并针对沟通目标，拟制沟通计划。

项目沟通工作应当包括下列程序：① 确立并分解项目沟通目标；② 分析各分解目标的自身需求和相关方需求；③ 评估各目标的需求差异；④ 制订目标沟通计划；⑤ 明确沟通责任人、沟通内容和沟通方案；⑥ 按既定方案进行沟通；⑦ 总结评价沟通效果。如图8-15所示。

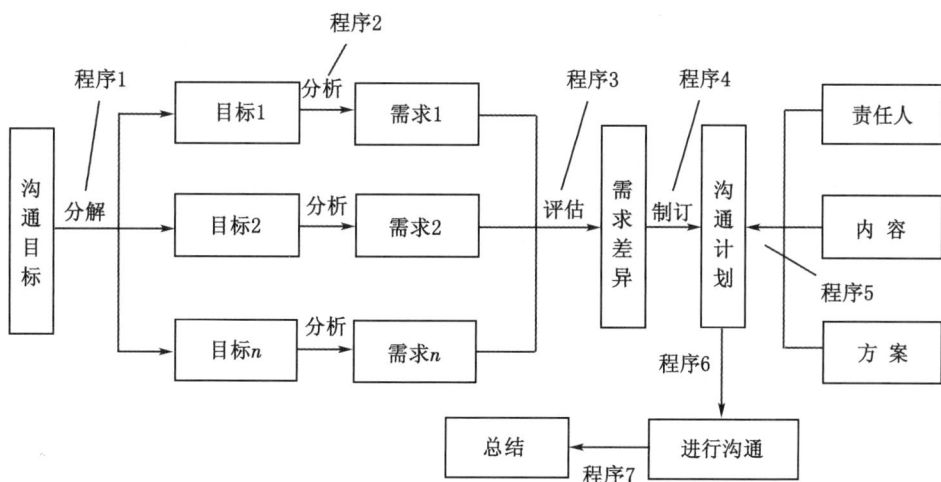

图8-15　项目沟通管理程序（图）

（二）项目沟通的内容

为了科学地组织、指挥、协调和控制工程项目的实施过程，必须进行有效的沟通。通过沟通奠定决策和计划的基础、提供科学管理的依据、创造改善人际关系的条件。因此，项目管理机构的沟通,应当包括以下内容。

1. 项目经理部内部的沟通

以项目经理为核心的项目经理部是项目管理组织的中枢,项目经理承担的责任、控制的资源,通常由项目经理部的主要成员具体实施控制。鉴于共同的责任,理当维系良好的工作关系,保持顺畅的沟通和协调。

2. 项目经理(部)与职能部门的沟通

在矩阵式组织中,企业职能部门与项目经理部的目标高度依存,职能部门必须对项目组织提供持续的资源和管理支持。项目经理必须与企业各职能部门及其负责人保持良好的沟通。

3. 项目经理(部)与建设单位的沟通

建设单位是工程项目的决策者、所有者,对项目拥有特定的权力。项目经理作为施工承包单位的代表,必须通过有效的沟通,服从建设单位的决策、指令以及对于工程项目的干预,保证建设单位对于工程项目及施工过程满意,并获得建设单位的支持。

4. 项目经理(部)与其他参建单位的沟通

工程勘察设计、物资供应、监理等其他参建单位与项目经理部没有直接的合同关系,但必须在项目管理总目标的约束之下,接受项目管理者的领导、组织和协调、监督。

(三)项目沟通的特征

1. 临时性

由于工程项目所具有的一次性、单件性特点,造成所建立的项目管理组织的临时性。因此,要求项目沟通必须结合工程项目、建设环境及条件的实际情况,因地制宜,科学灵活、及时准确。

2. 复杂性

在工程建设过程的各阶段,项目的各相关方不仅要进行项目管理组织间的相互沟通,还要与政府管理部门、城市公共资源服务单位、社会团体和居民等进行有效的沟通。而且由于项目各相关方的利益和角色不同,沟通的途径、方式方法与技巧也会存在差异,相对复杂。

3. 系统性

工程建设是一个复杂的系统工程,建设的不同阶段将会全部或局部地涉及社会、政治、经济、文化诸多方面,并对生态环境、能源等产生某些影响。因此,项目沟通应从整体利益出发,运用系统的思想和分析方法,全过程、全方位地进行有效管理。

二、项目沟通的依据与计划

项目管理组织为了进行有效的沟通,需要在遵循沟通程序、聚焦沟通内容、认知沟通特点的基础上,把握沟通要点或依据,编制沟通计划。

(一)项目沟通的依据

1. 沟通需求

沟通需求即项目参与者对信息需求的总和。为充分、有效地利用项目资源,应首先确定项目信息的类型和格式,分析信息的价值。项目沟通需求所需的信息主要包括:

(1)项目组织和项目其他参与者间的责任关系;

(2)项目涉及的学科、部门和专业;

(3)与项目有关的专业人员所需的后勤服务以及提供后勤服务的地点;

（4）外部信息需求（如与传播媒介或承/发包人的沟通等）；

（5）内部信息需求（如跨越组织的沟通等）；

（6）组织机构图。

2. 沟通技术

沟通技术范围广、跨度大，包括简短的谈话、长时间的会议，简单的书面文件、可立即查询的表格和数据库，以及利用网络会议等现代通信技术。对于沟通技术的选用，通常考虑对于信息要求的急迫性、现有技术的可用性和期望的项目环境等。

3. 项目的组织结构

不同的项目组织结构、不同阶段或目标，可能对项目沟通提出特殊的要求，并对沟通效果产生重大影响，应给予高度重视。

4. 沟通的制约因素

（1）噪声及干扰。信息在传递过程中受到各种干扰，可能变得模糊不清。

（2）由于信息接收者的性格、气质、态度、情绪、见解等原因，在接收信息时，信息发送与接收双方受到主观因素的制约，可能产生偏差。如技术人员在施工过程中自以为是，听不进不同的意见等。

（3）由于信息发送与接收双方在经验水平和知识结构上的差距，其对信息的理解力不同，形成沟通障碍。在合同签订与解释、工作范围描述以及提出建议时，应特别重视。

（4）沟通双方对待信息的态度不同，如忽视对自己不重要的信息，不关心整个项目目标和管理决策，忽视对立信息等。

（5）语言系统造成障碍。表现为对信息的误解、歪曲以及不当的信息表达方式等。

（6）沟通者忽视非语言表达的暗示。

（7）接收者情绪低落影响沟通。

在沟通实践中，时常会出现"遗漏"的内容。例如，因信息发出者的不愉快事情、互不信任或下级对上级的畏惧感等发生的遗漏。必须有所防范、及时交流。

（二）项目沟通的计划

项目沟通应当遵循尽早沟通、主动沟通的原则。故此，项目管理机构应在项目运行之前，由项目经理组织编制项目沟通计划。

1. 项目沟通计划编制的依据

应收集（不限于）下列资料：① 合同文件；② 组织制度和行为规范；③ 项目相关方需求识别与评估结果；④ 项目的实际情况；⑤ 项目主体之间的关系；⑥ 沟通方案的约束条件、假设，以及适用的沟通技术；⑦ 冲突和意见不一致的解决预案。

2. 项目沟通计划的主要内容

项目沟通计划应与项目管理的其他各类计划相协调。因此，其主要内容应当包括：

① 信息沟通方式和途径；

② 信息收集归档格式；

③ 信息的发布与使用权限；

④ 沟通管理计划的调整；

⑤ 约束条件和假设等。

项目经理部应根据沟通计划的要求，开展沟通活动，并协调相关事宜。项目经理部应定期编写项目进展报告，对项目沟通计划进行检查、评价和调整。项目进展报告应包括项目的进展情况，项目实施过程中存在的主要问题、重要风险以及解决情况，计划采取的措施，项目的变更以及项目进展预期目标等内容。

三、项目沟通管理体系

项目沟通管理是指对于项目管理组织内外部关系的协调及信息交流所进行的策划、组织和控制等活动。项目组织应建立项目相关方沟通管理机制，健全项目协调制度，确保组织内部与外部各个层面的交流与合作。项目沟通管理应通过科学系统的规划，建立项目沟通管理体系，对项目进行有效的管理。

（一）沟通管理体系的建立

《项目管理知识体系指南》（PMI）指出，建立项目沟通管理体系的过程如下。

（1）沟通计划的编制。确定不同项目关系人对于项目信息的要求；明确信息提供者；确定有效的沟通方式。

（2）信息分发。依据项目计划、项目沟通管理计划，以及实际的项目执行进展情况等，及时、有效地把信息传递到项目有关各方。

（3）项目执行情况报告。根据项目实际执行情况，比照项目的基准计划，采取相应的措施（或改进工作方法，或修正原有的基准计划），并以报告的形式，及时提供项目相关各方。

（4）项目行政收尾。在项目收尾时，对项目文档进行整理，记录最终客户对项目的认可和接受程度，以及经验教训总结，为下一个项目积累信息和数据。

（二）项目沟通的常用方式

从理论上讲，沟通的方式可以分为许多种类：按照沟通的手段，分为书面沟通和口头沟通；按照信息传递的范围，分为内部沟通和外部沟通；按照信息传递的重要程度，分为正式沟通和非正式沟通；按照信息传递的走向，分为上下级间的纵向沟通和同级别间的横向沟通等。

在沟通实践中，项目管理组织或项目经理部宜根据项目特点、管理需要，科学比选、合理组合。

1. 项目计划书

工程项目计划书明确提出了项目的进度计划、最终目标及各阶段的子目标任务，指出了不同组织、不同人员在不同阶段的分工与相互合作，以及其他资源在项目不同时期的有效配置，规定了项目实施过程中需要有效控制的各种质量、安全、效益及其他指标，描述了项目执行的一般技术性问题。因此，属于项目沟通的重要方式或手段。

2. 项目会议

在涉及多人参与讨论、事关重大问题决策时，项目会议是一个非常有效的沟通工具。

3. 上墙图表

图表是工程师的语言，可以反映多种项目信息，如项目组织机构、项目岗位职责、项目时间进度计划、项目执行精度描述、项目质量安全统计等。将图表挂于墙上（挂图作战），通过视觉效果使项目有关信息一目了然。

4. 项目报告

工程项目报告的作用主要在于：告知有关各方项目的进展情况，并将实际项目进展情况与项目计划书进行对比，为采取纠正措施做好准备。项目报告通常包括以下内容。

① 项目状态信息。描述项目的进行程度及取得的阶段性进展。

② 项目进度情况。描述项目的完成情况，如项目已完成工程量占全部工程量的百分比等。

③ 项目预测及未来工作计划。根据目前项目实际进展情况，对于项目未来完成时间、项目成本控制、项目资源利用等方面做出预测；同时对比项目总进度计划，在技术、资源、时间进度等方面对未来的工作进行合理可行的计划安排。

④ 质量、安全情况。项目的完成最终必须服务于社会，其质量与安全状态是关键，可以直观地反映出项目组织的效率。

⑤ 项目统计数据。诸如质量优良率、安全事故率、人员出勤率、资源利用率等，也可直观地反映出项目组织的效率。

⑥ 项目目前存在的问题。

5. 函件往来

函件是项目实施中普遍有效的一种正式沟通方式。通过函件、邮件以及其他电子信息方式进行沟通，既体现了沟通双方的互相尊重，又有利于实现项目的规范化管理。

6. 面对面沟通

通过口头表达进行的信息交流活动，如谈话、演讲等，其反映的信息丰富准确，双方可自由交换意见，信息沟通灵活、速度快。当然，面对面沟通往往涉及个人情感因素，需要规范的表述，辅以较多的技巧才能实现有效的沟通。

复习思考题

1. 施工承包企业常用的项目管理组织形式有哪些？其选择思路是什么？
2. 施工项目管理目标责任书的编制依据及主要内容有哪些？
3. 项目经理的责、权、利以及素质要求分别有哪些？
4. 大中型项目的项目经理部通常怎样设置？举例说明其主要规章制度。
5. 项目组织内部关系及近外层协调的内容分别有哪些？
6. 项目远外层关系的协调主要来自哪几个方面？
7. 项目沟通计划的主要内容及常用方式有哪些？

第九章　工程项目资源管理

资源是国家或某一地区所拥有的物力、财力、人力等各种物质要素的总称，通常分为自然资源和社会资源两大类。随着经济发展从劳力经济、自然经济到知识经济阶段，资源内容也在不断地被发掘和拓展。在知识经济时代，供方和合作伙伴、知识信息、技术资源等愈发引人关注。工程项目资源是指项目管理团队可用于工程项目的要素集成，通常包括投入的人力、材料、机械设备、工程技术和资金等。工程项目资源管理需要在计划、配置、控制、处置的全过程中，对于全要素资源进行有效管理。进而，优化建设过程的资源配置，促成资源的合理流动、动态平衡，以经济的资源，实现管理的目标。

建筑产品及其生产的技术经济特点，导致其资源管理的特殊性：所需资源的种类多、数量大，呈现复杂性；工程建设的场地受限制、过程不均衡，具有不确定性；外界供应的影响大，不同项目之间协调的难度大等。本章立足施工单位，兼顾工程总承包单位和建设单位，阐述人力、材料、机械设备、技术、资金全要素的工程项目资源管理。

第一节　人力资源管理

工程项目人力资源管理的任务是根据项目工作目标及实施进程的需要，不断地组织项目所需人员融入到项目作业团队，保持并激发他们对项目与工作的热情和能力，促成项目团队成员高效地完成各项工作，从而实现工程项目管理的各项目标。

一、工程项目人力资源管理概述

（一）人力资源及特点

1. 人力资源的界定

广义的人力资源，泛指在一个国家或一定区域的人口总量中，某行业总体或某项目所招募或拥有的劳动力的总和。例如，2022 年末，全国人口为 141175 万人；16—59 岁劳动年龄人口为 87556 万人，占 62.0%。2023 届高校毕业生将达 1158 万人。

2019—2022 年，我国建筑业从业人员（数量）依次为 5427.37、5366.9、5282.94 和 5184.02 万人。

工程项目人力资源，简称人力资源，是指工程建设系统内部和外部可以提供的服务和工作于工程建设的管理和作业人员的总和。在工程建设实践中，由于包括"八大员"在内的管理人员，通常属于项目经理部的范畴，因此，本书的人力资源主要针对项目经理部能够掌控的劳动力或生产工人。

2. 人力资源的特点

在人力资源的招募、使用及管理过程中，除薪资待遇、质量要求、工作强度外，还需要考虑工作环境、作业风险、时间弹性等非经济因素。因此，人力资源呈现出以下基本特点：

1. 再生性

人口和劳动力再生产，通过人口总体和劳动力总体内不同个体的不断替换、更新和恢复的过程得以实现。而且，劳动力还可以通过不同地区甚至国家之间的交流或流动，形成新的来源，实现人力资源的再生。

2. 能动性

在工程建设过程中，对比其他资源要素，人力资源是最为活跃的。人具有主观能动性，可以有目的地进行工作，并不断完善自我。人力资源潜能的发挥，在很大程度上更加依赖于管理人员的管理水平，例如能否实现对员工的有效激励，能否达到使整体大于各个部分之和的管理效果等。

3. 时效性

人力资源的形成、开发、使用受到载体本身以及时间方面的许多制约。从个体看，有其生命周期，以及生命期内资源可发挥的时期、时段、时点等。

（二）人力资源管理内容及特点

1. 人力资源管理的界定

人力资源管理是指在经济学与人本思想的指导下，通过招聘、甄选、培训、报酬等管理形式，对于组织内外相关人力资源进行有效运用，满足组织当前及未来发展的需要，保证组织目标实现与成员发展最大化的一系列活动的总称。学术界常将人力资源管理划分为人力资源规划、招聘与配置、培训与开发、绩效管理、薪酬福利管理和劳动关系管理等不同的模块或要点。

工程项目人力资源管理是指运用现代科学方法，对工程建设团队成员进行合理的培训、组织和调配，使人力、物力经常保持最佳比例或状态。同时，对于人的思想、心理和行为进行恰当的诱导、控制和协调，充分发挥人的主观能动性，力求人尽其才、事得其人、人事相宜，以保证工程项目管理目标的实现。

工程建设及管理效果在很大程度上，取决于人力与物质资源的良性互动，并因为人的能动性，使之处于工程项目管理的核心、枢纽地位。

2. 人力资源管理的内容

工程项目人力资源管理的主要内容通常包括：

① 编制人力资源管理计划；

② 建立项目组织团队；

③ 科学使用人力资源；

④ 保证施工人员的职业健康安全；

⑤ 加强劳动纪律管理、完善考核管理。

工程项目人力资源管理属于企业人力资源管理的一部分，其对象主要集中于本工程项目所涉及的相关专业。而且，其管理重点取决于工程项目的内容，并与所采取的结构形式和项目管理组织形式、工程项目的规模大小及工作周期长短等密切相关。

3. 人力资源管理的特点

工程项目人力资源管理的特点可以表现为以下几个方面。

（1）短期性。相对漫长的项目寿命周期，工程建设过程通常为3~5年，持续时间较短。工程项目人力资源的构成、分工等也将是短期性的，工程项目结束后员工回到所属单位或等待下一个项目。因此，人力资源的规划、招聘、培训等多是在较短的时期内，服务于工程项目管理及施工作业目标，很难具有长期性和战略性。

（2）一次性。工程项目具有一次性的特点，没有两个完全相同的项目，更没有两个完全一样的工程项目团队。工程项目团队的人员构成、工作分工以及经验教训大多是一次性的，并给借鉴、复制带来许多困难。

（3）团队性。工程项目需要许多专业、在有限的时间和空间范围内，密切配合、协同工作，并保证质量完成项目。任何一个部门、工序或作业的脱节，都会导致项目工期的延误或是质量的下降。其人力资源管理实际上是对作业团队的管理，更强调团队成员间的沟通和配合。因此，要求工程项目团队的质量、测量、施工、安全、财务、办公室等各个部门尤其是相关作业人员，相互配合，团结一致。

（4）精简性。工程建设的持续时间相对较短，使得作业人员跳槽的频率较比其他企业单位要少，而且建设行业人员的流动性较大，劳动力市场较容易获得所需要的工人。因此，工程项目管理人员尤其是施工作业人员的构成通常较为精简或精干，以岗定员，很少出现人浮于事、人员冗余的问题。

（5）持续性。工程项目人力资源始终受到不断进化的社会形态的影响。而且，人力资源的使用本身就是不断开发的过程，其培训、积累、创造也是持续开发的连续性活动。

（三）人力资源的全过程管理

根据第三章（工程项目进度控制）中信息反馈和动态循环（PDCA）原理，以人力资源为代表的工程项目资源管理，应该实现资源计划（P）、资源配置（D）、资源控制（C）和资源处置（A）的全过程闭环管理。具体包括以下几个方面。

1. 资源计划

基于工程项目管理的目标和工作范围，通过优化配置和组合的手段，对于项目人力资源投入的时间及数量等做出合理安排，以满足工程建设实施进度的需要。它属于全过程管理的事前管理。

2. 资源配置

按编制的计划，通过项目管理实施规划和施工组织设计等，从人力资源的供应（招募）到投入项目的实施，均衡有序地提供、配置资源，保证项目需要。

3. 资源控制

根据人力资源的特点，制定科学合理的措施，进行动态配置和组合，协调投入、合理使用，不断纠正偏差、克服障碍，以尽可能少的资源满足项目要求，达到节约资源、降低成本的目的。它属于全过程管理的事中管理或过程控制。

4. 资源处置

以人力资源投入、使用与产出的核算为基础，进行评价考核、分析使用效果，并借助奖惩措施，达到节约使用资源的目的。作为事后管理，它既是本次全过程管理的结束，又是下一次循环的开始。

二、工程项目人力资源的计划

作为事前管理，人力资源计划是从工程项目管理目标出发，根据内外部环境的变化，预测工程建设的人力资源需求，确定完成项目所需人力资源的数量和质量、各自的工作任务、持续时间及其相互关系的活动。

（一）人力资源计划的编制步骤

编制工程项目人力资源计划，通常分为以下三个步骤。

（1）对现有人力资源进行评价。

（2）预测项目未来所需要的人力资源。

（3）制订人力资源总计划及各项管理政策。其中包括人力资源的总量、结构平衡；通过职务分析，确定项目所需的各项职务或岗位以及任职条件和具体要求等。

工程项目人力资源计划结果的表现形式，通常有：角色和责任分配，采用责任分配矩阵表示；人员配备计划，采用人力资源直方图表示。

（二）人力资源计划的组成与编制

工程建设过程中，除非特殊情况，项目经理是固定不变的。项目经理责任制，要求项目经理必须自始至终负责项目的全过程管理，直至项目竣工、项目经理部解散。因此，项目经理应当带领项目经理部通过需求预测、优化配置、有效培训等进行本工程项目的人力资源管理。

1. 人力资源需求计划

人力资源需求计划是为了实现项目管理目标，预测工程建设所需要的人力资源，并为满足这些需要而预先进行系统安排的过程。编制项目人力资源计划应符合国家有关劳动法律、法规以及行政规章制度，并结合项目建设规模、施工技术水平及时间要求、人员素质与劳动生产率要求、组织机构设置与生产管理制度等，科学有序地完成相关工作。

（1）确定项目管理人员需求。项目管理人员需求应根据岗位编制计划，使用合理的预测方法进行确定。在人员需求中，应明确需求的职务、人员数量、知识技能等方面的要求，招聘的途径、方式以及选择的方法、程序、希望到岗时间等。进而形成列有员工数量、招聘成本、技能要求、工作类别及为完成组织目标所需的管理人员数量和层次的表格。

（2）确定综合劳动力和主要工种劳动力需求。编制劳动力综合需要量计划时，首先根据分部分项工程量清单、措施项目清单中列出的主要工程分项的实物工程量，套用相应的预算定额或劳动定额，计算、汇总单位工程主要工种的劳动力需用量，最后根据总进度计划表中该单位工程工种的持续时间，得到在某段时间的平均劳动力需用数量。按同样方法，计算出各个单位工程的主要工种在各个时期的平均劳动力需用数量，并将总进度计划表（纵坐标方向）各单位工程同工种的用工数量累计，进而形成某工种的劳动力动态曲线和计划表。

（3）劳动力需要量计划表。根据施工方案、施工进度和预算，依次确定专业工种、进场时间、劳动量和工人数，然后汇总成表格形式，如表9-1所列。它可作为现场劳动力调配的依据。

表9-1　劳动力需要量计划表（式样）

序号	专业工种		劳动量	需要时间						备注
	名称	级别		×月			×月			
				Ⅰ	Ⅱ	Ⅲ	Ⅰ	Ⅱ	Ⅲ	

（4）劳务人员的优化配置。项目经理部应根据施工进度计划与劳务合同，接收劳务承包队伍派遣的作业人员，并根据工种需要数量，或保持原建制不变，或重新进行组合。

2. 人力资源配置计划

人力资源配置是指项目经理部为提高工作效率、实现人力资源管理的最优化，对于工程项目人力资源进行的科学和合理地分配。

（1）计划的内容。人力资源配置计划的内容包括：① 制定合理的工作制度与运营班次，即根据施工生产过程特点，提出工作时间、工作制度和工作班次方案；② 研究员工配置数量，根据精简、高效的原则和劳动定额，提出配备各岗位所需人员的数量；③ 确定各类人员应具备的劳动技能和文化素质；④ 测算职工工资和福利费用；⑤ 测算劳动生产率；⑥ 提出员工选配方案，特别是高层次管理人员、技术人员和高级专业技术工人的来源和选聘方案、晋升通道。

（2）计划的编制。首先依据人力资源需求计划，了解人力资源在何时、以何种方式加入和离开项目组。其次，完善资源库说明，即可供项目使用的人力资源情况。最后，明确制约因素，例如外部获取时的招聘惯例、招聘原则和程序等。

人力资源配置计划编制的方法较多，可根据编制工作的具体需要，加以选择：

① 按照设备计算定员，即根据机械设备的数量、工人操作设备定额和生产班次等计算生产定员人数；

② 按照劳动定额定员，根据工程量或者施工任务量，按劳动定额计算生产定员人数；

③ 按照岗位计算定员，根据设备操作岗位和每个岗位需要的工人数计算生产定员人数；

④ 按照比例计算定员，根据服务人数占职工总数或者生产人员数量的比例计算所需服务人员的数量；

⑤ 按照劳动效率计算定员，根据施工任务和生产人员的劳动效率计算生产定员人数；

⑥ 按照组织机构职责范围、业务分工计算管理人员的人数。

3. 人力资源培训计划

为适应发展的需要，要对员工进行培训，包括新员工的上岗培训和老员工的继续教育，以及各种专业培训等。

人力资源培训是提高人员综合素质的重要途径，有助于提高团队士气、降低员工流失率，有利于迎接技术进步的挑战，并大幅度提高劳动生产力水平。

培训计划涉及培训政策、培训需求分析、培训目标的建立、培训内容、选择适当的培训方式（包括在职、脱产）。培训内容通常包括规章制度、安全施工、操作技术和文明教育四个方面。实践中，会根据工程项目、培训对象、培训目的等各有侧重。

三、工程项目人力资源的组织

人力资源组织是在劳动过程中，按照施工生产的需要，科学地组织劳动分工与协作，使得各劳动力组合以及彼此之间整体协调、不断进步的系列活动。作为事中管理或控制的人力资源组织，其任务就是解决劳动者之间以及劳动者与物质技术条件之间的关系，不断提高劳动生产率，保证施工生产任务的顺利完成。

（一）人力资源组织的形式

建筑生产活动具有施工分散、露天作业、劳动强度高、消耗体力大、劳龄短等特点，决定了它必须经常增加新生力量，以保持施工作业队伍的精干，减轻老化循环。因此，建筑施工企业通常采用管理技术层与生产劳务层相分离的劳动组织形式。

所谓管理技术层与生产劳务层分离，就是指除保留管理人员和少数技术性强的岗位职工外，施工承包企业不再保留成建制的施工生产队伍和生产人员。

针对我国建筑产业工人队伍存在的无序流动性大、老龄化现象突出、技能素质低、权益保障不到位等问题，2020 年 12 月，住房和城乡建设部等部门印发的《关于加快培育新时代建筑产业工人队伍的指导意见》指出，加快自有建筑工人队伍建设、规范建筑行业劳动用工制度等。2022年8月，重庆市住房和城乡建设委员会等部门印发了《重庆市培育新时代建筑企业自有工人队伍试点工作方案》，明确培养与建筑业企业依法签订劳动合同的工人（自有工人），逐步取消"包工头"环节，让农民工直接对接企业，成为企业的员工。全面实施建筑劳务用工制度改革，推行自有工人施工试点；总承包、专业承包企业要逐步实现自有工人施工，或者自有专业作业企业（全资、控股或参股的专业作业企业）施工等，或将成为新型人力资源组织形式。

（二）人力资源组织的调控

人力资源组织的调控必须服从施工生产的需要，在保持相对稳定性的同时，随着现场施工的进展情况而及时做出调整。其调整应当遵循以下原则。

（1）根据施工对象的结构、技术复杂程度、工程量大小等特点，分别采取不同的劳动力组织形式。

（2）按照施工组织设计的要求，有利于工种和工序间的协作配合，充分发挥工人在施工生产中的主动性和创造性。

（3）现场工人要相对稳定，并使骨干力量和一般力量、技术工人和普通工人密切配合，保证建设工程的质量和生产安全。

现场劳动力组织保持相对稳定，对于保证现场的均衡施工，防止施工过程脱节等具有重要作用。劳动力组织经过调整，新的组织应该具有较强的凝聚力，有利于劳动任务的完成和劳动技术的提高，并增加工人的收益、提升其职业成就感。

当然，未来施工企业应该拥有数量适宜的自有工人，并实现使用自有工人施工，进而给工程项目人力资源管理、组织调控提出新的要求。

（三）人力资源的培训

从某种意义上讲，在高质量发展阶段，相比施工现场劳动力的数量，目前更为急迫的是提高劳动者的能力、素质和工作质量。现场施工过程中，劳动者的素质和技能不同，所起的作用、取得的成果势必大相径庭。因此，必须加强人力资源的职业技能培训，加快培育有知识、有技能、能够适应现代建筑行业发展要求的经营管理者和新型产业工人。

1. 培训要求

完善建筑工人技能培训组织实施体系，制定建筑工人职业技能标准和评价规范，健全职业（工种）类别。施工企业和项目经理部要有计划、有步骤地进行人力资源培训，做到与需求同步，避免影响正常工作或培训滞后。

根据工程建设的需要，在制订劳动力培训计划时，要与企业其他培训相协调，做到结合实际，兼顾长远。同时，有效地强化培训工作档案管理，促进专业知识和劳动技能的普及和提高，优化劳动力组合，形成具有专长、较为丰富的劳动力资源。

2. 培训对象和内容

采取有效措施、开展全面培训，是提高劳动力文化水平和技术熟练程度的重要途径。通过培训达到预定的目标和水平，经过考核（考评）取得相应的证书，才能上岗。

从理论上讲，工程项目人力资源培训应当包括管理人员和生产工人的培训。本节主要阐述后者。鉴于本地区、本企业及工程项目的实际情况，生产工人培训的具体内容也不尽相同。

（1）班组长培训。按照国家建设行政主管部门制定的班组长岗位规范，结合企业及工程项目的实际情况,对于施工班组长进行培训。通过培训,最终达到班组长的100%持证上岗。

(2)技术工人等级培训。按照工人技术等级标准和有关技师评聘条例,开展中、高级工人应知应会考评和工人技师的评聘。

(3)特种作业人员的培训。按照国家有关特种作业人员必须单独培训、持证上岗的规定,结合企业及工程项目的实际情况,对于从事电工、塔式起重机驾驶员等工作的特种作业人员进行培训。通过培训,保证100%持证上岗。

(4)对外埠施工队伍的培训。按照省、市有关外地务工人员必须进行岗前培训的规定,结合本地区、本企业及工程项目的实际情况,对所使用的外地务工人员进行培训。合格后,颁发相应的专业培训证书。

3. 培训方法

根据培训时间的长短,可进行长期培训或短期培训。按其脱产程度的不同,企业培训可分为业务培训、半脱产培训和全脱产培训,还可采用岗位练兵、师带徒等形式。

在培训工作中,应当强化企业技能培训的主体作用,项目经理部发挥设计、生产、施工等资源优势,大力推行现代学徒制和企业新型学徒制。积极探索建立培训基地、校企合作、购买社会培训服务等多种形式,解决建筑工人理论与实操相脱节的问题,实现技能培训、实操训练、考核评价与现场施工有机结合。推行终身职业技能培训制度,加强建筑工人岗前培训和技能提升培训。对于技能劳动者供需缺口较大、产业集中度较高的工程项目及技术专业,尝试建设公共实训基地,探索企业和院校共建产教融合实训基地。

当然,无论哪种培训方法或形式,均应根据企业自身的特点和现场实际情况,以及不同工种不同业务的工作需要,因地制宜、因人而异,广开学路、不拘形式,讲求实效,并可采取不同的培训方法或方法组合。

四、工程项目人力资源的考核

人力资源考核是对于项目经理部及其人力资源管理工作绩效做出评价与管理的相关活动。作为事后管理或控制,绩效考核是一个动态的过程。虽然将会受到各种因素的影响,并且具有过程性与非人为性特点,但是只有完成科学有效的考核,才能真正实现全过程管理的动态循环。

(一)管理人员的考核

对于管理人员的考核,通常考虑以下主要因素:① 技能,包括技术水平和工作能力两方面的表现;② 激励,通过各种有效手段,激发人的需求、动机、欲望,形成并在追求某一特定目标的过程中,保持高昂的情绪和积极的状态,发挥潜能,达到预期目标;③ 环境,包括社会环境、法律法规、工资福利、消费水平等。

管理人员绩效考核的内容包括以下几个方面。

(1)工作成绩。重点考核人力资源管理工作的实际成果,以员工工作岗位的职责范围和工作要求为标准,相同职位的员工执行同一个标准考核。

(2)工作态度。重点考核员工在人力资源管理工作中的表现,例如责任心、职业道德、工作积极性等。

(3)工作能力。包括业务素质、管理技能等。

进行管理人员绩效考核的方法包括:① 主观评价法,依据一定的标准和经验,对被考核者进行主观评价;② 客观评价法,依据工作指标的完成情况进行量化评价;③ 工作成果评价法，将员工的工作结果与设定的"最低工作业绩标准"进行比较。

（二）作业人员的考核

对于作业人员人力资源管理工作的考核应以施工定额、劳务分包合同等为依据，由项目经理部对进场的作业班组、劳务队伍进行评价。

在施工过程中，项目经理部的相关管理人员应对照考核内容，采用科学方式、量化工作效率，重点考核作业人员是否按照有关规定进行施工，是否严格执行合同条款，是否符合质量标准和技术规范操作要求等。

考核的主要内容包括工作效率、工作纪律、工作质量和工作成本等。在考核过程中，通常综合采用任务跟踪、平时检查、阶段总结汇报、征求客户（下道工序）意见、问题征询和成员互评等不同的考核方式。

工程结束后，项目经理对作业班组、分包队伍进行评价，将评价结果报企业有关管理部门，并作为以后选用、改进的依据。

（三）考核的管理

对工程项目人力资源进行检查、考核以后，应分析结果、体现绩效、及时奖惩，从而完善考核管理、持续改进。

考核管理的主要工作包括以下几个方面。

（1）考核结果的记录。例如分析工作效率、物料消耗、劳动生产率等，以及采取的应对措施。

（2）考核结果的分析。分析记载的结论，采取的措施，以便将来进行对比、调整及奖惩。

（3）结果的反馈与工作调整。考核的结果要通过恰当的方式与被考核人见面，以便促进其工作的改进和提高。

（4）结果的使用。根据规章制度，依照考核结果及时进行相应的奖惩。积累工程项目人力资源管理工作的考核情况，总结人员的特点，以便从中发现与筛选出适合未来工作需要的候选人。

高水平的人力资源管理应当完善人力资源的激励与束缚机制。例如：情感激励；有效激励，薪酬与能力、目标和绩效相匹配，做到劳有所得；目标激励；奖励激励，创新型的物质奖励与精神奖励相结合等。进而追求职业技能培训、考核评价体系完善，项目员工权益得到有效保障，晋升通道清晰而宽阔，获得感、幸福感、安全感充分增强。

应当看到，当前的政策鼓励施工企业以劳动用工（劳动合同）的形式，拥有数量适宜的自有工人，并实现自有工人施工。应当承认，目前包括劳务派遣用工、劳务外包用工形式的劳动用工仍然占据主导地位，迫切需要在人力资源管理中加强、改善相应的管理。

第二节　材料管理

从理论上讲，材料及材料管理的范畴应当包括建筑材料和工程设备。就工程建设实践而言，则更加关注施工承包单位用于工程项目的建筑材料，包括直接消耗材料和周转材料。做好材料管理工作，有利于合理使用和节约材料，保证并提高工程质量，降低工程成本，加速资金周转，提高工程项目和企业的经济效益。

一、材料及材料管理概述

（一）工程材料及分类

1. 工程材料的界定

工程材料，也称建筑材料，简称材料，泛指在工程建设过程中，使用的所有材料。狭义的材料，常指施工承包单位在工程施工过程中耗费的各种原材料、半成品、构配件和周转材料等。

近年，我国也将构成永久性工程一部分的工程设备，纳入到广义材料的范围。本书主要阐述狭义的材料。

2. 工程材料的分类

工程材料规模庞大、种类从多、性能各异，对于工程造价、项目管理等的影响深远。根据不同的分类依据，可以得到材料分类的不同结果。

（1）按照材料投入和使用特点划分，可以分为一次性的直接消耗材料和多次性的周转材料。

（2）按照材料性能划分，可以分为：① 无机材料，包括金属材料和非金属材料；② 有机材料；③ 复合材料。

（3）按照使用功能划分，主要分成三类：① 结构材料，包括混凝土、石材、木材等；② 装饰材料，包括地板、瓷砖、油漆等；③ 专用材料，包括密封材料、防腐蚀材料及防水材料等。

（4）按照重要程度划分，材料的 ABC 分类法是针对种类繁多的工程材料，根据其种类（品种）和价值（金额）占比，按照"关键的少数、不关键的多数"的思路，完成 ABC 的分类。

在实际工作中，施工承包单位通常根据"ABC 分类法"进行材料的分类，并针对其中的 A 类材料，展开重点管理。ABC 分类法表格（示例），如表 9-2 所列。

表 9-2　材料 ABC 分类表格（示例）

	A 类	B 类	C 类
材料名称（举例）	钢材、（商品）混凝土、水泥、木材、装饰材料、机电材料等	防水、保温材料，地方材料，安全防护用具，化工、五金，大型工具等	油漆、小五金、杂品、小型工具、劳保用品等
金额占比	70%~80%	15%~20%	5%
品种（数）占比	5%~10%	15%~25%	70%

（二）材料管理的特点和原则

工程项目材料管理，简称材料管理，是指对于工程施工过程中需要的各种材料，进行的计划与订购、运输与储备、发放与使用以及评价与考核等一系列组织和管理活动。

材料种类繁多、差别较大，对于工程质量、进度和安全生产等具有直接影响。而且材料费在工程造价中占有很大比重。因此，做好材料管理，可以保证工程建设合理、节约地使用材料，同时有利于提高工程质量、降低工程成本，通过加速资金周转，增加项目和企业盈利。

1. 材料管理的特点

建设工程的材料管理通常具有以下的特点或难点。

（1）品种型号繁多。工程项目需要材料的品种较多、规格型号和数量繁多，而且当前材料产品的更新换代速度加快。

(2)建设周期较长。工程项目多为跨年度施工,需要诸多工种配合施工,互相制约又互为基础,导致材料管理工作的不确定性因素众多。

(3)受到客观条件的限制。由于场地、工期等客观条件的约束限制较强,很难组织均衡施工。因此,材料供应、管理更要加强平衡、调度,建立良好的协作关系。

2. 材料管理的原则

鉴于材料的分类和材料管理的特点,施工单位及项目经理部在材料管理过程中,通常遵循以下原则。

(1)分级管理的原则。企业(公司)与项目经理部明晰边界、分级管理。

(2)计划管理的原则。实行计划采购、供应制度,力求满足生产、控制成本。

(3)采管分离的原则。采购和管理分别设置总账、保管,采购与管理人员不能互兼。

(4)节约原则。减少材料积压、降低材料损耗、加快料具周转。

(5)及时原则。在计划与订购的基础上,及时办理材料验收、入库、领用、出库、入账、盘点、核算及统计报表等手续,满足工程施工的需要。

3. 材料管理的方法(举例)

工程实践中,根据材料的 ABC 分类,可以采用不同的管理方法。其主要对比(举例),如表 9-3 所列。

表 9-3 ABC 材料管理方法(举例)

管理类型		材料的分类		
		A 类	B 类	C 类
价值		高	一般	低
定额的综合程度		按品种或规格	按大类品种	按该类的总金额
定额的检查方法	消耗定额	技术计算法	写真计算法	经济估算法
	周转库存定额	按库存量的不同条件下的数学模型计算	同 A	经验估算法
检查		经常检查	一般检查	季度或年度检查
统计		详细统计	一般统计	按金额统计
控制		严格控制	一般控制	金额总量控制
安全库存量		控制较低	较大	允许较高

在表 9-3 中,A 类材料占用资金较多,要严格控制订货量,力争减少库存实行重点管理。同时,对于其中的每种材料都要规定合理的经济订购批量,尽量减少安全库存量,并对库存量随时进行严格盘查。对于 B 类材料也不能忽视,应认真管理,控制其库存,按经济用量订购,按储备定额储备。对于 C 类材料,可采用简化的方法管理,如定期检查,组织一起订货或适当加大订货批量,以节省订购费用。

(三)材料采购与供应体制

根据分级管理的原则,企业物资部门与项目经理部分工协作,有利于在材料管理工作中寻求经济、合理与动态、灵活的平衡。

1. 企业物资部门

工程所需的主要材料和大宗材料,即表 9-2 中的 A 类材料,应由施工承包单位的物资部门负责订货或市场采购,并按计划供应给项目经理部。这样不仅可以保证供应的质量,还可获得规模效应。

2. 项目经理部

工程所需的特殊材料、零星材料，即表9-2中的B类、C类材料，经施工企业或有关部门授权，可由项目经理部负责采购或租赁。例如，工程所需的周转材料、大型工具等，可向企业物资部门(材料机构)或社会机构租赁；油漆、小型工具等，可在企业物资部门或社会采购。

因此，大宗材料的采购权主要集中于施工单位(物资部门)，项目经理部具有部分的材料采购权，进而建立健全企业内部的材料市场，引入竞争机制，实现优化配置、动态平衡。

顺便说明，现代物流管理的理论与实践证明，其有助于完善工程材料管理。工程物流管理主要研究物资采购、仓储供应、成本核算等理论，既需要拥有国际贸易、海运、空运、多式联运操作等基本知识，也需要掌握货物吊装、配载、运输等技术学科的知识。例如，对于大型工程项目而言，应当完成整个工程物流项目的管理和策划、运输(内河、沿海、远洋、空运、公路)、清关、超大件货物移动、驳船转运及装卸操作等。再如，参考第七章(工程项目信息管理)第四节(工程项目管理信息化)，通过云计算技术与电子商务模式的结合，可以搭建基于云服务的电子商务采购平台等。

二、材料的计划管理

根据动态循环原理，编制材料的需用计划、供应计划、采购计划和节约计划，形成完整的计划体系均属材料管理的事前管理。

(一)材料需用计划

材料需用计划是根据工程设计文件、相关定额以及施工方案、施工进度计划、技术措施等编制的，反映工程施工需用的各种材料的品种、规格、数量和时间要求等。它的核心是确定需用量，进而成为编制其他材料计划的基础。

1. 确定工程材料需用量

对于整个工程项目而言，在确定材料总需用量时，通常根据材料不同的特点，在以下几种方法中加以选择。

(1)定额计算法。其计算工程材料的需用量，类似于施工图预算(预算单价法)的工料分析。其主要步骤包括：① 根据设计文件、工程量计算规则以及施工方案和技术措施等，计算工程项目各分部分项工程的实物工程量；② 套用相应的材料消耗定额，求得各分部分项工程的各种主要材料的需用量；③ 综合汇总后，求得整个工程项目各种主要材料的总需用量。

其中，计算各分部分项工程各种主要材料需用量的计算公式是：

某项材料需用量=某项分项工程的实物工程量×该项工程的某材料定额消耗量(9-1)

定额计算法在具有相关定额的主要材料需用量计算中，应用得最为普遍。

(2)动态分析法。动态分析法也称比例计算法，对比不同时期的数据差异，计算材料用量。其计算公式如下：

$$材料需用量=对比期材料实际耗用量×\frac{计划期工程量}{对比期实际完成工程量}×调整系数 \quad (9-2)$$

在式(9-2)中，调整系数一般可根据计划期与对比期有关施工技术与组织条件的对比分析，以及降低材料消耗的要求、采取节约措施后的效果等综合取定。

动态分析法简便、适用，但计算结果的精度与两期数据的可比性关系密切。其多用于缺少材料消耗定额、只有对比期材料消耗数据的情况。

（3）类比计算法。类比计算法也称同类工程对比法，是参考类似工程的材料消耗定额，确定该工程或该工艺材料需用量的方法。其计算公式如下：

$$某种材料需用量 = 实物工程量 \times 类似工程的材料消耗定额 \times 调整系数 \qquad (9-3)$$

在式（9-3）中，调整系数可根据该工程与类似工程有关质量、结构、工艺等差异，对比分析加以取定。

类比计算法的误差较大，多用于计算新工程、新工艺等对于某些材料的需用量。

（4）经验估计法。经验估算法是由计划人员、材料人员根据以往经验来估算材料需用量的方法。实际工作中，需用综合定额专业人员、施工技术人员和经验丰富的生产工人的实际工作经验，参考有关定额资料，对施工管理组织和现场技术条件进行调查、讨论后，分析、确定某材料的需用量。

由于其对相关人员的能力要求高、科学性差，经验估计法作为一种补充，主要用于不能采用其他计算方法的情况。

2. 确定计划期材料需用量

计划期通常划分为年度、季度或月度，进而确定相应的材料需用量。因为工程施工大多是有序进行的，确定计划期（计算期）材料需用量，可以用于指导组织材料的采购、订货和供应。

计划期材料需用量的编制或确定，需要依靠工程项目总进度规划（计划）、计划期的施工进度计划及有关材料的消耗定额等。其编制的方法有两种。

① 定额计算法。与确定材料总需用量相类似，其根据计划期施工进度计划中的各分部分项工程的实物工程量，套用相应的材料消耗定额，求得各分部分项工程的主要材料需用量后，汇总求得计划期内各种材料的需用量。

② 卡段法。根据计划期施工进度计划的形象部位，从材料总需用量中节选出与其相应部位的材料需用量后，汇总求得计划期各种材料的需用量。

（二）材料供应计划

材料供应计划又称材料平衡分配计划，是根据材料需用计划、可供应货源编制的，用以反映工程项目所需材料来源的文件。

1. 材料供应数量的确定

材料供应的数量，应在计划期材料需用量的基础上，预计各种材料的期初、期末储备量，经过综合平衡后，加以确定。其计算公式如下：

$$计划期内材料供应量 = 期内需要量 - 期初存储量 + 期末储备量 \qquad (9-4)$$

式中：期末储备量需要考虑经常储备和保险储备，并取决于供应方式、现场条件，以及材料运输、入库检验、投放前准备等时长（天数）。

2. 材料供应计划的平衡

由于工程实际情况错综复杂、不断变化，在确定材料供应数量以后，应通过各种材料的数量、品种、时间等平衡，达到供应配套、施工均衡、动态平衡的目的。

其中，材料平衡的主要内容包括需要总量与资源总量的平衡，品种需要与配套供应的平衡，各种用料与各个工程的平衡，承包单位供应与项目经理部供应的平衡，材料需要量与资金的平衡等。

而且，在材料供应计划执行的过程中，应进行定期或不定期的检查；在涉及设计变更、工程变更时，必须做出相应的调整和修改，制定相应的措施，以书面形式及时通知有关部门，并妥善处理、积极解决材料的余缺。

（三）材料采购计划

材料采购计划是根据材料供应计划编制的，反映承包单位或项目经理部需要从外部采购材料的数量、时间等的文件。其中，材料采购量可按下式计算：

$$计划期内材料采购量＝材料需要量+期末库存量-$$
$$（期初库存量-期内不合用数量）-企业内可利用资源 \qquad (9-5)$$

式中：期内不合用数量，是考虑库存量中由于材料规格和型号不符合计划期任务要求而扣除的数量；企业内可利用资源，是指可以加工改制的积压呆滞物资、可利用的废旧物资、综合利用的工业废渣，以及采取技术措施可节约的材料等。

（四）材料节约计划

材料节约计划是根据材料的耗用量、生产管理水平以及施工技术组织措施编制的，反映工程项目材料消耗或节约水平的文件。

节约材料的具体途径，因施工承包单位、工程项目以及项目经理部的具体情况而异。但是根据科学合理的材料节约计划，借助"ABC分类法"原理，把握重点材料，运用存储理论优化订购数量，通过技术、经济、组织等综合措施，往往可以取得较好的工作成效。

由于材料用量和价格的变化均会影响到材料费用。因此，可用下式反映材料节约的计划效果：

$$材料成本降低额＝（材料计划用量-材料实际用量）×材料价格$$
$$+（材料计划价格-材料实际价格）×材料实际用量 \qquad (9-6)$$

在式(9-6)中，前者反映由于内部原因造成材料消耗的"量差"带来的节约或超支，后者则反映由于市场原因造成材料价格（单价）的"价差"带来的节约或超支。因此，高水平的材料管理工作应贯穿于材料计划管理的所有环节。

三、材料的采购管理

在工程项目管理及材料管理中，材料采购不同于财务会计的会计科目及财务费用。其主要关注选择采购方式、确定采购数量、规范采购程序等，贯彻执行材料计划。

（一）采购方式的选择

根据来源与交易方式的不同，材料采购的主要方式包括购买和租赁两种。

（1）购买。通过支付全部或大部款项实现材料所有权的转移。其主要用于大宗材料的购买。

（2）租赁。通过支付租金取得了相应期限内，材料或工具的使用权。其主要用于周转材料和大中型工具。

大型工具的租赁通常包括融资租赁、经营租赁两种具体形式（参见本章第三节）。

（二）采购数量的确定

选择恰当的方法、确定适宜的材料采购数量，既可以避免资金积压、享受价格优惠，又可以保证工程建设的需要，故此成为材料采购管理工作中的重要环节。

1. 定量订购法

定量订购法即当材料库存量消耗达到安全库存量之前的某一预定规模时，按一定批量组织订货，以补充、控制库存的方法。在图9-1中，A是预定的库存量水平，即订购点；B是安全库存量；Q是订购批量。

（1）订购点的确定。一般来讲，某种材料的订购点（A）可按下式计算：

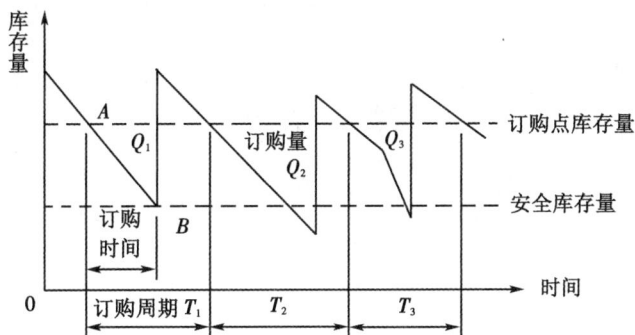

图 9-1　定量订购法示意图

$$订购点 = 日平均需要量 × 最长订购时间 - 安全库存量 \qquad (9-7)$$

式中：最长订购时间是指从开始订购到验收入库为止所需的订货、运输、验收以及可能的加工、准备时间；安全库存量（B）是为了防止产生缺货、停工待料风险而建立的库存，通常按材料日平均需要量与根据历史资料、到货误期可能性等估算的平均误期天数之积计算。

由于安全库存量对于材料采购具有重要影响，因此应综合考虑仓库保管费用和缺货损失费用而科学取定。例如，当安全库存量较大时，缺货概率小、缺货损失费用小，但仓库保管费用增加；反之亦然。而且，当缺货损失费用期望值与仓库保管费用之和最小时，即为最优安全库存量。

（2）经济订购批量的确定。经济订货批量（EOQ），是通过平衡采购进货成本和保管仓储成本，以实现库存总成本最低的最佳订货量。当企业按照经济订货批量组织订货时，可实现订货成本和储存成本之和最小化。其计算公式如下：

$$经济订购批量 = \sqrt{\frac{2 × 年度计划进货量 × 平均每次订货费用}{单位存货变动储存成本}} \qquad (9-8)$$

由于定量订购法的材料订购时间不受限制、适应性强，在材料需要量波动较大时，可根据库存情况考虑需要量变化趋势，随时组织订货、补充库存，可以适当减少安全库存量。但是，其要求外部货源充足和对库存量的不间断盘点。而且，当库存量达到订购点时即行组织订货，将会增加材料管理的工作量，以及订货、运输费用和采购价格。因此，定量订购法主要适用于：高价物资，安全库存少、需严格控制、重点管理的材料；材料需要量的波动大或难以估计的材料；不常用或因缺货造成经济损失较大的材料等。

2. 定期订购法

定期订购法是按事先确定的订购周期，例如每季、每月或每旬订购一次，到达订货日期即组织订货的方法。如图 9-2 所示，其订购周期相等，但每次订购数量不等。

（1）订购周期的确定。用材料的年需要量除以经济订购批量求得订购次数后，再以一年的 365 天除以订购次数即可得到订购周期。订购的具体日期，则应考虑提出订购时的实际库存量要高于安全库存量，即其保险储备必须满足供应间隔期和订购期的材料需要量。

（2）订购数量的确定。每次订购的数量应根据在下次到货前材料的需用数量，减去订货时的实际库存量而定。其计算公式如下：

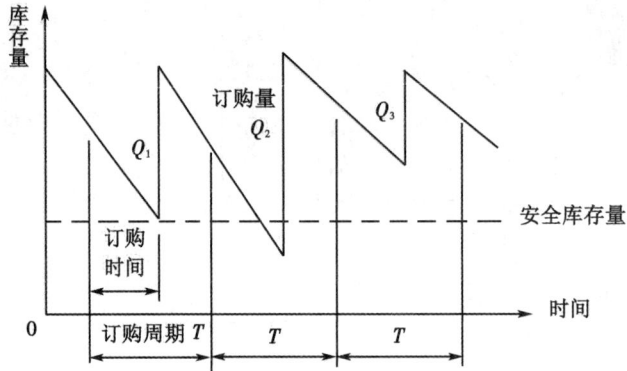

图 9-2　定期订购法示意图

$$订购数量=(订购天数+供应间隔天数)\times 日平均需要量+$$
$$安全库存量-实际库存量 \qquad (9-9)$$

式中：供应间隔天数是指相邻两次到货之间的间隔天数。

由于选定了固定的订货期间并统一组织各种材料的订货，定期订购法无须不断盘点各种材料库存，可以简化订货组织工作，降低订货费用。而且，该方法可事先与供货方协商供应时间，有利于实现均衡、经济的材料生产与供应。但是，定期订购法对于材料的保证程度相对较低，故其主要用于需要量波动不大，或一般材料的采购。

（三）采购程序的规范

在材料的实际采购过程中，通常按以下程序开展工作：

(1)明确材料采购的基本要求、采购分工及有关责任；

(2)进行采购策划，编制采购计划；

(3)进行市场调查、选择合格的产品供应单位，建立名录；

(4)通过招标评标，确定材料供应商；

(5)签订采购合同；

(6)运输、验收、移交采购材料；

(7)处置不合格产品；

(8)采购资料归档。

其中，材料采购计划应当包括采购工作范围、内容及管理要求，产品的数量、技术标准和质量要求，检验方式和标准，采购控制目标及措施等；在招标与评标时，应进行有关材料技术和商务部分的综合评审；在签订采购合同(订单)时，应注明采购物资的名称、规格型号、单位和数量、进场日期、质量标准、验收方式以及发生质量问题时双方承担的责任、仲裁方式等。

四、材料的现场管理

根据动态循环原理，在施工现场发生的材料的进场验收、仓库仓储和使用，均属材料管理活动的事中管理。

（一）材料的进场(验收)管理

现场材料验收包括验收准备、质量验收和数量验收三个主要环节。

验收准备工作主要包括材料进场前，应根据现场平面布置情况，认真做好材料堆放的准备和临时仓库的搭设，力求做到有利于材料的进出与存放，符合防火、防雨、防盗、防风、防变质的要求，方便施工，避免和减少场内二次搬运；办理验收材料前，必须根据用料计划、送料凭证、质量保证书或产品合格证，对所进材料进行质量和数量验收。

质量验收包括：① 一般材料外观检验，主要检验料具的规格、型号、色彩、尺寸、方正及完整性；② 专用及特殊加工制品的外观检验，应根据加工合同、图纸及翻样资料，由技术部门进行质量验收；③ 内在质量验收，由专业技术人员负责，按规定比例抽样后，送专业检验部门检测其力学性能、工艺性能、化学成分等技术指标。

数量验收工作包括：① 大堆材料和砂石按计量换算验收，抽查率不得低于10%；② 水泥等袋装的材料按袋点数，袋重抽查率不得低于10%，散装的除采用措施卸净外，按磅单抽查；③ 三大构件实行点件、点根、点数和验尺的验收方法；④ 对有包装的材料，除按包装件数实行全数验收外，属于重要的、专用的易燃易爆、有毒物品等，应逐件点数、验尺和过磅，属于一般通用的可进行抽查，抽查率不得低于10%；⑤ 应配备必要的计量器具，对进场、入库、出库材料严格计量把关，并做好相应的验收和发放记录。

(二)材料的仓库(仓储)管理

1. 材料的存储与保管

基本要求是合理存放，妥善维护，方便使用，账物相符。入库的材料须按型号、品种分区堆放，并分别编号、标识。易燃易爆、有毒等危险品材料，应设专库存放，专人负责保管，并有严格的安全措施。有防湿、防潮要求的材料，应采取防湿、防潮措施，并做好标识。有保质期的材料应定期检查，防止过期，并做好标识。易损材料应保护好外包装，防止损坏。

2. 材料的发放与领用

基本要求是按质、按量、齐备、准时、有序以及先进先出，严格出库手续，保证工程需要。凡有定额的工程用料，要根据工程进度计划，严格执行限额领料和发料制度，坚持节约预扣、余料退库；施工设施用料，以设施用料计划进行总控，实行限额发料。发生超限额用料时，须事先办理手续，填制限额领料单，注明超耗原因，经项目经理部材料管理人员批准后方可实施。同时，建立领料和发料台账，记录领发和节超状况，收料和发料都要及时入账上卡，且手续齐全。根据企业管理和工程实际，通常对于钢材、水泥、砌块、装修材料、贵重材料等实行限额领料，并进行节超分析、奖罚兑现。

3. 材料的回收

作业班组应回收余料、及时办理剩余材料退料手续，并在限额领料单中扣除登记。做好回收再利用废旧材料工作，实行交旧(废)领新、包装回收、修旧利废。余料要造表上报，按有关部门的安排办理调拨和退料。设施用料、包装物及容器在使用周期结束后，立即组织回收，建立回收台账，记录节约或超领情况，并处理好相应的经济关系。

4. 不合格品处置

材料验收质量不合格，不能点收时，可以拒收，并及时通知上级供应部门或供货单位；如与供货单位协商做代保管处理时，则应有书面协议，并单独存放，在来料凭证上写明质量情况和暂行处理意见。已进场的材料，发现质量问题或技术资料不齐时，材料管理人员应及时填报"材料质量验收报告单"报上一级主管部门，以便及时处理，且进场材料暂不发料、不使用，原封妥善保管。

（三）材料的使用管理

1. 材料使用的监督管理

对于材料使用情况进行有效的检查、监督，做到工完、料净、场清。其检查、监督的主要内容包括：是否认真执行领发料手续，记录好材料使用台账；是否按施工场地平面图堆料，按要求的防护措施保护材料；是否按规定进行用料交底和工序交接；是否严格执行材料配合比，合理用料等。每次检查都要做到情况有记录，原因有分析，明确责任，及时处理。

2. 周转材料的管理

周转材料是指在施工过程中可多次周转使用，不构成工程实体但需要使用的料具。例如，支撑体系、模板体系、安全防护等。由于周转材料数量大、投资多，周转时间长，需要切实加强对其管理与核算，在保证完成施工任务的同时，延长其使用时间，降低损耗。

项目经理部应根据工程进展情况、施工方案等编制周转材料的需用计划，提交企业相关部门或租赁单位，以便进行加工、购置，并及时签订合同、提供租赁。

周转材料进场后，须按规格分别码放整齐，垛间留有通道，并做好标识。露天堆放的周转材料应按规定限制高度，并有防水等措施。零配件要装入容器，按合同发放。

项目经理部需建立周转材料的保管使用维修制度。对连续使用的周转材料，每次用完后应及时清理、除污、涂刷保护剂，分类码放，以备再用；如不再使用的，应及时回收、整理和退还，并办理退租手续；需报废时，应按规定进行报废处理。同时，建立周转材料核算台账，记录周转材料的规格、品种数量、使用时间、费用支出及班组结算情况等。

五、材料管理的评价与考核

根据动态循环原理，在材料计划、材料采购和现场管理基础上，进行材料管理的评价与考核，属于材料管理活动的事后管理。

（一）材料管理的评价

材料管理评价是对施工企业，尤其是项目经理部的材料管理情况进行分析，发现存在的问题，找出原因，采取相应的措施对策，以达到改进材料管理工作的目的。

材料管理工作的评价，通常针对不同的情况，设置不同的指标。例如：

（1）材料供应情况指标：

$$进货品种齐备率 = \frac{实际进货品种数}{计划进货品种数} \times 100\% \tag{9-10}$$

（2）材料库存情况指标：

$$年度材料周转次数 = 12 \times \frac{库存材料月需求量}{月末库存量} \tag{9-11}$$

$$库存材料资金占用率 = \frac{材料平均库存总值}{年度施工总值} \times 100\% \tag{9-12}$$

（3）材料消耗情况指标：

$$材料成本节约或超支额 = 材料预算成本 - 材料实际成本$$
$$= 材料计划用量 \times 材料预算单价 - 材料实际用量 \times 材料实际单价 \tag{9-13}$$

（二）材料管理的考核

1. 材料管理的考核

材料管理考核应坚持计划管理、跟踪检查、总量控制、节奖超罚的原则。其中，明确目标(指标)、科学评价是及时考核、兑现奖惩的基础。

根据材料管理各个重点环节及易出问题的"堵点",制定材料管理考核办法。例如,针对材料基础管理、材料计划管理、材料领用、材料现场管理、回收复用修旧利废、指标完成、管理创新等,按考核侧重点不同赋予不同的权重,并实行百分制的综合评价。

2. 材料管理的激励

在材料管理过程中,应建立严格的考核机制、及时的激励机制,并严肃处理违规违纪行为。例如,实行基层单位材料与工资的捆绑结算,全额互补;每月对材料员进行考核,并根据节约或超支情况,及时予以奖惩;将各单位材料考核得分情况对照奖惩标准进行考核兑现,与基层管理技术人员浮动工资挂钩,与机关材料主管部门浮动工资挂钩,与整个公司效益工资挂钩,进一步增强全体员工的材料节约意识。

第三节 机械设备管理

施工机械设备是承包单位进行施工生产重要的技术物质基础,也是提高劳动生产率、完成施工计划的主要途径。在科技进步和高质量发展的背景下,施工机械化、绿色施工、智能建造等方兴未艾。因此,需要施工单位通过设备购买和租赁方案的比选,获得机械设备,在施工过程中合理地组织机械和人员,做好磨损与补偿以及保养、维修和必要的更新,完善评价与考核,提高机械使用效率,进而实现全过程的施工机械设备管理。

一、机械设备管理概述

(一)机械设备及其来源

1. 机械设备的内涵

工程项目施工机械设备,简称机械设备,也称建筑机械,是指施工承包单位在工程施工过程中所使用的各种机械设备的统称。其通常包括挖掘、铲土运输、压实、工程起重、桩工、路面、混凝土机械以及混凝土制品、钢筋及预应力钢筋、高空作业机械等种类。

2. 机械设备的主要分类

机械设备可以有不同的分类方法,得到各自的结果。按其使用范围划分,可以分为以下几类。

① 生产性机械设备。直接改变原材料属性、形态或功能的工作机械和设备。例如,挖掘机械、运输机械、木工机械等。

② 动力设备。用于产生电力、热力以及其他动力的发电机、空压机、蒸汽锅炉等。

③ 传导设备。用于传送固体、液体、气体和动力的上下水管道、电力网、传送带等。

④ 交通运输设备。用于运送材料和载人(现场作业人员)的汽车、起重机械、铲车等运输工具。

⑤ 仪器仪表。例如测量仪器、测试仪器和试验设备等。

3. 机械设备的主要来源

按施工机械设备的来源或使用方式以及取得所有权或使用权的不同,至少包括设备的购置和租赁。

(1)购置设备。购置设备也称自有机械设备,是施工承包单位按照购买合同规定的额度、时限与方式等,通过支付相应费用(购置费)的经济活动,取得其所有权的施工机械设备。设备购置方式比较普遍,尤其是对于常用的中小型机械设备。

对于施工单位而言，自有设备可以使企业拥有设备的所有权、使用权等全部权益；可以扩大企业资产规模、增强企业实力、提高企业信用。

自有设备也具有资金占用量大，后期技术服务复杂，无法充分享受税收优惠，以及可能遭遇通货膨胀和利率波动风险等不足。

（2）租赁设备。租赁设备是设备使用者（施工单位或项目经理部）按照合同规定，定期向设备所有者（本企业专业机械设备租赁机构或社会上的出租机构）支付一定费用（租金），拥有其一定时期使用权的机械设备。社会实践中，租赁设备具体分为经营租赁和融资租赁两种情况。

① 经营租赁。租赁双方的任何一方可以随时以一定的方式在通知对方后的规定期限内，取消或中止租约。施工单位短期使用的常规机械设备可以采用此种方式。

② 融资租赁。也称金融租赁，要求机械设备的租赁双方承担确定时期的租让和付费义务，不得任意中止或取消租约。其常用于贵重或重型设备租赁。融资租赁将融资、融物紧密结合，并使承租人（施工单位或项目经理部）在初期以较少的资金，获得所需。

对于施工单位而言，设备租赁的主要优点包括：可以较少的资金获得施工生产急需的设备，并得到良好的技术服务；可以避免通货膨胀和利率波动的冲击；设备租金可以在企业所得税前扣除，能享受到税收优惠。

设备租赁也具有设备权益不充分（缺乏设备的处置权、抵押权等），租赁期间支付的租金总额通常高出直接购置设备的费用，不利于扩大企业资产、增强企业信用等不足。

因此，设备租赁与设备购置两种来源或方式各有利弊，施工单位或项目经理部应综合考虑时间长短、技术过时风险、交付时间等影响因素，做出科学决策。

（二）机械设备管理及其内容

1. 机械设备管理的内涵

工程项目施工机械设备管理，简称机械设备管理，是指施工单位或项目经理部对于施工机械设备运动的全过程进行有效管理的系列活动。其中包括装备购置（租赁）、经营生产、使用维修、更新改造、处理报废等工作。

机械设备管理的主要任务包括：比较选择施工机械，保障其处于良好状态，并提高设备效率；适时更新改造，提高技术装备水平，以最低的寿命周期费用，达到最高综合效能。

2. 机械设备管理的内容

机械设备的全过程管理通常涉及两种运动形态：

① 机械设备的物质运动形态，包括机械设备的选择、进场、调试、使用、维修、保管和报废等；

② 机械设备的价值运动形态，包括机械设备的（租赁）、折旧、维修支出、更新改造资金的来源和支出等。

在工程实践中，前者属于机械设备的实体或技术管理，常由设备管理部门完成；后者属于机械设备的财务或经济管理，多由财务部门负责。

本节所述主要针对前者，但也表明机械设备管理需要不同部门的密切配合。

（三）机械设备管理的特点

建筑产品及其生产的技术经济特点，决定了施工机械设备管理具有以下特殊性：

（1）生产的流动性，决定机械设备的拆装、搬迁和移动较为频繁，影响作业的时间、效率，加剧磨损等；

（2）露天作业、难以遮盖防护，遭受自然条件影响，加速了机械设备的损耗；

（3）大型设备多为临时固定、稳定性较差，具有一定的作业风险；

（4）作业对象多变、装备的配套性较差，增加了加工、维修等工作的难度。

二、机械设备方案的比选

施工机械设备的购置与租赁，属于互斥型方案。其科学的选择，主要取决于施工单位或项目经理部对于备选方案进行的技术经济分析。当然，根据动态循环原理，机械设备方案的比较优选，属于机械设备的事前管理。

（一）机械设备方案比选的步骤

机械设备配置方案，简称设备方案，其比选的基本原则是：契合需要、技术适用、经济合理。在比选的过程中，需要结合企业及工程项目、施工现场的实际，满足管理目标的需要，同时注意人员与机械设备、不同机械设备以及前后工序机械设备的综合配套，进而做到技术性能满足要求、施工作业经济高效。

1. 提出设备配置建议

施工单位或项目经理部根据企业生产经营、技术状况，结合项目管理目标、工程实际，提出设备配置的基本设想、方案建议。

2. 拟定设备配置方案

根据工程施工组织设计及现场情况，拟定包括设备购置、租赁两种来源或方式在内的若干设备配置方案。

3. 定性分析筛选方案

根据企业的财务能力，结合工程项目及施工现场情况，考虑设备的技术风险、使用维修特点等，筛选设备的配置方案。

4. 定量分析并优选方案

在定性分析的基础上，综合考虑作业工程量、作业持续时间、人员熟练程度等其他因素，借助定量评价的指标或方法，做出租赁或购买的比选决策。

（二）机械设备方案的定性分析

1. 企业财务能力分析

企业财务能力分析主要分析企业的财务支付能力。如果企业不能按购货合同的要求及时筹集、足额支付相应的设备款，则应排除购置方案。

2. 设备方案技术分析

根据工程项目、施工现场的实际，对比项目管理目标的需要，主要开展以下技术分析。

（1）设备之间的配套性。根据施工生产工艺技术、生产能力选用主要设备，主要设备之间、主要设备与其他机械设备之间应相互适应、彼此配套，并进行包括设备软件、硬件在内的专有技术和专利技术比较，力求相互配套。

（2）设备运行的稳定性。研究设备在施工生产工艺上的成熟可靠性，分析技术上的先进性和稳定性，对于关键设备特别是新设备需要了解其在其他项目中的使用情况，考虑设备零配件的供应以及超限设备运输的可能性。

（3）设备使用与建设进度的协调性。设备的选用首先要与建设进度计划安排相协调，前后工序施工设备之间相匹配。同时，应符合安全、节能、环保的要求，并尽可能选择节能环保设备。

（4）设备使用要求与管理操作水平的适应性。机械设备管理操作人员的工作能力和水平，应当适应设备选用尤其是使用的要求。同时考虑设备的日常维护与保养，零部件的更换和维修的方便性等。

因此，定性分析是设备方案比选中较为基础、常用的方法。就技术层面的分析而言，通常分析机械设备的选型、主要性能参数、使用和操作要求、维修保养要求等。

（三）机械设备方案的定量分析

定量分析，也称定量评价，通常设置若干指标、采用某种方法或方法组合，测算不同设备方案的投入产出关系，并根据综合效益，择优选定设备配置方案。其中，设备方案的投入包括购置投资或租金及设备运营的消耗；设备方案的产出，除完成施工作业任务外，还要考虑其他因素。例如，设备参数、性能、物耗和能耗、环保、对于原料或作业环境的适应性、对产品质量的保证程度、备品备件充裕程度、安装技术服务等。

定量分析或评价的指标、方法或模型较多，例如寿命周期费用现值、投资回收期以及差额投资分析法（增量投资收益率）、费用效率分析法、界限使用时间比较法、综合评分法和折算费用法（单位工程量成本比较法）。其中，增量投资收益率和综合评分法，参见本章第四节（技术方案的技术经济分析）。

三、机械设备的使用管理

根据动态循环原理，在比选、确定设备方案的基础上，应关注磨损、科学补偿、适时更新，实现经济合理地使用，属于机械设备的事中管理。

（一）机械设备的磨损

机械设备在使用甚至闲置过程中，通常会发生磨损。而且，按照磨损产生的主要原因，可以分为有形磨损和无形磨损。

1. 有形磨损

有形磨损，又称物质磨损，其主要是在自然力作用下，产生的实体磨损。有形磨损根据产生时的设备工作状态，又可以细分为两种具体形式。

第一种形式的有形磨损：设备在使用过程中，在外力的作用下实体产生的磨损、变形和损坏。其磨损的程度与使用强度和使用时间长度有关。

第二种形式的有形磨损：设备在闲置过程中，受自然力的作用而产生的实体磨损，如金属件生锈、腐蚀、橡胶件老化等。其磨损与闲置的时间长度和所处环境有关。

2. 无形磨损

无形磨损又称精神磨损、经济磨损，其主要是因为科学技术进步造成的设备相对落后、贬值。无形磨损根据设备相对贬值的成因，也可以细分为两种具体形式。

第一种形式的无形磨损：由于技术进步，同类设备制造工艺不断改进、社会劳动生产率提高，同类设备的再生产价值降低，导致设备市场价格降低，原设备相对贬值。

第二种形式的无形磨损：由于科学技术的进步，不断创新出结构更先进、性能更完善、效率更高、耗费原材料和能源更少的新型设备，致使原有设备相对陈旧落后，其经济效益相对降低而发生的贬值。

在工程建设实践中，设备的有形磨损和无形磨损通常同时发生，互相影响。例如，某些方面的技术要求，可能加快设备有形磨损的速度；某些方面的技术进步，又可提供耐热、耐磨、耐腐蚀、耐振动、耐冲击的新材料，使设备的有形磨损减缓，但是其无形磨损加快。因此，需要统筹考量，综合研判。

（二）设备磨损的补偿方式

根据使用阶段的不同，设备磨损依次分为使用初期的磨合磨损、使用中期的正常工作磨损、使用后期或大修之前的事故性磨损三阶段。项目经理部及有关人员应当有针对性地进行相应的保养和修理。而且，根据设备磨损类型的不同，补偿或修复的方式也不相同。设备磨损常见的补偿方式，如图9-3所示。

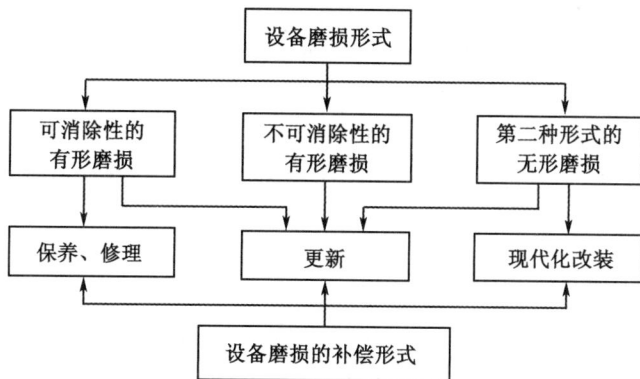

图9-3　设备磨损的补偿方式

根据图9-3的思路，设备磨损的补偿主要有以下方式。

1. 机械设备的保养

保养是定期、有目的地进行机械设备的清理、紧固、调整、检查、排除故障、更换已磨损或失效零件的系列活动。它可以保证机械设备处于良好的技术状态，提高运转的可靠性和安全性，延长使用寿命，提高机械设备的经济效益。

（1）例行保养。例行保养也称日常保养，它由操作人员在机械运行的间隙进行，无须占用机械设备的运转时间。作为日常的使用管理工作，其主要内容包括清洁、润滑、紧固容易松动的螺丝，检查零部件的完整情况，防止机械腐蚀及更换个别易损件等。

（2）强制保养。强制保养也称定期保养，它是在规定的间隔周期，占用机械设备运转时间并停工进行的保养。其保养周期通常根据机械设备的磨损规律、作业条件、操作水平以及经济性等加以确定。

2. 机械设备的修理

机械设备的修理是对机械设备的自然损耗进行修复，排除机械运行故障，对损坏的零部件进行更换、修复的系列活动。其旨在保证机械设备的使用效率、延长使用寿命。

（1）小修。小修也称维护，是临时安排的、无计划地进行修理。其目的是消除操作人员无力排除的突然故障、个别零件损坏或一般事故性损坏等问题，并通常与保养相结合。

（2）中修。中修是两次大修之间为解决主要总成的不平衡磨损所采取的修理措施。它是部分解体的修理，属于恢复性修理，需要列入并执行修理计划，进而达到整机状况平衡、延长大修间隔的目的。

（3）大修。大修也称检修，是对机械设备进行全面解体的检查修理。为保证机械设备各个零部件的质量与配合，尽可能恢复原有精度、性能和效率，它的工作内容包括设备全部解体，排除和清洗设备的全部零部件，修理、更换所有磨损及有缺陷的零部件，清洗、修理全部管路系统，更换全部润滑材料等。因此，大修以恢复设备的生产功能和效率为主。

3. 现代化改装

现代化改装是对设备的结构进行局部的改进和技术上的革新，例如增添新的、必需的零部件。其以提高设备的生产功能和效率为主。

4. 设备更新

设备更新是对整个设备进行更换。作为完全补偿，其最为全面、彻底。就本质来说，及可分为原型设备更新和新型设备更新。

原型设备更新是简单更新，就是用结构相同的新设备去更换有形磨损严重而不能继续使用的旧设备。这种更新主要是解决设备的损坏问题，不具有技术更新的性质。

新型设备更新是以结构更先进、技术更完善、效率更高、性能更好、能源和原材料消耗更少的新型设备来替换那些技术上陈旧、在经济上不宜继续使用的旧设备。

通常所说的设备更新主要指后一种，它是技术发展的基础。

(三)设备更新方案与经济寿命

1. 设备更新方案的比选原则

确定设备更新方案必须进行技术经济分析。在实际设备更新方案比选时，应遵循如下原则。

(1)站在客观的立场进行设备更新分析。站在客观的立场上思考，则认为若要保留旧的设备，首先需要付出相当于旧设备当前市场价值的投资，才能取得旧设备的使用权。故此，暂不更新也有投资付出。

(2)不考虑沉没成本。沉没成本是既有企业过去投资决策发生的、非现在决策能改变（或不受现在决策影响）、已经计入过去投资费用回收计划的费用。例如，该设备的账面价值与当前市场价值的差额。因为其无法收回，故此不予考虑。

(3)逐年滚动比较。该原则是指在确定最佳更新时机时，首先计算比较现有设备的剩余经济寿命和新设备的经济寿命，然后利用逐年滚动的计算方法进行比较。最后选择最佳的更新时机。

2. 设备寿命的概念

(1)设备的自然寿命。又称物质寿命，是指设备从投入使用开始，直到因物质磨损而不能继续使用、报废为止所经历的全部时间。设备的自然寿命不能成为设备更新的估算依据。

(2)设备的技术寿命，又称有效寿命。是指设备从投入使用开始，到因技术落后而被淘汰为止所经历的全部时间。在估算设备寿命时，必须考虑设备技术寿命期限的变化特点及其对于使用的制约或影响。

(3)设备的经济寿命。是指设备从投入使用开始，到因继续使用在经济上不合理而被淘汰为止所经历的全部时间。设备的经济寿命就是从经济观点（即成本观点或收益观点）确定的设备更新的最佳时刻(N_0)，如图9-4所示。

3. 设备经济寿命的估算

结合图9-4，估算设备经济寿命的原则是使该机械设备在经济寿命内，平均每年净收益达到最大，或者使其购置费、运行费用的总和达到最小。

(1)基本算法。在静态模式下机械设备经济寿命的确定方法，就是在不考虑资金时间价值的基础上，计算机械设备年平均使用成本 $\overline{C}_N$。使 $\overline{C}_N$ 为最小的 N_0 就是设备的经济寿命。即

$$\overline{C}_N = \frac{P - L_N}{N} + \frac{1}{N}\sum_{t=1}^{N} C_t \tag{9-14}$$

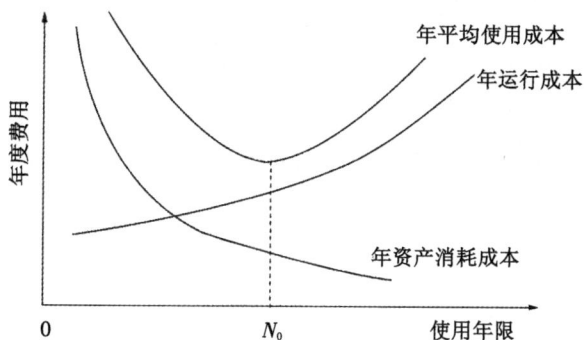

图 9-4　设备年度费用曲线

式中：$\overline{C}_N$——N 年内设备的年平均使用成本；

P——设备目前实际价值，如果是新设备，包括购置费和安装费，如果是旧设备，包括旧设备现在的市场价值和继续使用的旧设备追加的投资；

C_t——第 t 年的设备运行成本，包括工人费、材料费、能源费、维修费、停工损失、废次品损失等；

L_N——第 N 年末的设备净残值。

而且，$\dfrac{P-L_N}{N}$ 为设备的平均年度资产消耗成本，$\dfrac{1}{N}\displaystyle\sum_{t=1}^{N} C_t$ 为设备的平均年度运行成本；如果使用年限 N 为变量，则当 $N_0(0<N_0\leqslant N)$ 为经济寿命时，应满足 $\overline{C}_N$ 最小。

【例 9-1】　某设备目前实际价值为 40000 元，有关统计资料见表 9-4，求其经济寿命。

表 9-4　设备有关统计资料

使用年限(t)	1	2	3	4	5	6	7
年运行成本/元	5000	6000	7000	9000	11500	14000	17000
年末残值/元	15000	7500	3750	1875	1000	1000	1000

【解】　由表 9-4 的统计资料可以算出该设备在不同使用年限时，年均资产消耗成本、年均运行成本和年均使用成本，并列于表 9-5。

表 9-5　该设备在不同使用年限时的静态年平均成本

单位：元

使用年限 (N) (1)	资产消耗成本 ($P-L_N$) (2)	平均年资产 消耗成本 (3)=(2)/(1) (3)	年度运 行成本 C_t (4)	运行成 本累计 $\sum C_t$ (5)	平均年度运行成本 (6)=(5)/(1) (6)	年平均使用成本 $\overline{C}_N$ (7)=(3)+(6) (7)
1	25000	25000	5000	5000	5000	30000
2	32500	16250	6000	11000	5500	21750
3	36250	12083	7000	18000	6000	18083
4	38125	9531	9000	27000	6750	16281
5	39000	7800	11500	38500	7700	15500
6	39000	6500	14000	52500	8750	15250
7	39000	5571	17000	69500	9929	15500

由表 9-5 的计算结果可以看出，该设备在使用 6 年时，其平均使用成本为 15250 元/

年，为最低。因此，该设备的经济寿命为6年。

（2）低劣化数值法。由于设备使用时间越长，设备的有形磨损和无形磨损越严重，从而导致设备的养护修理费用增多，这种逐年递增的费用被称为设备的低劣化值（ΔC_t）。用低劣化数值标识设备损耗的方法称为低劣化数值法。

如果假设每年设备的劣化值是相等的，即$\Delta C_t = \lambda$，则每年劣化呈线性增长，可简化其经济寿命的计算，即：

$$N_0 = \sqrt{\frac{2\times(P-L_N)}{\lambda}} \qquad (9-15)$$

式中：N_0——设备的经济寿命；

λ——设备的低劣化值。

【例9-2】 有一台设备，目前实际价值$P=7300$元，预计残值$L_N=900$元，第一年的设备运行成本$Q=600$元，每年设备的劣化增值是均等的，年劣化值$\lambda=200$元，求该设备的经济寿命。

【解】 根据公式（9-15）可以算得，该设备的经济寿命：

$$N_0 = \sqrt{\frac{2\times(P-L_N)}{\lambda}} = \sqrt{\frac{2\times(7300-900)}{200}} = 8（年）$$

（四）机械设备的合理使用

只有合理地使用机械设备，才能发挥其正常的生产效率，降低使用费用，防止或减少事故发生。现就其常见事宜或工作，举例说明如下。

（1）贯彻"人机固定"原则，实行定人、定机、定岗位责任的"三定"制度。同时，通过技术、经济、组织等措施，将机械设备的使用效率与个人经济利益紧密联系起来。

（2）实行机械设备操作人员持证上岗制度。专业机械的操作人员必须经过严格、系统的培训和统一考试，合格后方可持证上岗。

（3）遵守操作规范和使用规定。坚持搞好机械设备的例行保养和强制保养；对新机械设备和经过大修、改造的机械设备在使用初期，必须经过运行磨合，以防止机件早期磨损，延长机械使用寿命和修理周期。

（4）健全设备档案管理制度。指定专人准确记录、及时整理机械设备从出厂到使用、报废全过程的技术状况，并为合理使用、适时维修等提供科学依据。

（5）完善机械设备的综合利用。现场的施工机械设备应尽量做到一机多用，充分发挥其工序效率。例如，在垂直运输机械闲置时，可兼作回转范围内的水平运输、装卸车等。

（6）坚持机械设备的安全作业。项目经理部及有关人员在机械作业前，应向操作人员进行安全操作交底，使操作人员确切了解施工要求、场地环境、气候等安全生产要素，保障机械作业安全等。

（7）科学统筹机械设备的补偿。施工单位或项目经理部在机械设备使用的过程中，应当统筹安全设备的保养和修理，确保其处于良好的工作状态。必要时，应该考量设备的现代化改造和更新。

四、机械设备管理的考核与评价

根据动态循环原理，在使用管理的基础上，应用完整的考核指标、借助科学的评价方法，准确及时地反映设备管理工作水平，属于机械设备的事后管理。

（一）机械设备管理的考核指标

为了全面科学地考核评价机械设备管理工作的综合成效，通常设置以下考核指标。

1. 机械设备完好率

该指标反映机械设备处于完好状态的情况，并有两个具体指标：

$$机械数量完好率 = \frac{施工期内完好的机械台数}{施工期内实有机械台数} \times 100\% \tag{9-16}$$

$$机械台日完好率 = \frac{施工期制度台日中的完好台日数}{施工期内制度台日数} \times 100\% \tag{9-17}$$

2. 机械设备利用率

该指标是反映机械设备的利用情况，并有两个具体指标：

$$机械台班利用率 = \frac{施工期制度台班中的实际工作台班数}{施工期内制度台班数} \times 100\% \tag{9-18}$$

$$机械台时利用率 = \frac{施工期制度台班中的实际工作台时数}{施工期内制度台时数} \times 100\% \tag{9-19}$$

3. 机械设备效率

该指标是反映机械设备的工作效率，并有两个具体指标：

$$机械效率 = \frac{施工期内机械实际完成总工作量}{施工期内机械平均总能力} \times 100\% \tag{9-20}$$

$$机械能力利用率 = \frac{施工期内某种机械实际平均台班工作量}{施工期内某种机械台班定额产量} \times 100\% \tag{9-21}$$

4. 机械化程度

该指标是反映施工机械设备的装备化、机械化水平，并有两个具体指标：

$$某工种机械化程度 = \frac{某工种利用机械完成的实物工程量}{某工种完成的工程量} \times 100\% \tag{9-22}$$

$$综合机械化程度 =$$

$$\frac{\sum(各工种利用机械完成的实物工程量 \times 各工种工程的额定工日系数)}{\sum(各工种工程完成的实物工程量 \times 各工种工程的额定工日系数)} \times 100\%$$

$$\tag{9-23}$$

5. 机械技术状况和技术统计

$$优秀率 = \frac{优秀机械台数}{工程主要机械总台数} \times 100\% \tag{9-24}$$

(二)机械设备管理的评价

在施工机械设备管理考核的基础上，可以从设备管理机构、设备前期管理(含设备方案比选)、设备专业技术管理(含设备磨损与补偿)、设备基础管理(含规章制度、备品备件)等方面，分别设置若干评价项目、评分标准，并由项目经理部的有关部门，定期对照设备考核情况进行打分，完成全面科学的评价。

综合评分的思路，参见本章第四节中"技术方案的技术经济分析"(综合分析)。

当然，为提高机械设备管理水平，需要在考核评价的基础上，建立健全相应的激励约束机制。例如，针对机械设备的内业综合管理、外业操作使用，并结合年度考核的评分等，根据成绩或业绩给予相应的奖惩。

第四节　技术管理

科学技术是第一生产力。国家鼓励技术创新，允许开发新技术、新产品、新工艺发生的研究开发费用，在计算应纳税所得额时加计扣除。项目经理部应当做好基础性、经常性技术管理工作，施工单位需要组织工程技术研发，共同做好新技术方案的技术经济分析，促进转型升级、创新发展。

一、技术管理概述

（一）工程技术与技术管理

1. 技术与工程技术

技术是在解决问题过程中，长期积累的知识、原理、方法、技能和手段。技术通常具备明确的使用范围、被其他人认知的形式和载体，如原材料（输入）、产成品（输出）、工艺、工具、计量方法等。

总体而言，强调实用和功能的技术，不同于注重研究的科学、讲究表达的艺术。

广义的工程技术是指将自然科学原理应用于生产和建设活动，逐步形成的多学科的技术总体。

狭义的工程技术主要指工程项目建设和管理过程中，操作技能、劳动手段、生产工艺、管理程序和方法等的集成。其中，技术装备、生产工具等属于"硬件"，施工工艺、管理方法则属于"软件"。

现代社会，科学与技术综合发展，并与社会生活紧密融合。因此，工程技术更加注重实用性、可行性、经济性和综合性。

2. 技术管理的内涵

工程项目技术管理，简称技术管理，是指管理团队对其所承包的工程建设各项技术活动和构成施工技术的各项要素，进行计划、组织、指挥、协调和控制的总称。

项目经理部必须在企业及有关部门的指导和参与下，建立技术管理体系。而且，根据项目规模、特点，设置相关人员、明确相应职责。

当然，技术管理必须服从工程项目管理的总目标，而且顺应项目管理的发展趋势，并与其他措施或手段相协调。技术管理人员应从生产型转向生产经营型，要成为既懂技术又懂管理的复合型人才，关心生产要素的优化配置，追求动态管理的效果，做到技术经济相统一。

3. 技术管理的任务

一般来讲，施工单位和项目经理部的技术管理，应该完成以下常见任务。

（1）贯彻执行国家各项技术政策和法令，执行国家和有关主管部门制定的技术标准、规范和规定。

（2）科学地组织技术工作，建立施工项目正常的施工生产技术秩序。

（3）积极地采用"四新"（新技术、新工艺、新材料、新设备）科技成果，努力实现建设施工技术现代化，依靠技术进步提高施工项目的综合效益。

（4）加强技术教育、技术培训，不断提高技术人员和工人的技术素质，以保证施工项目的"优质、高速、低耗、安全"。

(二)技术管理工作的主要内容

根据技术管理的任务,结合工程项目的实际,施工单位和项目经理部技术管理工作的主要内容,可以归纳为以下方面。

(1)技术管理的基础性工作。包括制定技术管理制度,实行技术责任制,执行技术标准与技术规程,开展科学试验,交流技术情报,进行技术教育与培训,完善技术档案管理等。

(2)技术管理的经常性工作。包括施工工艺管理,图纸会审,编制施工组织设计,进行技术交底、技术核定、技术检查,实行标准化管理等。

(3)技术管理的创新性工作。包括开展新技术、新结构、新材料、新工艺、新设备的研究与开发,技术改革与革新,制定新的技术措施,以及新技术方案的技术经济分析等。

二、技术管理的基础性工作

所谓基础性工作,主要侧重于技术管理的相关基础和准备。例如:

(一)建立技术管理工作体系

项目经理部应在企业总工程师和技术管理部门的指导和参与下,建立以项目技术负责人为首的技术业务统一领导和分级管理的技术管理工作体系,并配备相应的职能人员。

一般应根据项目规模设置项目技术负责人(项目总工程师或主任工程师),并下设技术部门、工长和班组长。而且,按照技术职责和业务范围等,建立各级技术人员的责任制,明确技术管理岗位与职责,建立各项技术管理制度。

(二)健全施工项目技术管理制度

项目经理部的技术管理工作首先必须执行国家技术政策和企业管理制度,同时还应根据需要自行制定针对施工项目特点的技术管理制度,并报企业总工程师批准。

施工单位和项目经理部技术管理的制度(体系)很多,需要根据自身实际贯彻落实、逐步完善。例如:① 图纸学习和会审制度;② 施工组织设计管理制度;③ 技术交底制度;④ 施工项目材料、设备检验制度;⑤ 工程质量检查及验收制度;⑥ 技术组织措施计划制度;⑦ 工程施工技术资料管理制度;⑧ 技术核定和技术复核制度;⑨ 单位工程施工记录制度。

建立健全施工项目技术管理制度时,既要求主要制度互相配套协调、形成系统,还要具有针对性和可操作性。而且要求项目经理部及所属各单位、部门和人员,在施工活动中必须遵照执行。

(三)完善施工项目技术责任制

项目经理部的各级技术人员都应根据项目技术管理制度、责任体系完成业务工作,尽职履责。其中项目技术负责人的主要职责如下:① 主持项目的技术管理工作;② 主持编制项目技术管理工作规划;③ 组织有关人员熟悉与审查图纸,主持编制项目管理实施规划、施工方案并组织落实;④ 负责技术交底;⑤ 组织做好测量及核定工作;⑥ 指导质量检验和试验;⑦ 审定技术措施计划并组织实施;⑧ 参加工程验收,处理质量事故;⑨ 组织各项技术资料的签证、收集、整理和归档;⑩ 领导技术学习,交流技术经验;⑪ 组织专家进行技术论证、技术攻关。

为了贯彻落实有关制度、责任,施工单位和项目经理部通常根据工程实际和任务、目标的需要,制定相应的管理措施。例如,工程测量管理办法、文明施工和环境保护工作办法、工程质量奖罚办法、安全生产管理办法、技术革新和合理化建议管理办法、技术发明奖励办法等。

三、技术管理的经常性工作

所谓经常性工作，属于日常技术管理工作中的主要活动。其工作内容通常包括：① 施工图纸的熟悉、审查和会审；② 编制施工组织计划与施工场地总平面图；③ 编制施工管理规划；④ 组织技术交底；⑤ 建设工程变更和变更洽谈；⑥ 制定技术措施和技术标准；⑦ 建立技术岗位责任制；⑧ 进行技术检验、材料和半成品的试验与检测；⑨ 工程质量和安全管理；⑩ 贯彻技术规范和规程；⑪ 技术情报、技术交流、技术档案、竣工图的管理工作等。现就其部分工作，加以简述。

(一)完成图纸会审

图纸会审是指工程各参建单位在收到经施工图审查机构审查合格的施工图设计文件后，在设计交底前进行全面细致的熟悉和审查施工图纸的活动。各单位相关人员应熟悉工程设计文件，并参加建设单位主持的图纸会审会议；建设单位应及时主持召开图纸会审会议，组织监理单位、施工单位等相关人员进行图纸会审，并整理成会审问题清单，由建设单位在设计交底前约定的时间提交设计单位。图纸会审由施工单位整理会议纪要，与会各方会签。

图纸会审工作的主要内容通常包括：① 建筑、结构说明有无互相矛盾或者意图不清楚的地方；② 建筑、结构图中轴线位置是否一致，相对尺寸是否标注清楚；③ 预埋件是否表示清楚，有无钢筋明细表，钢筋的构造要求在图中是否表示清楚；④ 材料来源有无保证、能否代换，图中所要求的条件能否满足，新材料、新技术的应用有无问题；⑤ 建筑装饰装修表是否包含所有房间；⑥ 一般设计容易疏忽的部分，例如窗台做法、窗帘盒做法、门窗的材质、门垛尺寸；⑦ 地基处理方法是否合理，建筑与结构构造是否存在不能或不便于施工的技术问题，或容易导致质量、安全、工程费用增加等方面的问题；⑧ 工艺管道、电气线路、设备装置、运输道路与建筑物之间或相互间有无矛盾，布置是否合理，能否满足设计功能要求等。

(二)进行技术交底

技术交底是指在某一单位工程开工前，或重要分项工程施工前，由项目技术负责人或相关专业技术人员向参与施工的作业人员进行的技术性交代，并通过书面文件形式予以确认。其目的是使施工作业人员对工程特点、技术质量要求、施工方法与措施和安全等有较详细的了解，以便于科学地组织施工，避免质量、安全等事故的发生。安全技术交底是技术交底的重要形式之一，各项技术交底记录也是工程技术档案资料中不可缺少的部分。

安全技术交底是一项技术性很强的工作，对于贯彻设计意图、严格实施技术方案、按图施工、循规操作、保证施工质量和施工安全至关重要。其主要内容如下：① 工程项目和分部分项工程的概况；② 本施工项目的施工作业特点和危险点；③ 针对危险点的具体预防措施；④ 作业中应遵守的安全操作规程以及应注意的安全事项；⑤ 作业人员发现事故隐患应采取的措施；⑥ 发生事故后应及时采取的避难和急救措施。

安全技术交底的主要要求包括：① 项目经理部必须实行逐级安全技术交底制度，纵向延伸到班组全体作业人员；② 技术交底必须具体、明确，针对性强；③ 技术交底的内容应针对分部分项工程施工中给作业人员带来的潜在危险因素和存在的问题；④ 应优先采用新的安全技术措施；⑤ 对于涉及"四新"项目，或技术含量高、技术难度大的单项技术设计，必须经过两阶段技术交底，即初步设计技术交底和实施性施工图技术设计交底；⑥ 应将工程概况、施工方法、施工程序、安全技术措施等向工长、班组长进行详细交底；⑦ 定期向由两个或以上作业队和多工种进行交叉施工的作业队伍进行书面交底；⑧ 保存书面交底签字记录。

（三）编制施工组织设计

通过编制施工组织设计、优化施工技术措施计划等，指导工程施工的技术、经济和管理等活动。相关内容，参见本书第一章（工程项目管理概论）第三节（流水施工与施工组织设计）。

（四）加强技术档案管理

技术档案是按照一定的原则和要求，经过归集、整理、移交、归档后保管起来的技术文件材料。它既是各建筑物、构筑物的真实历史记录，也是相关人员智慧的结晶、不断进步的参考。技术档案实行统一领导、分专业管理。资料收集应做到及时、准确、完善，分类正确，传递及时，符合地方性法规的相关要求。相关内容，参见本书第七章（工程项目信息管理）第三节（工程文件和档案资料）、第十章（工程项目收尾管理）第一节（竣工验收准备与竣工验收）。

四、技术管理的创新性工作

（一）技术研究与开发

技术研究与开发，简称技术研发是指为了实质性改进技术、产品和服务，将科研成果转化为质量可靠、成本可行、具有创新性的产品、材料、装置、工艺和服务的系统性活动。其通常包括基础研究、应用研究和技术开发等相互关联、并不相同的组成内容。

工程技术创新或研发主要面向工程技术的应用研究、技术改进（革新）和技术开发。其成果的形式可以是能力、制度、知识产权以及专利、工法等。例如，工程研究领域的供应链韧性、基于大数据的工业智能化研究等；工程开发领域的面向城市安全的综合应急技术、可调控超高性能混凝土设计等。

（二）工程技术研发的程序

工程技术研发的程序，通常包括以下过程。

（1）概念。聚焦工程需要，明确研发目标。

（2）计划。调查研究，选定题目、确立方案，拟制计划。

（3）开发。集中资源、开展研究，取得进展、及时完善。

（4）测试。从质量、价值、成本等方面，分析新技术的试验效果。

（5）发布。施工应用的前后，总结评价、适时发布（成果）。

当然，技术研发及其流程本身也是一个需要持续改进、动态优化的过程。

（三）工程技术研发的组织

随着工程技术研发（开发）的复杂化、大型化，研究周期延长、不确定性因素增加，需要健全的制度、专门的机构组织实施相关活动。

施工单位或大型工程的项目经理部可以组建工程技术（研发）中心，汇集相关人员，按照"分工协作、业务相对独立"的原则，明确相关职责，开展研究活动。其中，技术中心可下设综合室（组）、开发室（组）、工艺室（组）和试验室（组）等。

国家允许研究开发费用，在计算应纳税所得额时，加计扣除。施工单位或项目经理部需要对技术研发活动中取得重大成绩或进展者，及时给予相应的激励。

五、技术方案的技术经济分析

社会经济的高质量发展、用户要求的不断提高，以及工程项目的复杂化、大型化，迫切需要新技术的研发与应用。以新技术为支撑，新工艺、新工法、新材料、新设备等（简称"新技术方案"），给工程建设及项目管理带来新推力。例如，工程建设的相关单位应当主动顺应、积极应用住房和城乡建设部推广的《建筑业 10 项新技术》(2017 版)。工程项目管理鼓励"新技术方案"，也不排斥传统技术方案（以下合称"技术方案"），并且希望两者彼此融合、协同发展。

（一）技术方案选择的原则

技术方案的技术经济分析，需要通过分析、对比、论证，选择最佳的技术方案或组合。一般说来，选择技术方案时，应遵循以下原则。

1. 技术先进、可靠、安全、适用

（1）技术先进性。新技术方案一般要比现有的技术方案先进，力争有较强的行业竞争力。技术先进性可以通过多种技术经济指标体现出来，例如，降低原材料和能源消耗，提高劳动生产率，有利于保证和提高产品质量，有益于人身安全，减轻工人的劳动强度，有助于改善环境等。

（2）技术可靠性。新技术方案必须是成熟、稳定的，有可借鉴的企业或项目；对尚在试验阶段的新技术应采取积极慎重的态度；通过转让取得的技术，要考虑技术来源的可靠性，例如技术持有者信誉好，愿意转让技术且转让条件合理，知识产权经过确认等。

（3）技术安全性。新技术方案必须考虑是否会对操作人员造成人身伤害，有无保护措施；"三废"和噪声的产生和治理情况，是否会影响周边环境等。

（4）技术适用性。新技术方案必须考虑对当地资源的适用性、充分发挥所在地的资源优势，适应方案特定的资源、经济、社会等方面的条件，降低原材料特别是能源的消耗，改善生产条件，提高产品质量，同时有利于充分发挥企业原有的技术装备和技术力量。

2. 综合效益合理

技术方案要综合考虑投资、成本、质量、工期、社会、环境、经济效益等因素。主要体现在以下几方面。

（1）方案经济性。根据新技术方案的具体情况，分析方案的投资费用、劳动力需要量、能源消耗量、生产成本等，比选各方案的成本和产品性能需求，选择"性价比"较高的方案。

（2）效益综合性。是指技术、经济、社会和环境相结合。在选择方案时，既要考虑技术和经济问题，还要考虑社会影响和环境影响，避免产生不良的社会问题和环境问题。

通常情况下，上述原则是一致的。如果存在相互矛盾的情形，就要综合考虑各方面的得失。一般地说，在保证功能和质量、不违反劳动安全与环境保护的原则下，经济合理性应是选择技术方案的主要原则。

（二）技术方案的技术分析

1. 技术指标

为用作技术评价工作、提供经济指标的计算依据、反映技术方案代表性参数，主要设置两类技术指标。

（1）技术特性指标。主要反映技术方案追求的结果。例如，结构工程中混凝土工艺方案的现浇混凝土强度、现浇工程总量等。

（2）技术条件指标。主要反映技术方案的实施过程。例如，房屋建筑工程的方案占地面积、所需的主要材料能否保证供应等。

2. 技术比较分析

针对技术方案进行技术比较分析时，通常从以下几个方面入手：① 分析与实施工程相关的国内外新技术应用方案，比较优缺点和发展趋势，选择先进适用的技术方案；② 与采用的原材料、工艺技术相适应；③ 分析方案技术来源的可得性，若计划引进技术或专利，应比较所需费用；④ 分析技术方案是否符合节能、环保的要求；⑤ 分析技术方案对工程质量的保证程度；⑥ 分析技术方案各工序间的合理衔接，工艺流程是否通畅、简捷。

（三）技术方案的经济分析

在工程建设实践中，即使面临若干可行的技术方案，通常也只能选择一个方案付诸实施，即各方案之间具有互斥性或排他性。按照是否充分地考虑资金时间价值，经济分析的方法可以分为静态分析和动态分析两大类：前者，包括增量投资分析法、年折算费用法、综合总费用法等；后者，常用财务净现值（费用现值）法、财务净年值（年成本）法等。下面仅就增量投资分析法，或称增量投资收益率法进行阐述。

在不同的技术方案中，经常会有某方案的一次性投资额较大，但年经营成本（或生产成本）较低的情形。若此，可以通过计算不同方案的增量投资及其收益率，对比不同方案的相对经济效果，从而选择方案。

所谓增量投资收益率就是增量投资所带来的经营成本（或生产成本）上的节约与增量投资之比。假设 I_1、I_2 分别为旧、新技术方案的投资额，C_1、C_2 为旧、新方案的年经营成本。如果 $I_2>I_1$，$C_2<C_1$，则增量投资为（I_2-I_1），每年可节约的经营成本或收益为（C_1-C_2），于是其增量投资收益率 $R_{(2-1)}$ 为：

$$R_{(2-1)} = \frac{C_1-C_2}{I_2-I_1} \times 100\% \tag{9-25}$$

当 $R_{(2-1)}$ 大于或等于基准投资收益率时，表明投资额较大的新方案经济上可行；反之，则表明新方案经济上不可行。

【例9-3】 某工程现有两个对比施工方案。方案1是曾经应用过的，需投资120万元，年生产成本为32万元；方案2是新方案，在与方案1应用环境相同的情况下，需投资160万元，年生产成本为26万元。设基准投资收益率为12%，试运用增量投资收益率法选择方案。

【解】 根据题意及式（9-25），可得增量投资收益率为：

$$R_{(2-1)} = \frac{C_1-C_2}{I_2-I_1} \times 100\% = \frac{32-26}{160-120} \times 100\% = 15\% > 12\%$$

计算结果表明，由于大于基准投资收益率，投资额较大的新技术方案，在经济上是可行的。

（四）技术方案的综合分析

技术方案的综合分析，指在各方案技术、经济、社会和环境分析基础上，对各备选方案进行综合评价。根据评价目的、技术类型、实际情况以及比选内容、侧重点等不同，可供选用的综合比选方法较多。现仅就常用的综合评分法的两种具体应用情况作以阐述。

1. 简单评分法

简单评分法的基本思路是将所评价技术方案的多项指标转化为一个综合指标，并以此综合指标的数值或得分，作为评价技术方案的依据。简单评分法的分析步骤如下。

（1）确定技术方案的评价标准。根据方案的特点，可以采用反映其技术先进性、适用性、可靠性、安全性、环保性和经济性等的指标。

（2）对各备选方案的各项指标进行评价。由评价专家针对备选方案按照各项指标的评价标准进行评价，并剔除不能满足最低要求的方案。

（3）根据对各项指标所规定标准的满足程度，确定备选方案对应各项指标的评分值。为使不同性质和量纲的指标能够进行评价比较，按方案对各项指标所规定标准的满足程度，可采用百分制、十分制、五分制或某个分数，给予评分。

（4）选定最佳方案。将不同方案的综合指标值按大小排列，根据综合指标值选出最优方案。

【例9-4】 某工程有A、B、C三个备选的技术方案，确定采用技术先进性、适用性、可靠性、安全性、环保性和经济性等六项标准进行评价，各方案的指标评分如表9-6所列。采用简单评分法对三个方案进行排序，并提出推荐方案。

表9-6 技术方案评分表

序号	标准	方案A	方案B	方案C
1	技术先进性	75	90	70
2	技术适用性	85	80	80
3	技术可靠性	95	65	75
4	技术安全性	65	70	80
5	技术环保性	70	75	65
6	技术经济性	80	50	85
	方案综合指标值	78.33	71.67	75.83

【解】 根据题意，应用简单评分法，将备选方案的各项指标评分值加总平均，得出A、B、C各方案的综合指标值分别为78.33、71.67和75.83。方案综合指标值的优劣顺序为：A方案最高，C方案次之，B方案最低。因此，推荐A方案。

2. 加权评分法

加权评分法是对简单评分法的一种改进，其基本思想是由于技术方案各项指标的重要程度不同，因此根据各项指标重要程度的差异分别给予不同的权重，然后计算各方案的加权综合指标值，得出各方案的排序，据此选择方案。

【例9-5】 按照例9-4，如果六项指标的权重分别是：先进性0.15，适用性0.15，可靠性0.25，安全性0.20，环保性0.10，经济性0.15。应用加权评分法对方案进行重新排序，并选择最佳方案。

【解】 重新计算三个方案各项指标的加权分，如表9-7所列。

表9-7 技术方案加权评分表

序号	标准	权重	方案A		方案B		方案C	
			指标评分	加权分	指标评分	加权分	指标评分	加权分
1	技术先进性	0.15	75	11.25	90	13.50	70	10.50
2	技术适用性	0.15	85	12.75	80	12.00	80	12.00
3	技术可靠性	0.25	95	23.75	65	16.25	75	18.75
4	技术安全性	0.20	65	13.00	70	14.00	80	16.00
5	技术环保性	0.10	70	7.00	75	7.50	65	6.50
6	技术经济性	0.15	80	12.00	50	7.50	85	12.75
	合计	1.00		79.75		70.75		76.50

从表9-7可见，A、B、C三个方案的加权综合指标评分值分别为79.75、70.75和76.50，三个方案的加权综合指标值排序未变，仍然是推荐A方案（最佳方案）。

第五节 资金管理

工程建设需要巨额、适时的资金支持,建设单位科学地选择资金来源、降低筹资成本,不仅可以满足工程项目对于资金的需求,还可以取得更好的投资效益。工程总承包和施工承包单位为了维持工程建设、施工活动的正常进行,也需要有效筹集、合理使用资金,并通过分析、评价不断提高资金管理水平。本节兼顾建设单位、工程总承包单位的资金筹措,主要阐述施工单位及项目经理部的资金管理。

一、资金及资金管理

(一)资金及其运动

1. 资金的内涵

工程项目资金,简称资金,是指企业或团队在工程建设过程中,需要投入的各项资金的总和。建设单位作为工程项目及建设活动的发起人,理当筹措并拥有相应的资金。其工程项目资金的内涵,通常对应建设投资或工程造价。参见本书第四章(工程项目成本控制)第一节(工程造价及其控制概述)。

对于施工承包单位而言,工程项目资金的内涵类似于第四章中的工程项目成本。它是承包单位所拥有或占用、投入、支配的资源要素的价值形态,是正常进行工程建设活动的物质基础和前提条件。而且,根据项目经理责任制、项目成本核算制,以项目经理为核心的项目经理部必须参与资金管理,甚至可能负责项目融资。

2. 资金流

工程项目资金流动,简称资金流,是指工程项目资金随着工程建设活动的不断进行,其价值形态、价值量随之发生变化的过程或状态。总体而言,施工承包单位的资金流经过供应、生产、结算三个阶段,资金按一定的比例处于储备资金、生产资金、成品资金和货币资金的四种形态之中。其主要流程,见图9-5。

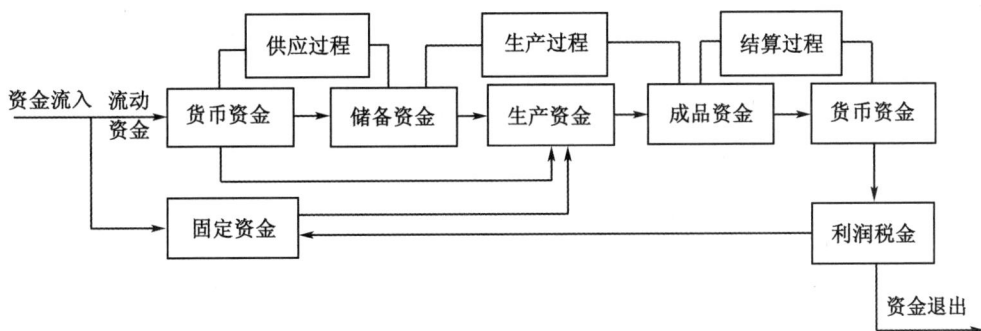

图9-5 资金流的阶段与形态

从图9-5可以看出,资金进入、循环和周转、结算与退出,将会形成工程项目的资金流。而且,其反映出工程建设活动中承包与发包、企业与项目经理部等的经济关系。

(二)资金管理及任务

1. 资金管理的内涵

工程项目资金管理,简称资金管理,是指企业或项目经理部在工程建设过程中,为满足工程施工需要,根据资金运动规律,所进行的资金预测与计划、使用与核算、分析与评价等一系列的管理活动。

　　资金管理工作的主要流程，包括资金策划、资金计划（事前管理）、过程管理（资金使用）、统计分析（检查处理）等阶段。某施工（承包）单位的资金管理流程，如图9-6所示。

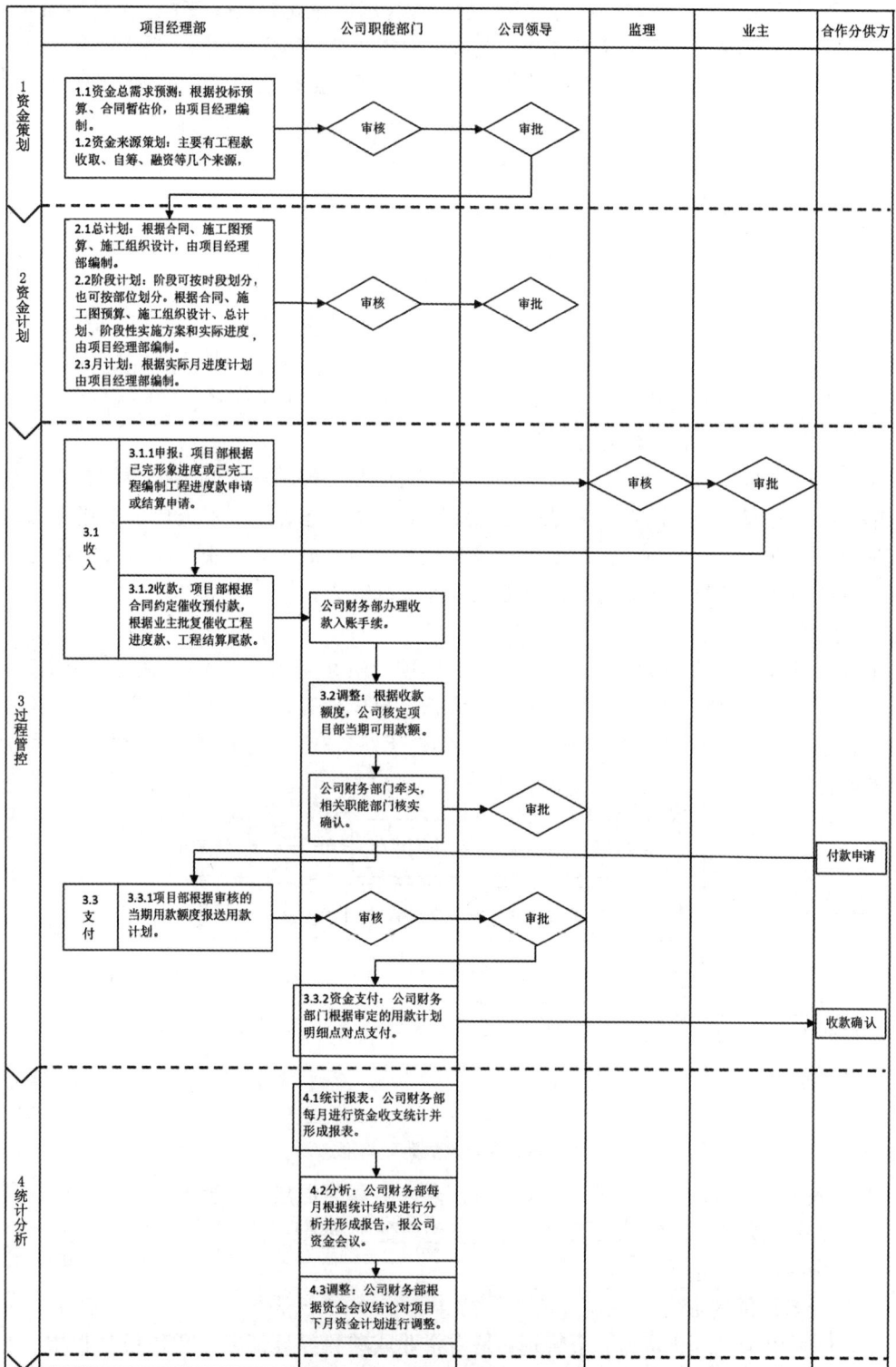

图9-6　某施工单位的资金管理流程（示意）

2. 资金管理的任务

资金管理的任务会随着工程项目实际情况、企业与项目经理部的分工等有所区别，但是其必须维护企业整体利益、实现项目管理目标。资金管理的任务通常包括以下几方面。

(1)遵章守法，诚信经营。遵守相关法律法规、标准规范，执行《企业会计准则》，诚实守信，稳步增强企业信用。

(2)规避风险，提高效益。坚持预算指导、计划管理，以收定支、合理使用的原则，努力防范风险、提高经济及综合效益。

(3)企业统筹，优化配置。按照"收支两条线"的原则，企业财务部门统一管理资金，项目回款统一纳入公司账户，项目使用的资金由公司按计划统筹安排；项目经理部分工负责，精心策划、科学计划，优化配置、高效运转。

(4)全程管控，持续改进。整合工程项目资金的预测与计划、筹集与使用、分析与评价等，聚焦建设施工的全过程管理，借助评价、激励及约束，提高资金管理水平，更好地实现工程项目管理目标。

如果是广义的现金管理，企业或项目经理部还应该充分考虑资金筹集，优化筹资方案，确保平稳运行。

二、资金筹措与资金成本

资金筹措(筹资)是企业或团队通过各种渠道和方式，筹措项目运营、生产经营所需资金的财务活动。筹资是企业或团队资本运作的起点，筹资管理是财务管理、资金管理的重要组成部分。任何企业或团队都需要组织好筹资活动，以较小的代价筹集所需的资金。

(一)筹资主体

施工(承包)单位的资金筹措或资金管理可以分为两个层面，一方面是企业筹资，另一方面是项目融资。而且未来的项目经理将在此过程中，扮演更加重要的角色。

1. 企业筹资

企业筹资，又称公司筹资，是以现有企业为基础进行筹资并用于项目建设的相关活动。按照资金筹集渠道的不同可分为内源筹资和外源筹资。一般来讲，单纯依靠内源筹资的方式难以满足全部资金需求，而且从风险角度来看，也不符合资本市场规则。因此，两者宜综合运用。

(1)内源筹资。即从企业内部筹集资金。其资金来源主要包括企业自有资金、应付息税、未使用或者未分配专项基金。其中，自有资金主要包括留存收益、应收账款以及闲置资产变卖等；未使用或未分配的专项基金主要包括更新改造基金、生产发展基金以及职工福利基金等。

由于资金源自企业内部，内源筹资不会直接发生筹资费用，具有明显的成本优势。同时，内源筹资具有效率优势，能够有效降低时间成本。

(2)外源筹资。即从企业外部筹集资金。其筹资渠道主要包括：权益筹资，作为直接筹资方式，通过普通股或优先股进行筹资，形成企业所有者权益，但其将对企业股权结构产生不同程度的影响；债务筹资，作为间接筹资方式，通过借款或债券等进行筹资后，企业需按时偿付本金和利息，致使企业资本结构产生较大变化，企业负债率的上升将会影响企业的财务风险；混合筹资主要包括可转换债券和认股权证，其是同时兼备权益筹资、债务筹资特征的特殊筹资工具。

2. 项目融资

（1）项目融资的界定。从理论上讲，项目融资是以项目的预期收益作为抵押取得贷款的融资方式。广义的项目融资（project financing）是指为建设一个新项目或收购现有项目以及对已有项目进行债务重组所进行的资金融通活动。

作为专业的金融术语，狭义的项目融资是指为建设和经营项目而成立新的独立法人（项目公司），并由其完成项目的投资建设和经营还贷。

项目融资属于无追索权融资方式，即项目的负债，只能依靠项目本身的资产和未来现金流（预期收益）作为保证。如果项目实际运作失败，债权人只能要求以项目本身的资产或盈余还债，并无项目以外其他资产的追索权。

（2）项目融资的特点。作为无追索权融资方式，项目融资通常需要项目本身具有稳定的现金流和较强的盈利能力。因此，项目融资通常具有以下特点。

① 以项目为主体。主要根据项目的预期收益、资产以及政府扶持政策措施的力度来安排融资，其贷款的数量、融资成本的高低以及融资结构的设计等，均与项目的现金流量和资产价值直接联系。

② 有限追索贷款。项目的贷款人可以在贷款的某个特定阶段对项目借款人实行追索，或在一个规定范围内对公私合作双方进行追索。除此之外，项目出现任何问题，贷款人均不能追索到项目借款人除该项目资产、现金流量以及政府承诺义务之外的任何形式的资产。

③ 合理分配风险投资。在项目决策阶段应尽早地确定哪些（基础设施）项目能够进行项目融资，通过项目评估时的定价辨析风险，并且可以在项目的初始阶段较合理地分配项目整个寿命周期内的风险。

④ 项目资产负债表之外的融资。根据有限追索原则，项目投资人承担了有限责任，因而通过对项目投资结构和融资结构的设计，可以帮助投资者将贷款安排为一种非公司负债性融资，使融资不需进入项目投资者资产负债表的贷款形式。

⑤ 灵活的信用结构。可以将贷款的信用支持分配到与项目有关的各个方面，提高项目的债务承受能力，减少贷款人对投资者资信和其他资产的依赖程度。

项目融资的金额大、期限长、涉及面广、相关法律文件多，比传统融资程序复杂。而且融资利息可能比通常的企业贷款高。

（3）项目融资的常见模式。项目融资模式包括 BOT、PPP，甚至 ABS（资产收益证券化）等，并在我国的城市公共设施、基础设施投资建设等领域得到快速发展。

① 建设-运营-移交（Build-Operate-Transfer，BOT）模式，是政府就某基础设施项目与某项目公司签订特许权协议，授予其负责该项目的投融资、建设、经营和维护的权力。在协议规定的特许期内，该项目公司负责项目建设及之后的运营，向设施使用者收取适当的费用，由此回收项目投资成本，获取合理回报；政府部门拥有对该基础设施项目的监督权、调控权。特许期满，签约方的项目公司将该基础设施无偿移交给政府部门。

② 政府和社会资本合作（Public-Private-Partnership，PPP）模式，指政府通过特许经营权、合理定价、财政补贴等事先公开的收益、约定规则，引入社会资本参与城市基础设施等公益性事业投资和运营，以利益共享和风险共担为特征，发挥双方优势，提高公共产品或服务的质量和供给效率。

(二)筹集方式

企业筹集资金的方式很多,根据筹资期限的不同分为短期筹资(期限在 1 年及以内)和长期筹资(期限在 1 年以上)。

1. 短期筹资

(1)商业信用筹资。商业信用是指在商品或服务交易中,由于延期付款或预收货款所形成的企业间的借贷关系。其常用形式有以下三种。

① 应付账款。企业购买货物或服务暂未付款而欠对方的账项,即卖方允许买方在购货后一定时期内支付货款的商业信用形式。卖方利用这种方式促销,买方的延期付款则相当于向卖方借用资金购进货物,可以满足短期的资金需要。

② 应付票据。企业进行延期付款商品或服务交易时,开具的反映债权债务关系的票据。根据承兑人的不同,应付票据分为商业承兑汇票和银行承兑汇票两种,在短期筹资的背景下,其支付期最长不超过 6 个月。

③ 预收账款。卖方企业在交付货物之前向买方预先收取部分或全部货款的商业信用形式。对于卖方来讲,预收账款相当于向买方借用资金后再用货物抵偿。预收账款一般用于生产周期长、资金需要量大的货物销售。

对于多数企业而言,商业信用是一种持续性的信用形式,且无须正式办理筹资手续。而且,如果没有现金折扣或使用不带息票据,商业信用筹资不负担成本。但是,其筹资的期限较短、限定于购买的货物或服务,放弃现金折扣、违约时所付出的成本较高。

(2)短期借款。企业向银行和其他非银行金融机构借入的期限在 1 年以内的借款。短期借款通常附有信贷限额、周转贷款协议、补偿性余额、借款抵押、偿还条件等信用条件。

短期借款可以根据企业的需要,灵活安排、使用资金,取得较为简便。但其借款需要在短期之内归还,特别是在带有附加条件的情况下,风险明显加大。在工程建设,尤其是施工过程中,短期借款应用得较为普遍。

2. 长期筹资

根据是否需要偿还,长期筹资可分为长期负债筹资和长期股权筹资。

(1)长期负债筹资。

① 长期借款筹资。指企业向银行或其他非银行金融机构借入的使用期超过 1 年的借款,主要用于购建固定资产和满足长期流动资金占用的需要。

② 长期债券筹资。主要指由企业发行的期限超过 1 年的公司债券。其发行目的通常是为建设大型项目筹集大笔长期资金。

③ 可转换债券筹资。一种允许持有人在规定的时间内按规定的价格转换为发行公司或其他公司普通股股票的有价证券。与普通债券相比,可转换债券可以根据债权人的选择在规定的时间转换为普通股股票,具有更大的灵活性,故对投资者的吸引力较大。

④ 融资租赁。也称金融租赁。不同于经营租赁旨在取得短期使用的资产,融资租赁的目的是以初期较为有限的资金,拥有长期使用的资产。因此,典型的融资租赁是指长期的、完全补偿的、不可撤销的、由承租人负责维护的租赁。

融资租赁通常具有以下特点:租赁期满,设备的所有权通常转移给承租人;租赁期限长,一般超过设备寿命的 75%;付款数额的现值大,时常超过设备价值的 90%;租赁资产性质特殊,如不重新改制,只有承租人能够使用。

在长期负债筹资中,施工单位或项目经理部参与较多、自主权更大的是融资租赁。

（2）长期股权筹资。

① 普通股股票筹资。普通股股票是股份有限公司发行的无特别权利的股份，是最基本、最标准的股票。普通股筹资与负债筹资方式相比，具有如下的优点：没有到期日，不需归还，形成公司的永久性资金；公司发行普通股后，每年分配给股东的股利，取决于公司当年的盈利水平和公司的股利分配政策，没有固定的股息负担、风险较低；普通股筹集的资本是公司举债的基础，能够反映公司的实力；成功发行股票必须具备一定的条件，公司通过发行股票可以起到对外宣传的作用，从而扩大公司的影响力，提高公司的信誉和知名度。

② 优先股股票筹资。优先股的股东较普通股在股息、清偿等方面具有一定的优先权。其优点主要有：优先股是公司的永久性资金，公司不必考虑偿还本金，大幅减轻了财务负担；股利标准固定，且支付具有一定的灵活性；优先股的发行，不会改变普通股股东对公司的控制权；发行优先股能提高公司的举债能力。

③ 认股权证筹资。由发行人所发行的附有特定条件的一种有价证券，它允许持有人按某一特定价格在规定的期限内购买既定数量的标的资产。从本质上看，它是期权的买卖，是以股票或其他证券为标的物的一种长期买进期权。

（三）资金成本与计算

从广义讲，资金成本有两个概念，一个是企业投资所要求的报酬，即投资项目的资金成本；另一个是企业为筹措和使用资本而付出的代价。鉴于施工（承包）单位及项目经理部的立场，本书主要阐述后者。

1. 资金成本的概念

资金成本是指从企业或筹资人角度出发，为了筹措、使用资金而付出的代价或费用。资金成本的费用组成包括以下两方面。

① 资金筹集费。指在筹集资金过程中，一次性支付的各项费用，例如广告费、评估费等；在既定的筹资方案之下，其相对固定。

② 资金占用费，也称资金使用费。指因占用资金而支付的费用，例如银行借款利息、债券利息等。该费用与筹集、占用资金的数额、时间等有关，属于资金成本中的变动费用。

2. 资金成本的作用

资金成本的作用主要有以下几个方面：① 是企业选择筹资渠道，确定筹资方案的重要依据；② 是评价投资项目、进行投资决策的经济标准；③ 是评价企业经营成果的基准。

3. 资金成本率的计算

为了便于不同情况下的分析、比较，资金成本通常以百分数的形式，即以资金成本率表示。资金成本率是单位时间内资金占用费与筹资净额的比率（百分比），其计算公式如下：

$$资金成本率 = \frac{资金占用费}{筹资净额} \times 100\% \qquad (9-26)$$

式中：筹资净额 = 筹资总额 − 筹资费用 = 筹资总额 × (1 − 筹资费率)。

（1）单项资金成本率。也称个别资金成本率，是指为某项资金来源单独计算的资金成本率。例如，债务筹资（银行借贷）的资金成本率，可按下式计算：

$$债务资金成本率 = \frac{资金使用费(1 - 所得税率)}{筹资总额(1 - 筹资费率)} \times 100\% \qquad (9-27)$$

租赁资产的资金成本率，可按下式计算：

$$租赁资产的资金成本率 = \frac{年租金}{租赁资产的价值} \times (1-所得税率) \qquad (9-28)$$

（2）综合资金成本率。是以各种单项资金成本率为基础，按照该资金的金额在资金总额中所占比重，通过加权平均方法计算出来的资金成本率。

如果企业或项目经理部面临多种筹资方案、每一方案存在多种筹资方式时，由于个别资金成本的片面性和高低差异，需要计算综合资金成本率，并在不考虑其他因素的情况下，选择综合资金成本率最低的筹资方案（组合）。

三、资金预测与计划

按照动态循环原理，工程项目资金的预测与计划，属于资金管理活动中的事前控制。

（一）资金收入的预测

对于施工（承包）单位而言，狭义上的收入，即营业收入，是指在销售商品、提供劳务及让渡资产使用权等日常活动中形成的经济利益的总流入，包括主营业务收入和其他业务收入，不包括为第三方或客户代收的款项。其中，日常活动是指企业为了完成所有的经济目标而从事的一切活动。这些活动具有经常性、重复性和可预见性的特点。广义上的收入，在营业收入的基础上，还包括投资收益、补贴收入和营业外收入。本书主要阐述营业收入。

1. 收入的构成

按照收入的性质，企业的收入可以分为建造（施工）合同收入、销售商品收入、提供劳务收入和让渡资产使用权收入等；按照营业的主次，施工（承包）单位的收入包括主营业务收入和附营业务收入。

（1）主营业务收入。主营业务收入也称基本业务收入、建造（施工）合同收入，是指企业通过签订建造（施工）合同，并按合同要求为客户设计和建造房屋、道路、桥梁、水坝等建筑物以及制造船舶、飞机、大型机械设备等而取得的收入。其中，建筑业企业为设计和建造房屋、道路等建筑物签订的合同称为施工合同，按合同要求取得的收入称为施工合同收入。

（2）附营业务收入。附营业务收入也称其他业务收入，包括销售商品、提供劳务和让渡资产使用权收入。

销售商品收入是指企业通过销售产品或商品而取得的收入。施工（承包）单位销售商品主要包括产品销售和材料销售两大类。产品销售主要有自行加工的碎石、商品混凝土、各种门窗制品等；材料销售主要有原材料、低值易耗品、周转材料、包装物等。

提供劳务收入是指企业通过提供劳务作业而取得的收入。施工（承包）单位提供劳务主要包括机械作业、运输服务、设计业务、产品安装、餐饮住宿等。

让渡资产使用权收入是指企业通过让渡资产使用权而取得的收入。例如，施工（承包）单位出租闲置的机械设备、让渡无形资产使用权取得的收入等。

2. 收入的预测方法

资金收入的预测应当反映资金在时间、数量上的总体安排。主营业务在资金收入当中占有重要的比例，也是施工（承包）单位关注的焦点。

主营业务收入预测，通常基于施工合同，根据工程进度计划、合同确定的付款方式，测算工程预付款、工程进度款等。工程进度款通常按照每月完工进度（百分比），或按工程形象进度分阶段支付。

在按月结算的条件下，某月的工程进度款收入可按下式测算：

$$当期收入=(合同总收入×完工进度)-以前期间累计已预测的收入 \qquad (9-29)$$

（二）资金支出的预测

1. 明确资金支出的范围

针对施工项目及成本核算对象，明确预测范围所包括的人工费、材料费、施工机具使用费、其他直接费和间接费。同时，适当考虑措施项目费、分包工程费等各项支出。有关内容，参见第四章（工程项目成本控制）第四节（工程项目成本核算）。

2. 资金支出的初步预测

根据工程项目成本计划、人力资源计划、材料供应计划等，结合项目管理实施规划、施工进度计划，测算出计算期（每月）预计的人工费、材料费、施工机具使用费、其他直接费、间接费等各项支出。

3. 资金支出的调整

在工程实践中，施工单位施工作业发生的资金支出与其进度、成本计划并不同步且多有提前。例如，进行施工准备、发生相关费用，早于实际施工；材料使用之前的订货、运输、入库、贮存等过程以及费用支付，与工程进度也有一定的差异。因此，通常需要对于初步预测的资金支出做出调整、修正，进而完成资金支出预测。

项目经理部应对工程项目资金的收支做出合理的预测，对各种影响因素进行正确评估，最大限度地避免资金的收入和支出风险。

（三）资金计划的编制

项目经理部应根据施工合同、承包造价、施工进度计划、施工项目成本计划、资源供应计划等，结合资金收入和支出的预测，编制不同阶段（形象进度）、不同时间（年、季、月）的资金收支计划。

资金计划上报企业主管部门审批后，由项目经理部组织实施。

由于主客观条件的变化，项目经理部在施工过程中的实际收支，与按施工进度计划确定的资金计划，时常出现偏差，并需施工（承包）单位及时发现、科学调控。

四、资金使用管理

按照动态循环原理，工程项目资金的使用管理，属于资金管理活动的事中控制。而且，属于工程资金实际发生的高峰阶段，务必高度重视。

（一）资金使用管理的原则与方式

建立健全项目资金管理责任制，明确资金使用管理由项目经理负责，项目经理部的财务人员协调组织日常工作，做到统一管理、归口负责、业务交接对口，明确造价（预算）员、计划员、统计员、材料员、劳动定额员等有关职能人员的资金管理职责和权限。

1. 资金使用管理的原则

项目资金的使用应本着促进生产、节省投入、量入为出、适度负债，以及兼顾国家、企业（项目）、员工三者利益的原则，依法办事、依规运营，增收节支。

按照《中华人民共和国劳动法》，保证员工工资按时发放；按照劳务分包合同，保证外包工人劳务费按合同规定结算和支付；按照材料采购合同，按期支付货款；按照分包合同，支付分包款项。

2. 资金使用管理的方式

项目经理部运用经济手段，准确核定、合理控制材料占用资金，包括主要材料、周转材料、生产工具等；对作业队占用模板、中小型机械等，按预算分别核定收入，采用市场租赁价按月计算支出，针对节约的作业队按节约额进行奖励。

同时，抓报量、抓结算，随时办理增减账索赔。根据施工进度，做好工程结算，及时回收工程价款；抓好月度中期付款结算及报量，减少未完成建设工程占用的资金。

(二)保证资金收入

对工程项目来讲，收取预付款、安全文明施工费和工程价款是资金的主要来源。重点抓好月度工程价款结算，组织好日常营业收入，管好资金的入口。随着工程施工进度，及时办好工程结算，并为工程价款的回收创造条件。

收款工作应从承揽工程、签订合同开始，直到工程竣工验收、确定竣工结算以及缺陷责任期满收回工程尾款等，优化工程价款的动态结算。认真研究合同条款，完善工程档案，按规、如约处理工程变更、施工索赔以及合同价款调整等项收入。

项目经理部要关注建设单位的资金动态，在已经发生垫资施工或拖延付款的情况下，要适当掌控施工进度，以利收回资金；如果不利的情况超出原有计划，要考虑调整施工方案，甚至暂缓施工，并积极与建设单位协商，尽力收回资金。

(三)控制资金支出

在施工组织设计、施工进度计划、施工方案的选择方面，积极采用先进的施工技术，提高效率、保证质量、降低消耗，努力以较少的资金投入创造较大的经济价值。

加强资金支出的计划控制，各种人工、材料、施工机械投入都要执行相应的消耗定额，管理费用要按开支标准执行。人工、材料、施工机械的付款，宜在交易发生期或期末支付，如有可能则力争转为流动负债、延期支付(参见本节的"商业信用筹资以及应付账款")。

(四)加强资金核算

按会计制度规定，设立财务台账，记录资金支出，加强财务核算，及时盘点盈亏。项目经理部的财务台账可由财务人员登账，或在财务人员指导下由项目经理部有关业务部门登账。明细台账要定期与财务账核对，做到账账相符；与仓库保管员的收、发、存实物账及其他业务结算账核对，做到账实相符。

项目经理部根据工程建设进展，定期清查资产和债务，考察以前报告期结转资金、利润的正确性等。

施工过程中，根据工程完成部位或形象进度，适时进行财产清查，适时盘点项目经理部所有的资产、负债，判断盈亏趋向，争取现金流回正。根据制度、合同等，跟踪变更、索赔、材料调差等，及时办理计量结算，加快工程价款和资金收入的到位，控制资金的支出，提高资金使用效率。

五、资金管理的分析与评价

按照动态循环原理，工程项目资金管理的分析与评价，属于资金管理活动的事后控制。因此，资金管理的分析与评价需要内容完整，反馈及时，持续改进。

(一)总结资金使用情况

项目经理部应坚持做好项目的资金分析，进行实际收支与计划收支对比，找出差异，分析原因，改进资金管理。

项目竣工后，结合成本核算与分析，进行资金收支情况和经济效益总结分析，上报企业财务主管部门备案。

（二）健全财务分析

施工（承包）单位基于资金核算的数据，应设置若干指标，定期分析偿债能力、营运能力、盈利能力和发展能力，对外与同行企业或同类型项目、对内与近几年数据进行对比，以便发现问题、采取措施，提高企业资金管理水平和项目管理效益。

1. 偿债能力

偿债能力主要反映企业偿还到期债务（包括本息）的能力。按照债务到期时间，通常以1年为限，分为短期偿债能力指标，包括流动比率、速动比率等；长期偿债能力指标（期限1年以上），例如资产负债率。

以反映短期偿债能力的流动比率为例。它是流动资产对流动负债的比率，用来衡量企业流动资产在短期债务到期以前，可以变现并用于偿还负债的能力或水平。

$$流动比率=\frac{流动资产}{流动负债} \tag{9-30}$$

在式（9-30）中，流动比率越高，企业资产的变现能力、短期偿债能力越强。经验表明，流动比率为2.0左右比较合适。

如果在流动资产中扣除存货，即为速动资产，或者说速动资产=货币资金+交易性金融资产+应收票据+应收账款+其他应收款。速动资产对流动负债的比率就是速动比率，用以衡量企业或项目流动资产中可立即变现用于偿还流动负债的能力。通常认为，速动比率不低于1，其短期偿债能力适当。

2. 营运能力

营运能力是反映公司资产管理效率、经营运行能力的指标。其常用的指标有总资产周转率、流动资产周转率、存货周转率、应收账款周转率等。

以应收账款周转率为例，是指企业在某一时期赊销收入与同期应收账款之间的比率，通常用应收账款周转次数和应收账款周转天数两种形式表示。

$$应收账款周转次数=\frac{主营业务收入}{应收账款总额} \tag{9-31}$$

$$应收账款周转天数=\frac{流动资产计算期天数}{应收账款周转次数} \tag{9-32}$$

在式（9-31）、式（9-32）中，应收账款总额一般取应收账款期初总额和期末总额的平均值。

应收账款周转率既可以反映企业应收账款的变现速度，又可以反映资产或资金的管理效率。在实际工作中，由于赊销（工程款项）资料属于商业秘密，不宜对外公开披露，故此，该指标一般是用赊销和现销总数即销售收入或主营业务收入予以替代或反映。一般认为，应收账款周转率越高、周转天数越短越好，它表明企业或项目应收账款收回速度快，既可以节约资金，也说明企业或项目运营状况较好，不易发生坏账损失。

3. 盈利能力

盈利能力是指企业赚取利润的能力，一般只针对正常的营业状况进行分析。反映盈利能力的常用指标有营业净利率、净资产收益率和总资产净利率等。

以净资产收益率为例，是指企业本期净利润和净资产的比率。

$$净资产收益率=\frac{净利润}{净资产}\times100\% \tag{9-33}$$

式中，净利润是指企业当期的税后利润；净资产是指企业期末资产减去负债后的余额，通常取计算期期初净资产和期末净资产的平均值。

作为反映企业盈利能力的核心指标，净资产收益率可以反映企业资产或资金利用的综合效果。该指标的数值越高，表明资产利用效率越高、盈利能力越强，企业或项目在增加收入和节约资金使用等方面取得了良好的效果

4. 发展能力

企业的发展通常表现为营业收入增长、所有者权益增加，其常用的指标有营业增长率和资本积累率。

以营业增长率为例，其指企业本期营业收入增加额同上期营业收入总额的比率。

$$营业增长率=\frac{本期营业收入增加额}{上期营业收入总额}\times100\% \tag{9-34}$$

该指标可以衡量企业经营状况和市场占有能力，预测企业经营业务拓展趋势。若营业增长率大于零，表明企业本期的营业收入有所增长，指标值越高，表明增长速度越快，企业市场前景越好；反之则说明企业市场份额萎缩。

（三）完善相关考评

企业领导及财务部门应当适时对工程项目资金的计划与筹集、使用和管理、实施效益以及是否存在违法违纪行为等进行绩效考评。绩效考评可采用百分制打分评价，根据得分的具体情况排定名次。企业应根据项目的资金管理效果对项目经理部进行奖惩。

项目经理部根据资金使用、分析指标的运行情况，争取公司支持配合，积极应对、持续改进。同时，根据考核结果，对照资金计划，对其所属的相关部门和人员，给予及时有力、科学适度的奖惩。

复习思考题

1. 人力资源管理的特点如何？人力资源计划的组成与编制要点有哪些？
2. 材料计划的组成内容、材料采购管理的主要工作分别有哪些？
3. 如何做好材料现场管理工作？
4. 如何进行机械设备方案的比选？机械设备使用管理包括哪些主要工作？
5. 技术管理的基础性、经常性、创新性工作的主要内容以及相互关系如何？
6. 技术方案技术经济分析的原则有哪些？怎样体现在综合分析活动之中？
7. 何谓工程项目资金管理？资金筹集与资金成本的关系如何？
8. 资金预测与计划、资金使用管理分别包括哪些主要内容？两者的关系如何？

第十章　工程项目收尾管理

依据工程建设程序，工程项目收尾是建设期的最后一个阶段，也是项目寿命周期中运营期的开始。项目收尾工作除建设单位以外，还涉及勘察设计、供货、施工、监理等参建单位，以及建设行政主管部门等。各方当事人只有履行合同的全部义务和责任，完成收尾阶段的所有工作，通过竣工验收，工程项目才能交付使用，有效实现目标效益。收尾管理指对工程项目的收尾、试运行、竣工验收以及竣工结算、竣工决算、回访保修、项目总结等进行的计划、组织、协调和控制等系列活动。管理绩效评价通过对项目管理的成绩和效果进行评价，反映和确定项目管理水平。收尾工程包括工程收尾、合同收尾、管理收尾等。收尾管理不是单纯的目标管理，也不是复合的要素管理，而是对工程项目收尾阶段各项工作的综合性管理。

第一节　竣工验收准备与竣工验收

工程项目(总)承包单位全面负责项目收尾工作，组织编制工程项目竣工计划，报上级主管部门批准后按期完成。

项目竣工验收前，(总)承包单位应检查合同约定的工作内容是否已经完成，确认完成到什么程度，记录检查结果并形成文件；总分包单位之间明确连带工作的收尾接口，沟通协调项目近外层和远外层的工作关系等，以保证竣工验收、工程收尾工作的顺利完成。

一、工程项目的竣工验收准备

工程项目进入竣工收尾阶段，施工(总)承包单位要有的放矢地组织配备竣工收尾工作小组，明确分工管理责任制，做到因事设岗，以岗定责，以责考核，限期完成。收尾工作小组要由项目经理领导，项目经理部主要成员包括技术、生产、质量、安全、材料等负责人，以及施工作业队伍、主要班组负责人等多方面人员参加，组织编制工程项目竣工计划，报企业或上级主管部门批准。

(一)工程项目竣工计划

1. 工程项目竣工计划的内容

工程项目竣工计划，也称工程竣工计划，应由承包单位的项目经理组织编制，并且要求其内容的规范化，编制、审批以及执行、验证的程序化。

工程项目竣工计划的内容，主要包括以下几方面：① 竣工项目名称；② 竣工项目收尾工作的具体内容；③ 竣工项目质量要求；④ 竣工项目进度计划安排；⑤ 竣工项目文件档案资料整理要求；⑥ 竣工计划编制、审核和批准程序等。

2. 工程项目竣工计划的编制程序

根据工程项目竣工计划的内容，其编制工作可以分成以下两条主线：一是工程项目现场施工收尾，主要工作为工程实体的收尾组织；二是工程项目竣工资料整理，主要工作为工程资料的收集归档。其编制的程序如下。

(1)制订工程项目竣工计划。作业队(组)清理项目竣工收尾的工程内容，并列出清单，做到安排的竣工计划具有可靠的基础。

（2）审核工程项目竣工计划。项目经理全面掌握项目竣工收尾条件，认真审核项目竣工内容，做到确认的竣工计划具有可靠的依据。

（3）批准工程项目竣工计划。企业相关部门调查核实项目竣工收尾情况，安排报批程序执行，做到落实的竣工计划具有可靠的保证。

3. 工程项目竣工计划的目标要求

工程项目竣工计划必须执行法律法规、部门规章、规范和强制性标准、设计文件和工程合同等相关规定。有关施工、质量、安全、材料、内业等技术、管理人员积极配合，对列入计划的收尾、修补、成品保护、资料整理和场地清扫等内容，按照分工原则，逐项检查核对，做到完工一项、验证一项、消除一项。

项目竣工收尾阶段前，项目经理和项目技术负责人应定期或不定期、有目标地组织对项目竣工计划进行检查。检查中发现的问题，要强制整改，及时处理。

竣工项目需要满足以下目标要求：

① 全部收尾项目施工完毕，工程符合竣工验收条件的要求；

② 工程的施工质量自检合格，各种检查记录齐全；

③ 设备安装经过试车、调试，具备单机试运行条件；

④ 工程经过安全和功能检验，各种测试、运行记录完整；

⑤ 建筑物四周规定距离以内的工地，达到工完、料净、场清；

⑥ 工程项目竣工资料收集、整理齐全，符合工程文件归档整理规定；

⑦ 满足项目竣工的具体要求，包括工程收尾落实到位，安装调试检验到位，工程质量验收到位，总包分包交接到位，文件收集整理到位，竣工结算编制到位，项目管理小结到位等。

（二）工程项目竣工自检

项目经理部完成企业批准的工程项目竣工计划，确认满足竣工条件后，应按规定向所属企业报告，进行项目竣工自检自查验收；填写工程质量竣工验收记录、质量控制资料核查记录、工程质量观感记录表，并对工程施工质量做出合格的结论。

工程项目竣工自检的主要步骤如下。

（1）属于承包单位独立承包的施工项目。由企业技术负责人组织项目经理部的项目经理、项目技术负责人、施工管理人员和企业的有关部门对工程资料进行检验评定，并做好质量检验记录。

（2）实行工程总承包的工程项目。按照图10-1所示的程序，依次进行分包人自检、总包人复检和监理人审查，直到工程项目竣工交接报验结束为止。

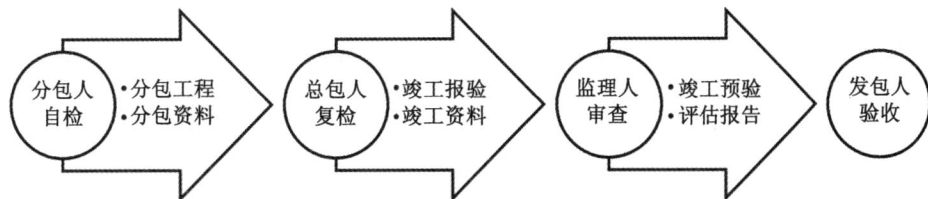

图10-1 工程项目总分包竣工报检程序

（3）工程项目满足竣工报验条件后，承包单位应向项目监理机构递交工程竣工报验单，提请监理机构组织竣工预验收，审查工程是否符合正式竣工验收条件。

二、工程项目的竣工验收

竣工验收是工程项目竣工后，由建设单位会同勘察设计、施工、监理、设备供应等单位，并邀请工程质量监督部门，对该工程项目是否符合规划设计要求以及建筑施工和设备安装质量进行全面检验后，取得竣工合格资料、数据和凭证的过程。它是在分阶段验收、监理单位预验收的基础上，建设单位对于全部工程项目进行的全面验收，是对建设工作的全面考核。

（一）竣工验收的范围与依据

建设单位在收到监理单位出具的竣工预验收报告后，应按竣工验收法规的相关规定，向负责验收的主管单位或行业管理部门提出竣工验收申请报告。获得批准后，建设单位向工程项目的参建各方发出竣工验收通知单，组织进行工程项目的竣工验收。

1. 竣工验收的范围

竣工验收的主体是以建设单位（发包人）为核心的建设工程合同当事人的各方，竣工验收的客体是设计文件规定、施工合同等约定的特定工程对象。

工程项目竣工验收的范围如下。

（1）凡列入固定资产投资计划的新建、扩建、改建和迁建的建筑工程项目或单项工程按批准的设计文件规定的内容和施工图纸要求全部建成符合验收标准的，必须及时组织验收，办理固定资产移交手续。

（2）使用更新改造资金进行的基本建设或属于基本建设性质的技术改造工程项目，也应按国家关于建设项目竣工验收规定，办理竣工验收手续。

（3）小型基本建设和技术改造项目的竣工验收，可根据有关部门（地区）的规定适当简化手续，但必须按规定办理竣工验收和固定资产交付使用手续。

（4）建筑工程项目的环保、民防、消防、绿化、防雷、安全设施、智能建筑等专项竣工验收以及其他特定领域验收事项。

2. 竣工验收的依据

工程项目的竣工验收，除了必须符合国家规定的竣工验收标准外，还应依据或满足下列文件：

（1）国家现行施工技术验收规范和建筑安装施工的统一规定；

（2）工程项目经批准的可行性研究报告、初步设计或扩大初步设计、施工图设计、设备技术说明书；

（3）上级主管部门有关工程项目竣工的文件和规定等；

（4）承发包单位签订的工程承包合同，包括合同条款、规范、工程量清单、设计图纸、设计变更、会议纪要等；

（5）从国外引进新技术或成套设备的项目，还应按照签订的合同和国外提供的设计文件等资料进行验收。

（二）竣工验收的条件和内容

1. 竣工验收的条件

工程项目竣工验收应依据相关法规，必须符合国家规定的竣工条件和竣工验收要求。建设工程竣工验收一般应当具备下列条件。

（1）完成建设工程设计和合同约定的各项内容。

(2)有完整的技术档案和施工管理资料。

(3)有工程使用的主要建筑材料、建筑构配件和设备的进场试验报告。

(4)有勘察、设计、施工、工程监理等单位分别签署的质量合格文件。

(5)有施工单位签署的工程保修书。

2. 竣工验收的内容

竣工验收的内容，依次包括检验批验收、分项工程验收、分部工程验收、单位工程竣工验收和全部验收。其中，有关内容参见本书第二章（工程项目质量控制）第三节（工程项目质量验收）。

全部验收是指整个工程项目已按设计要求全部建设完成，并已符合竣工验收标准，施工单位自验通过，监理单位预验认可，有设计单位、施工单位、监理单位、档案管理机关和行业主管部门参加，由建设单位主持的正式验收。

进行全部验收时，对已验收过的单项工程，可以不再进行正式验收和办理验收手续，但应将该单项工程验收单独作为全部工程项目验收的附件而加以说明。

（三）工程项目质量验收的标准

在以工程质量验收为主的竣工验收过程中，建设单位以及工程勘察、设计、施工、监理各方主体应全面执行相应的专业质量验收规范，各级建设行政主管部门和质量监督机构应实施有效监督管理。

1.《建筑工程施工质量验收统一标准》

在《建筑工程施工质量验收统一标准》（GB 50300—2013）中，有关强制性条文要求包括：

(1)建筑工程施工质量应符合本标准和相关专业验收规范的规定；

(2)建筑工程施工应符合工程勘察、设计文件的要求；

(3)参加工程施工质量验收的各方人员应具备规定的资格；

(4)工程质量的验收均应在施工单位自行检查评定的基础上进行；

(5)隐蔽工程在隐蔽前应由施工单位通知有关单位进行验收，并应形成验收文件；

(6)涉及结构安全的试块、试件以及有关材料，应按规定进行见证取样检测；

(7)检验批的质量应按主控项目和一般项目验收；

(8)对涉及结构安全和使用功能的重要分部工程应进行抽样检测；

(9)承担见证取样检测及有关结构安全检测的单位应具有相应的资质；

(10)工程的观感质量应由验收人员通过现场检查，并应共同确认。

2. 单位(子单位)工程质量验收合格的规定

参见本书第二章（工程项目质量控制）第三节（工程项目质量验收）。

3. 竣工验收的质量标准

单位工程是工程项目竣工质量验收的基本对象。单位工程质量验收合格应符合下列规定：

(1)所含分部工程的质量均应验收合格；

(2)质量控制资料应完整；

(3)所含分部工程有关安全、节能、环境保护和主要使用功能的检验资料应完整；

(4)主要使用功能的抽查结果应符合相关专业质量验收规范的规定；

(5)观感质量应符合要求。

4. 住宅工程的验收标准

住宅工程要分户验收。在住宅工程各检验批、分项、分部工程验收合格的基础上，在住宅工程竣工验收前，建设单位应组织施工、监理等单位，依据国家有关工程质量验收标准，对每户住宅及相关公共部位的观感质量和使用功能等进行检查验收。

住宅工程质量分户验收的内容主要包括：

(1)地面、墙面和顶棚质量；

(2)门窗质量；

(3)栏杆、护栏质量；

(4)防水工程质量；

(5)室内主要空间尺寸；

(6)给水排水系统安装质量；

(7)室内电气工程安装质量；

(8)建筑节能和供暖工程质量；

(9)有关合同中规定的其他内容。

(四)竣工验收的方式与程序

1. 工程项目的竣工验收方式

工程项目竣工验收是一个相互关联、多家交叉、具体细致的科学管理过程，需要工程各参建单位加强协商、沟通，并按竣工验收的程序进行。规模较小，且比较简单的工程项目，可进行一次性项目竣工验收；规模较大且比较复杂的项目，可以分阶段验收。

工程项目竣工验收的常见方式，如表 10-1 所列。

表 10-1　工程项目验收的方式

类型	验收条件	验收组织
中间验收	① 按照施工承包合同的约定，施工完成到某一阶段后要进行中间验收 ② 重要的工程部位施工已完成隐蔽前的准备工作，该工程部位即将置于无法查看的状态，要进行中间验收	由监理单位组织，建设单位和承包单位派人参加。该部位的验收资料将作为最终验收的依据
单项工程验收 （交工验收）	① 工程项目中的某个合同工程已全部完成 ② 合同内约定有分部分项移交的工程已达到竣工标准，可移交给建设单位投入使用	由建设单位组织，会同承包单位、监理单位、设计单位和其他有关部门共同进行
全部工程竣工验收（动用验收）	① 工程项目按设计规定全部建成，达到竣工验收条件 ② 初验结果全部合格 ③ 竣工验收所需资料已准备齐全	大中型和限额以上项目由国家发展改革或由其委托项目主管部门或地方政府部门组织验收，小型和限额以下项目由项目主管部门组织验收。

2. 施工合同(示范文本)的规定

《建筑工程施工合同(示范文本)》(GF—2017—0201)对工程项目竣工验收程序做了如下规定：

(1)工程具备竣工验收条件，承包人按国家工程竣工验收有关规定，向发包人提供完整竣工资料及竣工验收报告；

(2)发包人收到竣工验收报告后 28 天内组织有关单位验收，并在验收后 14 天内给予认可或提出修改意见，承包人按要求修改，并承担由自身原因而造成的修改费用；

（3）发包人收到承包人送交的竣工验收报告后 28 天内不组织验收，或验收后 14 天内不提出修改意见，视为竣工验收报告已被认可；

（4）工程竣工验收通过，承包人送交竣工验收报告的日期为实际竣工日期。工程按发包人要求修改后通过竣工验收的，实际竣工日期为承包人修改后提请发包人验收的日期。

同时规定，发包人收到承包人竣工验收报告后 28 天内不组织验收，从第 29 天起承担工程保管及一切意外责任；因特殊原因，发包人要求部分单位工程或工程部位甩项竣工的，双方另行签订甩项竣工协议，明确双方责任和工程价款支付方法。

3. 工程项目的竣工验收程序

工程项目竣工验收的主要程序，如图 10-2 所示。

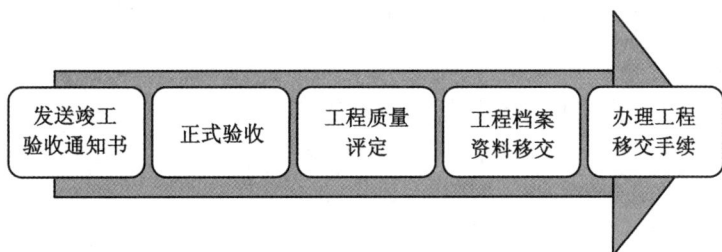

图 10-2　工程项目的竣工验收程序

在图 10-2 所示的程序中，应着重把握以下环节：

（1）发送竣工验收通知书。工程项目完成后，承包单位应在检查评定合格的基础上，向发包单位发出预约竣工验收的通知书，提交工程竣工报告，说明拟交工程项目情况，商定有关竣工验收事宜。

某项目交付竣工验收通知书的内容（示例）如下：

交付竣工验收通知书

发包单位名称：××××有限公司

根据施工合同的约定，由我单位承建的××××工程，已于××年××月××日竣工，经自检合格，监理单位审查签认，可以正式组织竣工验收。请贵单位接到通知后，尽快洽商，组织有关单位和人员于××年××月××日前进行竣工验收。

附件：1）工程竣工报验单

　　　 2）工程竣工报告

××××（单位公章）

年　月　日

（2）正式验收。工程项目正式验收的工作一般分两个阶段进行。

第一阶段，单项工程验收。指建设工程项目中一个单项工程，按设计图纸的内容和要求建成，并能满足生产和使用要求、达到竣工标准或条件时，可单独整理有关施工技术资料及试车记录等，进行工程质量评定，组织竣工验收和办理固定资产转移手续。

第二阶段，全部验收。指整个建设项目按设计要求全部建成，并符合竣工验收标准时，组织竣工验收，办理工程档案移交及工程保修等移交手续。在全部验收时，对已验收的单项工程不再办理验收手续。

（3）工程质量评定。验收小组或验收委员会，根据设计图纸和设计文件的要求，以及国家规定的工程质量检验标准，提出验收意见，在确认工程符合竣工标准和合同条款规定之后，应向承包单位签发竣工验收（合格）证明书。

（4）工程档案资料移交。工程档案资料是建设项目施工情况的重要记录，工程竣工后，应立即将全部工程档案资料按单位工程分类立卷、装订成册，并列出工程档案资料移交清单，包括标注资料编号、专业、档案资料内容、页数及附注。按清单上所列资料，查点清楚，移交后在移交清单上签字盖章。

（5）办理工程移交手续。工程验收完毕，施工（总）承包单位要向建设单位逐项办理工程和固定资产移交手续，并签署交接验收证书和工程保修证书。

应当看到，我国正在推行工程建设项目联合验收，希望促成工程建设所涉及的城乡建设、自然资源、水务、人防（民防）、教育等不同部门高效协同、优化审批。

三、竣工验收报告及其移交

（一）竣工验收报告

工程项目竣工应依据批准的建设文件和工程实施文件，达到国家法律、行政法规、部门规章对竣工条件的规定和合同约定的竣工验收要求后，提出工程竣工验收报告，有关承发包当事人等和项目相关组织应签署验收意见，签名并加盖单位公章。

1. 工程竣工验收报告的主要内容

按照国家对建筑工程项目竣工验收条件的规定，建筑工程竣工验收报告的内容主要包括以下几方面。

（1）工程概况。

（2）竣工验收组织情况。竣工验收委员会、竣工验收小组、验收组织单位和代表。

（3）质量验收情况。包括土建工程、给水排水工程、采暖空调工程、建筑电气安装工程、通信工程、电梯安装工程、建筑智能化工程和其他专业工程质量；工程竣工资料审查结论等。

（4）竣工验收时间、程序、内容和组织形式。

（5）验收阶段：根据工程规模大小划分；按照工程项目竣工先后顺序组织；依据施工合同约定的程序进行。

（6）竣工验收意见：① 建设单位执行固定资产投资程序情况；② 对工程勘察、设计、施工、监理等方面的评价；③ 对整个建设工程竣工验收的综合评估。

（7）签名盖章确认：竣工验收各单位代表签名；加盖竣工验收各单位公章。

2. 工程竣工验收报告的附件

工程竣工验收报告的附件主要包括：① 施工许可证；② 施工图设计文件审查意见；③ 勘察单位对工程勘察文件的质量检查报告；④ 设计单位对工程设计文件的质量检查报告；⑤ 施工单位对工程施工质量的检查报告，包括工程竣工资料明细、分类目录及汇总表；⑥ 监理单位对工程质量的评估报告；⑦ 地基与基础、主体结构分部工程的单位工程质量验收记录；⑧ 工程有关质量检测和功能性试验资料；⑨ 建设行政主管部门、质量监督机构责令整改的结果报告；⑩ 验收人员签署的工程竣工验收意见；⑪ 竣工验收遗留问题处理结果报告；⑫ 施工单位签署的工程质量保修书；⑬ 法律、行政法规、规章规定必须提供的其他文件。

3. 工程竣工验收报告的格式

根据专业特点和工程类别不同，各地工程竣工验收报告编制的格式也有所区别。工程竣工验收报告的常见格式，如表10-2所示。

表 10-2 工程竣工验收报告(格式)

工程概况	工程名称		建筑面积/m²	
	工程地址		结构类型	
	层数	地上 层;地下 层	总高	
	电梯		自动扶梯	
	开工日期		竣工日期	
	建设单位		施工单位	
	勘察单位		监理单位	
	设计单位		质量监督	
	完成设计与合同约定内容情况			
验收组织形式				
验收组的组成情况	专业			
	建筑工程			
	给排水与采暖工程			
	电气安装工程			
	通风与空调工程			
	电梯安装工程			
	建筑智能化工程			
	工程竣工资料审查			
竣工验收程序				
工程竣工验收意见	建设单位执行基本建设程序情况:			
	对工程勘察方面的评价:			
	对工程设计方面的评价:			
	对工程施工方面的评价:			
	对工程监理方面的评价:			
建设单位	项目负责人 (单位公章) 年 月 日			

表10-2(续)

勘察单位	勘察负责人 （单位公章） 年　　月　　日
设计单位	设计负责人 （单位公章） 年　　月　　日
施工单位	项目经理 企业技术负责人 （单位公章） 年　　月　　日
监理单位	总监理工程师 （单位公章） 年　　月　　日

竣工验收报告附件(具体附件内容详见前文)

（二）竣工验收备案

建设单位应当自工程竣工验收合格之日起 15 日内，依照《房屋建筑工程和市政基础设施工程竣工验收备案管理暂行办法》的规定，向工程所在地的县级以上人民政府建设行政主管部门备案。备案机关收到建设单位报送的竣工验收备案文件，验证文件齐全后，应当在工程竣工验收备案表上签署文件收讫。

负责监督该工程的工程质量监督机构应当对工程竣工验收的组织形式、验收程序、执行验收标准等情况进行现场监督，发现有违反建筑工程质量管理规定行为的，责令改正，并将对工程竣工验收的监督情况作为工程质量监督报告的重要内容。工程质量监督机构应当在工程竣工验收之日起 5 日内，向备案机关提交工程质量监督报告。

（三）竣工验收文件的归档与移交

1. 工程项目竣工验收文件的归档整理

工程项目文件的归档应执行国家发布的标准、规定，例如《建设工程文件归档规范》（GB/T 50328—2019）、《科学技术档案案卷构成的一般要求》（GB/T 11822-2008）等。

施工(承包)单位向建设单位移交的工程文件档案应与编制的清单目录保持一致，须有交接签认手续，并符合移交规定。

2. 建设单位办理工程竣工验收文件的移交

工程项目通过竣工验收后 3 个月内，建设单位应向地方城建档案馆移交符合国家、省相关标准的建设工程档案资料，并对档案的真实性、准确性和完整性负责。

竣工验收文件的归档与移交等，详见本书第七章（工程项目信息管理）第三节（工程文件与档案资料)的相关内容。

第二节 竣工结算与竣工决算

竣工结算是施工单位(承包人)在工程项目完工并经验收合格后,对所完成项目实际发生工程费用进行全面结算的经济文件。竣工决算是在工程项目竣工后,由建设单位或受其委托的工程造价咨询人编制的反映工程项目实际造价和投资效果的经济文件。工程完工之后,两者密切相关,但不相同。

一、工程项目的竣工结算

工程完工后,发承包双方必须在合同约定时间内办理工程竣工结算。工程竣工结算应由承包人或受其委托具有相应资质的工程咨询人编制,并由发包人或受其委托具有相应资质的咨询人员核对。承包人应在工程竣工验收合格(被认可)后28天内,递交竣工结算书。

(一)竣工结算的编制

竣工结算编制的基本思路是在原工程投标报价和合同价的基础上,根据收集、整理的各种实际与结算有关的资料,进行工程费用的增减调整计算,最后汇总为工程结算造价。

1. 竣工结算的编制依据

从理论上讲,凡是工程建设过程中对于工程费用产生影响的资料,都应该是竣工结算的编制依据。根据《建设工程工程量清单计价规范》(GB 50500—2013)的规定,竣工结算编制的主要依据有:

① 《建设工程工程量清单计价规范》(GB 50500—2013);

② 工程合同;

③ 发承包双方实施过程中已确认的工程量及其结算的合同价款;

④ 发承包双方实施过程中已确认调整后追加(减)的合同价款;

⑤ 建设工程设计文件及相关资料;

⑥ 投标文件;

⑦ 其他依据。

2. 竣工结算的编制方法

竣工结算的编制方法在很大程度上取决于工程合同价款的计价方式选择。因此,竣工结算的编制,应区分合同类型,采用相应的方法。不同合同计价方式之下的竣工结算编制要点(方法),可归纳于表10-3。

表10-3 不同合同计价方式下的竣工结算编制(要点)

合同类型	编制要点
总价合同	合同总价+工程变更、索赔、现场签证等
单价合同	Σ(分部分项实际工程量×实际单价)+变更、索赔、现场签证等
成本加酬金合同	工程成本费用+酬金、税费、奖惩等

在表10-3中,采用总价合同的,应在合同总价的基础上,对于工程变更、索赔和现场签证等合同约定的、可以调整的内容按实结算;采用单价合同的,应计算或核定各分部分项工程的实际完成工程量,依据合同约定或调整的单价计算分部分项工程费用,并对工程变更、索赔和现场签证等合同约定的、可以调整的内容按实结算;采用成本加酬金合同的,首先计算工程成本费用,并按合同约定的方法计算酬金、税费及奖惩。

3. 竣工结算的编制内容

对应于第四章"建筑安装工程费用的构成"（按工程造价形成划分），竣工结算费用主要包括分部分项工程费、措施项目费、其他项目费、规费和税金。在常用的单价合同的基础上，多采用合同价加签证的方式，从分部分项工程费、措施项目费等开始，逐级汇总。其主要计算公式如下：

$$工程项目竣工结算价 = \sum 单项工程竣工结算价 \tag{10-1}$$

$$单项工程竣工结算价 = \sum 单位工程竣工结算价 \tag{10-2}$$

$$单位工程竣工结算价 = 分部分项工程费 + 措施项目费 + 其他项目费 + 规费 + 税金 \tag{10-3}$$

在最基本的单位工程竣工结算价编制中，根据《建设工程工程量清单计价规范》（GB 50500—2013）对于计价原则的规定，应当把握以下要点。

(1)分部分项工程和措施项目中的单价项目，应依据双方确认的工程量与已标价工程量清单的综合单价计算；发生调整的，应以发承包双方确认调整的综合单价计算。

(2)措施项目中的总价项目，应依据已标价工程量清单的项目和金额计算；发生调整的，应以发承包双方确认调整的金额计算，其中安全文明施工费应按国家或省级行业建设主管部门的规定计算。

(3)其他项目应按下列规定计价：① 计日工，应按发包人实际签证确认的事项计算；② 暂估价，应按计价规范相关规定计算；③ 总承包服务费，应依据已标价工程量清单的金额计算，发生调整的，应以发承包双方确认调整的金额计算；④ 索赔费用，应依据发承包双方确认的索赔事项和金额计算；⑤ 现场签证费用，应依据发承包双方签证资料确认的金额计算；⑥ 暂列金额，应减去合同价款调整（包括索赔、现场签证）金额计算，如有余额归发包人。

(4)规费和税金按国家或省级建设主管部门的规定计算。

此外，发承包双方在合同工程实施过程中已经确认的工程计量结果和合同价款，在竣工结算办理中应直接进入结算。

(二)竣工结算的审查

除专用合同条款另有约定外，监理人应在收到竣工结算申请单后14天内完成核查并报送发包人；发包人应在收到监理人提交的经审核的竣工结算申请单后14天内完成审批，并由监理人向承包人签发经发包人签认的竣工付款证书。

1. 竣工结算的审查方法

竣工结算的审查应依据合同约定的方法进行，并根据合同类型，采用不同的审查方法。例如，采用总价合同的，对于工程变更、索赔和现场签证等合同约定的可以调整的内容进行审查；采用单价合同的，应计算或核定各分部分项工程的实际完成工程量，依据合同约定或调整的单价计算分部分项工程费用，并对工程变更、索赔和现场签证等合同约定的可以调整的内容进行审查。

除非已有约定，竣工结算应采用全面审查的方法，严禁采用抽样审查、重点审查、分析对比审查和经验审查的方法，避免审查疏漏现象发生。

2. 竣工结算的审查内容

(1)递交程序和资料的完备性：

① 审查结算资料的递交手续、程序的合法性，以及结算资料具有的法律效力；

② 审查结算资料的完整性、真实性和相符性。

（2）审查与结算有关的各项内容：

① 建设工程承包合同及其补充合同的合法性和有效性；

② 施工承包合同范围以外调整的工程价款；

③ 分部分项工程项目、措施项目、其他项目的工程量及单价；

④ 发包人单独分包工程项目的界面划分和总包人的配合费用；

⑤ 工程变更、索赔、奖励及违约费用；

⑥ 规费、税金、政策性调整以及材料差价计算；

⑦ 实际施工工期与合同工期发生差异的原因和责任，以及对工程造价的影响程度；

⑧ 其他涉及工程造价的内容。

（三）竣工结算及工程尾款的办理

1. 竣工结算款的支付

（1）承包人提交支付申请。除专用合同条款另有约定外，承包人应在工程竣工验收合格后28天内向发包人和监理人提交竣工结算申请单，并提交完整的结算资料。有关竣工结算申请单的资料清单和份数等要求，由合同当事人在专用合同条款中约定。

竣工结算申请单通常包括以下内容：

① 竣工结算合同价格；

② 发包人已支付承包人的款项；

③ 发包人应扣留质量保证金、预付款等款项（已缴纳履约保证金的或提供其他工程质量担保方式的除外）；

④ 发包人应支付承包人的合同价款。

（2）发包人签发竣工结算支付证书与支付结算款。发包人在收到承包人提交竣工结算申请书后28天内完成审批；未完成审批且未提出异议的，视为发包人认可承包人提交的竣工结算申请单，并自发包人收到承包人提交的竣工结算申请单后第29天起视为已签发竣工付款证书。

除专用合同条款另有约定外，发包人应在签发竣工付款证书后的14天内，完成对承包人的竣工结算价款支付。发包人逾期支付的，按照中国人民银行发布的同期同类贷款基准利率支付违约金；逾期支付超过56天的，按照同期同类贷款基准利率的两倍支付违约金。

承包人对发包人签认的竣工付款证书有异议的，对于有异议部分应在收到发包人签认的竣工付款证书后7天内提出异议，并由合同当事人按照专用合同条款约定的方式和程序进行复核，或按照"争议解决"条款约定处理。对于无异议部分，发包人应签发临时竣工付款证书，并按规定完成付款。承包人逾期未提出异议的，视为认可发包人的审批结果。

2. 甩项竣工协议

甩项竣工是指某个单位工程，为了急于交付使用，把按照施工图要求还没有完成的某些工程细目甩下，而对整个单位工程先行验收。

发包人要求甩项竣工的，合同当事人应签订甩项竣工协议，并且明确合同当事人按照"竣工结算申请"和"竣工结算审核"条款的约定，对已完合格工程进行结算，并支付相应合同价款。

（四）最终结清

最终结清，是指合同约定的缺陷责任期终止后，承包人已按合同规定完成全部剩余工作且质量合格的，发包人与承包人结清全部剩余款项的活动。

1. 最终结清申请单

承包人应在缺陷责任期终止证书颁发后 7 天内，按专用合同条款约定的份数向发包人提交最终结清申请单，并提供相关证明材料。

除专用合同条款另有约定外，最终结清申请单应列明质量保证金、应扣除的质量保证金、缺陷责任期内发生的增减费用等。

发包人对最终结清申请单内容有异议的，有权要求承包人进行修正和提供补充资料，承包人应向发包人提交修正后的最终结清申请单。

2. 最终结清证书和支付

除专用合同条款另有约定外，发包人应在收到承包人提交的最终结清申请单后 14 天内完成审批并向承包人颁发最终结清证书。发包人逾期未完成审批，又未提出修改意见的，视为发包人同意承包人提交的最终结清申请单，且自发包人收到承包人提交的最终结清申请单后第 15 天起视为已颁发最终结清证书。

发包人应在颁发最终结清证书后 7 天内完成全部剩余款项的支付。发包人逾期支付的，按照中国人民银行发布的同期同类贷款基准利率支付违约金；逾期支付超过 56 天的，按照同期同类贷款基准利率的两倍支付违约金。

承包人对发包人支付的最终结清款有异议的，按照合同约定的争议解决方式处理。

二、工程项目的竣工决算

（一）竣工决算的内涵

1. 竣工决算的概念

竣工决算是在工程项目竣工后，由建设单位或受其委托的工程造价咨询人编制的反映工程项目实际造价和投资效果的经济文件。它可以反映工程项目从筹建到竣工投产全过程的全部实际支出费用，包括建筑安装工程费、设备工器具购置费和工程建设其他费等。

竣工决算是整个建设工程的最终价格，是竣工验收报告的重要组成部分，也是建设单位财务部门汇总固定资产的主要依据。

2. 竣工决算与竣工结算的区别

竣工决算与竣工结算都是在同一工程项目完工后反映实际工程造价的经济文件，但是由于编制的角度不同，两者具有许多区别：

（1）包含范围不同，前者是发包人从筹建到竣工投产全过程的全部实际费用，后者针对承包人施工阶段的工程价款。

（2）编制人和审查人不同，前者由发包人组织编写、上报主管部门审查，后者由承包人编制、发包人审查。

（3）编制目的不同，前者核定新增固定资产价值，考核投资效果，后者反映工程实际造价，用于承包人内部的考核。

（二）竣工决算的编制

1. 竣工决算的编制依据

工程项目竣工决算编制的主要依据有：① 项目可行性研究报告和有关文件；② 建设项目总概算书和单项工程综合概算书；③ 工程项目设计文件；④ 设计交底、图纸会审资料；⑤ 合同文件；⑥ 项目竣工结算书；⑦ 各种设计变更文件及经济签证；⑧ 设备、材料调价文件及记录；⑨ 工程竣工档案资料；⑩ 相关项目资料、财务决算及批复文件。

2. 竣工决算的编制内容

根据财政部的有关规定，竣工决算文件由竣工财务决算说明书、竣工财务决算报表、建设工程竣工图和工程竣工造价对比分析四个部分组成。其中，竣工财务决算说明书和竣工财务决算报表，又称建设项目竣工财务决算，是竣工决算文件的核心内容。

（1）竣工财务决算说明书。竣工财务决算说明书是综合归纳工程项目竣工情况的报告性文件，主要反映项目建设成果、各项技术经济指标完成情况，亦是全面考核评价工程建设投资和工程造价控制的文字总结说明。主要包括：

① 工程项目概况，主要是对项目的建设工期、工程质量、投资效果，以及设计、施工等各方面的情况进行概括分析和说明；

② 工程项目投资来源、财务会计处理、财产物资情况，以及对项目债务的清偿情况做出的分析说明；

③ 工程项目资金节超、竣工项目资金结余、上交分配说明；

④ 工程项目各项主要经济指标的完成比较、分析评价；

⑤ 工程项目管理及竣工决算中存在的问题和处理意见；

⑥ 需要说明的其他事项等。

（2）竣工财务决算报表。为正确反映工程项目的建设规模，适应项目分级管理的需要，按照国家有关标准，建设项目划分为大型、中型和小型三类。根据财政部的规定，竣工财务决算报表分大中型项目和小型项目两种，其财务决算报表的编制内容如图10-3所示。

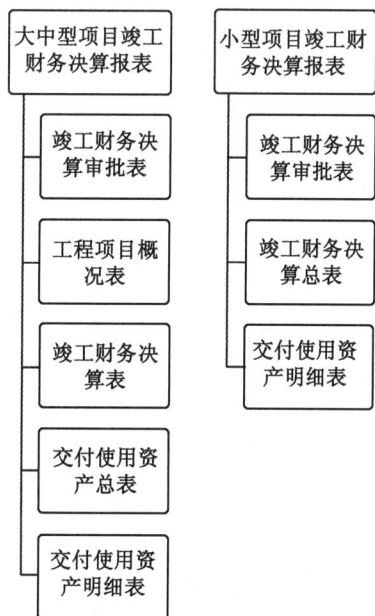

图10-3　竣工财务决算报表分类

在图10-3中，小型工程项目不单独编制工程项目概况表，其项目概况纳入小型建设项目竣工财务决算总表中；小型工程项目也不编制交付使用资产总表，只编制建设项目交付使用资产明细表。

（3）建设工程竣工图。竣工图是真实地记录各种地上、地下建筑物、构筑物等实际情况的技术文件，是工程进行交工验收、维护改建和扩建的依据，是国家要求的重要技术档案。全国各建设、设计、施工单位和各主管部门都要认真做好竣工图的编制和管理工作。

编制竣工图的形式和深度，应根据不同情况区别对待。相关内容，详见本书第七章（工程项目信息管理）第三节（工程文件与档案资料）。

（4）工程竣工造价对比分析。工程竣工造价对比分析资料，是编制项目竣工决算的重要技术档案和工程结算依据。其主要内容应涵盖主要实物工程量、主要材料消耗量和工程造价构成的主要费用等。例如：

① 考核主要实物工程量。对于实物工程量与计划或设计出入比较大的情况，必须查明原因。

② 考核主要材料消耗量。按照竣工决算表中通常列明的三大材料实际超概算的消耗量，查明是在工程的哪个环节超出量最大，再进一步查明超耗的原因。

③ 考核建设单位管理费、措施项目费和其他项目费等的取费标准。建设单位管理费等的取费标准要按照国家和各地的有关规定，对比竣工决算报表中所列的建设单位管理费与设计概算所列的建设单位管理费数额，依据规定查明是否有多列或少列的费用项目，确定其节约超支的数额，并查明原因。

3. 竣工决算的编制程序

（1）收集、整理工程项目竣工决算的编制依据。工程项目竣工决算编制之前，应认真收集、整理各种有关的项目竣工决算依据和资料，做好各项基础工作，保证项目竣工决算编制的完整性。

（2）清理项目账务、债务和结算（余）物资。认真核实工程项目交付使用资产成本，做好各种账务、债务和结余物资的清理工作，做到及时清偿、及时回收。清理的具体工作要做到逐项清点、核实账目、整理汇总和妥善管理。

（3）编制工程项目竣工决算报告。报告中各种财务决算表格中的内容，应依据编制资料进行计算和统计，并符合有关规定。

（4）编写工程项目竣工决算说明书。说明书具有建设项目竣工决算系统性的特点，综合反映项目从筹建开始到竣工交付使用全过程的建设情况，包括项目建设成果和主要技术经济指标的完成情况。要做到内容全面，简明扼要、文字流畅、说明问题。

（5）填报竣工财务决算报表。该报表应按"建设项目大中小型划分标准"分类填报，投资支出各项费用在归类后，分别计入相应的报表内：计入固定资产价值的有建筑工程费、安装工程费、设备工器具购置费及待摊投资支出；计入无形资产的费用有土地费用（以出让方式取得土地使用权的）、国内外的专有技术和专利及商标使用费用、技术保密费等；计入其他资产的费用等。

（6）报请上级审批。工程项目竣工决算编制完毕，应将编写的文字说明和填写的各种报表，进行反复认真自查、校验核对，无误后装帧成册，形成完整的项目竣工决算文件报告。建设单位应在项目竣工验收移交使用后的1个月内编制完成项目竣工决算文件报告，及时上报审查、批准。

（三）竣工决算的审查

按照国家有关部门对建设项目分类、分级管理的规定，大中型建筑项目的竣工决算，必须报该建筑项目的批准机关审查，并抄送省（自治区、直辖市）财政厅、市财政局和国家财政部审查。必要时，应经有关权力机关批准的社会审计机构组织外部审查。

1. 竣工决算审查的内容

财务部门和项目主管部门审核批复项目竣工财务决算时，应当重点审查以下内容：

① 根据批准的设计文件，审查有无计划外的工程项目；

② 根据批准的概（预）算或包干指标，审查建筑成本是否超标，并查明超标原因；

③ 根据财务制度，审查各项费用开支是否符合规定，应收、应付的每笔款项是否全部结清，有无乱挤建设成本、扩大开支范围和提高开支标准的问题；

④ 历年建设资金投入和结余资金是否真实准确，财务收支是否与开户银行账户收支额相符；

⑤ 工程建设拨款、借贷款，交付使用财产应核销投资、转出投资，应核销其他支出等项的金额是否与历年财务决算中有关项目的合计数额相符；

⑥ 报废工程和应核销的其他支出中，各项损失是否经过有关机构的审批同意；

⑦ 工程建设有无结余资金和剩余物资，数额是否真实，处理是否符合有关规定；

⑧ 审查和分析投资效果。

2. 竣工财务决算的审查程序

根据《中央基本建设项目竣工财务决算审核批复操作规程》（财办建〔2018〕2 号）的有关规定，竣工财务决算审核批复的原则和程序如下。

（1）项目决算批复部门应按照"先审核后批复"原则，建立健全项目决算评审和审核管理机制，以及内部控制制度。

由财政部批复的项目决算，一般先由财政部委托财政投资评审机构或有资质的中介机构（评审机构）进行评审，根据评审结论，财政部审核后批复项目决算。由主管部门批复的项目决算，参照上述程序办理。

（2）评审机构进行过决（结）算评审的项目决算，或已经审计署进行全面审计的项目决算，财政部或主管部门审核未发现较大问题，项目建设程序合法、合规，报表数据正确无误，评审报告内容翔实、事实反映清晰、符合决算批复要求以及发现的问题均已整改到位的，可依据评审报告及审核结果批复项目决算。

（3）未经评审或审计署全面审计的项目决算，以及虽经评审或审计，但主管部门、财政部审核发现存在以下问题或情形的，应开展项目决算评审：

① 评审报告内容简单、附件不完整、事实反映不清晰且未达到决算批复相关要求；

② 决算报表填列的数据不完整，存在较多错误，表间勾稽关系不清晰、不正确，以及决算报告和报表数据不一致；

③ 项目存在严重超标准、超规模、超概算，挤占、挪用项目建设资金，待核销基建支出和转出投资无依据、不合理等问题；

④ 评审报告或有关部门历次核查、稽查和审计所提问题未整改完毕，存在重大问题未整改或整改落实不到位；

⑤ 建设单位未能提供审计署的全面审计报告；

⑥ 其他影响项目竣工财务决算完成投资等的重要事项。

（4）主管部门、财政部收到项目竣工财务决算，一般可按照以下工作程序开展工作。

① 条件和权限审核。

审核项目是否为本部门批复范围。不属于本部门批复权限的项目决算，予以退回。

审核项目或单项工程是否已完工。尾工工程超过 5% 的项目或单项工程，予以退回。

② 资料完整性审核。

审核项目是否经有资质的中介机构进行决(结)算评审，是否附有完整的评审报告。对未经决(结)算评审(含审计署审计)的，委托评审机构进行决算审核。

审核决算报告资料的完整性，决算报表和报告说明书是否按要求编制，项目有关资料复印件是否清晰、完整。决算报告资料报送不完整的，通知其限期补报有关资料，逾期未补报的，予以退回。

需要补充说明材料或存在问题需要整改的，要求主管部门在限期内报送并督促项目建设单位进行整改，逾期未报或整改不到位的，予以退回。

属于第(3)条规定情形的，委托评审机构进行评审。

③ 符合第(2)条规定情形的，进入审核批复程序。

审核中，发现项目建设管理存在严重问题并需要整改的，要及时督促项目建设单位限期整改；存在违法违纪的，依法移交有关机关进行处理。

④ 审核未通过的，属评审报告问题的，退回评审机构补充完善；属项目本身不具备决算条件的，请项目建设单位(或报送单位)整改、补充完善或予以退回。

顺便说明，在工程项目竣工财务决算审核的操作实务中，需要把控审核委托、审核准备、审核实施、审核反馈、审核处理和审核报告等要点。而且，非国有投资项目的审查程序，相对简单。

第三节　工程项目回访与保修期管理

就用户或使用者的角度而言，工程项目通过竣工验收、交付使用，是其使用及管理工作的正式开始。未来项目寿命周期管理，需要有关方面良好地交接，使用阶段顺利地起步。项目回访保修制度属于工程项目竣工收尾管理范畴，体现了施工(承包)单位对工程项目负责到底的精神，符合对用户负责的宗旨。缺陷责任期(质量保证金)、质量保修制度是工程项目管理中重要的法律制度，有利于促进承包单位加强质量管理，维护用户及消费者的合法权益。而且，在高质量发展背景下，工程项目的建设者必须关注用户的运维期管理，进而做到质量第一、面向未来、服务用户。

一、工程项目的回访

回访是工程项目在竣工验收交付使用后的一定时限内(例如1年左右)，由施工(承包)单位主动到建设单位或用户处进行走访、调查或询问。对工程建筑物发生使用功能不良或无法使用的问题，而且确实是由于承包单位施工责任造成的，由承包单位负责无偿修理，直至达到正常使用标准。因此，回访不仅有利于较早发现并处理工程项目可能存在的质量问题，总结经验教训，还可以改善合同关系、提升企业形象。

(一)工程项目回访工作方式

回访应以建设单位或用户对于竣工项目质量的反馈及特殊工程采用的新技术、新材料、新设备和新工艺等的应用情况为重点，并应根据需要及时采取改进措施。

工程项目回访工作方式一般有以下几种。

(1)季节性回访。主要针对随季节变化容易产生质量问题的工程部位进行回访，故其具有季节性特点。例如，雨季回访基础工程、屋面工程和墙面工程的防水和渗漏情况，冬季回访采暖系统的使用情况，夏季回访通风空调工程等。从而了解有无施工质量缺陷或使用不当造成的损坏等问题，发现问题立即采取有效措施，及时解决。

（2）技术性回访。主要了解在工程施工过程中所采用的新技术、新材料、新设备和新工艺等的技术性能和使用后的效果，发现问题及时加以补救和解决。同时便于总结经验，获取科学依据，不断改进与完善，为进一步推广新技术创造条件。技术性的回访可以定期或不定期地进行。

（3）保修期满前的回访。一般是在质量保修期或缺陷责任期即将届满之前，回访建设单位或用户。既可以解决出现的问题，又标志着保修期等即将结束，使业主单位注意建筑物的维修和使用。

（二）工程项目回访工作计划

工程项目回访（保修）工作计划应由承包单位的归口管理部门统一编制。一般在项目经理的领导下，由生产、技术、质量及有关方面人员组成回访小组，并执行回访工作计划。

工程项目回访工作计划的内容，包括主管回访保修的部门、执行回访保修工作的单位、回访时间及主要内容和方式等。其一般格式，如表10-4所列。

表10-4 回访工作计划（   年度）

序号	建设单位	工程名称	保修期限	回访时间安排	参加回访部门	执行单位

单位负责人：　　　　　　　　　　归口部门：　　　　　　　　编制人：

二、缺陷责任期与质量保证金

在我国《建设工程施工合同（示范文本）》（GF—2017—0201）中，同时提出了"缺陷责任期""质量保修期""质量保证金"等概念，并得到广泛认知。从某种意义上讲，在较为漫长的质量保修期依旧存在的背景下，设置时间相对较短的缺陷责任期，有利于合理分摊风险，更好地维护承包单位的合法利益。

（一）缺陷责任期

缺陷责任期是指承包人按照合同约定承担缺陷修复义务，且发包人预留质量保证金的期限，自工程通过竣工验收之日起计算。由于承包人原因导致工程无法按规定期限进行竣工验收的，缺陷责任期从实际通过竣工验收之日起计。由于发包人原因导致工程无法按规定期限进行竣工验收的，在承包人提交竣工验收报告90天后，工程自动进入缺陷责任期。

建设工程的缺陷责任期一般为6个月、12个月，最长不应超过24个月，具体由合同当事人在专用合同条款中约定。在缺陷责任期内，由承包人原因造成的缺陷，承包人应负责维修，并承担鉴定及维修费用。

（二）质量保证金的处理

质量保证金，简称质保金、保证金，是指发包人与承包人在施工承包合同中约定，从应付的工程款中预留，用以保证承包人在缺陷责任期内对建设工程出现的缺陷进行维修的资金。

1. 质量保证金的约定

发包人应当在招标文件中明确质量保证金预留、返还等内容，并与承包人在合同条款中对涉及保证金的下列事项进行约定：

①保证金的预留、返还方式；

②保证金预留比例、期限；

③保证金是否计付利息，如计付利息，利息的计算方式；

④缺陷责任期的期限及计算方式；

⑤保证金预留、返还及工程维修质量、费用等争议的处理程序；

⑥缺陷责任期内出现缺陷的索赔方式；

⑦逾期返还保证金的违约金支付办法及违约责任。

2. 提供质量保证金的方式

承包人提供质量保证金的方式有：

①质量保证金保函；

②相应比例的工程款；

③双方约定的其他方式。

除专用合同条款另有约定外，原则上采用上述第①种方式。

3. 质量保证金的扣留

①在支付工程进度款时逐次扣留，其计算基数不包括预付款的支付、扣回以及价格调整的金额；

②工程竣工时一次性扣留；

③双方约定的其他扣留方式。

除专用合同条款另有约定外，原则上采用上述第①种方式。

发包人累计扣留的质量保证金不得超过工程结算总额的3%。如果承包人在发包人签发工程付款证书后28天内提交质量保证金保函，发包人应同时退还扣留的作为质量保证金的工程价款。

发包人在退还质量保证金的同时，按照中国人民银行发布的同期同类贷款基准利率支付利息。

4. 质量保证金的返还

缺陷责任期内，承包人认真履行合同约定的责任，到期后，承包人向发包人申请返还质量保证金。

发包人在接到承包人返还保证金申请后，应于14天内会同承包人按照合同约定的内容进行核实。如无异议，发包人应当按照约定将保证金返还给承包人。对返还期限没有约定或者约定不明确的，发包人应当在核实后14天内将保证金返还承包人，逾期未返还的，依法承担违约责任。发包人在接到承包人返还保证金申请后14天内不予答复，经催告后14天内仍不予答复，视为认可承包人的返还保证金申请。

发包人和承包人对保证金预留、返还以及工程维修质量、费用有争议的，按承包合同约定的争议和纠纷解决程序处理。

三、工程项目的质量保修

工程项目质量保修，简称保修，是指工程项目竣工验收后，承包人对于质量保修期内出现的质量缺陷，予以修复。在竣工验收报告中的质量保修书，应当明确建设工程的保修范围，保修期限和保修责任等内容。工程项目质量保修的范围，通常包括地基基础工程，主体结构工程，屋面防水工程，有防水要求的卫生间，房间和外墙面的防渗漏，供热与供冷系统，电气管线，给排水管道，设备安装和装修工程等。

（一）质量保修期限

1. 质量保修期限的规定

质量保修期也称工程保修期，简称保修期，是承包人按合同约定对工程承担保修责任的期限；从工程竣工验收合格之日起计算。具体分部分项工程的保修期由合同当事人在专用合同条款中约定，但不得低于法定最低保修年限。

在工程保修期内，承包人应当根据有关法律以及合同约定承担保修责任。发包人未经竣工验收擅自使用工程的，保修期自转移占有之日起算。

按照《建设工程质量管理条例》规定，工程项目的最低保修期限如下：

① 基础设施工程、房屋建筑的地基基础工程和主体结构工程，为设计文件规定的该工程的合理使用年限；

② 屋面防水工程、有防水要求的卫生间、房间和外墙面的防渗漏，为5年；

③ 供热与供冷系统，为2个采暖期、供冷期；

④ 电气管线、给排水管道、设备安装和装修工程，为2年。

其他项目的保修期限由发包方和承包方约定。工程项目在超过合理使用年限后仍需要继续使用的，产权所有人应当委托具有相应资质等级的勘察设计单位鉴定，并根据鉴定结果采取加固、维修等措施，然后重新界定使用期限。

2. 缺陷责任期与工程保修期的比较

缺陷责任期与工程保修期既有区别又有联系，其比较如表10-5所列。

表 10-5　缺陷责任期与工程保修期比较

比较项	缺陷责任期	工程保修期
实质	发包人预留工程质量保证金的一个期限	承包人对合同工程承担保修责任的一个期限
起点时间	从工程通过竣工验收之日或实际竣工之日起算	工程竣工验收合格之日起算
终止时间	按照具体的合同条款而定，但不超过2年	按工程部位的不同而定，且必须满足最低的法定保修期限
期限长短	对于大型工程，缺陷责任期短于工程保修期	对于大型工程，工程保修期长于缺陷责任期
期限依据	由发、承包双方在合同中约定，通常为6个月、12个月或24个月（最长）	按照法律法规、强制标准和合同要求而定，最低为2年
是否出具书面承诺	发、承包双方无需出具书面承诺	发、承包双方出具书面承诺，签订"工程质量保修书"

（二）质量保修的责任与费用

1. 质量保修的责任划分

工程项目在保修经济责任处理上，必须根据造成问题的原因以及具体的返修内容，由有关单位共同商定处理办法。一般来说有以下几种情况。

（1）设计原因。因设计原因造成的工程质量缺陷，应由原设计单位负责。原设计单位或业主委托新的设计单位修改设计方案，建设单位向承包单位提出新的委托，由承包单位进行处理或返修，其新增费用由原设计单位负责。由此给工程项目造成的其他损失，建设单位可向原设计单位提出索赔。

（2）施工原因。因施工承包人未严格按照国家现行施工及验收规范、工程质量验收标准、设计文件要求以及施工合同约定组织施工，造成工程质量缺陷，并由此导致的工程保修，由施工单位负责进行保修，其费用由施工单位负责。由此给工程项目造成的其他损失，建设单位可向施工单位提出索赔。

（3）设备、材料、构配件原因。因设备、材料、构配件等质量不合格引起的质量缺陷，属于承包人采购的或经其验收认同的，由承包人承担经济责任。属于发包人采购的，或明示或暗示承包人使用造成工程质量缺陷的，或使用人竣工验收后自行改造的工程质量缺陷，应由发包人或使用人自行承担经济责任。承包人、发包人与设备、材料、构配件供应单位或部门之间的经济责任，按其设备、材料、构配件的采购供应合同处理。

（4）使用原因。工程项目竣工验收后，因发包人或使用人使用不当造成的损坏，应由发包人或使用人自行承担经济责任。

（5）不可抗力原因。因地震、洪水、台风等不可抗力造成的质量缺陷，由发包人或使用人自行承担经济责任，并可委托维修。

2. 修复费用的处理

商品住宅的质量保修书由房地产开发企业出具，并应明确以下主要内容：① 相关责任主体验收确定的质量等级；② 地基基础和主体结构在合理使用寿命年限内承担保修；③ 正常使用情况下各部位、部件保修内容与保修期（例如，屋面防水 5 年；墙面、厨房和卫生间地面、地下室、管道渗漏 1 年；墙面、顶棚抹灰层脱落 1 年；地面空鼓开裂、大面积起砂 1 年；门窗翘裂、五金件损坏 1 年；管道堵塞 2 个月；供热、供冷系统和设备 2 个采暖期或供冷期；卫生洁具 1 年；灯具、电器开关 6 个月；外保温 5 年，其他部位、部件的保修期限，由房地产开发企业与用户自行约定）；④ 用户报修的单位，报修单位答复和处理的时限等。

在保修期内，修复的费用按照以下约定处理：

（1）因承包人原因造成工程的缺陷、损坏，承包人应负责修复，并承担修复的费用以及因工程的缺陷、损坏造成的人身伤害和财产损失；

（2）因发包人使用不当造成工程的缺陷、损坏，可以委托承包人修复，但发包人应承担修复的费用，并支付承包人合理利润；

（3）因其他原因造成工程的缺陷、损坏，可以委托承包人修复，发包人应承担修复的费用，并支付承包人合理的利润，因工程的缺陷、损坏造成的人身伤害和财产损失由责任方承担。

3. 修复通知

在保修期内，发包人在使用过程中，发现已接收的工程存在缺陷或损坏的，应书面通知承包人予以修复；紧急情况必须立即修复缺陷或损坏的，发包人可以口头通知承包人，并在口头通知的 48 小时内书面确认。承包人应在专用合同条款约定的合理期限内，到达工程现场并修复缺陷或损坏。

4. 未能修复

因承包人原因造成工程缺陷或损坏，承包人拒绝修复或未能在合理期限内修复缺陷或损坏，且经发包人书面催告仍未修复的，发包人自行修复或委托第三方修复，所需费用由承包人承担（修复超出缺陷或损坏范围的，超出范围部分的费用由发包人承担）。

四、工程项目的运维管理

根据图 1-2 的工程项目建设程序，建设单位以及其他参建单位需要面对的工程项目建设期,仅仅属于工程项目用户漫长的、包括运营与维护等阶段在内的全寿命周期的一部分。因此,工程项目运维期长于缺陷责任期,并与质量保修期存在交叉。

（一）工程项目的运营期与运维期

运营常指某市场主体投入一定的资源,经过一系列、多形式的变换,使其价值保值增值,最后以某种形式的产出提供给社会的过程或活动。

由于建筑产品及其生产经营的技术经济特点,工程项目的运营具有其特殊性。而且可以将工程项目运营定义为:在工程项目建成投产后,项目运营主体根据既定的目标,通过有效利用各种资源,对工程项目的使用过程进行计划、组织与控制,并获得满足社会需要、市场需要的产品或服务的管理活动总称。

1. 运营期

在《建筑学名词2014》中,将运营期定义为:"建设项目经济评价所确定的综合计算寿命期,通常是指投产运营开始到计算寿命期止的时间段。"

对于生产经营性工程项目,如某产品生产线、高速公路、垃圾处理厂等,其运营期工作较为复杂,包括经营和维护两大任务。对于非经营性工程项目,如住宅、学校等,运营期主要通过鉴定、修缮、加固、拆除等活动,保证工程项目的功能、性能能够满足正常使用的要求。

可以认为,工程项目的运营期是指工程项目从通过竣工验收、交付使用开始,用户按照原有功能、性能等维持使用,直至项目报废、退出固有形态所经历的时期。

2. 运维期

运维期也称运维阶段,目前国内尚无统一、规范的定义。在《管理科学技术名词2016》中,将运行维护阶段定义为:"工程项目的交付物投入生产或运营,不断产生效益的过程。"因此,运维期不仅需要工程项目维持运营,还要通过维护、更新,关注运营的产出或效益。

本书认为,工程项目的运营维护期,简称运维期,是指工程项目从通过竣工验收、交付使用开始,用户在按原有功能、性能等维持使用的基础上,通过更新、翻新(装修)、拓展功能等改善使用性能,直至项目报废、退出固有形态所经历的时期。故此,如果说运维期关心工程项目的运营或使用,那么运维期则比运营期"维护"的概念多出"更新"的内涵,更加适应社会的进步。而且,要求建设者在工程策划、建设过程中,尽量为工程项目留出未来可更新、拓展或持续改进的空间和余地。

从图1-2可见,工程项目完整的寿命周期还要考虑未来工程的拆除处理、生态复原(工程遗址)。因此,广义的运维期应在传统运营、维护与更新的基础上,涵盖或考虑工程项目的生态复原阶段。

（二）工程项目运维管理及模式

1. 运维管理的界定

目前,国内对于工程项目的运维管理,没有统一、明确的定义。使用较多的运维管理是指建筑物在建设、施工、竣工验收投入使用后,通过配置建筑内设施、流程、人员等资源,提高建筑的利用率,降低经营成本,增加投资收益,并通过维护尽可能延长建筑的使用周期而进行的综合管理。

国际上,运营维护管理(简称运维管理)多称为设施管理(facility management, FM)。依据国际设施管理协会(International Facility Management Association, IFMA)的定义,设施管理是一门包含信息化技术、建筑智能化、工商管理以及建筑结构等众多基础理论的复合型专业，通过空间场所、流程与技术的整合，确保建筑环境各项功能得以有效发挥。其目标是保持良好的工作业务环境和获得不断增加的投资收益。

本书认为，工程项目的运维期管理，简称运维管理，是指用户或其委托的管理人，在工程项目竣工验收、交付使用以后的运维期内，为维持或改善项目原有功能、性能等而进行的各项管理活动。其中，为达到工程项目能够使用、更好使用的目的，管理人可以是用户（业主），也可以是用户委托的其他管理人。

2. 运维管理的模式

国内现行的运维管理的模式或团队，主要有以下类型。

(1)聘请物业管理企业。物业管理企业，也称物业管理公司，简称物业公司，是指按照法定程序成立并具有相应资质条件，专门从事永久性建筑物、附属设备设施等物业以及相关场地和周边环境管理工作，具有独立的企业法人地位的经济实体。它属于第三产业的服务行业，国民经济行业分类(2017)中的房地产业之房地产服务业，并具有经营性、专门性、统一性和平等性的企业特征。

作为目前国内最为常见的运维管理模式，物业公司对其所负责的建筑物、附属设备设施等的运营维护管理，进行统一规划、组织与实施。但是其管理的范围有限，主要提供物业的维护服务。业主通常不参与建筑物运营维护的日常活动，主要对于物业公司的运营管理业绩进行考核、评价。

(2)建设单位负责运维管理。建设单位组织工程项目的建设并在通过竣工验收、交付使用后，组建相应的团队，进一步承担其运维管理工作。规模较大、专业性较强的生产性项目，例如大型试验中心、工厂，多采用这种管理模式。

此种管理模式的优点是运维管理与工程建设、生产运营活动、企业效益等联系紧密，资源利用率高，比较具有专业性，团队人员较为稳定。但是，建设单位负责运维管理的模式，排斥了外来的运维管理团队，且自身管理模式相对固化，不利于新技术、新理念的推广。

(3)聘请专业运维团队进行管理。建设单位或用户通过比选，聘请专业的运维管理团队，委托其进行工程项目的运维管理。

不同于传统的聘请物业管理企业以及主要提供物业的维护服务，此模式的管理范围更广、管理权限更大。作为专业运维团队的第三方管理人，需要针对工程项目运维期的现状，为委托人制订运维期的战略性计划，提高现有资产的管理能力，负责探索更新、盈利的新途径，追求资产的保值增值。因此，该模式需要其管理团队的成员具备良好的服务意识、高端的职业技能，且具有相当程度的竞争能力。

(三)工程项目运维管理的范围

在实际工作中，工程项目运维管理的范围主要包括空间管理、资产管理、维护管理、安全管理、能耗管理五个部分。具体如图 10-4 所示。

1. 空间管理

空间管理主要包括对空间的规划、对空间的布置以及对空间的利用等方面。细化到具体工作流程上，空间管理包括空间分配、空间规划、租赁管理、统计分析四个部分。

2. 资产管理

资产管理主要包括固定资产的管理、经营，减缓或调整资产的折旧速率，减少资源的闲置，避免浪费。主要的工作内容有日常管理、资产盘点、折旧管理和报表管理。

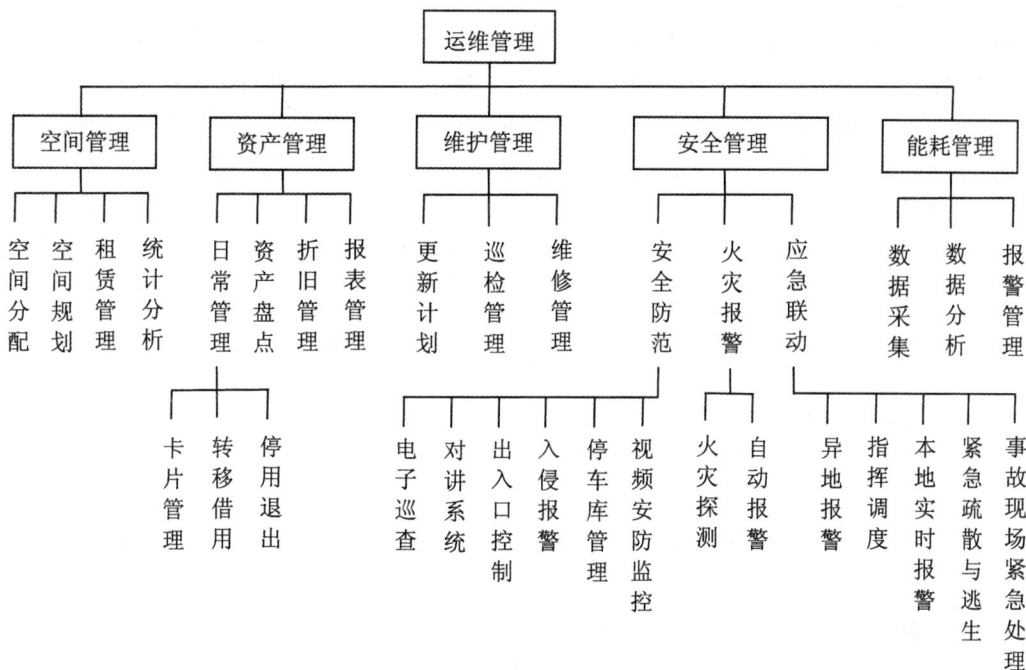

图 10-4　工程项目运维管理的范围

3. 维护管理

维护管理主要包括对于建筑本体及设施的日常维护、检查及运行记录；出现故障的情况下，及时对建筑本体及设施进行维修及验收；有计划地进行建筑本体及设施的更新改造，完善功能等。

4. 安全管理

安全管理指为了防止安全事故的发生，构建的事故防御机制以及事故发生时的应急预案等。主要包括安全防范、火灾报警、应急联动等。

5. 能耗管理

工程项目运维阶段的能源消耗量较大、持续时间很长，其能耗远远超出其建设期的水平，故此需要在运维阶段做好能源监控与管理工作。其主要工作内容包括收集能源消耗的数据，对能源消耗的结构和经济技术指标进行分析，努力实现能源结构的优化、降低能耗。

(四)工程项目运维管理与物业管理的比较

工程项目运维管理与物业管理既有联系，更有区别，不能混淆。而且，需要建设单位及主要参建单位对其有充分认识，进而为用户(业主)提供更好的工程(产品)及服务。

1. 服务对象不同

传统物业管理的服务对象主要是物业的用户。运维管理的服务对象不仅是用户，还包括建筑本身以及建设方(项目持有者)。因此，运维管理不仅要使用户满意，更要兼顾整个工程项目的综合效益。

2. 管理周期不同

传统物业管理的管理或运行周期或时段，主要集中在物业的运营期。运维管理则是针对工程项目整个寿命周期的管理过程。

3. 管理内容不同

传统物业管理的侧重点在于用户关心的环境卫生、公共安全、公共秩序、设施维修等方面，并具有被动管理的特点。其重复着用户反馈—治理维修的低端循环，缺少战略性，可创造的实际效益有限，容易出现浪费资源的现象。运维管理的内容更加宽泛，侧重于统筹计划，重点在定期维护，并且兼顾用户的个人需求，具有主动管理的特点。

4. 管理手段不同

传统物业管理的技术含量较低、管理模式较为单一，主要靠人力来执行决策，并受限于管理人员的专业技术水平和职业素养，从而具有静态管理的特征。运维管理在管理模式上，采用精益生产的主导思想，运用多种先进的管理方式、方法和手段，具有动态管理的特征。

5. 管理目标不同

物业管理的目标是为服务对象提供优越的生产、生活环境，同时对固定资产进行管理，并保障其价值。运维管理则是在工程项目全寿命周期内，对所有与运营维护相关的活动进行统筹管理，在保障资产价值的同时追求增值，实现效益最大化，其最终目标是实现企业及项目本身的发展战略。

工程项目运维管理与物业管理的区别，可归纳于表 10-6。

表 10-6　运维管理与传统物业管理的区别

内容	运维管理	物业管理
服务对象	用户满意，项目效益	物业的业主
管理周期	项目的寿命周期	运维阶段
管理内容	所有资产及用户	损坏或需要维护的设备
管理手段	依靠科学方式的动态管理	立足人员的静态管理
管理目标	实现设施设备的最优化利用，提高用户的满意度，灵活管理设备设施，成本最小化；资产增值	维护设备设施，以最小的支出保障设施正常运转；资产保值

应当说明，工程项目运维管理与传统的物业管理之间，并非相互排斥，前者是在后者的基础上，拓展工作内容，增加管理手段，其作用和效果通常也比传统的物业管理更好。

第四节　工程项目管理绩效评价与总结

项目管理绩效评价是工程项目收尾管理的重要环节。为规范工程项目管理行为，鉴定项目管理水平，评价项目管理成果，工程建设实践中，应用较多的是中间评价或中期评价。项目管理总结应在项目绩效评价工作完成后，由工程项目管理的实施责任主体或项目经理部编制，从而反映项目管理的实施情况。当然，在工程项目建成投产或投入使用后的一定时期，如能进行项目后评估，还可以更好地总结过去、指引未来。

一、项目管理绩效评价

项目管理绩效评价，简称项目绩效评价、绩效评价，是指对工程项目决策、准备、实施、竣工和运营（运维）过程中某一阶段或全部过程进行评价的活动。它包括项目中间评价、后评价等不同的形式，是对于项目管理主体有关项目实施效果的客观分析、检验和评估总结。

（一）项目管理绩效评价的载体与过程

1. 项目绩效评价的载体

（1）项目绩效评价的管理主体。项目绩效评价的实施者，既可以是工程项目管理的相关方，包括建设、勘察设计、施工、监理单位或分包单位的职能机构，也可以是第三方评价机构。

（2）项目绩效评价的责任主体。作为承担相应管理责任的主体，通常是其所在单位派驻项目现场的一次性组织管理机构，例如施工承包单位的项目经理部。

因所处立场、项目范围管理的不同，项目绩效评价的责任主体，除施工单位的项目经理部以外，还可以是建设单位的现场管理机构、设计单位以总设计师为核心的项目设计团队、监理单位由总监理工程师负责的项目监理机构等。

（3）项目绩效评价的工程客体。项目绩效评价的工程客体是指实行建设工程项目管理的工程项目，包括（不限于）：

① 大、中、小型建设工程项目；

② 群体工程项目；

③ 单项工程项目；

④ 单位工程项目；

⑤ 其他工程项目等。

2. 项目绩效评价的过程

项目绩效评价按照项目管理的共性规律，坚持既定的基本程序，对项目进行考核评价，做到有办法、有组织、有方案、有实施、有报告。

根据《建设工程项目管理规范》（GB/T 50326—2017），项目绩效评价包括下列过程：

（1）成立绩效评价机构。绩效评价机构是组织负责实施项目绩效评价的临时性实施小组或委员会，由组织内部专家和外部专家组成。评价机构一般在项目绩效评价前成立，完成评价后予以解体。

（2）确定绩效评价专家。绩效评价专家应具备相关资格和水平，具有项目管理的实践经验和能力。同时，绩效评价专家要保持相对的独立性，与评价对象没有利益关系。

（3）制定绩效评价标准。评价标准应由项目绩效评价机构确定。评价标准应符合项目管理规律、实践经验和发展趋势。

评价机构应按项目绩效评价内容要求，依据评价标准，通过资料评价、成果发布、现场验证等进行项目绩效评价。

（4）形成绩效评价结果。评价机构应采用公开透明的评价结果排序方法，以评价专家形成的评价结果为基础，确定不同等级的项目管理绩效评价结果。

评价机构应在规定时间内完成项目绩效评价，并保证项目绩效评价结果的客观公正、科学合理、公开透明。

（二）项目管理绩效评价的范围与内容

针对工程项目进行的绩效评价，需要反映其立项决策、过程管理和任务产出效益。进而确定评价的范围和内容。

1. 项目绩效评价的范围

（1）项目实施的基本情况。

（2）项目管理分析与策划。

（3）项目管理方法与创新。

（4）项目管理效果验证。

2. 项目绩效评价的内容

《建设工程项目管理规范》（GB/T 50326—2017）规定，根据项目管理范围和组织实施方式的不同，应分别采取不同的项目绩效评价方式。

（1）按项目总体评价。项目总体评价的内容主要包括：

① 项目管理的特点；

② 项目管理理念、模式；

③ 主要管理对策、调整和改进；

④ 合同履行与相关方满意度；

⑤ 项目管理过程检查、考核、评价；

⑥ 项目管理实施成果。

（2）按项目建设全过程评价。

① 立项决策评价。包括决策依据分析、投资方向分析、建设方案分析、技术水平分析、引进效果分析、协作条件分析、土地使用分析、咨询意见评价、决策程序评价等。

② 勘察设计评价。包括选择勘察设计单位评价、勘察工作质量评价、设计方案评价、设计水平评价、设计服务评价等。

③ 设备材料采购评价。包括设备材料采购依据评价、设备材料采购方式评价、设备材料性能评价、引进的国外设备和技术评价、采购合同履行评价、设备的运行情况评价等。

④ 施工评价。包括施工准备工作评价、施工管理工作评价、施工质量目标评价、施工工期目标评价、施工造价目标评价等。

⑤ 生产运营评价。包括生产运行准备工作评价、生产管理系统评价、项目使用功能评价等。

⑥ 项目效益评价。包括项目投资和执行情况评价、项目经营达成的实际效益评价、项目财务效益评价、项目国民经济效益评价、项目社会效益评价、项目技术进步和规模效益评价、项目可行性研究深度评价等。

（三）项目管理绩效评价的依据

项目绩效评价的依据是指对于项目绩效评价起到评估或促进作用的目标性、管理性、法规性、标准性文件的总称。因此，其通常包括以下资料或依据。

1. 目标性文件

作为项目绩效评价的目标性基本依据，目标性文件主要是指领导与被领导、委托与被委托人之间签订的"项目管理目标责任书"。实行项目经理责任制以后，其用以明确项目经理部应达到的项目管理复合目标及承担的责任，通常作为项目完成后绩效评价的目标性文件。

2. 管理性文件

作为项目绩效评价的管理性行为依据，管理性文件是指为规范项目管理行为，由项目组织的管理层制定的各项管理制度、管理办法、管理程序、管理方案等文件。例如，工程质量、进度、费用、安全、技术、合同、劳资等方面管理工作的规定。

3. 法规性文件

作为项目绩效评价的法规性约束依据，法规性文件是指对项目进行绩效评价具有强制约束力的文件，包括国家发布的法律、行政法规、部门规章和地方性法规等与工程建设有关的规范性文件。

4. 标准性文件

作为项目绩效评价的标准性规范依据，标准性文件包括国家标准、行业标准、地方标准以及国际标准等工程技术与管理的标准化文件。

（四）项目管理绩效评价的指标和方法

鉴于项目绩效评价的范围、内容及目的，评价的指标分为定量指标和定性指标。而且评价指标的具体应用，需要与评价方法的选择、评价机构分析等综合考量。

1. 项目绩效评价的定量指标

定量指标是指反映项目实施成果，并可作量化比较分析的专业技术经济指标。根据绩效评价的要求，定量指标的主要有。

（1）工程质量指标。工程质量是项目绩效评价的关键性指标，它是依据工程建设强制性标准的规定，对工程质量是否合格做出鉴定。

工程质量分析的主要内容，包括以下几个方面：① 工程质量达到国家规定的标准，是否达到控制目标（"优良"或"合格"）；② 隐蔽工程质量分析；③ 地基、基础工程的质量分析，主体结构工程的质量分析；④ 水、暖、电、卫和设备安装工程的质量分析；⑤ 装修工程的质量分析；⑥ 重大质量事故的分析；⑦ 质量返工和修补的统计分析；⑧ 各项保证工程质量措施的实施情况以及是否得力；⑨ 工程质量责任制的执行情况；⑩ 全面质量管理的落实情况，质量管理（QC）小组的活动情况等。

（2）工期指标。工期长短是综合反映工程项目管理水平、组织协调能力、施工技术能力、各种资源配置能力等方面情况的重要指标。

（3）工程成本指标。工程成本降低指标是直接反映工程项目管理经济效果的重要指标。通常采用工程项目的成本降低额和成本降低率。

（4）安全控制目标。安全控制目标包括杜绝重大伤亡事故、杜绝重大机械事故、杜绝重大火灾事故和工伤频率控制等。按照《建筑施工安全检查标准》的规定，项目施工安全标准分为优良、合格、不合格三个等级。

（5）环境保护目标及指标。按照法律、法规、标准的规定，以及各级行政主管部门和企业的要求，工程项目管理机构需要保护和改善现场的环境，控制现场的各种粉尘、废水、废气、固体废弃物、噪声、振动等对环境的污染和危害。

环境保护目标的指标内容主要有：① 项目现场噪声限值；② 现场土方、粉状材料管理覆盖率、道路硬化率；③ 项目资源能源节约率等；④ 其他与项目考核有关的量化指标。

2. 项目绩效评价的定性指标

定性指标是指综合评价或单项评价项目管理水平的非量化指标。其要有可靠的论证依据和办法，且能对项目实施效果做出科学评价。

（1）经营管理理念。审视项目实施者是否实现了围绕项目运行的管理、机制、组织和技术的创新。其主要体现在如下方面：① 潜移默化的内在功能和高超绝伦的管理水平；② 各类人才的素质集聚和综合优势的充分发挥；③ 组织内部的高效体制和适应市场的经营机制。

（2）项目管理策划。主要审视项目实施者是否遵守项目管理规范，建立起精干高效、目标明确、自我约束、协调运行的管理模式。策划构思要从科学的思维创造开始，以良好的管理效果结尾，尽量做到：项目管理组织的精干高效、项目管理目标要求的现实奋进、项目运行机制的规范有效、项目协调沟通的灵活互动。

（3）管理基础工作。管理基础工作包括项目管理制度、规定、标准、资料、信息等多方面的基础性的过程管理工作。主要审视项目实施中，各项基础工作是否及时、准确、严格、持续地贯彻执行。具体工作应包括：① 项目管理有关的标准、规范的执行情况；② 项目管理有关制度、办法的贯彻情况；③ 项目管理有关的文件、档案的整理情况。

（4）项目管理方法。主要审视项目管理过程中，有无采用创新的方法，是否能把创新的方法通过加工提炼，融入到项目管理之中，体现项目管理创新的特点，并为项目管理注入新的内容，使其产生组合效应，形成自己的管理模式。

（5）新技术的推广。项目技术创新应以科技为先导，在项目实施中积极推广应用新技术、新工艺、新材料、新设备，把先进适用的科技成果转化为工程项目的生产力。评价项目新技术的推广应用，主要是审视项目管理中是否用追求创新的理念，以先进的技术成果、质量水平组织项目实施。

（6）项目社会评价。最具有说服力的项目实施效果应当是市场和社会对项目的认同，即用户或使用单位、中介机构、当地政府和媒体等社会成员的良好评价。项目社会评价取决于管理机制、管理水平、管理信用和管理传媒的整合，形成良好的项目社会评价，从而巩固和适应市场竞争。

3. 项目绩效评价的方法

项目绩效评价机构应在评价前，根据评价的重点和需要，确定适宜的评价方法。

（1）成本效益分析法。成本效益分析法是通过比较工程项目的全部成本和效益来评估项目价值的一种方法，主要将投入与产出、效益进行关联性比较分析。针对某项支出目标，提出若干实现该目标的方案，运用一定的技术方法，计算出每种方案的成本和收益，通过比较分析，并依据一定的原则，选择出最优的决策方案。

（2）比较法。比较法是一种自然科学或社会科学常用的研究方法。它是通过观察，分析，找出研究对象的相同点和不同点。作为认识事物的一种基本方法，为使比较更具意义，比较的对象必须有某种共同性。而且，运用时，应分清横向和纵向比较的关系。

（3）因素分析法。因素分析法又称经验分析法，主要根据价值工程（原理）对象选择应考虑的各种因素，凭借分析人员的知识和经验，集体研究确定选择对象。进而确定需要分析的指标，确定影响该指标的各因素及与该指标的关系，计算确定各个因素变化及影响的程度数额。

（4）最低成本法。最低成本法是指在绩效目标确定的前提下，成本最小者为优的方法。通过制定各种可行的产出方案，分析计算出各种方案的总费用，然后对各方案总费用进行分析比较，并选择其中总费用最小的产出方案。

（5）公众评判法。公众评判法是通过专家评估、公众问卷及抽样调查等方式进行评判的方法。选择评估分析的专家应具有普遍权威，公众问卷设置应科学合理，抽样调查时应根据实际项目具体分析。

4. 项目绩效评价指标的分析

（1）确定评价的指标体系。项目绩效评价需要在综合考虑工程项目实施的内、外部因素和主、客观条件的基础上，密切管理过程与结果的关联性，确定评价的指标体系，从而对于工程项目的过程效果和最终效果进行定量和定性的分析、论证。

（2）评价项目管理的效果或绩效。根据项目管理的实际进展，通过对于各项评价指标的分析、评估，考核验证项目管理的相关效果。项目绩效评价机构宜以百分制形式，对于项目绩效进行打分，在合理确定各项评价指标权重的基础上，汇总得出项目绩效的综合评分。

根据项目绩效评价的需要，划定适宜的评价结论等级，例如优秀、良好、合格、不合格四个等级，并根据百分制形式得出项目绩效综合评分，标定出相应的绩效等级。

（3）项目绩效评价结果的应用。通过项目绩效评价指标的分析评价，评定项目管理目标的实现水平。例如，工程项目的建设工期、工程质量、投资效果、成本降低、安全管理、环境保护等方面的管理水平。

通过项目绩效评价指标的计算比较，用数据说话，分析项目各项指标的情况，掌握合格率、差异率、完成率、降低率、利润率等，确认项目管理目标实现的准确性。

通过项目绩效评价指标的鉴定论证，识别客观因素和主观因素对项目管理目标实现的影响及程度，进而客观、公正地评价项目管理成果。对于在考核评价中发现的问题或差距，可以补救的，应当及时提出补救措施，并组织有关单位认真落实。

通过项目绩效评价指标的结论及综合分析，应真实反映项目管理主体的业绩或绩效。总结工程项目管理经验，为以后的工程项目管理提供借鉴参考，并且可为工程项目的审计、考核等提供依据。

项目绩效的中期评价通常在阶段性工作完成后的 10 天内进行。因此，全面、准确的项目管理绩效评价以及客观、公正的结论是编制项目管理总结的基础。

二、项目管理总结

顾名思义，项目管理总结是全面、系统地反映工程项目管理实施情况的综合性文件。在项目管理收尾阶段，承包单位应进行项目管理总结，编写项目管理总结报告，并纳入工程项目管理档案。工程项目管理工作结束后，项目管理各实施责任主体或项目管理机构应编写项目管理总结报告，进行项目管理工作收尾。

（一）项目管理总结报告

1. 项目管理总结报告的编制依据

编写项目管理总结报告要在资料收集、绩效评价的基础上进行，其编制的依据主要包括：① 项目可行性研究报告；② 项目管理策划；③ 项目管理目标；④ 项目合同文件；⑤ 项目管理规划；⑥ 项目设计文件；⑦ 项目合同收尾资料；⑧ 项目工程收尾资料；⑨ 项目有关的管理标准等。

2. 项目管理总结报告的内容

根据《建设工程项目管理规范》（GB/T 50326—2017）的规定，项目管理结束后，项目经理部应按照下列内容编制项目管理总结报告：

① 项目可行性研究报告的执行总结；
② 项目管理策划总结；
③ 项目合同管理总结；
④ 项目管理规划总结；
⑤ 项目设计管理总结；
⑥ 项目施工管理总结；
⑦ 项目管理目标执行情况；

⑧ 项目管理经验与教训；

⑨ 项目管理绩效与创新评价。

3. 项目管理总结的结论

通过项目管理总结，在报告中应当得出以下结论：① 合同完成情况。是否完成了工程承包合同，以及内部承包合同责任承担的实际完成情况；② 施工组织设计和管理目标实现的情况；③ 项目的质量状况；④ 工期对比状况及工期缩短（或延误）所产生的效益（或损失）；⑤ 项目的成本节约状况；⑥ 项目实施和项目管理过程的经验和教训。

4. 项目管理总结报告的撰写与保存

项目管理总结报告应按照编写提纲的要求，进行文字总结并形成书面文件。总结报告应当实事求是、概括性强、条理清晰，全面系统地反映工程项目实施效果。

项目管理总结报告编制完成后，须经项目经理审核同意后，上报备案。

项目管理总结报告是工程文件归档整理的重要资料之一，应在适当的范围内发布项目总结报告。项目管理总结报告及相关资料应按照工程文件管理规定，及时存入建设工程文件档案和各参与单位档案，予以妥善保存，以便必要时追溯。

（二）项目终止工作

项目终止是通过正式的项目收尾程序，停止除合同约定工作以外的所有项目工作，宣布工程项目及其管理正式结束。工程项目可能由于多种原因而终止，理想的情况是因项目顺利完成而终止，即工程项目在达到既定目标之后而正常终止；糟糕的情况是因项目失败而终止，即工程项目因为已不可能或不再需要达到既定目标而提前终止。在项目终止阶段，项目即将结束，团队即将解散，需要做好相关收尾工作，以便保存资料、移交成果、总结经验。

1. 明确项目终止负责人及其职责

施工（承包）单位的项目终止负责人通常是项目经理。其终止工作的职责主要包括：① 保证涉及项目终止的所有任务的完成；② 通知客户项目完成情况，保证与客户签订的各种协议的达成；③ 监督项目有关账目的结清，清理最终账目；④ 决定需保存的文档并负责保管；⑤ 重新安置人员、物资、设备等资源。

2. 项目终止报告

项目终止报告由项目终止负责人撰写，主要包括如下内容：

① 立项原因和项目的整体概况；

② 项目的组织结构和主要责任人情况；

③ 项目到终止时已实施的情况；

④ 项目已实施部分的绩效；

⑤ 项目出现的问题分析及有关责任划分；

⑥ 对项目终止后的各项工作安排；

⑦ 正式宣布项目即时完全终止。

3. 项目终止收尾

项目终止工作旨在项目获得好的结尾，将项目成果移交给项目发起人。同时，总结项目工作的经验教训，供以后学习和借鉴。因此，项目终止负责人需要做好终止收尾的相关工作。

（1）拟制团队解散方案。为妥善、有序地完成项目团队成员的解散工作，项目终止负责人应当提前制定解散工作方案、拟制计划，更好地完成工作交接、计划员工未来。进而，通过可期的工作前景、有序的工作安排，安抚人心、激励团队，协同合作，全面完成工程项目。

（2）召开项目总结会。项目总结会议是项目团队生命周期、循环管理的一部分，具有与项目启动仪式同等重要的意义。它标志着项目团队本次共同工作的正式结束，也为成员提供了一次分享喜悦、表达不满和困惑的机会。

（3）进行成果表彰。项目团队成员对于工程项目做出的贡献，理应得到回报和表彰，从而激励当下、赢得未来。除日常管理、年度考评等表奖外，项目终止负责人召开庆功会也是成果表彰的有效形式。

（4）举办项目结束晚会。项目结束晚会是工程实践中常见的仪式，被认为是重要的里程碑。行为科学认为，员工在工作中获得的重要满意度之一就是获得成就感。在团队成员共庆自己亲自实施、建造的项目完工时，项目结束晚会可以增强活动的仪式感、员工的自豪感。

（5）团队成员调（返）回（原）职能部门。在项目终止完成后，团队成员应当调回或返回隶属或原来所在的职能部门。职能部门负责人组织调回或返回人员，分享本项目的经验，继续为其他工程项目提供管理人员支持。

三、项目后评价

从理论上讲，项目管理绩效评价包括项目中间评价、项目后评价等形式。项目后评价属于项目绩效评价的工作之一。由于工程项目的特殊性、效果显现的滞后性，为追求项目管理实施效果评价的客观、深入，项目后评价通常在工程项目终止后的一定时间单独完成。

（一）项目后评价的内涵及作用

项目后评价于19世纪30年代出现在美国后，到20世纪60年代，被许多国家和世界银行、亚洲银行等广泛地用于其资助项目结果的评价工作中。

1. 项目后评价的内涵

项目后评价（post project evaluation），也称项目后评估，是指在工程项目竣工投产并达到设计生产能力后，对于已经完成的工程项目的目的、执行过程、效益、作用和影响进行系统、客观的分析和总结的活动。我国住房和城乡建设部2015年发布了《城市轨道交通建设项目后评价导则》（建标〔2015〕52号），明确了过程评价、效果评价、目标与可持续性评价、后评价结论与建议、后评价的组织管理与实施等。项目后评价通常在项目运营2年后进行。

项目后评价与项目评价（或称前评价）相比，具有相同点。例如，两者的性质相同，都是针对同一工程项目寿命周期的全过程进行技术、经济论证，需要前后呼应；两者的目的相同，都是为了提高项目的效益，实现经济、社会和环境效益的统一。但是，项目后评价与项目评价更有不同点。例如，两者的评价主体不同，后评价由建设单位或主管部门组织实施；在项目管理过程中所处的阶段不同；评价的依据不同，后评价采用工程项目及管理的实际数据；评价的内容不同；在决策中的作用不同。

2. 项目后评价的作用

项目后评价可以检验项目（前）评价、投资决策、项目实施的工作结果，评价项目是否达到预期目标，是否实现主要效益指标；可以分析项目成败及其原因，总结经验教训，及时反馈信息，提高未来新项目的管理水平。

而且，项目后评价可以针对项目投入运营中出现的问题，提出改进意见和建议，提高项目投资效益。

（二）项目后评价的程序及内容

1. 项目后评价的程序

项目后评价工作的一般程序如下：

① 选定进行项目后评价的工程项目；

② 项目后评价的筹划准备；

③ 深入调查，收集资料；

④ 分析研究；

⑤ 编制项目后评价报告。

2. 项目后评价的内容

项目后评价的内容通常包括前期工作评价、建设实施评价、效益评价及与批准的设计任务书（或可行性研究报告）比较、影响评价和持续性评价，以及需要评价的其他内容、可供类似项目借鉴的经验教训等。

在评价实践中，依次评价以下要点。

（1）项目目标评价。通过项目实际产生的技术、经济指标与项目决策时确定的目标进行比较，检查项目是否达到预期目标或达到目标的程度，分析产生的偏差，判断项目是否成功。

（2）项目过程评价。根据项目的结果和作用，对项目实施的各个环节进行回顾和检查，对项目的实施效率作出评价。其中的各个环节，包括立项决策评价、勘察设计评价、施工评价、生产运营评价等。

（3）项目效益评价。从项目投资者的角度，根据后评价时项目各年实际发生的投入产出数据，以及这些数据重新预测得出的项目计算期内未来各年将要发生的数据，综合考察项目实际或更接近于实际的财务盈利能力状况等。据此判断项目在经济上成功与否，并与项目前评价相比较，找出产生重大变化的原因，总结经验教训。

（4）影响评价。对项目建成投产后对国家、项目所在地区的经济、社会和环境所产生的实际影响进行的评价，据此判断项目决策的宗旨是否实现。

（5）持续性评价。对项目在未来运营中实现既定目标以及持续发挥效益的可能性进行预测分析。

（三）项目后评价的报告

1. 项目后评价报告的内容

项目后评价报告是评价结果的汇总，是反馈经验教训的重要文件。项目后评价报告主要包括摘要、项目概况、评价内容、主要变化和问题、原因分析、经验教训、结论和建议、基础数据和评价方法说明等。其中，综合评价主要采用逻辑框架法，分析评价多采用对比分析法。

项目后评价报告必须反映真实情况，报告的文字要准确、简练，尽可能不用过分生疏的专业词汇。注意评价指标的可比性，指标含义、计算方法、参数选取等，尽量与决策阶段项目评价时保持一致，进而进行指标变异因素分析。报告内容的结论、建议要与问题分析相对应，并将评价的结果与未来规划以及政策的制定、修改相联系。

2. 某房地产开发项目后评价（示例）

某房地产开发公司在其项目开发、销售结束后，通常借助项目后评价报告，对项目投资、设计、进度、成本、工程合约管理、营销等实施全过程进行回顾、分析、综合评价、总结经验教训。

(1)项目后评价的工作流程。确定编写后评价的项目及工作总目标→成立后评价领导小组和工作小组→确立后评价相关资料编写责任部门或责任人→收集编写后评价的相关资料→工作小组按照指引分工编写报告→编写单位内部综合评审形成报告初稿，并报工程管理部→工程管理部汇总整理并报后评价工作小组→后评价工作小组第一次交流形成初步意见→工程管理部汇总形成报告交职能部门和项目公司征求意见→工程管理部将意见交后评价工作小组进行第二次交流→后评价报告定稿并报领导小组→输出工作成果并实现持续改进。

(2)项目后评价报告的主要内容。某房地产开发公司的项目后评价报告主要包括以下内容：① 本项目基本概况；② 本项目后评价综述，综合评价结论、对未来项目和开发的建议、发展模式的优劣势等；③ 本项目投资管理评价；④ 本项目财务管理评价；⑤ 本项目营销管理评价；⑥ 本项目设计管理评价，项目完成情况和建设标准、设计管理回顾与实施完成情况、项目实施过程设计管理工作总结、各阶段与相关部门配合、限额设计执行情况等；⑦ 本项目进度与工程管理评价，项目发展计划执行情况、工程施工进度计划执行情况、售楼准备工程计划检讨、报建工作流程改进建议、项目发展管理体系检讨等；⑧ 本项目成本管理评价；⑨ 本项目意外情况的规避和总结等。

复习思考题

1. 简述工程项目竣工计划的内容与目标、工程项目竣工自检的主要步骤。
2. 工程项目竣工验收的依据、标准和方式分别有哪些？
3. 竣工结算编制的依据、内容及其与竣工结算审查的关系怎样？
4. 竣工决算文件的组成内容有哪些？它与竣工结算有何异同？
5. 工程项目缺陷责任期与质量保修期的区别、质量保修的责任分别包括哪些？
6. 工程项目运营期与运维期的区别有哪些？运维管理的范畴怎样？
7. 项目管理绩效评价的内容与指标分别包括哪些？
8. 项目管理总结报告、项目后评价的内容以及两者的关系如何？

参考文献

［1］ 国家标准局.企业职工伤亡事故分类：GB6441—1986［S］.北京：中国标准出版社，1986.

［2］ 中华人民共和国国家质量监督检验检疫总局.环境管理体系 要求及使用指南：GB/T 24001—2016［S］.北京：中国标准出版社，2016.

［3］ 中华人民共和国国家质量监督检验检疫总局.质量管理体系 基础和术语：GB/T 19000—2016［S］.北京：中国标准出版社，2016.

［4］ 中华人民共和国住房和城乡建设部，中华人民共和国国家质量监督检验检疫总局.建设工程项目管理规范：GB/T 50326—2017［S］.北京：中国建筑工业出版社，2017.

［5］ 中华人民共和国住房和城乡建设部，中华人民共和国国家质量监督检验检疫总局.建设项目工程总承包管理规范：GB/T 50358—2017［S］.北京：中国建筑工业出版社，2017.

［6］ 中华人民共和国住房和城乡建设部.建设工程施工合同（示范文本）：GF—2017—0201［S］.北京：中国建筑工业出版社，2017.

［7］ 住房城乡建设部.财政部关于印发建设工程质量保证金管理办法的通知（建质〔2017〕138 号）［EB/OL］.（2017-06-20）［2023-03-05］.http：//www.mof.gov.cn/zhengwux-inxi/caizhengxinwen/201707/t20170706_2639414.htm.

［8］ 中华人民共和国和城乡建设部.建筑与市政施工现场安全卫生与职业健康通用规范：GB/55034—2022［S］.北京：中国建筑工业出版社，2022.

［9］ 中华人民共和国发展和改革委员会.国家发展改革委等部门关于严格执行招标投标法规制度进一步规范招标投标主体行为的若干意见（发改法规规〔2022〕1117 号）［EB/OL］.（2022-08-01）］2023-03-05］https：//www.ndrc.gov.cn/xxgk/zcfb/ghxwj/202208/t20220801_1332495.html

［10］ 全国一级建造师执业资格考试用书编写委员会.全国一级建造师执业资格考试用书：建设工程项目管理（2022 年版）［M］.北京：中国建筑工业出版社，2022.

［11］ 全国一级建造师执业资格考试用书编写委员会.全国一级建造师执业资格考试用书：建筑工程经济（2022 年版）［M］.北京：中国建筑工业出版社，2022.

［12］ 全国造价工程师执业资格考试培训教材编审委员会.建设工程造价管理［M］.北京：中国计划出版社，2017.

［13］ 全国二级建造师执业资格考试辅导研究组.建设工程施工管理［M］.长春：吉林大学出版社，2016.

［14］ 中国建设监理协会.建设工程监理概论［M］.北京：知识产权出版社，2017.

［15］ 齐锡晶.工程项目管理［M］.沈阳：东北大学出版社，2019.

［16］ 陈勇，曲蹟胜.工程项目管理［M］.北京：清华大学出版社，2016.

［17］ 齐锡晶.土木工程估价［M］.北京：科学出版社，2015.

［18］ 汪小金.项目管理方法论［M］.北京：中国电力出版社，2016.

［19］ 殷为民，张正寅.土木工程施工组织［M］.武汉：武汉理工大学出版社，2016.

［20］ 北京土木建筑学会.建设工程质量管理［M］.南京：江苏凤凰科学技术出版社，2016.

［21］ 丛培经.工程项目管理［M］.北京：中国建筑工业出版社，2017.

［22］ 齐锡晶，赵亮.二级建造师继续教育教材［M］.沈阳：东北大学出版社，2018.

［23］ 齐锡晶，邓李杰.注册监理工程师继续教育必修课教材［M］.沈阳：东北大学出版社，2018.

［24］ 张向东，齐锡晶.工程建设监理概览［M］.3 版.北京：机械工业出版社，2019.

［25］ 李忠富.建筑施工组织与管理［M］.4 版.北京：机械工业出版社，2021.